MW00978592

Le Nathan
Collège

Sous la direction
d'**ALAIN BENTOLILA**
Professeur de linguistique
à l'université de Paris Descartes

Annick CAUTELA
Maître formateur

Brigitte MARIN
Maître de conférences en langue
et littérature françaises

Le papier de cet ouvrage est composé
de fibres naturelles, renouvelables,
fabriquées à partir de bois
provenant de forêts gérées
de manière responsable.

Avant-propos

La maîtrise du français se gagne, étape après étape, en connaissant parfaitement l'identification des composantes de la langue et leur organisation. Cette maîtrise exige un temps d'apprentissage spécifique pour que l'élève acquière des repères solides, des automatismes rodés, des armes linguistiques efficaces. Ce qui lui permet ensuite d'oser avec bonheur une lecture audacieuse mais respectueuse des textes et une écriture singulière mais obéissant aux règles.

Les élèves ont besoin de références précises et constantes car c'est sur ces modèles qu'ils s'appuieront pour faire ce travail si complexe d'analyse de la langue. Ces modèles leur permettront d'identifier précisément les composantes graphiques des mots, leurs significations propres et les formes d'organisation des phrases. Ce sont ces habitudes de précision et de rigueur qui les porteront vers le respect du texte, vers le respect de l'auteur ; ce sont elles qui forgeront leur volonté d'être compris eux-mêmes au plus juste de leurs espérances.

■ Cet ouvrage, conçu pour les élèves de 11 à 15 ans, présente toutes les règles de français que l'élève doit comprendre et maîtriser au cours de ses années de collège, de la 6e à la 3e.

■ Complet, il regroupe les quatre domaines fondamentaux de la langue française : **Grammaire, Orthographe, Vocabulaire, Conjugaison**.

■ En conformité avec le programme de français, il propose les **130 notions à connaître en fin de collège.**

■ Accessible, il a été conçu pour que l'élève puisse comprendre, apprendre et se repérer facilement :
• les notions sont **classées par ordre alphabétique** pour faciliter la recherche ;

© Nathan, 2013. ISBN : 978-2-09-186809-7 pour la présente édition.
© Nathan, 2010. ISBN : 978-2-09-187935-2 pour la première édition.
Éditions Nathan, 25 avenue Pierre de Coubertin, 75013 Paris.

• chaque notion est **présentée sur une double page** pour une approche immédiate et une meilleure efficacité.

■ Chacune des notions présente trois niveaux de lecture progressifs, du plus simple au plus complexe :
• une entrée par **un exemple** illustré et commenté pour que l'élève comprenne de façon immédiate la règle ;
• **une définition** précise expliquée par des exemples ;
• **les différents usages et cas** à connaître, accompagnés de rubriques pratiques « Piège à éviter », « Astuce », « À apprendre par cœur ».

■ Un exercice permet de réinvestir immédiatement ce que l'élève vient d'apprendre.

■ La partie Conjugaison présente :
• **les 110 tableaux modèles de conjugaison** qui permettent au collégien de conjuguer les verbes sans faute ;
• **un index des 3 200 verbes usuels** d'un collégien.

■ À la fin de l'ouvrage, sont proposés des outils complémentaires :
• **les corrigés** de tous les exercices ;
• **un index** complet des **mots-clés et des notions** ;
• **un classement par notions** ;
• **l'alphabet phonétique**.

Cet ouvrage, adapté aux collégiens, est un véritable outil d'apprentissage de la langue française, complet, accessible et conforme au programme en vigueur.

Alain Bentolila
Directeur de collection

Mode d'emploi

Conçu pour être utilisé en classe comme à la maison, cet ouvrage permet un accès facile à l'apprentissage de la langue française grâce à :

- un classement des notions par **ordre alphabétique**,
- un repérage des 4 domaines (GRAMMAIRE, **ORTHOGRAPHE**, **VOCABULAIRE**, CONJUGAISON) par couleur,
- une présentation systématique de la notion en **double page**.

Une entrée par un **exemple** illustré et commenté pour comprendre immédiatement la notion

Une **définition** précise accompagnée d'un exemple pour revoir l'essentiel

Des **rubriques** astucieuses pour déjouer les pièges

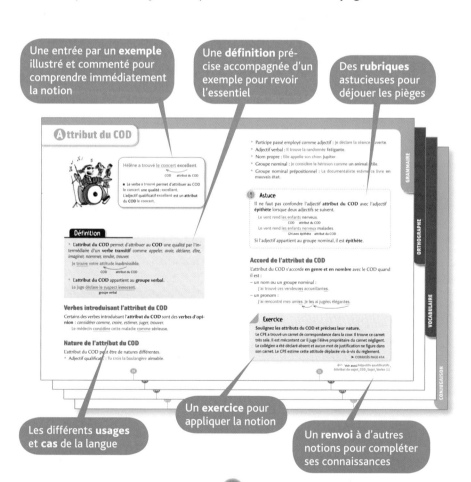

Les différents **usages** et **cas** de la langue

Un **exercice** pour appliquer la notion

Un **renvoi** à d'autres notions pour compléter ses connaissances

110 tableaux types de conjugaison

Le verbe et le groupe auquel il appartient

La carte d'identité du verbe

Un index de 3 200 verbes

Un index complet pour savoir conjuguer tous les verbes

Les différents radicaux et les difficultés sont signalés par une couleur.

Les verbes signalés en rouge sont présentés dans les tableaux de conjugaison.

À la fin de l'ouvrage :

- les corrigés des exercices ;
- un index des mots-clés et des notions ;
- un classement par notions ;
- l'alphabet phonétique.

Sommaire

ORTHOGRAPHE

Adjectifs qualificatifs

Très **odorant**, ce plat aux
apposition

champignons **noirs** est **appétissant**.
épithète   attribut

- L'adjectif odorant est **apposé** au GN ce plat.
- L'adjectif noirs est **épithète** du nom champignons.
- appétissant est **attribut** du sujet ce plat.

Définition

L'**adjectif qualificatif** est un mot qui apporte une précision sur le nom ou le pronom qu'il qualifie. Il indique une caractéristique de ce nom ou du pronom : J'aime le chocolat **noir**.

Adjectif qualificatif épithète

L'**adjectif qualificatif** peut avoir une fonction **épithète**. Il se rapporte à un nom, il fait partie du groupe nominal. Il est une **expansion du nom**.

> Élise a les cheveux **bouclés**.

- La plupart des **adjectifs épithètes** se placent après le nom. C'est toujours le cas des adjectifs de couleur.

> Max porte un chapeau **vert**.

- Certains **adjectifs épithètes** se placent souvent **avant** le nom parce qu'ils sont courts, comme *beau, gros,* ou pour créer un effet de style.

> Nous avons un **beau** jardin.
>
> Il y pousse de **magnifiques** tulipes.

- Certains **adjectifs épithètes** *(brave, curieux, grand, pauvre, propre, triste)* se placent soit **avant**, soit **après** le nom, ce qui fait varier leur sens.

> Mon voisin est un **brave** homme. (Il est gentil.)
>
> Ce soldat est un homme **brave**. (Il est courageux.)

Adjectif qualificatif apposé

L'**adjectif qualificatif** peut être mis en **apposition**. Il est alors **séparé** du nom qu'il détermine par une virgule et indique un rapport de causalité entre deux événements. Sa place dans la phrase peut changer.

> **Violent**, l'orage dévasta les récoltes.
>
> L'orage, **violent**, dévasta les récoltes.
>
> (Parce qu'il fut violent, l'orage dévasta les récoltes.)

Adjectif qualificatif attribut

L'**adjectif qualificatif** peut avoir une fonction **attribut**. L'attribut du sujet et l'attribut du COD appartiennent au groupe verbal.

● L'**attribut du sujet** est lié au sujet qu'il qualifie par un **verbe d'état** comme *être, sembler, paraître, devenir, rester, demeurer, avoir l'air...*

> Les infirmières <u>semblent</u> **préoccupées**.

● L'**attribut du COD** permet d'attribuer au **COD** une qualité ou une caractéristique particulière par l'intermédiaire d'un **verbe transitif** comme : *appeler, avoir, considérer comme, croire, déclarer, élire, estimer, juger, imaginer, nommer, rendre, trouver...*

> Le vent <u>rend</u> les animaux **nerveux**.

 Astuce

● L'**adjectif qualificatif épithète** fait partie du **groupe nominal**.

● L'**adjectif qualificatif attribut** fait partie du **groupe verbal**.

> Elle a les <u>cheveux bruns</u>. Ses cheveux <u>sont bruns</u>.
>
>   GN   GV

 Exercice

Relevez les adjectifs qualificatifs et indiquez leur fonction.

Jeanne, blottie contre sa mère, semble inquiète sur le pont du ferry. Elle trouve la mer houleuse et les vagues menaçantes. Elle attend avec une vive impatience l'arrivée au port.

➤ CORRIGÉS PAGE 414

☞ Voir aussi Attribut du COD, Attribut du sujet, Comparatif et superlatif, Nature et fonction

Adverbes

> Hier, nous marchions lentement dans la forêt.
>   adverbe   adverbe
>
> - **lentement** explique de quelle façon nous marchions.
> - **Hier** indique le temps où s'est déroulé l'événement.

Définition

- L'**adverbe** est un mot qui ne change pas : c'est un mot invariable.
- De même, la **locution adverbiale**, constituée de plusieurs mots *(à peu près, en effet, tout à coup)*, est invariable.

  La fleur de jasmin sent **bon**. Les fleurs de jasmin sentent **bon**.
  (bon ne change pas)

Caractéristiques de l'adverbe

- L'adverbe modifie et précise le sens :
– du **verbe** : Le chat s'étire **nonchalamment**.
– de l'**adjectif** : Le rythme est **trop** saccadé.
– d'un autre **adverbe** : Il chante **particulièrement** faux.
– de la **proposition** ou de la **phrase** : **Malheureusement**, il est parti.
Dans ce cas, sa place peut changer : Il est **malheureusement** parti.

- On peut supprimer l'adverbe sans rendre la phrase incorrecte.

- Certains **adverbes** et **locutions adverbiales** jouent le rôle de **connecteurs** (mots de liaison) : *cependant, néanmoins, par conséquent, pourtant...*

Adverbe *tout*

L'adverbe *tout* s'accorde au féminin singulier et au féminin pluriel lorsqu'il est placé devant un adjectif commençant par une consonne.

  Cette robe est tout**e** _s_ale. Ces robes sont tout**es** _s_ales.

Piège à éviter

Il ne faut pas confondre l'**adverbe** *tout* avec le **pronom indéfini** *tous*.

Ils sont **tout** tristes. = Ils sont très tristes. (adverbe)

Ils sont **tous** tristes. = Tous sont tristes. (pronom)

Quand *tout* est un adverbe, il est invariable : on peut le remplacer par *très*.

Formation de l'adverbe en *-ment*

● Certains adverbes sont formés à partir d'un adjectif auquel est ajouté le suffixe *-ment* : douce → douce**ment**

● Les adjectifs en *-ent* et en *-ant* forment des adverbes en *-emment* et en *-amment* : patient → pati**emment** – plaisant → plais**amment**

Différentes sortes d'adverbes

● L'**adverbe** peut exprimer une **circonstance**, comme :
– le temps : *aujourd'hui, avant-hier, demain* ;
– le lieu : *ailleurs, dehors, derrière, devant, ici, là-bas, partout* ;
– la manière : *ainsi, bien, brusquement, debout, plutôt* ;
– la quantité ou l'intensité : *assez, beaucoup, moins, peu, presque, très*.

● L'**adverbe** peut exprimer l'**opinion**, comme :
– l'affirmation : *oui, vraiment, certainement, volontiers* ;
– la négation : *non, ne... pas, ne... plus, ne... jamais, ne... rien...* ;
– le doute : *peut-être, probablement, sans doute*.

 Exercice

Relevez les adverbes, puis indiquez s'ils modifient le sens d'un mot ou d'une proposition ou s'ils jouent le rôle d'un connecteur.

Je ne me rends pas souvent au cinéma, pourtant, j'y suis allé hier. J'ai mal vu le film : un homme de très grande taille était assis devant moi.

➤ CORRIGÉS PAGE 414

☞ Voir aussi **Adverbes en *-ment*,**
Mots invariables

Articles définis, indéfinis et partitifs

Le courriel de ma cousine m'annonce **une** bonne nouvelle.

- Le accompagne **courriel**. Il indique que le courriel est parfaitement identifiable, celui que je viens de recevoir. Le est un **article défini**.
- une accompagne le nom **nouvelle**. Il ne le définit pas de manière précise, c'est un **article indéfini**.

Définition

Les **articles** (définis, indéfinis, partitifs) appartiennent à la classe des **déterminants**. Ils précèdent et déterminent le nom. Ils s'accordent en genre et en nombre avec le nom et forment avec lui un groupe nominal.

Cueille **des** champignons, mais évite **les** champignons vénéneux.

Article défini

- Les **articles définis** *le, la, l', les* s'emploient devant un nom lorsqu'ils renvoient à un être, un fait ou un objet connu ou lorsqu'ils présentent un terme générique :

– **Élément connu :** Voici **le** train de Genève.

C'est un train en particulier, le train qui vient de Genève.

– **Terme générique :** **Le** poisson est riche en phosphore.

Le poisson renvoie à une espèce animale.

 Piège à éviter

Il ne faut pas confondre *le, la, l', les*, **articles définis** et *le, la, l', les*, **pronoms personnels**.

C'est **le** livre que ma mère lit. (article défini + <u>nom</u>)

Elle <u>pense</u> le terminer avant l'hiver. (<u>verbe</u> + pronom personnel)

Si *le, la, l', les* sont placés devant un nom, ce sont des articles définis.

- **L'article défini élidé** *l'* s'emploie devant un nom singulier commençant par une voyelle ou un *h* muet : l'**o**uragan, l'**h**élicoptère

Article défini contracté

Les **articles définis contractés** sont formés en associant une préposition à un article défini :

– *à + le* → *au* : Il travaille **au** supermarché.

– *à + les* → *aux* : Tu cuisines un poulet **aux** olives.

– *de + le* → *du* : Le nageur sort **du** bassin.

– *de + les* → *des* : Les vaches descendent **des** alpages.

Article indéfini

- Les **articles indéfinis** *un, une, des* s'emploient devant un nom dénombrable de sens indéterminé : J'ai rencontré **un** personnage surprenant.
(il n'est pas nécessaire d'identifier le personnage pour comprendre la phrase)

- **L'article indéfini** sert à exprimer l'admiration.
  Nous avons goûté **un** de ces vins !

Article partitif

- Les **articles partitifs** *du, de la, de l', des* s'emploient devant un nom pour désigner une quantité indénombrable.
  Le négociant achète **de l'**anis étoilé.

- Dans une phrase à la forme négative, les articles partitifs *du, de la* et *de l'* deviennent *de.*
  Il mange **du** pain. Il ne mange pas **de** pain.

Exercice

Relevez les articles et indiquez leur nature (défini, indéfini, partitif).
Dans le magasin de déguisements, j'ai cherché des accessoires de théâtre mais je n'ai pas trouvé de chapeau de fée. Une vendeuse m'a fourni d'aimables renseignements qui m'ont permis de trouver la robe de mes rêves.

➤ CORRIGÉS PAGE 414

☞ Voir aussi **Déterminants**

Attribut du COD

Hélène a trouvé <u>le concert</u> **excellent**.

COD   attribut du COD

■ Le verbe **a trouvé** permet d'attribuer au COD **le concert** une qualité : **excellent**.
L'adjectif qualificatif **excellent** est un **attribut du COD le concert**.

Définition

● **L'attribut du COD** permet d'attribuer au **COD** une qualité par l'intermédiaire d'un **verbe transitif** comme *appeler, avoir, déclarer, élire, imaginer, nommer, rendre, trouver.*

Je <u>trouve</u> votre attitude **inadmissible**.

COD   attribut du COD

● **L'attribut du COD** appartient au **groupe verbal**.

Le juge <u>déclare le suspect</u> **innocent**.

groupe verbal

Verbes introduisant l'attribut du COD

Certains des verbes introduisant l'**attribut du COD** sont des **verbes d'opinion** : *considérer comme, croire, estimer, juger, trouver.*

Le médecin <u>considère</u> cette maladie <u>comme</u> **sérieuse**.

Nature de l'attribut du COD

L'attribut du COD peut être de natures différentes.
● Adjectif qualificatif : Tu crois la boulangère **aimable**.

- Participe passé employé comme adjectif : Je déclare la séance **ouverte**.
- Adjectif verbal : Il trouve la randonnée **fatigante**.
- Nom propre : Elle appelle son chien **Jupiter**.
- Groupe nominal : Je considère le hérisson comme **un animal utile**.
- Groupe nominal prépositionnel : La documentaliste estime ce livre **en mauvais état**.

 Astuce

Il ne faut pas confondre l'adjectif **attribut du COD** avec l'adjectif **épithète** lorsque deux adjectifs se suivent.

Le vent rend <u>les enfants</u> **nerveux**.
     COD attribut du COD

Le vent rend <u>les enfants nerveux</u> **malades**.
     GN avec épithète attribut du COD

Si l'adjectif appartient au groupe nominal, il est **épithète**.

Accord de l'attribut du COD

L'attribut du COD s'accorde **en genre et en nombre** avec le COD quand il est :

– un nom ou un groupe nominal :

J'ai trouvé ces vendeus**es** accueillant**es**.

– un pronom :

J'ai rencontré mes ami**es**. Je l**es** ai jugé**es** élégant**es**.

 Exercice

Soulignez les attributs du COD et précisez leur nature.

Le CPE a trouvé un carnet de correspondance dans la cour. Il trouve ce carnet très sale. Il est mécontent car il juge l'élève propriétaire du carnet négligent. Le collégien a été déclaré absent et aucun mot de justification ne figure dans son carnet. Le CPE estime cette attitude déplacée vis-à-vis du règlement.

➤ CORRIGÉS PAGE 414

☞ Voir aussi Adjectifs qualificatifs, Attribut du sujet, COD, Sujet, Verbe (1)

Attribut du sujet

verbe d'état

Le ciel **est rouge** quand le soleil se couche.

sujet → attribut du sujet

■ Le mot **rouge** précise la couleur du ciel à l'aide du verbe **est**.

Définition

• **L'attribut du sujet** permet d'attribuer une **qualité** au sujet. Il fait partie du groupe verbal et ne peut pas être supprimé.
  Ton argument semble **convaincant**.

• **L'attribut du sujet** s'accorde **en genre et en nombre** avec le sujet.
  Les plantes restent vertes.

Verbes attributifs

L'attribut du sujet est relié à son sujet par l'intermédiaire d'un **verbe attributif** qui peut être :

– un **verbe d'état** : *être, demeurer, rester, devenir, sembler, paraître* :
  Ses résultats paraissent **encourageants**.

– une **locution verbale** : *avoir l'air (de), passer pour* :
  Jérémy passe pour **savant**.

– un **verbe intransitif, passif ou pronominal,** équivalent de *être* : *naître, revenir, tomber, vivre, être déclaré, être considéré comme, être tenu pour, se faire* :
  Mon grand-père se fait **vieux**. Ma grand-mère est tombée **évanouie**.

 Astuce

Un verbe **attributif** peut être remplacé par un verbe d'état.
  Mon grand-père **se déclare** en bonne santé. (verbe attributif)
  Mon grand-père **est** en bonne santé.

Nature de l'attribut du sujet

L'**attribut du sujet** peut être de natures différentes.

- Adjectif qualificatif :   Ce garagiste passe pour **compétent**.
- Participe passé employé
  comme adjectif :   Le patient semble **réveillé**.
- Adjectif verbal :   Cet air est **entraînant**.
- Nom propre :   Mon frère se prénomme **Sylvain**.
- Groupe nominal :   Il est considéré comme **un enfant sage**.
- Verbe à l'infinitif :   Mon désir est de **voyager**.
- Pronom personnel :   Elle est courageuse, je **le** suis aussi.
- Pronom possessif :   Cette qualité est **la nôtre**.
- GN prépositionnel :   Ils sont restés **en vacances**.
- Proposition subordonnée
  conjonctive :   L'essentiel est **que vous persévériez**.

Place de l'attribut du sujet

- L'**attribut du sujet** se place généralement **après** le verbe attributif d'une phrase affirmative : Vous semblez rêveur.

- L'**attribut du sujet** se place **avant** le verbe attributif :
– quand il est mis en relief : Grande est ma patience.
– quand un pronom reprend un adjectif attribut du sujet :
   Il paraît sérieux et il l'est vraiment.
– dans certaines phrases interrogatives : Quel adulte Pierre sera-t-il ?

Exercice

Soulignez les attributs du sujet et précisez leur nature.

L'infirmier a l'air préoccupé : son malade est immobile sur son lit, il semble en très mauvaise santé. L'infirmier prend dans sa mallette un thermomètre médical. Son souhait est que la température du patient ne s'élève pas trop.

➤ CORRIGÉS PAGE 414

☞ Voir aussi Adjectifs qualificatifs, Attribut du COD, COD, Sujet, Verbe (1)

Classes grammaticales

Les enfants de ma voisine **sont** particulièrement intelligents.

- Les, ma appartiennent à la classe grammaticale des déterminants ;
- enfants, voisine, à celle des noms ;
- de, à celle des prépositions ;
- particulièrement, à celle des adverbes ;
- **sont**, à celle des **verbes** ;
- intelligents, à celle des adjectifs qualificatifs.

Définition

La **classe grammaticale**, ou **nature** d'un mot, est la catégorie dans laquelle on regroupe les mots qui ont les mêmes caractéristiques grammaticales. La classe grammaticale d'un mot est indiquée dans le dictionnaire :

avion : <u>n.</u> m. (nom masculin) (*avion* est dans la classe des noms)

Les dix classes grammaticales

Nom	chemin, voiture, roi, ordinateur
Déterminant	la, un, des, ce, notre, deux, quelques
Adjectif qualificatif	étroit, jaune, rond
Pronom	je, lui, le sien, la nôtre, qui, que, dont, où
Verbe	décider, finir, croire, aller
Adverbe	vite, bien, doucement, trop, moins
Préposition	par, pour, en, à, de, avec
Conjonction	mais, ou, et, donc, que, quand, afin que
Interjection	eh, oh, hélas, aïe
Onomatopée	boum, badaboum, crac

Mots variables et invariables

- Mots variables : le **nom**, le **déterminant**, l'**adjectif qualificatif**, le **pronom** et le **verbe** varient en genre, en nombre ou en personne.

  J'ai visité une grotte étrange. **Vous avez** visité **des** grotte**s** étrange**s**.

- Mots invariables : l'**adverbe**, la **préposition**, la **conjonction**, l'**interjection** et l'**onomatopée** ne changent ni en genre ni en nombre.

  Ouf ! Il attend **patiemment devant** la porte. (singulier)

  Ouf ! Ils attendent **patiemment devant** les portes. (pluriel)

Changement de classe grammaticale

- Certains mots appartiennent à plusieurs **classes grammaticales** :
- **noms** et **adjectifs** : une rose – un drap rose
- **verbes** et **noms** : déjeuner – le déjeuner
- **adjectifs** et **adverbes** : un homme fort – chanter fort

- Certains mots changent de **classe grammaticale** par dérivation (ajout d'un suffixe) : beau – beauté / lourd – alourdir

(!) Piège à éviter

Il ne faut pas confondre le **pronom** *où* et la **conjonction** *ou*.

Il est souvent vêtu de noir **ou** de violet. (*ou* = conjonction)
préposition + adjectif qualificatif/préposition + adjectif qualificatif

C'est la maison **où** habite ma tante. (*où* = pronom relatif)
nom   verbe

ou précédé et suivi par un mot (ou un groupe de mots) de la **même classe grammaticale** est une conjonction.

Exercice

Indiquez la classe grammaticale des mots soulignés.

Le promoteur immobilier a réalisé une affaire particulièrement juteuse. Il a acquis un terrain avec vue sur la mer et construit une bâtisse de quatre étages. Hélas, la plage est interdite à la baignade.

➤ CORRIGÉS PAGE 414

☞ Voir aussi **Adjectifs qualificatifs, Adverbes, Conjonctions, Déterminants, Noms, Prépositions, Pronoms, Verbe (1)**

Comparatif et superlatif

Le train est **plus** rapide **que** la voiture.
⌞ comparatif ⌟

Le TGV est **le plus** rapide des trains.
⌞ superlatif

- **plus... que** permet de comparer la vitesse du train par rapport à celle de la voiture. C'est un **comparatif**.
- **le plus** permet de dire que la vitesse du TGV est supérieure à celle de tous les autres trains. C'est un **superlatif**.

Définition

- Le **comparatif** s'emploie pour établir une **comparaison entre deux ou plusieurs éléments**. Généralement, un complément du comparatif, introduit par *que*, suit l'adjectif ou l'adverbe.

  Le lin est **plus** épais **que** la soie. Tu lis **plus** vite **que** moi.
  adjectif   adverbe

- Le **superlatif relatif** est formé de *le, la, les*, suivi du comparatif, et parfois d'un complément introduit par *de*.
  Il exprime le fait qu'une personne ou une chose possède une caractéristique au plus haut degré ou au plus faible degré, en comparaison avec d'autres : Matéo est **le plus** loyal (de mes amis).

- Le **superlatif absolu** est formé de *peu, très, fort* ou *extrêmement*, suivi de l'adjectif ou de l'adverbe. Il exprime le fait qu'une personne ou une chose possède une caractéristique au plus haut degré ou au plus faible degré, en dehors de toute comparaison avec d'autres personnes ou d'autres choses : Cette nouvelle est **peu** intéressante.
  superlatif absolu d'infériorité

Degrés d'intensité de l'adjectif qualificatif

● Le **comparatif** peut indiquer trois degrés de l'adjectif qualificatif :

COMPARATIF DE SUPÉRIORITÉ	plus (+ adjectif) que	L'or est plus rare que l'argent.
COMPARATIF D'INFÉRIORITÉ	moins (+ adjectif) que	La tomate est moins énergétique que l'avocat.
COMPARATIF D'ÉGALITÉ	aussi (+ adjectif) que	Mon score est aussi satisfaisant que le tien.

● Le **superlatif** peut indiquer deux degrés de l'adjectif qualificatif :

SUPERLATIF DE SUPÉRIORITÉ	le plus (+ adjectif)	L'or est le plus précieux des métaux.
SUPERLATIF D'INFÉRIORITÉ	le moins (+ adjectif)	La salade est le moins énergétique des aliments.

Comparatifs et superlatifs irréguliers

Certains **comparatifs** et **superlatifs de supériorité** sont irréguliers :

bon > meilleur/le meilleur – mauvais > pire/le pire

Piège à éviter

Le **comparatif de supériorité** de *mauvais* est **pire**.

Mais le **comparatif d'infériorité** de *mauvais* est **moins mauvais**.

Mes résultats sont **pires que** les tiens, mais ils sont **moins mauvais** que ceux de Louise.

Exercice

Relevez les comparatifs et les superlatifs. Précisez s'il s'agit de superlatifs relatifs ou absolus.

Dans le contexte international, l'anglais est la plus utilisée des langues alors que l'allemand est peu parlé. En Amérique du Sud, l'espagnol est extrêmement courant. En Europe, cette langue est beaucoup moins fréquente. Les Nordiques ont des compétences linguistiques supérieures à celles des Français.

➤ CORRIGÉS PAGE 414

☞ Voir aussi **Adjectifs qualificatifs**, **Adverbes**

Complément d'objet direct (COD)

> Tom cherche **ses amis**. Il **les** a perdus dans la foule.
>
> qui ? → COD   COD → qui ?
>
> - Il cherche qui ? **ses amis** (**COD**).
> - Il a perdu qui ? **les**, qui remplace **ses amis** (**COD**).

Définition

- Le **complément d'objet direct** (COD) complète un verbe auquel il est rattaché **directement**, sans préposition : Il mange **une pomme**.

Le **complément d'objet direct** indique ce sur quoi porte l'action du verbe. Il fait partie du **groupe verbal**.

- Le **COD** est un complément **essentiel** qui ne peut être **ni déplacé ni supprimé** sans modifier le sens de la phrase.

Martin ferme **son blouson**.

Si l'on supprime le COD, la phrase prend un autre sens :

Il ferme peut signifier que la personne ferme une porte, une boutique, etc.

Repérer le COD

Le **COD** est le **mot** ou le **groupe de mots** qu'on peut encadrer par *c'est... que* ou *ce sont... que*, suivi du sujet et du verbe.

C'est **son chat** qu'il cherche. Le COD répond à la question « Qu'est-ce qu'il cherche ? »

Nature du COD

Un **COD** peut correspondre à **différentes natures**.

- Nom propre : Il a invité **Arthur**.
- Groupe nominal : Tu recharges **ton portable**.

- Verbe à l'infinitif : Je déteste **courir**.
- Pronom personnel : Plus je **le** vois, plus je **l'**aime.
- Proposition subordonnée complétive : Je sais **que tu cuisines bien**.
- Proposition subordonnée relative sans antécédent : Choisissez **qui vous voulez**.

Place du COD

- Si le **COD** est un **groupe nominal** :
— il se place **après le verbe** : Léo loue **un DVD**.
Sauf dans une phrase exclamative ou interrogative avec inversion du sujet :

> **Quelle culture** tu possèdes ! **Quel âge** as-tu ?

— il peut être en début de phrase, pour être mis en valeur ; il est alors repris par un pronom personnel : **Arthur**, je **l'**ai battu.

- Si le **COD** est un **pronom relatif** ou un **pronom personnel**, il se place **avant le verbe** : Elle a un caractère **que** j'aime. Alice **nous** aide.

Construction du COD

Certains verbes se construisent toujours avec un COD. Ce sont les **verbes transitifs directs** : Il poursuit **son camarade**.

 Piège à éviter

Se rappeler est un **verbe pronominal transitif direct**. Il est complété par un **COD**.

> Je me rappelle **mon séjour** en Irlande.

 Exercice

Indiquez la nature des COD et justifiez leur place.

Les sauveteurs préparent leur équipement. Quelle triste expédition ils vont mener ! Une avalanche a emporté plusieurs skieurs et les a ensevelis sous la neige. Les sauveteurs savent que leur mission sera difficile.

➤ CORRIGÉS PAGE 415

☞ Voir aussi Compléments
de verbe, de phrase

Complément d'objet indirect (COI) et COS

Le surfer parle [de] sa nouvelle planche [à] ses amis.

- ■ sa nouvelle planche (COI) est relié au verbe parle par la **préposition** de et précise ce dont parle le surfer.
- ■ ses amis (COS) est relié au verbe parle par la **préposition** à.

Définition

Le **complément d'objet indirect** (COI) complète le verbe auquel il est attaché à l'aide d'une **préposition** *(de, à...)*. C'est un **complément essentiel** qu'on ne peut ni supprimer ni déplacer. Il répond à la question : *de qui ? de quoi ? à qui ? à quoi ?* Jules se souvient **de nous**.

Nature du COI

- Groupe nominal : Il se moque **du gardien**.
- Pronom personnel : Je me plains **d'eux**.
- Verbe à l'infinitif : Nous songeons **à partir tôt**.
- Proposition subordonnée complétive : Je m'attends **à ce que tu ries**.
- Proposition subordonnée relative et son antécédent : Il réfléchit **à la fête qu'il leur préparera**.

Place du COI

- Le **groupe nominal COI** se place en général **après le verbe**.

  Elle téléphone **à son banquier**.

  Cependant, il peut se placer avant le verbe pour produire un effet.

  De ses projets, elle nous parle continuellement.

- Le **pronom personnel COI** se place **avant** ou **après le verbe, selon la préposition qui l'introduit** (qui n'apparaît pas toujours).

  Tu **nous** manques. (Tu manques à nous.) Nous parlons **de toi**.

- Dans une **phrase interrogative** avec inversion du sujet ou dans une **proposition relative, le COI** se place **avant le verbe**.

    De quoi as-tu rêvé ? C'est **le cousin dont** tu te souviens.

Verbes transitifs indirects

- Les verbes qui introduisent un **COI** sont **transitifs indirects** : *bénéficier de, discuter de, avoir envie de...* : Elle a envie d'une glace au caramel.

- Certains **verbes transitifs indirects** sont suivis des prépositions *sur* et *en* : Je compte sur votre compréhension. Il croit en moi.

Le complément d'objet second

- Le **complément d'objet second** (COS), ou complément d'attribution, est un complément d'objet indirect qui suit un premier complément.

    Louis donne un cadeau (COD) à sa cousine (COI → COS).

- Les verbes exprimant le **don** et la **déclaration** *(accorder, céder, dire, donner, offrir, envoyer, parler, prêter, raconter)* admettent un **COS**.

    Dans le bus, une fillette a cédé sa place (COD) à ma mère (COI → COS).

 Piège à éviter

Il ne faut pas confondre le **COI** introduit par *de* ou *à* avec un **complément circonstanciel de lieu**. Pour repérer le **COI**, on pose la question *de quoi ?* ou *de qui ?* après le verbe.

Je profite de mes vacances. (Je profite de quoi ?) → COI

Je reviens de la pharmacie. (Je reviens d'où ?) → CC de lieu

 Exercice

Relevez les COI et les COS, puis indiquez leur nature.

Le maçon prête sa truelle à son compagnon. Il profite de ce moment de repos pour lui emprunter le journal. Il commence à lire lorsque arrive le chef de chantier. Le maçon, pris en faute, s'attend à ce que son chef le réprimande.

➤ CORRIGÉS PAGE 415

☞ Voir aussi Compléments de verbe, de phrase

Complément du nom

$$\text{la pièce} \begin{cases} \text{de tissu} \\ \text{de monnaie} \end{cases} \qquad \text{le roi} \begin{cases} \text{de France} \\ \text{de cœur} \end{cases}$$

- **tissu, monnaie** complètent le nom **pièce**.
- **France, cœur** complètent le nom **roi**.

Ce sont des compléments du nom.

Définition

Le **complément du nom** est un mot ou un groupe de mots qui précise, **détermine** le sens du nom qu'il complète. Il est aussi nommé **complément de détermination**. C'est une **expansion du nom**.

Cette couturière a des doigts **de fée**.

Nature du complément du nom

Le **complément du nom** peut être de différentes natures grammaticales.

- Groupe nominal précédé d'une préposition (groupe nominal prépositionnel) : Utilise le vélo **de ta sœur**.
- Pronom indéfini : Je sais l'enthousiasme **de certains**.
- Adverbe : Ce sont des paysages **d'ailleurs**.
- Verbe à l'infinitif : Tu répares la machine **à laver**.
- Proposition subordonnée relative : Tu as vu le sac **qu'elle a**.
- Proposition subordonnée complétive : L'idée **que tu aies réussi** me réjouit.

Place du complément du nom

- Le complément du nom se place **après le nom** qu'il complète, dans la plupart des **phrases affirmatives** : J'aime ce totem **en bois d'ébène**.
- Il est placé **avant le nom** qu'il complète dans certaines **phrases affirmatives d'un niveau de langue recherché** et dans les **phrases interrogatives** : **De ces événements**, je n'ai nul souvenir. **De quels poèmes** Rimbaud est-il l'auteur ?

Construction du complément du nom

- Le complément du nom se construit le plus souvent avec une **préposition**.

à : un pot <u>à</u> eau

contre : un sirop <u>contre</u> la toux

en : un sac <u>en</u> lin

pour : une crème <u>pour</u> bronzer

sur : une vue <u>sur</u> le lac

au fond de : <u>au fond de</u> la prairie

de : le bol <u>de</u> lait

par : la preuve <u>par</u> neuf

sans : un enfant <u>sans</u> problèmes

- Parfois, le complément du nom est construit directement, sans préposition.

  Il habite (dans) la rue **Lamartine**.

- Des compléments du nom peuvent s'enchaîner :

  Les poiriers du **jardin** de nos **voisins**.

- Le complément du nom indique, notamment :

la cause (des cris **de joie**)

le lieu (la plaine **de la Beauce**)

l'origine (les calissons **d'Aix**)

la quantité (un camion **d'une tonne**)

le contenu (un pot **de confiture**)

la matière (un étui **en cuir**)

la qualité (une femme **d'exception**)

le temps (les congés **de juillet**)...

! Piège à éviter

Il ne faut pas confondre le **complément du nom** et le **complément circonstanciel**. Le complément du nom ne peut pas être déplacé.

J'ai acheté une cagette **de poires**. (complément du nom)

Le maraîcher a rempli une cagette **de poires**.

= Le maraîcher a rempli une cagette avec des poires. (complément circonstanciel)

Exercice

Relevez les compléments du nom.

L'employé du service de nettoyage travaille rue Roger-Salengro. Il vide les corbeilles à papier, passe l'aspirateur et remplit le placard de produits ménagers. Il referme à clé la porte en métal avant de repartir.

➤ CORRIGÉS PAGE 415

☞ Voir aussi Adjectifs qualificatifs, COI, Noms propres et noms communs, Prépositions, Propositions subordonnées relatives

Compléments circonstanciels

Sur notre planète, la fonte des glaces s'accélère **dangereusement depuis quelques années**.

■ **Sur notre planète** précise **où** fond la glace, **dangereusement**, **de quelle manière** elle fond et **depuis quelques années**, la période concernée. Ces **compléments** précisent les **circonstances** de la fonte des glaces. Ce sont des **compléments circonstanciels**.

Définition

La fonction **complément circonstanciel** est de préciser les différentes **circonstances** : le lieu, le temps, la manière, notamment, dans lesquelles se déroule l'action. Le sens d'une phrase peut être complété par un ou plusieurs **compléments circonstanciels**.

Je vous attends **chez moi** (CC de lieu), **à 8 heures précises** (CC de temps).

Nature du complément circonstanciel

La fonction **complément circonstanciel de lieu et de temps** peut être occupée par des mots ou groupes de mots de natures différentes.

- Groupe nominal : Jérémy fête son anniversaire **samedi prochain**.
- Groupe nominal prépositionnel : Je pose un livre **sur la table**.
- Pronom personnel : Ne va pas au marché, j'**en** viens.
- Adverbe : C'est **ici** que j'habite.
- Proposition subordonnée conjonctive : Viens **quand tu seras prêt**.

Place du complément circonstanciel

- Le **complément circonstanciel** est un **complément non essentiel à la construction** de la phrase. Il peut être déplacé ou supprimé. Il peut y avoir plusieurs compléments circonstanciels dans une phrase.

Hier, j'ai vu Enzo **au parc**. **Au parc**, **hier**, j'ai vu Enzo.

- Certains verbes, comme *aller, habiter, se rendre...*, admettent des **compléments circonstanciels** de **temps** et de **lieu** non déplaçables et non supprimables. Ce sont alors des compléments **essentiels**.

> Ils habitent **en Isère**. Le film a duré **deux heures**.

 Astuce

Un complément circonstanciel est non essentiel quand on peut le supprimer.

> Il travaille **la nuit**. (non essentiel) → Il travaille. / Il habite **la ville**. (essentiel)

Sens et construction des compléments circonstanciels

Les différents **compléments circonstanciels** expriment une nuance de sens, parfois introduite par une préposition : Il peint **par** plaisir.

- Le **but** : Fred concourt <u>pour</u> gagner.
- La **cause** : <u>Faute de</u> temps, il a manqué son rendez-vous.
- La **comparaison** : Julie est vêtue <u>comme</u> une princesse.
- La **concession** (ou opposition) : Il a tenu bon <u>malgré</u> la fatigue.
- La **condition** : Rejoins-nous <u>si</u> tu es prêt.
- La **conséquence** : L'enfant a désobéi, <u>de sorte qu</u>'il est puni.
- Le **lieu** : Lino habite <u>en</u> Italie. Léa se dirige <u>vers</u> l'église.
- La **manière** : Les deux garçons courent <u>sans</u> peine.
- Le **moyen** : <u>Grâce à toi</u>, nous sommes à l'heure.
- Le **temps** : Demain, je t'appellerai au téléphone. J'ai dansé **toute la nuit**.

 Exercice

Indiquez le sens et la nature des compléments circonstanciels.

La serveuse s'adresse au barman en souriant : « Éric, tu pourrais desservir cette table puisque tu sembles désœuvré. » À l'entendre, il serait paresseux !
Le spéléologue est resté sous terre pendant des jours et des nuits. Enfin, après avoir rampé le long d'une galerie étroite, il est réapparu en surface le 29 avril.

> ➤ CORRIGÉS PAGE 415

☞ Voir aussi **Compléments de verbe, de phrase, Conjonctions de subordination, Prépositions**

Compléments de verbe, de phrase

L'an dernier, le pilote a gagné la course aisément.

complément de phrase   verbe   compléments de verbe

- **la course** et **aisément** complètent le verbe **a gagné**.
Ce sont des **compléments de verbe**.
- **L'an dernier** situe l'ensemble de la phrase dans le temps.
C'est un **complément de phrase**.

Définition

- Le **complément de verbe** complète le **verbe** en apportant des informations complémentaires. C'est un **complément essentiel**, placé après le verbe, qu'on peut difficilement supprimer ou déplacer. Un même verbe peut avoir plusieurs **compléments de verbe**.

   Il offre <u>un café</u> <u>au visiteur</u>.

- Le **complément de phrase** complète l'ensemble de la phrase et pas seulement le verbe. C'est un **complément non essentiel** que l'on peut déplacer et supprimer : La nuit, il travaille.

Fonctions du complément de verbe

- Le **complément de verbe** peut occuper des **fonctions** spécifiques que n'occupe jamais le **complément de phrase**.
- COD : Le tennisman prépare **son service**.
- COI : L'arbitre s'adresse **aux joueurs**.
- COS : Nous avons offert un livre **à notre cousine**.
- Attribut du sujet : Le garagiste semble **débordé**.
- Attribut du COD : Je trouve cette partie **intéressante**.
- CC de manière : Mathieu boit **goulûment**.

• Le **complément de verbe** peut aussi occuper la fonction de complément circonstanciel, **uniquement** lorsqu'il complète un verbe qui nécessite des informations portant sur les circonstances : *aller, habiter, coûter, partir, peser, se conduire...*

Mathieu habite **dans cet immeuble**.

Fonctions du complément de phrase

Le **complément de phrase** peut occuper des **fonctions** différentes.

• **Complément circonstanciel :**

– de lieu : Nous campons **en Auvergne**.

– de temps : **L'été**, je pratique le parapente.

– de manière : La danseuse évolue **avec grâce**.

– de cause : Vous avez renoncé **par faiblesse**.

– de concession : Tu es venu **malgré ta fatigue**.

• **Complément d'agent :** Il a été élevé **par sa tante**.

 Astuce

Les CC peuvent être compléments de verbe ou compléments de phrase.

Les CC de manière sont souvent compléments du verbe.

Les CC de lieu et de temps sont souvent compléments de phrase.

Dès le matin, il préparait soigneusement son matériel.

compl. de phrase   compl. de verbe

Exercice

Classez les compléments en compléments de phrase et en compléments de verbe. Justifiez votre classement.

Les parents de mon voisin voyagent souvent, c'est pourquoi ils ont confié son éducation à ses grands-parents depuis plusieurs mois. Mon voisin reçoit de nombreuses cartes postales.

➤ CORRIGÉS PAGE 415

☞ Voir aussi COD, COI,
Compléments circonstanciels,
Voix active et voix passive

Conjonctions de coordination

L'eau est composée d'oxygène **et** d'hydrogène.

GN — GN

conjonction de coordination

■ **et** coordonne les groupes nominaux prépositionnels d'oxygène et d'hydrogène. C'est une **conjonction de coordination**.

Définition

• Les **conjonctions de coordination** sont des mots invariables qui relient des mots, des groupes de mots ou des propositions de **même fonction** et, très souvent, de **même nature** : Il est gentil **mais** têtu.

• Les **conjonctions de coordination** peuvent relier des mots de natures différentes mais qui jouent le même rôle dans la phrase.

Un coureur rapide (adj.) **et** qui bat tous les records (prop. sub. relative).

Nature des mots et groupes de mots reliés par une conjonction de coordination

- Nom : Iris **et** tulipes ornent l'allée.
- Groupe nominal : Préférez-vous les plages de galets **ou** les dunes de sable ?
- Adjectif qualificatif : C'est un garçon efficace **car** sérieux.
- Verbe : Elsa court **mais** ralentit.
- Adverbe : Le randonneur va lentement **donc** sûrement.

Fonction des mots ou groupes de mots reliés par une conjonction de coordination

- Sujet : Le père **et** le fils travaillent.
- Attribut du sujet : Il semble irrité **ou** préoccupé.

- COD : Je n'aime <u>ni</u> **les pâtes** <u>ni</u> **le riz**.
- COI : Nous téléphonons **à Louis** <u>et</u> **à Nathan**.
- Complément du nom : Elle prépare un jus **de raisin** <u>et</u> **de pomme**.
- CC de moyen : Voyageras-tu **en avion** <u>ou</u> **en bateau** ?

Sens des conjonctions de coordination

et	addition	Il achète un ordinateur **et** une souris.
	conséquence	Il a réussi **et** on l'a porté en triomphe.
	opposition	Il s'est inscrit **et** il s'est désisté.
	succession	Léa est arrivée première **et** Lise deuxième.
ou	alternative	Prends du fromage **ou** un dessert.
car	cause	Presse-toi **car** tu es en retard.
donc	conclusion	Je conclus **donc** à une erreur.
	conséquence	Il est malade **donc** il reste couché.
ni	négation	Il n'a **ni** stylo **ni** feuille.
or	objection	Il sourit, **or** il est contrarié.
mais	opposition	Elle est serviable **mais** capricieuse.

 Piège à éviter

Pour reconnaître une **conjonction de coordination** lorsqu'elle relie deux mots ou groupes de mots appartenant à des classes grammaticales différentes, on vérifie qu'ils ont bien la même fonction.

<u>Clémence</u> et <u>toi</u> êtes amies. (nom sujet + pronom sujet)

 Exercice

Complétez les phrases avec des conjonctions de coordination.

La pollution est une question qui concerne adultes ... enfants, ... malheureusement tout le monde ne se sent pas concerné de la même manière. Si tous les efforts ne sont pas conjugués, ... les intentions des uns ... les prétextes des autres ne suffiront à pallier la catastrophe en route. Le danger est imminent, ... il faut réagir de toute urgence.

➤ CORRIGÉS PAGE 415

☞ Voir aussi Conjonctions de subordination, Propositions indépendantes, coordonnées

Conjonctions de subordination

L'avion sera autorisé à voler **si** les tests sont satisfaisants.

prop. principale   prop. subordonnée

conj. de subordination

■ L'avion décollera à condition que les tests soient satisfaisants. Le décollage est subordonné à cette condition. **si** établit le lien avec la subordonnée. C'est une **conjonction de subordination**.

Définition

• Une **conjonction de subordination** relie une **proposition principale** à une proposition appelée **subordonnée conjonctive**. L'une dépend de l'autre. La conjonction de subordination est invariable.

• La **conjonction de subordination** introduit un rapport **temporel** ou **logique** entre la proposition principale et la proposition subordonnée.

Ce moteur tourne mieux **après qu'**il a été révisé.

Je prends un parapluie **parce qu'**on annonce de la pluie.

Forme des conjonctions de subordination

• En un seul mot : *comme, lorsque, puisque, quand, si...*
• En plusieurs mots, il s'agit de **locutions conjonctives** de subordination : *avant que, à condition que...*

Conjonctions et propositions subordonnées conjonctives

• La conjonction de subordination *que* introduit une **proposition subordonnée conjonctive complétive** qui a pour fonction d'être COD.

Tu sais **que** j'ai un cadeau pour toi.

COD du verbe *savoir*

- Les autres **conjonctions de subordination** introduisent une **proposition conjonctive circonstancielle** et en précisent la **nuance**.

Le spectacle en plein air s'arrête <u>dès que</u> la nuit tombe.

CC de temps du verbe *s'arrête*.

But	afin que, pour que
Cause	comme, parce que, puisque
Comparaison	comme, que
Condition	à condition que, si
Conséquence	de sorte que, si bien que, puisque
Concession	bien que, en dépit du fait que, quoique
Temps	comme, lorsque, dès que, avant que, après que

! **Piège à éviter**

Il ne faut pas confondre la **conjonction de subordination** *que* introduisant une proposition subordonnée conjonctive complétive et le **pronom interrogatif** *que*. Si *que* est placé après le verbe, alors c'est une conjonction de subordination.

Il me semble **que tu es** d'accord. (conjonction de subordination)

Que fais-tu ? (pronom interrogatif)

Exercice

Relevez les conjonctions de subordination et indiquez si elles introduisent une proposition complétive (introduite par *que*) ou circonstancielle (introduite par une autre conjonction de subordination).

Lorsque les Boliviens ont découvert les ressources en lithium de leur sol et qu'ils ont envisagé de les commercialiser, leur espoir de s'enrichir a grandi. Chacun sait que le lithium permet d'alimenter les voitures électriques. Le président bolivien tient à garder le monopole de l'exploitation afin que son peuple ne soit pas spolié. La population approuve cette décision puisqu'elle protège les intérêts économiques du pays.

➤ CORRIGÉS PAGE 415

☞ Voir aussi **Propositions subordonnées conjonctives complétives**, **Propositions subordonnées circonstancielles (2)**

Connecteurs

Mathieu a pris sa guitare, **puis** il nous a joué un air.

■ Le mot **puis** relie la proposition Mathieu a pris sa guitare à la proposition il nous a joué un air. C'est un **connecteur**.

Définition

● Les **connecteurs** sont les mots de liaison qui permettent de relier les différentes parties d'un énoncé. Ils en soulignent la progression et en assurent ainsi la cohérence. Ils sont le plus souvent placés en tête de phrase ou de proposition.

Angèle semble triste. **C'est pourquoi** je la réconforte.

● Un connecteur peut relier :

– deux propositions : Il ne dort pas assez, **donc** il est fatigué.

– deux phrases : Je t'écris. **Mais** tu ne me réponds pas.

– deux paragraphes ou deux chapitres.

Connecteurs temporels, spatiaux, argumentatifs

● Les **connecteurs spatio-temporels** comprennent les connecteurs spatiaux et les connecteurs temporels.

– Les **connecteurs spatiaux** *(à droite, à gauche, devant, derrière, en arrière-plan)* indiquent la **situation dans l'espace**.

Au loin, on aperçoit une rangée d'arbres.

Au premier plan apparaissent nettement les personnages.

– Les **connecteurs temporels** servent à **organiser dans le temps** les étapes du récit (la **succession** dans le temps : *hier, demain, puis* ; l'**antériorité** : *avant* ; la **postériorité** : *ensuite* ; la **simultanéité** : *à ce moment* ; la **fréquence** : *parfois* ; la **soudaineté** : *alors*).

Il s'adresse **d'abord** à ses amis, **puis** à ses collègues. (succession)

- Les **connecteurs logiques** (ou **argumentatifs**) permettent de restituer le rapport (addition, alternative, cause, conséquence, explication, opposition) qui met en cohérence les unités d'un texte.

> Léna a choisi ce pull **parce que** sa couleur est à la mode.

Nature des connecteurs

Un connecteur peut être :
– un **adverbe** ou une locution adverbiale de liaison : *alors, d'abord, en effet...*
– une **conjonction de coordination** : *car, donc, mais, or...*
– une **conjonction de subordination** ou une **locution conjonctive de subordination** : *dès que, lorsque, quand...*
– un **groupe nominal** ou un **GN prépositionnel** : *la veille, sur la droite, à l'arrière...*

Absence de connecteurs

Quand il n'est pas nécessaire d'utiliser un connecteur pour lier deux propositions, phrases ou paragraphes, on parle de **lien implicite**.

> Le renard a faim. Il attaque les poules. (<u>Donc</u>, il attaque les poules.)

 Piège à éviter

Tous les **compléments circonstanciels de temps ou de lieu** ne sont pas des connecteurs. Seuls ceux qui **font progresser le texte** le sont.

> À l'ouest, le soleil couchant rougeoyait dans les blés.

CC de lieu, connecteur spatial   CC de lieu

 Exercice

Indiquez la valeur (logique, spatiale ou temporelle) des connecteurs ainsi que leur nature.

La toile de Chardin intitulée *La Raie* représente les éléments d'une nature morte répartis géométriquement. En effet, à gauche, sont peints des animaux, alors qu'à droite figurent des objets. Sur les côtés dominent les couleurs sombres, tandis qu'au centre apparaissent des couleurs claires et chaudes.

➤ CORRIGÉS PAGE 415

☞ Voir aussi Adverbes, Conjonctions de coordination, Conjonctions de subordination, Compléments circonstanciels

(D)éterminants

> (Le) facteur ouvre (sa) sacoche, il n'a (aucune) lettre pour moi.

- Les mots Le, sa, aucune introduisent les noms facteur, sacoche et lettre dans la phrase. Ils les déterminent ; ce sont des **déterminants**.

Définition

Les **déterminants** déterminent le nom ; ils entrent obligatoirement dans la constitution du groupe nominal. Ils désignent l'ensemble des mots placés devant le nom, avec lequel ils s'accordent en genre et en nombre. L'araignée tissa sa toile pour capturer des insectes.

Les catégories de déterminants

	RÔLE	MASCULIN SINGULIER	FÉMININ SINGULIER	PLURIEL
Article défini	désigne des personnes, des animaux ou des objets connus	le	la	les
Article défini élidé		l'	l'	-
Article défini contracté		au, du	-	aux, des
Article indéfini	désigne des personnes, des animaux ou des objets inconnus	un	une	des
Article partitif	s'emploie devant un nom indénombrable	du	de la	des
Déterminant (ou adjectif) possessif	indique la possession	mon, ton, son, notre, votre, leur	ma, ta, sa, notre, votre, leur	mes, tes, ses, nos, vos, leurs
Déterminant (ou adjectif) démonstratif	montre des personnes, des animaux, des objets	ce, cet	cette	ces

Déterminant (ou adjectif) indéfini	indique une quantité indéfinie ou nulle	*aucun, chaque, tout*	*aucune, chaque, toute*	*plusieurs, tous, toutes*
Déterminant (ou adjectif) numéral cardinal	indique un nombre précis	*un*	*une*	*deux, trois, quatre...*
Déterminant (ou adjectif) exclamatif	marque l'exclamation	*quel*	*quelle*	*quels, quelles*
Déterminant (ou adjectif) interrogatif	marque l'interrogation	*quel*	*quelle*	*quels, quelles*

Nom avec ou sans déterminant

● Un nom peut **ne pas être accompagné d'un déterminant**.

– Nom propre : Londres est une belle ville.

– Nom utilisé pour apostropher : Garçon, un café !

– Nom apposé : Lise, **élève de sixième**, fait du judo.

– Dans des locutions verbales : avoir froid, faire peur...

– Dans des énumérations : bonbons, gâteaux, chocolat...

● Si le nom est **accompagné d'un adjectif qualificatif**, il s'emploie avec un déterminant : Je creuse avec ardeur. Je creuse avec **une** grande ardeur.

(!) **Astuce**

Certains déterminants indéfinis, numéraux, exclamatifs et interrogatifs peuvent se combiner entre eux : le deuxième est un déterminant **complémentaire** : Quels autres romans as-tu lus ?

déterminant + déterminant complémentaire

Exercice

Indiquez la catégorie de chaque déterminant.

Je me demande **quelle** décision il a prise après **notre** dernier rendez-vous. **Cette** fois, il a écouté **chaque** opinion, puis il a sollicité **plusieurs autres** avis.

➤ CORRIGÉS PAGE 415

 Voir aussi Articles définis, indéfinis et partitifs, Déterminants exclamatifs et interrogatifs, Déterminants indéfinis, Déterminants possessifs et démonstratifs

Déterminants exclamatifs et interrogatifs

1. **Quel** âge avez-vous donc, madame **?**

2. **Quelle** question indélicate **!**

- La phrase 1 se termine par un point d'interrogation : quel est un **déterminant interrogatif**.
- La phrase 2 se termine par un point d'exclamation : quelle est un **déterminant exclamatif**.

Définition

Les **déterminants exclamatifs et interrogatifs** appartiennent à la **classe des déterminants du nom**. Ils sont placés devant le nom et s'accordent en genre et en nombre avec lui.

Dans quelle région habitez-vous ? (féminin singulier)

Quels nouveaux vêtements vais-je m'acheter ? (masculin pluriel)

Quelles magnifiques estampes ! (féminin pluriel)

Déterminant exclamatif

Dans une phrase exclamative, le groupe nominal comprenant le déterminant exclamatif *quel* **exprime un sentiment**. Ce sentiment peut être la joie, la surprise, l'admiration, l'attendrissement, l'indignation...

Quelle vue magnifique sur le lac ! (admiration)

Quels enfants affectueux ! (attendrissement)

Fonctions du déterminant exclamatif

Le déterminant exclamatif peut avoir différentes fonctions :

– il **détermine le nom** : Quelle belle journée ! (*quelle* détermine *journée*)

– il est **attribut du sujet** : Quel ne fut pas mon étonnement ! (*quel* est attribut du sujet *mon étonnement*)

Déterminant interrogatif

Le déterminant interrogatif peut se trouver dans :

– une **proposition interrogative directe** terminée par un point d'interrogation. De **quelle** manière penses-tu convaincre tes parents ?

– une **proposition interrogative indirecte** terminée par un point.

Je me demande **quelles** excuses elle va inventer.

Fonctions du déterminant interrogatif

Le déterminant interrogatif peut avoir différentes fonctions :

– il **détermine le nom** qu'il précède : Quelle heure as-tu ? (*quelle* détermine le nom *heure*)

– il est **attribut du sujet** : Quel est votre nom ? (*quel* est attribut du sujet *votre nom*)

 Piège à éviter

Il ne faut pas confondre *quel* (**déterminant exclamatif**) et *quel* (**déterminant interrogatif**) dans une phrase ne se terminant pas par un point d'interrogation.

J'ignore totalement **quelle** surprise elle nous réserve.

          déterminant interrogatif

Regarde **quelle** belle surprise elle nous a réservée !

    déterminant exclamatif

Le déterminant interrogatif est précédé d'un **verbe** induisant une **incertitude** ou une **question**, comme *ignorer, demander...*

 Exercice

Relevez les déterminants exclamatifs et les déterminants interrogatifs.

De quelle couleur est ton tee-shirt ? Quelle adorable jeune fille ! Je me demande quel temps il fera ce week-end. Je ne saurais dire quelle est sa profession. De quel courage il a fait preuve !

➤ CORRIGÉS PAGE 416

☞ Voir aussi Déterminants, Phrases déclarative, interrogative, exclamative, injonctive

GRAMMAIRE

Déterminants indéfinis

Ce passionné de mangas achète **certains** numéros introuvables à **n'importe quel** prix.

- **certains** ne précise pas le nombre exact de numéros achetés.
- **n'importe quel** ne précise pas le prix exact des numéros.

Ce sont des **déterminants indéfinis**.

Définition

Le **déterminant indéfini** est un **déterminant du nom**. Il appartient au **groupe nominal**. Il se place devant le nom et exprime :

– le caractère **indéterminé** : *n'importe quel, tel, quelconque* :

Venez me voir **tel** jour, à **telle** heure.

– la **quantité**, nulle, partielle ou totale :

Je n'ai **aucun** CD. Il écoute **quelques** CD.

– l'**identité**, la **ressemblance** ou la **différence** : *même, tel, autre* :

Même motif, **même** punition. **Tel** père, **tel** fils.

Formes du déterminant indéfini

FORME SIMPLE	FORME COMPOSÉE
aucun, autre, certain, chaque, différent, divers, maint, même, nul, plusieurs, quelque, tel, tout...	*je ne sais quel, n'importe quel, pas un...*
	Il a encore **je ne sais quel** empêchement.
Tu l'as dit en **maintes** occasions.	

Accord des déterminants indéfinis

- La plupart des déterminants indéfinis **s'accordent en genre et en nombre** avec le nom qu'ils déterminent.

Nous préférons **certaines** couleurs. (féminin pluriel)

- **Aucun** s'accorde en genre. **Aucun ami** n'est venu. Il ne reste **aucune trace** de son passage.

Il s'accorde en nombre uniquement devant des noms qui ne s'emploient qu'au pluriel. **Aucuns frais** ne seront payés.

- **Nul** s'accorde en genre et plus rarement en nombre : **nuls** remords - **nulles** réclamations

Déterminant indéfini ou adjectif qualificatif

Certain, divers, différent et *nul* peuvent appartenir à deux classes grammaticales différentes selon leur place dans le groupe nominal.
Leur sens sera alors différent.

– Le **déterminant indéfini** précède le nom :

> **Différents** journaux ont donné la nouvelle. (plusieurs journaux)

– L'**adjectif qualificatif** suit le nom :

> Les chroniqueurs ont des avis **différents**. (Les avis s'opposent.)

 Piège à éviter

Il ne faut pas confondre *quelque(s)* et *quel(les)... que*.

Quelques badauds attendent la sortie du spectacle.
  1 mot   nom

Quelles que soient leurs idées, ils admettent tous les avis.
  2 mots   verbe

*Si **quelque(s)** précède le nom dans le groupe nominal, et s'il est constitué d'un seul mot, alors c'est un déterminant indéfini.*

 Exercice

Relevez les déterminants indéfinis.

Certains voyageurs ont visité les pyramides. Les autres touristes ont exploré différents temples. Ils se sont aussi rendus à Louxor avec le même guide qui a maintes fois accompagné des groupes cette année.

➤ **CORRIGÉS PAGE 416**

☞ Voir aussi **Déterminants**

Déterminants possessifs et démonstratifs

Cette chanteuse est célèbre. Tous **mes** amis l'affirment.

- cette sert à désigner, à montrer une chanteuse en particulier. C'est un **déterminant démonstratif**.
- mes détermine le mot amis et signifie qu'il s'agit des miens. C'est un **déterminant possessif**.

Définition

- Les **déterminants possessifs et démonstratifs** sont des **déterminants du nom** qui font partie du groupe nominal. Ils sont placés devant le nom ou le groupe du nom.

- Le **déterminant possessif** permet **d'identifier** le possesseur de la personne, l'animal ou l'objet qu'on désigne.

  Je ne révélerai pas **mon** secret.

- Le **déterminant démonstratif** sert à **désigner**, à **montrer** la personne, l'animal ou l'objet évoqué au moment où l'on parle ou avant.

  Cette lampe ne me plaisait plus.

Le déterminant démonstratif sert aussi à marquer le respect.

Ces dames peuvent s'asseoir.

Formes du déterminant possessif

- Le déterminant possessif indique la personne qui possède et s'accorde en **genre et en nombre** avec l'objet possédé.

	SINGULIER	PLURIEL
1re personne	*mon, ma, notre*	*mes, nos*
2e personne	*ton, ta, votre*	*tes, vos*
3e personne	*son, sa, leur*	*ses, leurs*

- Devant un nom féminin commençant par une voyelle ou un *h* muet, le déterminant possessif féminin est *mon, ton, son* au singulier.

> Le menuisier range **son é**querre.

 Piège à éviter

Il ne faut pas confondre *leur* (**déterminant possessif singulier**) et *leur* (**pronom personnel COI**). Le déterminant possessif *leur* fait partie du groupe nominal.

> Je connais **leur** ami.
> GN avec déterminant possessif

> Tu **leur** parles.
> pronom personnel COI

Forme composée du déterminant démonstratif

- En ajoutant *-ci* ou *-là* au nom déterminé par le déterminant démonstratif, on obtient la forme **composée** des **déterminants démonstratifs** qui marque :
- l'insistance : **Cette** fois-**ci**, je ne reviendrai pas sur ma décision.
- la proximité : Nous habitions dans **cet** appartement-**ci**.
- l'éloignement : Nous emménagerons dans **cette** maison-**là**.

Plusieurs déterminants dans un groupe nominal

Le déterminant possessif et le déterminant démonstratif peuvent être placés après un déterminant indéfini, comme *tout*.

> Tous **ses** livres sont rangés. Toutes **ces** histoires m'agacent.

 Exercice

Soulignez les déterminants possessifs en bleu et les déterminants démonstratifs en rouge.

Nos grands-parents sont indécis. Leur notaire leur a conseillé de vendre un de leurs champs, mais ils hésitent à prendre cette décision-là. Ils ont du mal à se séparer de ce terrain.

➤ CORRIGÉS PAGE 416

☞ Voir aussi Déterminants,
Pronoms personnels

Dialogue

Le vendeur : « Cet appareil photo coûte 120 euros. »
Le client : « Pouvez-vous me faire un prix ? »

■ Les signes de ponctuation « » annoncent et présentent les paroles des interlocuteurs de ce **dialogue** : le vendeur et le client.

Définition

Le **dialogue** est un échange de paroles entre deux ou plusieurs **interlocuteurs.**

Le journaliste : « Pourquoi aimez-vous ce roman ? »
Un lecteur : « L'histoire est émouvante. »

La ponctuation du dialogue

Le **dialogue** est démarqué du reste du texte par la **ponctuation.**

- Les **guillemets** marquent le début et la fin de chaque prise de parole.

  « Vous m'avez convaincue. Je souscris un abonnement », affirme Suzette.
  « À votre disposition », répond le représentant.

- Il y a **deux points** entre le verbe introducteur des paroles et les guillemets.

  Le jeune homme marmonna : « On ne m'y reprendra plus. »

- **Le tiret** indique le changement de locuteur.

  Solène – Quel paysage sublime !
  Le guide – Les touristes tombent tous sous le charme.

- Les **points de suspension** indiquent l'interruption de la parole d'un interlocuteur par le suivant.

  Le père – C'est beaucoup trop cher pour...
  Le fils – Mais c'est un VTT !

Le dialogue théâtral

Les textes de théâtre sont **essentiellement constitués de dialogues**.
La spontanéité de la conversation est rendue par :

– la structure question-réponse :

> Orgon – Et Tartuffe ?
>
> Dorine – Tartuffe ? il se porte à merveille.
>
> > Gros et gras, le teint frais, et la bouche vermeille.
>
> > > (Molière, *Tartuffe*, acte I, scène IV)

– le parallélisme de construction :

> Marinette – Oh ! la lâche personne ! (interjection, déterminant, adjectif, nom)
>
> Gros-René – Ha ! le faible courage ! (interjection, déterminant, adjectif, nom)
>
> > (Molière, *Le Dépit amoureux*, acte IV, scène IV)

La proposition incise

Une **proposition incise** est une courte proposition indiquant que l'on rapporte les paroles de quelqu'un. On l'utilise dans le texte narratif pour mettre en relief le **dialogue**.

> L'incertitude s'installait. « Que faire ? », interrogea Line.
>
> > proposition incise
>
> « Ne pas prendre de décision hâtive », suggéra Bastien.

La **proposition incise** *suggéra Bastien* indique le nom du locuteur et fournit une information sur les paroles qu'il prononce : il hésite et ne fait que suggérer une idée.

Exercice

Rétablissez la ponctuation de ce dialogue extrait de *Phèdre* (acte IV, scène VI) de Racine. Puis, à l'aide de propositions incises, insérez ces répliques dans un court texte narratif.

Phèdre. Chère Œnone, sais-tu ce que je viens d'apprendre ? Œnone. Non ; mais je viens tremblante, à ne vous point mentir. [...] Phèdre. Œnone, qui l'eût cru ? J'avais une rivale !

➤ CORRIGÉS PAGE 416

☞ Voir aussi **Ponctuation**

Emphase, mise en relief

1. Mozart est le plus talentueux de tous les compositeurs.
2. De tous les compositeurs, c'est Mozart le plus talentueux.

L'ordre des mots dans la phrase 2 est différent de celui de la phrase 1.
- **De tous les compositeurs** est **mis en relief** en début de phrase.
- **Mozart** est précédé du présentatif **c'est** qui le met aussi en relief en créant un **effet d'emphase**.

Définition

L'emphase est un procédé qui permet de modifier l'organisation de la phrase pour **souligner** ou **mettre en relief** un élément.

D'idées géniales, la tête de Mathieu **en** est pleine.

Procédés de mise en relief

- La **mise en relief** d'un mot ou d'un groupe de mots peut s'effectuer par son **déplacement** dans la phrase, séparé ou non du reste de cette phrase par une **virgule**.

Ce champ est couvert de coquelicots.

De coquelicots, ce champ est couvert.

Ce champ, **de coquelicots**, est couvert.

Un mot ou un groupe de mots **mis en relief** par son déplacement peut être repris par un **pronom**.

Triste, on peut dire qu'il l'était !

• Différents **présentatifs** peuvent **mettre en relief** un élément de la phrase :

– *c'est, ce sont* : **C'est** Cyril le plus rapide en rollers.

– *c'est... que, ce sont... que, c'est... qui, ce sont... qui* :

C'est à la Chandeleur qu'on fait sauter les crêpes.

– *il y a, il y a... que, il y a... qui, voici, voici... que, voilà, voilà... que* :

Il y a une demi-heure **que** je t'attends.

• Un **changement de temps**, marquant une rupture par rapport à la cohérence temporelle d'une phrase ou d'un paragraphe, permet de traduire **l'emphase** et la **mise en relief** du verbe.

Les nuages **étaient** menaçants. Soudain un éclair **zèbre** le ciel.
          imparfait   présent

(!) Piège à éviter

Il ne faut pas confondre le changement de temps **lié à la mise en relief** du verbe et le changement de temps exigé par la **concordance des temps de l'énoncé**.

Le convoi progressait lentement. Au détour du chemin apparaît un être étrange. (mise en relief)

Le convoi progressait jusqu'à ce qu'apparaisse un être étrange.

(L'action 1, *progressait*, est antérieure à l'action 2, *apparaisse*.)

Exercice

Transformez ces phrases pour mettre en relief les éléments en gras (présentatif, déplacement, changement de temps).

J'étais enthousiasmé par le **magnifique paysage**. Les **couleurs sombres des montagnes** contrastaient avec la luminosité du ciel. Le soleil embrasait l'horizon. Un vacarme **interrompit** ma contemplation.

➤ CORRIGÉS PAGE 416

☞ Voir aussi **Ponctuation**

Énoncé ancré, énoncé coupé

> **Hier**, avec **mes** amis, **je** suis allé voir la tour Eiffel. La tour Eiffel **fut construite** en **1889**.
>
> ■ Hier, mes, je indiquent que la personne qui parle évoque la situation à partir de ses repères temporels et de son point de vue. L'énoncé est **ancré** dans la situation d'énonciation.
> ■ fut construite, 1889 montrent que le locuteur parle d'une époque passée. L'énoncé est **coupé** de la situation d'énonciation.

Définition

• Un **énoncé ancré dans la situation d'énonciation** est un **discours en prise** sur la situation de **communication**. Il comporte des **indices** de la situation à l'origine de la production de l'énoncé. Il se trouve le plus souvent dans l'échange oral, la lettre, l'autobiographie, le dialogue théâtral ou romanesque : Je vous écris cette lettre.

• Un **énoncé coupé de la situation d'énonciation** relate des événements **détachés** du contexte dans lequel ils sont intervenus. Il **relève** des textes narratifs, explicatifs et informatifs, et plus généralement du **récit**.
Le jour de Noël 800, Charlemagne fut sacré empereur.

Caractéristiques de l'énoncé ancré

• Un **énoncé s'ancre dans la situation d'énonciation** à l'aide **d'embrayeurs**, c'est-à-dire de mots permettant de comprendre que le locuteur est impliqué dans son énoncé.

• Les indices de l'énoncé ancré peuvent être :
– des **pronoms personnels, pronoms** et **déterminants possessifs** de la **1re** et de la **2e personne** : *je, tu, nous, vous, les miens, vos...*
Tu connais **mon** avis.

– les **indices de temps et de lieu** : *ici, demain, hier...*

> C'est **ici** que s'est tenue, **hier**, une réception de 80 personnes.

– **certains temps** : présent, futur, imparfait, passé composé.

> Nous **organiserons** une exposition l'an prochain.

Caractéristiques de l'énoncé coupé

• L'**énoncé coupé de la situation d'énonciation** ne nécessite ni embrayeurs ni indices liés à la situation de communication.

• L'**énoncé coupé** est caractérisé par l'utilisation :

– de **noms**, **groupes nominaux**, **pronoms**, à la **3e personne** :

> **La ville de Mexico** a été fondée par les Aztèques en 1325.
>
> **Elle** a été détruite par Cortés en 1521.

– des **temps** tels que le **passé simple**, le passé composé, le plus-que-parfait, le futur antérieur, le conditionnel présent et passé :

> Le poète grec Eschyle **écrivit** des tragédies.

(!) Piège à éviter

Il ne faut pas confondre les indices temporels de l'**énoncé ancré** et de l'**énoncé coupé**. S'ils renvoient au système de discours du locuteur, c'est un énoncé ancré dans la situation d'énonciation.

> J'ai décidé de partir **demain**.
>
> (énoncé ancré : *demain* est formulé en référence à *aujourd'hui*)
>
> Il décida de partir **le lendemain**. (énoncé coupé)

Exercice

Distinguez les énoncés ancrés des énoncés coupés et justifiez votre classement.

Hier, j'ai ouvert un livret de caisse d'épargne près de chez moi. J'attends la fin de l'année pour faire comptabiliser mes intérêts. Le taux de rémunération des livrets varie au fil du temps. Les économistes affirment que c'est un placement de faible rendement, mais sans risques.

➤ CORRIGÉS PAGE 416

☞ Voir aussi Énonciation, Textes explicatif, argumentatif, Textes narratif, descriptif, Temps simples et temps composés

Enonciation

Il l'a fait : Usain Bolt a battu **le record du monde** du 200 mètres à **Pékin**.

■ **Il l'a fait** et **le record du monde** indiquent les propos d'un journaliste commentant les jeux Olympiques qui ont lieu sous ses yeux le 20 août 2008. **Pékin** précise le lieu où se déroulent ces jeux.
Il l'a fait, **le record du monde** et **Pékin** sont des indices de l'**énonciation**.

Définition

● L'**énonciation** est le fait de produire un énoncé, oral ou écrit, dans une situation particulière : temps, lieu, acteurs..., nommée **situation d'énonciation**.

● La **situation d'énonciation** permet de mieux comprendre le sens de l'énoncé. Elle peut être **explicite** ou **implicite** (sous-entendue).

Passez me voir chez moi demain soir avant la tombée de la nuit.

La situation d'énonciation peut être la suivante : le locuteur habite à Brest, il écrit le 21 juin 2010. Son message signifie que son interlocuteur peut se rendre à son domicile, à Brest, le 22 juin 2010, avant 23 heures.

Les éléments de la situation d'énonciation

● La **situation d'énonciation** permet de répondre à cinq questions : *qui parle ? à qui ? où ? quand ? pourquoi ?*

● La situation d'énonciation dépend :
– du **locuteur** : la personne qui parle ;
– du **destinataire** : la personne à qui s'adresse le message ;
– du **lieu** où est produit le message ;

– du **moment** où est produit le message ;
– de **l'intention** du locuteur lorsqu'il énonce son message.

L'énoncé peut indiquer clairement ces informations ou bien les passer volontairement sous silence.

> Vingt millions d'euros ont été gâchés dans la construction du pont.
> Qui a gâché ? Qui a construit ? Ce n'est pas dit.

Les indices de l'énonciation

La **situation d'énonciation** est caractérisée par des indices :
– spatiaux : *à droite, à gauche, devant, ici, là, là-bas...*
> Sur ma gauche, j'aperçois un automobiliste qui freine.

– temporels : *après-demain, aujourd'hui, demain, hier, maintenant, tout à l'heure...* Rendez-vous demain à la même heure.

– de personne qui désignent le locuteur, le destinataire et ce qu'ils possèdent : *je, me, mon, mes, le mien, tu, te, ton, tes, le tien, nous, notre, nos, le nôtre, vous, votre, vos, le vôtre...*
> Pourriez-vous me prêter votre parapluie ?

(!) Piège à éviter

Le **pronom personnel** *je* ne désigne pas toujours la même personne dans un même texte.

> Je me suis inquiété quand tu m'as dit : « Je me sens faible. »
> Locuteur 1 — Locuteur 2

Si *je* se trouve dans une phrase entre guillemets, alors il désigne une personne différente du locuteur.

Exercice

Soulignez les indices de l'énonciation et précisez leur rôle (locuteur, destinataire, temps, espace).

Le mois dernier, tu m'as promis de me prêter un DVD. As-tu oublié ? Si tu veux, tu peux me l'apporter ici cet après-midi. Je reste là jusqu'à 16 heures.

➤ CORRIGÉS PAGE 416

Voir aussi Énoncé ancré, énoncé coupé, Modalisation

GRAMMAIRE

Féminin et pluriel, genre et nombre

Dans **un vase blanc** étaient disposées **des tulipes noires**.

       masculin singulier   féminin pluriel

- un, vase, blanc sont des mots de genre masculin et de nombre singulier.
- des, tulipes, noires sont des mots de genre féminin et de nombre pluriel.

Définition

• Le **genre** permet de classer les noms et les adjectifs qualificatifs selon leur appartenance à la catégorie du **masculin** ou à celle du **féminin**.

un conseil judicieux – une décision judicieuse

• Le **nombre** indique si le nom ou l'adjectif qualificatif correspond à **une (au singulier)** ou **plusieurs** unités **(au pluriel)**.

une histoire courte – des histoires courtes

Marques de genre

• L'opposition **masculin/féminin** recouvre généralement l'opposition **homme/femme** ou **mâle/femelle** lorsqu'elle concerne des êtres **animés**.

un avocat, une avocate – un cheval, une jument

• L'attribution du genre est indépendante de l'opposition homme/femme ou mâle/femelle lorsqu'elle concerne des êtres **inanimés** ou des **idées**.

un sentier, une rue – le progrès, la volonté

Elle est souvent arbitraire, c'est pourquoi elle peut varier d'une langue à une autre (*soleil* est masculin en français, mais féminin en allemand).

• À l'oral, la plupart des **adjectifs, terminés par une consonne** au masculin, permettent d'identifier la marque du féminin : l'assiette plat<u>e</u>

- En revanche, le féminin des **adjectifs terminés par une voyelle** au masculin n'est pas perceptible à l'oral : une pierre poli<u>e</u>

 Piège à éviter

Il ne faut pas confondre **le pronom COI masculin et le pronom COI féminin** *lui*.

> Je **lui** téléphone. Je téléphone à Florent. (nom masculin)
>
> Je **lui** parle. Je parle à Céline. (nom féminin)

Si *lui* est remplacé par un nom masculin : c'est un pronom masculin.

Si *lui* est remplacé par un nom féminin : c'est un pronom féminin.

Marques de nombre

- La marque du pluriel n'est pas toujours identifiable à l'oral :

  la voix, les voix – lisse, lisses – il porte, ils portent

La liaison avec le mot suivant permet d'entendre la consonne finale d'un mot au pluriel : les voix‿agréables – ils portent‿une écharpe

- La marque du pluriel est audible pour certains noms et adjectifs irréguliers : de l'ail, des aulx – un vitrail, des vitraux – amical, amicaux

- Certains noms s'emploient essentiellement au **singulier**. Ces noms désignent : la matière (l'or, l'argent) ; la substance (le safran, la vanille) ; des noms abstraits (l'orgueil, la charité, la bonté) ; le nom des sciences et des arts (la chimie, la peinture).

 Exercice

Transformez ces phrases en remplaçant tous les groupes nominaux au masculin singulier par des noms au féminin pluriel.
(Aide : remplacez *traitement* par *prescription*.)

L'infirmier se rend chez un malade chaque jour. Il doit l'aider à suivre un traitement médical rigoureux. Il sonne, un petit garçon à l'air enjoué lui ouvre.

➤ CORRIGÉS PAGE 416

☞ Voir aussi **Féminin des adjectifs qualificatifs, Féminin des noms, Pluriel des adjectifs qualificatifs, Pluriel des noms communs**

Implicite et explicite

1. J'ai fini par l'acheter, ce scooter !
2. J'ai acheté un scooter Peugeot 125 cm^3.

■ La phrase 1 sous-entend que le locuteur sait déjà de quel scooter il s'agit. L'information est **implicite**.
■ La phrase 2 donne une information plus **explicite**.

Définition

• **L'implicite** est un moyen de suggérer une action, sans la formuler directement ou complètement. Il faut faire une **interprétation** de ce qui est dit pour comprendre ce qui est sous-entendu.

Pourriez-vous vous taire ?

(On n'attend pas que la personne réponde par *oui* ou par *non*, mais qu'elle obéisse à la consigne implicite et qu'elle cesse de parler.)

• **L'explicite** consiste à formuler un propos d'une manière **directe** et **exhaustive**, sans laisser de place au sous-entendu.

Les informations nécessaires à la compréhension sont présentes explicitement dans la phrase.

Les invités complimentent Louise, car son repas est succulent.

L'implicite par la ponctuation

Les **relations logiques** peuvent être exprimées **implicitement** par la ponctuation, notamment les deux points et le point-virgule.

Ces relations concernent :

– la cause :

La jeune mère sourit : son enfant est guéri.

(Elle sourit, car son enfant est guéri.)

– la conséquence :

Il a pris cette épreuve à la légère : il a échoué.

(Il a pris cette épreuve à la légère, par conséquent il a échoué.)

– l'opposition :

J'ai respecté ses consignes ; il n'est pas satisfait.

(J'ai respecté ses consignes, pourtant il n'est pas satisfait.)

Présupposé et sous-entendu

● Le **présupposé** est ce qui est supposé préalablement.

Bien sûr, Jonathan a terminé la course le premier.

(*Bien sûr* montre qu'on présupposait qu'il allait gagner.)

● Le **sous-entendu** est une idée qui n'est pas exprimée clairement.

Je ne me fierais pas à ce garçon. (Cela sous-entend qu'il est malhonnête.)

L'explicite par les connecteurs

Les **connecteurs** permettent d'indiquer **explicitement** les liens logiques qui structurent un énoncé, au moyen de :

– la coordination :

Tu arroses les plantes souvent **mais** elles ne poussent pas.

– la subordination :

J'ai six billets de concert, **si bien que** je peux t'en céder un.

Le juge suspend l'audience **parce que** la salle est agitée.

Exercice

Rétablissez les liens explicites de ces phrases à l'aide de connecteurs.

Caroline est insupportable : elle veut toujours avoir raison. Hier soir, elle s'est montrée particulièrement pénible ; personne ne lui en a fait la remarque. J'étais excédée par son arrogance. Un mot de plus de sa part, je quittais la salle. Heureusement, Frédéric, notre ami commun, a pu se permettre d'intervenir pour lui faire comprendre l'incongruité de son attitude.

➤ CORRIGÉS PAGE 416

✍ Voir aussi Connecteurs, Conjonctions de coordination, Conjonctions de subordination, Propositions indépendantes, juxtaposées, coordonnées, Propositions subordonnées circonstancielles

Interjections, onomatopées

Bling ! Oh ! Le verre s'est cassé en mille morceaux.

- Bling imite le bruit du verre qui se brise. C'est une **onomatopée**.
- Oh ! marque la déception de celui qui regarde le verre tomber. C'est le cri qu'il pousse. C'est une **interjection**.

Définition

• L'**interjection** est un mot ou un groupe de mots invariable employé à l'oral et à l'écrit, dans les dialogues, **pour exprimer un sentiment vif** ou un **ordre bref** :

Eh ! Bah ! Debout ! Stop !

• L'**onomatopée imite le cri d'un animal ou tente de reproduire un bruit.** Elle est employée à l'oral et à l'écrit, dans les dialogues :

Badaboum ! Clac ! Miaou ! Pan ! Plouf ! Cocorico !

Ce sont les seuls mots de la langue qui rappellent un bruit que l'on entend :

Le moteur vrombit : **vroum** !

Rôle de l'interjection

L'interjection n'a aucun rôle grammatical. Elle donne du **relief à la phrase** et un **certain style** : Pouah ! Ces frites sont molles !

Formes de l'interjection

L'interjection peut se présenter sous la forme :
– d'un mot simple :
un son voyelle : Ah ! Eh ! Hi ! Ô !   un nom : Attention !

- d'un adjectif : Mince ! Bon !   – d'un adverbe : Vite !
- d'un verbe : Allons ! Tiens !   – d'un mot étranger : Bravo ! Bis ! OK !
- d'une locution : Bon sang ! Tout beau ! Voyez-vous ça !...

Nuances de l'interjection

L'interjection peut exprimer :
- l'admiration : ah ! oh !   – la déception : zut !
- la douleur : aïe !   – le doute : hum !
- l'enthousiasme : bravo !   – l'interrogation : quoi ?
- l'indifférence : bof !   – le soulagement : ouf !
- l'ordre : silence !   – l'embarras : euh !

Emploi de l'interjection

- L'interjection peut s'employer **seule** : Silence !
- Certaines interjections peuvent se **construire avec un complément** :
  Silence **les enfants** !
- L'interjection peut être **déplacée dans la phrase**. Elle peut se trouver au début, au milieu ou à la fin d'une phrase : Hélas ! tu vas le regretter./ Tu vas, **hélas**, le regretter./Tu vas le regretter, **hélas** !

❗ Piège à éviter

Pour ne pas confondre **une interjection et une onomatopée**, il faut se rappeler que l'onomatopée imite un bruit, alors que l'interjection exprime une réaction spontanée qui traduit une sensation.

Boum ! fait le marteau en tombant. (onomatopée)

Aïe ! crie Victor. (interjection)

Exercice

Complétez avec des interjections et des onomatopées.

Marlène fait tomber trois assiettes. ... ! Sa mère frappe à la porte : ... . Elle s'informe : « ... ! que se passe-t-il ? » « ... ! j'ai cassé la vaisselle de grand-mère », s'écrie Marlène.

➤ CORRIGÉS PAGE 417

☞ Voir aussi **Phrases simple et complexe, Ponctuation**

Modalisation

Le séisme **aurait privé** d'habitations plus de 600 familles. Les secours arriveront **assurément** très vite sur les lieux. Ils **devraient** être là.

■ Le locuteur n'est **pas certain** du nombre de familles sans habitation. Mais il affirme que les secours arriveront. aurait privé lui permet **d'atténuer** son propos, et assurément et devraient de le **renforcer**. Ces procédés sont des **modalisations**.

Définition

La **modalisation** est le fait d'**atténuer** ou de **renforcer** le contenu d'un message, pour montrer la **distance** ou l'**implication** du locuteur par rapport à son énoncé.

Le favori de la course hippique **serait** une jument normande.

(distance du locuteur)

Ce jeune poulain est **assurément** la révélation de la saison.

(implication du locuteur)

Rôle de la modalisation

La **modalisation** traduit la position de celui qui parle à propos de son message. Elle exprime :

– la certitude : J'**affirme** que votre argument est fallacieux.

– l'hypothèse, le doute : Le directeur est **peut-être** dans son bureau.

– l'impression : Ces comptes me **semblent** exacts.

Les modalisateurs

Les modalisateurs peuvent être :

– des **adverbes** : *certainement, probablement, vraiment...*

Il est **certainement** retardé par une urgence.

– des **verbes à valeur modale** : *paraître, sembler...*

    Il **semble** embarrassé.

– des **auxiliaires modaux** : *devoir (doit, a dû, devrait), pouvoir (il se peut que...)*

    Il **a dû** me laisser un message. Il **se peut qu'**il me rappelle.

– des **verbes d'opinion** : *affirmer, croire, prétendre, supposer...*

    Je **suppose** que vous connaissez les règles du jeu.

– des **verbes au conditionnel** :

    Le cambrioleur **aurait forcé** la serrure de la porte du garage.

– des **signes de ponctuation** : parenthèses, tirets, guillemets.

    Dalí a peint des montres molles **(**aux formes délirantes**)**.

    Ce livre excellent – c'est du moins l'avis de son auteur – m'a pourtant profondément ennuyé.

    Thierry a trouvé ton idée « hallucinante ».

– l'écriture en **italique** :

    C'est la *mascotte* de l'équipe de hand-ball.

 Piège à éviter

Il ne faut pas confondre les guillemets indiquant une **modalisation** et ceux présentant les **paroles d'une personne**. Si les guillemets sont précédés ou suivis d'un verbe introducteur, ils introduisent des paroles.

    Solène a <u>dit</u> : « J'adore les expositions canines. » (paroles)

    Solène « adore » les expositions canines. (modalisation)

 Exercice

Modifiez ce texte en supprimant les modalisations.

Un incendie aurait ravagé une partie des Landes. Ce serait l'action négligente d'un promeneur. Sans doute a-t-il jeté un mégot qui aura enflammé des brindilles.

➤ CORRIGÉS PAGE 417

☞ Voir aussi Adverbes, Conditionnel, Futur simple de l'indicatif, Ponctuation

Mots invariables

Des études **sur** les comportements **et** les habitudes alimentaires prouvent **que** les plats **trop** riches sont **souvent** nocifs **pour** la santé.

■ Les mots sur, et, que, trop, souvent, pour ne varient pas : ce sont des **mots invariables**.

Définition

● Les **mots invariables** ne s'accordent jamais, ni en genre ni en nombre, quels que soient les mots ou les propositions qu'ils relient, ou dont ils précisent le sens.

Nous vous solliciterons **quand** nous aurons besoin de vous.

● Les mots invariables sont les **prépositions, conjonctions, adverbes, interjections et onomatopées**, ainsi que les **locutions** (adverbiale, conjonctive ou prépositionnelle) constituées de plusieurs mots.

L'avion vole **au-dessus de** l'océan. (locution prépositionnelle)

Les différents mots invariables

● L'**adverbe** et la **locution adverbiale** modifient et précisent le sens d'un verbe, d'un adjectif ou d'un autre adverbe.

CIRCONSTANCE	ADVERBE	LOCUTION ADVERBIALE
lieu	ailleurs, ici, loin, où	là-bas
temps	demain, hier	tout à coup
manière	bien, ensemble, vite	à peu près
affirmation et négation	certes, oui, non	bien sûr, ne jamais, ne pas, ne plus
quantité	autant, combien	un peu

Certains **adverbes** jouent un rôle de liaison.

C'est **en effet** la meilleure solution.

- Le **pronom personnel adverbial** remplace un nom ou un groupe nominal. Karine adore les voyages. Elle **en** parle souvent.

- Les **conjonctions de coordination** *(car, donc, et, mais, ni... ni, or, ou)* relient deux mots ou deux propositions de même fonction.

  Prendrez-vous du thé **ou** du café ?

- Les **conjonctions de subordination** *(parce que, quand, que, si...)* permettent de relier une proposition subordonnée à une proposition principale.

  J'ai pris froid **parce que** la pluie a trempé mon manteau.

- Les **prépositions** *(à, avec, dans, de, depuis, en, entre, par, pendant, pour, sans...)* introduisent un mot ou un groupe de mots qui a la fonction de complément.

  un pantalon **en** toile (*toile* : complément du nom *pantalon*)

- Les **locutions prépositionnelles** *(à cause de, au-dessus de, avant de, en dessous de, en vue de, grâce à...)* jouent le même rôle que les prépositions.

  nager **au milieu de** la piscine (CC de lieu du verbe *nager*)

- Les **interjections** *(ah, hé, hélas, oh...)* traduisent le sentiment du locuteur.

  Hélas ! Ma tante a échoué au permis de conduire.

- Les **onomatopées** *(boum, badaboum, pan, splash...)* imitent un bruit.

  Splash ! Le plongeur a fait un plat sur le ventre.

! Piège à éviter

Les prépositions *à* et *de* se contractent avec l'article défini.

$à + le \rightarrow au \qquad à + les \rightarrow aux \qquad de + le \rightarrow du \qquad de + les \rightarrow des$

Exercice

Repérez les mots invariables puis précisez leur nature.

Les températures ont augmenté lorsque l'anticyclone s'est installé durablement sur le nord du pays. Eh bien ! Le bulletin météorologique n'en a pas fait état.

➤ CORRIGÉS PAGE 417

Voir aussi Adverbes, Conjonctions de coordination, Conjonctions de subordination, Interjections, onomatopées, Prépositions

N ature et fonction

1. Line travaille dans une **banque**.
2. Sa **banque** ferme le lundi.

■ Dans la phrase 1, la fonction de banque est complément circonstanciel de lieu. Dans la phrase 2, la fonction de banque est sujet.
■ La **fonction** de banque a changé. La **nature** de banque dans les phrases 1 et 2 ne change pas, c'est un nom.

Définition

• Un mot a **toujours** la même **nature**, c'est-à-dire qu'il appartient à une catégorie grammaticale et une seule. La **nature** d'un mot ne varie jamais. Le dictionnaire indique la **nature** des mots.

Déforestation : nom commun

• Un même mot peut occuper différentes **fonctions** dans la phrase. La fonction correspond à la mise en scène d'un film : le **sujet** fait souvent une action, **l'objet** la subit, le **complément de lieu** plante le décor...

Le pain est bon dans cette boulangerie. J'aime le pain.
sujet   COD

Changement de nature d'un mot

• Certains mots peuvent avoir différentes **natures** :

Il a préparé **le déjeuner**. Il ne peut pas **déjeuner** avec nous.
déterminant + nom   verbe

• L'ajout d'un **suffixe** modifie souvent la **nature** d'un mot :

large – largement
adjectif – adverbe

Natures de mots, groupes de mots et propositions

Nom	vitrine
Groupe nominal	la vitrine éclairée
Déterminant	la, un, des, ma, ce, plusieurs, tous
Adjectif qualificatif	joyeux
Pronom	il, la, on
Conjonction	mais, ou, et, donc, que, quand
Préposition	par, pour, en, à, de, avec
Adverbe	très, sûrement, vite
Verbe	adoucir, travailler, vouloir
Onomatopée	boum, badaboum, crac
Proposition indépendante	Le vent se calme.
Proposition principale	**L'alarme sonne** quand on entre.
Proposition subordonnée	Je m'aperçois **que la neige fond.**

Différentes fonctions du nom et de l'adjectif

	Sujet	Le **train** démarre.
	COD	Je visionne un **DVD.**
FONCTION	COI, COS	Je parle à **Zoé** de ma **robe.**
DU NOM	Complément du nom	C'est l'anniversaire de **Jane.**
	Complément circonstanciel	Nous roulons vers **Nancy.**
	Attribut du sujet	Il est **facteur.**

	Épithète	Je bois du lait **chaud.**
FONCTION	Apposé	**Fatigué**, le coureur s'allonge.
DE L'ADJECTIF	Attribut du sujet	Le public est **enthousiaste.**
	Attribut du COD	Il trouve le film **passionnant.**

Exercice

Donnez la nature des mots soulignés, la fonction des mots en gras.

Il est <u>fort</u> <u>tard</u> et l'**hôtesse** <u>annonce</u> **que le magasin ferme**. Les <u>derniers</u> clients quittent le **magasin** <u>en</u> râlant, **déçus** de ne pas avoir acheté <u>tous</u> les articles notés sur la liste de <u>leurs</u> **courses**. **Ils** <u>rentrent</u> chez eux pour le <u>dîner</u>.

➤ CORRIGÉS PAGE 417

👉 Voir aussi **Attribut du sujet,
Classes grammaticales, COD, COI,
Compléments circonstanciels, Sujet**

N oms animés et noms inanimés

L'**aventurier** est épris de **liberté**.

- L'**aventurier** est un être vivant (**nom animé**).
- La **liberté** désigne une notion abstraite (**nom inanimé**).

Définition

• Les **noms animés** désignent des êtres vivants qui peuvent se déplacer par eux-mêmes. Ce sont les êtres humains (l'homme, la femme) et les animaux (un buffle, une oie).

• Les **noms inanimés** désignent des objets (un marteau), des événements (une fête), des actions (la course) et des sentiments (l'amitié).

Concret et abstrait

• Les noms **animés** représentent des éléments **concrets** (l'épicier, la taupe).

• Les noms **inanimés** peuvent se classer en **noms concrets** (le scooter) et en **noms abstraits** (l'intelligence), que l'on ne peut pas toucher.

Reprise pronominale

La distinction entre nom **animé** et **inanimé** permet de choisir le **pronom** qui convient lors de la reprise pronominale. Certains pronoms personnels et interrogatifs changent de forme selon qu'ils remplacent un nom animé ou un nom inanimé.

Elle appelle son chien. **Qui** appelle-t-elle ?

Elle range sa voiture. **Que** range-t-elle ?

Elle pense à sa mère. Elle pense à **elle.** (Elle pense à une personne.)

Elle pense à son week-end. Elle **y** pense. (Elle pense à quelque chose.)

Elle rit de ses cousins. Elle rit d'eux.

Elle rit de ses maladresses. Elle en rit.

Emploi des prépositions *à* et *chez*

• La préposition *à* introduit un **complément circonstanciel de lieu** correspondant à un **nom inanimé**.

> Zoé se rend **à la teinturerie**.

• La préposition *chez* introduit un **complément circonstanciel de lieu** correspondant à un **nom animé**.

> Émilie a rendez-vous **chez le coiffeur**.

! Piège à éviter

Il ne faut pas confondre un nom animé et un nom inanimé qui peut désigner un objet en mouvement.

un aviateur   un avion
personne : nom animé   objet : nom inanimé

Si un nom désigne une personne ou un animal, alors c'est un nom animé.

Exercices

1. Complétez les phrases (par des mots interrogatifs, des pronoms, des prépositions).

La circulation s'intensifie : ... deviendra-t-elle dans quelques années ? ... peut le dire ? Antoine adresse ces réflexions à son épouse et continue à ... penser en se rendant ... la station-service. Chemin faisant, il s'arrête ... son meilleur ami.

2. Relevez les noms des phrases suivantes, puis indiquez s'ils sont animés ou inanimés, concrets ou abstraits.

Mélodie a acheté un nouveau blouson au centre commercial. Auparavant, elle a longuement hésité et s'est enfin décidée après avoir posé de nombreuses questions à la vendeuse : « Quelle est la couleur tendance cet hiver ? » La commerçante lui a répondu : « C'est le violet et, de plus, ce ton est en harmonie avec celui de votre pantalon. »

➤ CORRIGÉS PAGE 417

☞ Voir aussi Noms propres et noms communs

N oms propres et noms communs

Pedro Almodóvar a réalisé plusieurs **films**.

■ Pedro Almodóvar désigne un réalisateur qui possède un nom qui lui est propre. C'est un **nom propre**.
■ films désigne des œuvres cinématographiques innombrables. C'est un **nom commun**.

Définition

● Les **noms propres** désignent un **être** ou un **lieu** unique et prennent une majuscule : Zidane, Rome

● Les **noms communs** désignent l'ensemble des êtres vivants et des choses organisé en catégories : humains, animaux, objets, actions, notions et idées. Ils commencent par une minuscule.

Caractéristiques des noms propres

● On considère comme noms propres : les prénoms, noms de famille, surnoms, noms géographiques, noms d'habitants d'un pays, d'une région ou d'une ville : Louise Colet, la Tamise, une Lyonnaise, une Japonaise

● Ils n'ont **pas de pluriel** : les Barbanchon

● En général, les noms propres ne sont pas accompagnés d'un déterminant, à l'exception des noms propres précédés ou suivis d'un adjectif (ma chère Sidonie) et des lieux géographiques (les Appalaches).

Classement des noms communs

● Les **noms communs** se classent en **dénombrables** et **indénombrables**.
– Les noms **dénombrables** désignent des êtres ou des choses que l'on peut compter et dont la quantité variable est indiquée par des déterminants numéraux ou indéfinis : dix euros, quelques dollars

– Les noms **indénombrables** désignent des êtres ou des choses qu'il est impossible de scinder en unités et qui sont souvent précédés d'un article partitif : de l'or, du fer, de la négligence

• Les **noms communs** peuvent être classés en noms **concrets**, désignant des choses que l'on peut toucher (le café) et **abstraits** (le réconfort).

Nom commun et déterminant

Les **noms communs** possèdent un genre et un nombre, portés par le déterminant qui les accompagne généralement et avec lequel ils constituent un groupe nominal.

DÉTERMINANT	GROUPE NOMINAL
article	un cours, des idées, de l'air, du cidre
déterminant possessif	mes préparatifs
déterminant démonstratif	cette floraison
déterminant indéfini	quelques roses
déterminant interrogatif	quelle fillette ?
déterminant exclamatif	quel regard !
déterminant numéral	trois ingrédients

Dans certains emplois, assez rares, certains **noms communs** ne sont pas accompagnés d'un déterminant : J'ai une robe à **pois**.

 Piège à éviter

Il ne faut pas confondre un nom commun évoquant une langue avec un nom propre évoquant la nationalité d'une personne.

Je parle l'**espagnol**.   Mon voisin est un **Espagnol**.

 Exercice

Rétablissez les majuscules des noms propres et justifiez-les.

Le grec et le latin sont des langues mortes qui ont fourni un nombre considérable de mots utilisés quotidiennement par les français aujourd'hui. Actuellement, l'italien parlé par les romains s'avère très éloigné de la langue de rémus et romulus, les fondateurs de la ville.

➤ CORRIGÉS PAGE 417

☞ Voir aussi **Déterminants**, **Noms animés et noms inanimés**

P aroles rapportées (1)

1. Arthur m'a dit : « Je te prête mon iPod. »
2. Arthur m'a dit qu'il me prêtait son iPod.

- Dans la phrase 1, les paroles d'Arthur sont rapportées telles qu'Arthur les a prononcées ; elles sont entre **guillemets**.
- Dans la phrase 2, je restitue ce que m'a dit Arthur. Il n'y a pas de guillemets.

Définition

Les paroles rapportées permettent de restituer dans un énoncé les paroles d'une autre personne. On peut utiliser quatre procédés différents :

– le **discours direct** :

Le coiffeur d'Anna lui a dit : « Change de coupe. »

– le **discours indirect** :

Le coiffeur d'Anna lui a dit de changer de coupe.

– le **discours indirect libre** :

Anna était ennuyée. Sa coupe de cheveux lui déplaisait.

– le **récit de paroles** :

Anna remercie son coiffeur.

Le discours direct

Les **paroles rapportées** au **discours direct** sont restituées entre guillemets, telles qu'elles ont été prononcées ou pensées. Elles peuvent être :

– annoncées par un **verbe introducteur de paroles** (*affirmer, dire, demander, rétorquer*) suivi de **deux points** : Léon répond : « Vous avez raison. »

– suivies d'une **proposition incise** (*dit-elle, ajouta-t-il...*) :

« C'est bien la dernière fois que je l'aide », pensa-t-elle.

Le discours indirect

Les **paroles rapportées** au **discours indirect** sont présentées sans guillemets et introduites par *que* ou par un mot interrogatif *(si, où, quand, pourquoi…)*.

Je me demande si tu as bien compris.

 Astuce

Après un verbe qui a le sens de *demander*, il ne faut pas utiliser *que* au discours indirect, mais *ce que*.

Il me demande **ce que** je fais.

Le discours indirect libre

- Des **paroles** sont **rapportées** au **discours indirect libre** lorsque le locuteur ne les prend pas à son compte.

Sophie a trouvé l'explication à l'absence de sa tante : elle est malade.

- Le **discours indirect libre** se trouve dans une proposition indépendante, sans guillemets ni verbe introducteur. Il confère ainsi une grande fluidité à l'énoncé.

Luc clamait son innocence. Il était chez lui au moment du délit.

Le récit de paroles

Le **récit de paroles** évoque des paroles prononcées par une ou plusieurs personnes, sans les rapporter avec précision. Le récit de paroles peut être le résumé de paroles prononcées.

Ils marmonnèrent une excuse et sortirent.

 Exercice

Mettez ces phrases au discours indirect.

Le douanier a demandé au touriste : « Ouvrez votre coffre, s'il vous plaît. » Le touriste a marmonné. Cela devenait exaspérant de devoir déplacer ses bagages. Il avait passé deux heures à ranger méticuleusement son coffre. Il rétorqua pourtant poliment : « Je vais m'exécuter. »

➤ CORRIGÉS PAGE 417

👉 Voir aussi **Dialogue**, **Paroles rapportées (2)**

Paroles rapportées (2)

> 1. Pour justifier son absence, Katia prétend qu'elle était malade.
>
> 2. Pour justifier son absence, Katia trouve une excuse : elle était malade.
>
> ■ Dans la phrase 1, les paroles de Katia sont rapportées indirectement à l'aide de que : ce sont des paroles rapportées au **discours indirect**.
>
> ■ Dans la phrase 2, les paroles de Katia sont rapportées à l'aide des deux points, ce sont des paroles rapportées au **discours indirect libre**.

Paroles rapportées dans les propositions

● Les **paroles rapportées** au **discours indirect** se trouvent dans une **proposition subordonnée** introduite par *que, si, où, quand, quel(les)*...

Il m'a demandé <u>quand</u> je lui annoncerais la date de ma fête.

● Les **paroles rapportées** au **discours indirect libre** se trouvent dans une **proposition indépendante** introduite par deux points.

Thomas réfléchissait <u>:</u> il ne quitterait pas le camp avant la nuit.

Transformations du discours direct en discours indirect

Les **paroles rapportées** au **discours indirect** donnent le **point de vue** de la personne qui les restitue, ce qui entraîne des modifications grammaticales.

	DISCOURS DIRECT	DISCOURS INDIRECT
Pronoms personnels et déterminants possessifs	Tu me dis : « **Je** suis inquiet car **ma** tante maigrit. »	Tu me dis que **tu** es inquiet car **ta** tante maigrit.
Adverbes de lieu et de temps	Il m'a dit : « **Hier**, je suis venu **ici**. »	Il m'a dit que **la veille** il était venu **là**.
Temps et modes verbaux	J'ai dit : « Tu **as** bonne mine. »	J'ai dit que tu **avais** bonne mine.

Astuce

Pour transposer une **phrase à l'impératif au discours indirect**, il faut utiliser l'infinitif précédé de *de* ou le subjonctif présent.

Daniel m'a suggéré : « <u>Prends</u> ton parapluie. »

impératif

Daniel m'a suggéré de **prendre** mon parapluie.

Daniel m'a suggéré que je **prenne** mon parapluie.

Transformations du discours direct en discours indirect libre

Au **discours indirect libre**, on utilise les mêmes pronoms personnels, déterminants possessifs et temps qu'au **discours indirect**.

– **discours direct** :

Le gardien de but affirmait : « <u>Je</u> n'<u>ai</u> pas <u>lâché</u> **mon** ballon après l'avoir arrêté. »

– **discours indirect** :

Le gardien de but affirmait qu'<u>il</u> n'<u>avait</u> pas <u>lâché</u> **son** ballon après l'avoir arrêté.

– **discours indirect libre** :

Le gardien de but était formel. <u>Il</u> n'<u>avait</u> pas <u>lâché</u> **son** ballon après l'avoir arrêté.

Exercice

Mettez ces phrases au discours indirect libre. Commencez les phrases par :

Le scientifique cherchait une réponse à ses questions.

Le laboratoire étudiait les différents aspects de la question.

Le scientifique se demandait quel vaccin permettrait d'enrayer la maladie, quand il réussirait à trouver la formule la plus efficace.

Le laboratoire trouvait qu'une campagne publicitaire était nécessaire et qu'il fallait la mener au plus vite.

➤ CORRIGÉS PAGE 417

☞ Voir aussi Dialogue,
Paroles rapportées (1)

GRAMMAIRE

ⓟarticipe présent, gérondif, adjectif verbal

Léo a ri, se **vantant** de son agilité, **en effectuant**
<small>participe présent   gérondif</small>
un saut **étonnant** sur le sol **glissant**.
<small>adjectif verbal   adjectif verbal</small>

■ vantant, en effectuant, étonnant, glissant sont trois formes verbales en -ant.

Définition

• **L'adjectif verbal** est un adjectif formé à partir d'un verbe. Il se termine par le son [ã] et s'écrit souvent -ant. Il **s'accorde en genre et en nombre avec le nom** qu'il qualifie.

Mes cousin**es** sont amusant**es**.

<small>(*amusantes* s'accorde avec le nom *cousines* et prend les marques du féminin pluriel)</small>

Ces chien**s** sont des animaux attachant**s**.

<small>(*attachants* s'accorde avec le nom *animaux* et prend les marques du masculin pluriel)</small>

L'adjectif verbal peut se terminer par -ent.

Des propriétaires **négligents** ont laissé la porte ouverte.

• Le **participe présent** est une forme du verbe **invariable**. Il est formé du radical du verbe et de la terminaison -ant.

Elles marchaient, **chantonnant** une mélodie célèbre.

<small>radical *chantonn-* + terminaison -ant
chantonnant ne s'accorde pas</small>

• Le **gérondif** est une forme du verbe **invariable**. Il est formé du radical du verbe et de la terminaison -ant. Il est précédé de la préposition *en*.

Il répète son rôle **en articulant**.

Modes impersonnels

- Le participe présent et le gérondif font partie des modes impersonnels.

- Le **participe présent** et le **gérondif** donnent une idée de **simultanéité** par rapport à l'action exprimée par le verbe conjugué de la phrase.

GRAMMAIRE

 Astuce

Pour différencier l'**adjectif verbal** du **participe présent**, il faut remplacer le mot en -*ant* par un adjectif qualificatif féminin. Si la marque du féminin s'entend à l'oral, il s'agit d'un adjectif verbal.

un garçon obéiss**ant** – une fille obéiss**ante**

adjectif verbal

Différence orthographique
entre le participe présent et l'adjectif verbal

L'orthographe du participe présent est parfois différente de celle de l'adjectif verbal.

ADJECTIFS VERBAUX	PARTICIPES PRÉSENTS
fatigant	fatiguant
convaincant	convainquant
négligent	négligeant
précédent	précédant

 Exercice

Précisez pour chaque mot en gras s'il s'agit d'un adjectif verbal, d'un participe présent ou d'un gérondif.

Ce tableau est **ravissant**. **En courant** vite, vous attraperez le dernier métro. Maéva marcha d'un bon pas, **évitant** ainsi les premières gouttes de pluie. Les nouvelles **réconfortantes** rendent les gens heureux. C'est **en refaisant** le trajet qu'il a retrouvé les clés de son appartement. Je fredonne sans cesse cet air **entraînant en me levant**. Les skieurs descendaient la piste, **glissant** avec aisance.

➤ CORRIGÉS PAGE 418

☞ Voir aussi **Adjectifs qualificatifs, Modes**

81

P hrases affirmative et négative

> 1. Sophie pratique la gymnastique chez elle.
> 2. Elle **ne** fréquente **pas** de salle de sport.
>
> ■ Dans la phrase 1, on affirme que Sophie pratique la gymnastique. C'est une **phrase affirmative**.
> ■ Dans la phrase 2, ne... pas entoure le verbe fréquente, ce qui indique que Sophie ne fréquente pas de salle de sport. C'est une **phrase négative**.

Définition

● La **phrase affirmative** exprime l'existence d'un fait ou une opinion positive : Il faut limiter la vitesse sur la route.

● La **phrase négative** est la négation d'une phrase affirmative. Elle indique l'absence d'un fait ou le désaccord avec une personne.
Je **n'ai pas** trouvé la gare. Je **n'**approuve **pas** votre attitude.

Nuances exprimées par la phrase affirmative

La **phrase affirmative** indique :
– la certitude : Il a plu toute la nuit. L'eau ruisselle.
– la réserve ou la probabilité :
  Un sauveteur aurait retrouvé le skieur emporté par l'avalanche.
– l'hypothèse : Si tu étais serviable, tu m'aiderais.
– l'opposition : L'auteur s'oppose à la publication de son livre.

Formation de la négation

● La **négation** est généralement composée des locutions adverbiales *ne... pas, ne... jamais, ne... plus, ne... rien, ne... personne, ne... guère, ne... que* : Elle **ne** rougit **jamais**.

- La **négation** *ne… que* a le sens de *seulement* : Il **ne** boit **que** de l'eau.

Place de la négation

- La **négation** encadre le verbe conjugué à un temps simple et à l'impératif.

  Il **ne** sait **pas** nager. **Ne** bougez **plus**.

- La **négation** encadre l'auxiliaire accompagnant le verbe conjugué à un temps composé : Nous **n'**avons **pas** accepté ses excuses.

- Les deux mots de la **négation** se placent devant un verbe à l'infinitif.

  Il craint de **ne pas** honorer son contrat.

Emplois particuliers

- L'emploi de *ni… ni…* permet de coordonner deux négations, introduites ou suivies de *ne*.

  Je **ne** lis **ni** BD **ni** journaux. **Ni** le maire **ni** le député **ne** sont intervenus.

- La conjonction *ni* peut coordonner deux propositions négatives.

  Il **ne** dort **ni ne** mange.

- Dans le niveau de langue soutenu, la deuxième partie de la négation, *pas*, peut être omise : Cet homme étrange **ne** sait ce qu'il fait.

 Exercice

Complétez ces phrases à la forme négative *(ne… ni… ni… ; ne ; ni… ni… ne ; ne… guère ; ne… pas)*.

Le détective … paraît … satisfait. Son enquête … progresse … , il … sait que faire. Pourtant, il a suivi plusieurs pistes, mais … les unes … les autres … lui ont permis de trouver d'indices sérieux. Depuis quelques jours, il … prend … repos … loisirs.

➤ CORRIGÉS PAGE 418

☞ Voir aussi **Phrases déclarative, interrogative, exclamative, injonctive**

GRAMMAIRE

P hrases déclarative, interrogative, exclamative, injonctive

La porte est ouverte. → phrase déclarative

Qui l'a ouverte ? → phrase interrogative

Qu'il fait froid ! → phrase exclamative

Fermez la porte. → phrase injonctive

Définition

Il existe quatre types de phrases : la phrase **déclarative**, la phrase **interrogative**, la phrase **exclamative** et la phrase **injonctive**. Chacune permet de transmettre à l'auditeur une intention particulière de celui qui parle : on déclare, on s'interroge, on s'étonne, on ordonne.

La phrase déclarative

● La phrase **déclarative** se termine par un **point**. Elle permet de fournir une information, de formuler un avis, une intention, une invitation ou un souhait.

> Il est 16 heures. Les magasins sont fermés.

● La phrase **déclarative** peut exprimer une **interrogation**.

> Vous prendrez bien un café.

La phrase interrogative

La phrase **interrogative** se termine par un **point d'interrogation**. Elle permet d'exprimer deux types de questions.

● **L'interrogation totale** porte sur l'ensemble de la phrase. On répond *oui* ou *non* à la question. Es-tu prêt ? Oui.

- L'**interrogation partielle** porte sur le sujet ou sur le complément. Elle est introduite par un mot interrogatif :
  - pronom interrogatif : *qui, lequel, à quoi, de quoi*. De quoi parlez-vous ?
  - adverbe interrogatif : *comment*. Comment le sait-il ?
  - déterminant interrogatif : *quel(les)*. Quel est votre souhait ?

La phrase exclamative

La phrase **exclamative** se termine par un **point d'exclamation**. Elle permet d'exprimer un sentiment ou une émotion. Elle est introduite par :
- un déterminant exclamatif : Quelle mauvaise mine tu as !
- un adverbe exclamatif : Comme tu as changé !

Elle peut ne pas contenir de verbe : Quel accoutrement !

La phrase injonctive

La phrase **injonctive** permet de donner un ordre, un conseil ou d'exprimer un souhait, le plus souvent à l'aide :
- d'un verbe à l'impératif : Sois de retour pour le déjeuner.
- des formulations comme *il faut que, tu dois, j'exige* : J'exige que tu obéisses.

La phrase **injonctive** peut ne pas contenir de verbe, ou contenir un verbe à l'infinitif : Interdiction de sortir – Fermer la porte

---

! **Piège à éviter**

Il ne faut pas confondre **une phrase déclarative**, qui exprime une question, mais se termine par un point, et **une phrase interrogative**.

Je m'interroge sur son honnêteté. Est-il vraiment honnête ?

Exercice

Indiquez le type de chacune des phrases.

« Comme cet uniforme est négligé ! » Le capitaine s'adresse ainsi à l'un des soldats et le sermonne. « J'exige que vous brossiez votre tenue militaire. » Les commentaires vont bon train dans les rangs où l'on se demande pourquoi le capitaine ne sévit pas davantage. Serait-il d'excellente humeur ?

➤ CORRIGÉS PAGE 418

 Voir aussi Phrases
nominale et verbale

P hrases nominale et verbale

1. Prochaine visite à 14 heures.
2. À cette annonce, les touristes **s'approchent** de la grotte de Lascaux.

- La phrase 1 ne contient pas de verbe, elle est organisée autour d'un nom. C'est une **phrase nominale**.
- La phrase 2 contient un verbe. C'est une **phrase verbale**.

Définition

- La **phrase nominale** est une phrase **dépourvue de verbe** ; elle commence par une majuscule et se termine par un point, un point d'exclamation, un point d'interrogation ou des points de suspension.

  Belle réussite ! Mission accomplie.

- La **phrase verbale** commence par une majuscule et se termine par un point, un point d'exclamation, un point d'interrogation ou des points de suspension. Elle contient **au moins un verbe conjugué** autour duquel se rattachent les groupes nominaux.

  Le joueur de pétanque **vise** le cochonnet.

La **phrase verbale** peut se réduire à un seul verbe conjugué à l'impératif.

  Approche !

Formation de la phrase nominale

- La phrase nominale se réduit le plus souvent à un nom ou un groupe nominal : Danger. Risque d'avalanche.

- Cependant, les phrases sans verbe peuvent aussi être constituées :
– d'un adverbe : Vite !

– d'un adjectif qualificatif : Lourdaud !

– d'un participe passé employé comme adjectif : Étourdi !

– d'une interjection : Ouf !

Contexte d'emploi de la phrase nominale

La **phrase nominale** est souvent utilisée, notamment :

– dans les titres d'œuvres littéraires ou de poèmes :

Voyage au centre de la Terre. « Bohémiens en voyage ».

– dans les titres journalistiques :

Chute du yen à la Bourse de Tokyo.

– sur les panneaux de signalisation routière :

École. Sortie d'enfants.

– dans le discours quotidien : Attention !

– dans les slogans, publicitaires et autres :

Un dentifrice au fluor pour des dents encore plus saines.

 Piège à éviter

Il ne faut pas confondre une phrase nominale et une phrase verbale contenant un verbe du 1er groupe à la 2e personne de l'impératif.

Lave la vaisselle. Lavez la vaisselle. (phrases verbales)

Lave-vaisselle en panne. (phrase nominale)

Si, au pluriel, le verbe se termine par *-ez*, alors c'est une phrase verbale.

 Exercices

Transformez les phrases verbales en phrases nominales et inversement.

1. Victoire de l'équipe de France de rugby contre l'Irlande. Finale des championnats du monde de patinage artistique à Helsinki.

2. Les toiles de Picasso sont exposées au Grand-Palais. Barack Obama a été élu président des États-Unis d'Amérique en 2009.

➤ CORRIGÉS PAGE 418

☞ Voir aussi **Phrases simple et complexe**

Phrases simple et complexe

1. La calculatrice <u>facilite</u> les opérations.

2. J'<u>utilise</u> ma calculatrice, mais je <u>préfère</u> le calcul mental.

■ La phrase 1 contient simplement un seul verbe conjugué : **facilite**. C'est une phrase **simple**.
■ La phrase 2 contient plusieurs verbes conjugués : **utilise** et **préfère**. C'est une phrase **complexe**.

Définition

● Une **phrase simple** contient **un seul verbe conjugué**. Elle se suffit à elle-même. Elle équivaut à une **proposition indépendante**.

Le portail du jardin **s'ouvre** automatiquement.

● Une **phrase complexe** contient **plusieurs verbes conjugués**. Elle est donc constituée de **plusieurs propositions**.

La température de la salle de bains **reste** constante car elle **est réglée** par un thermostat.

Phrase simple minimale et phrase simple étendue

● Une **phrase simple minimale** est composée :
– d'un thème : ce dont on parle, qui correspond au groupe nominal sujet ;
– d'un propos : ce qu'on en dit, qui correspond au groupe verbal.

Ma voisine **chantonne**. (thème : *ma voisine* ; propos : *chantonne*)

● Une **phrase simple étendue** apporte davantage de précisions que la phrase minimale : Véronique, ma voisine, **chantonne** tous les matins en ouvrant les volets de sa chambre.

Différentes propositions d'une phrase complexe

Les propositions d'une phrase complexe peuvent être :

– juxtaposées :

> Le réveil **indique** 7 heures, la cafetière **se met** en marche.

– coordonnées :

> Le four **s'arrête**, mais le rôti **continue** de cuire.

– principale + subordonnée(s) :

> Le technicien **a réparé** les stores électriques alors qu'ils ne **sont** plus sous garantie.

 Piège à éviter

Il ne faut pas confondre une **phrase complexe** contenant un **verbe à l'impératif** (2ᵉ personne du pluriel) et un **verbe conjugué à un temps personnel** avec une **phrase simple**.

> Cessez de protester, vous serez plus agréable.
>
> verbe conjugué 1   verbe conjugué 2 ⟶ phrase complexe

> Cesser de protester vous rendra plus agréable.
>
>   verbe conjugué 1 ⟶ phrase simple

Si l'on peut mettre le verbe à l'impératif à la 2ᵉ personne du singulier, alors la phrase est une phrase complexe.

> Cesse de protester, tu en seras plus agréable. ⟶ phrase complexe

---

 Exercice

Distinguez les phrases complexes des phrases simples et justifiez votre classement.

La chambre de mes rêves est entièrement blanche, avec une porte bleu turquoise. Quand on ouvre cette porte, on aperçoit un lit à commande électrique, posé contre le plafond la journée et qu'on redescend le soir. L'armoire, transparente, contient de nombreux tiroirs de rangement.

➤ CORRIGÉS PAGE 418

☞ Voir aussi **Phrases nominale et verbale**, **Propositions indépendantes, juxtaposées, coordonnées**

Point de vue, focalisation

L'alpiniste escaladait courageusement la montagne escarpée.

■ Le narrateur trouve l'alpiniste courageux, il exprime son point de vue. C'est un **point de vue narratif.**

Définition

Le **point de vue narratif**, qu'on appelle aussi **focalisation**, indique **qui voit** la scène. Il donne un point de vue particulier à partir duquel un récit est présenté.

Le point de vue omniscient

● Le **point de vue narratif omniscient** est celui d'un narrateur qui **connaît tout** de la situation et des personnages, et qui donne son avis.

> Notre héros hésitait à prendre cette décision.
> Malheureusement, les sauveteurs arrivèrent trop tard.

● Le **narrateur omniscient** connaît les pensées les plus secrètes des personnages. Le lecteur détient ainsi davantage d'informations que les personnages de l'histoire.

> Théodore masqua sa déception et afficha un air indifférent qui trompa tous ses amis.

Le point de vue externe

Le **point de vue narratif externe** est le **point de vue objectif** du narrateur, qui est extérieur à l'histoire. Il présente les événements de manière neutre, comme le ferait l'objectif d'un appareil photographique.

> Aline portait un pull rouge, un jean et des baskets.

Le point de vue interne

Le point de vue interne est le **point de vue d'un des personnages** de l'histoire.

- Dans un récit à la 1re personne, le narrateur est un personnage qui donne à voir le récit selon son **point de vue interne**.

  J'entendis une voix mélodieuse. Elle **me** ravissait.

- Dans un récit à la 3e personne, le **point de vue narratif** est **interne** lorsque le narrateur passe le relais à un personnage. Ce personnage prend en charge la narration à partir de ses propres **perceptions** (vue, ouïe, toucher, goût, odorat).

  Jules **observait** la foule. Il **aperçut** son cousin.

 Piège à éviter

Il ne faut pas confondre le **point de vue interne** et le **point de vue omniscient**.

Le détective aperçut un indice, une photo déchirée.

personnage + verbe de perception → point de vue interne

Satisfait, le détective ramassa une photo déchirée.

On a le sentiment du détective. → point de vue omniscient

Le point de vue narratif est interne quand il y a un verbe de perception.

 Exercice

Indiquez le point de vue de chaque phrase.

Il fallait avoir perdu la raison comme ce pauvre Hippolyte pour croire ces tromperies. Il semblait convaincu par les paroles de Simon et le regardait avec admiration. Simon était intimidant, sa haute stature et sa tenue vestimentaire soignée traduisaient une élégance raffinée. Sa manière de parler, le ton de sa voix, tout en lui affirmait l'aisance et l'assurance. C'est pourquoi son interlocuteur buvait littéralement ses paroles, sans aucune méfiance.

➤ CORRIGÉS PAGE 418

☞ Voir aussi **Textes narratif, descriptif**

GRAMMAIRE

P onctuation

« Quel sport fais-tu ? » À cette question,
Paul répondit : « Du sport ! Je n'aime pas ça. »

- Les **guillemets**, le **point d'interrogation**, la **virgule**, le **point**, les **deux points**, le **point d'exclamation** sont des signes qui structurent, **ponctuent** le texte. Ils constituent la **ponctuation**.

Définition

- La **ponctuation** est l'ensemble des **signes** qui permettent **d'organiser** un texte et d'en **comprendre** le sens. Elle permet de rendre compte des **pauses** et de l'**intonation**.

- Une phrase commence par une majuscule et se termine par un point. Un signe de ponctuation peut changer le sens d'une phrase.

Bob, dit Lise, a cassé le vase. (Bob a cassé le vase.)

Bob dit : « Lise a cassé le vase. » (Lise a cassé le vase.)

Les différents signes de ponctuation

- Le **point** indique la fin d'une phrase déclarative ou impérative. À l'oral, le point est marqué par une pause importante et une intonation descendante : Il descendit l'escalier. Elle a froid.

- La **virgule** permet de séparer les éléments de la phrase : mots de même nature, appartenant à une énumération ou apposés.

Adieu veaux, vaches, cochons.

- Le **point-virgule** sépare des propositions indépendantes, complémentaires par le sens. Il est suivi d'une minuscule.

Sam est fatigué ; il a travaillé toute la journée.

- Les **deux points** annoncent une énumération, une citation ou une explication. Ils indiquent parfois une relation causale.

Martin est accablé : il a perdu son billet de train.

- Les **points de suspension** indiquent que la phrase n'est pas terminée, pour différentes raisons : discrétion, émotion, hésitation ou interruption par l'interlocuteur.

    Je ne sais que dire devant votre geste…

- Le **point d'interrogation** en fin de phrase indique que l'on pose une question. L'intonation est montante. Il est suivi d'une majuscule.

    Qui désignez-vous par ce surnom ?

- Le **point d'exclamation** en fin de phrase exprime un sentiment. Il est suivi d'une majuscule, sauf après une interjection.

    Il ne m'a même pas dit bonjour ! Hélas ! il ne m'a toujours pas pardonné.

- Les **parenthèses** indiquent une information de moindre importance ou servent à insérer un commentaire.

    Notre héros (il ignorait encore qu'il le serait) s'élança.

- Le **tiret** peut jouer le même rôle que les parenthèses. Le plus souvent, il signale un changement d'interlocuteur dans un dialogue.

    « – Pourquoi poncez-vous la coque de votre bateau ?

    – Pour qu'elle soit lisse et glisse mieux sur l'eau. »

- Les **guillemets** encadrent des paroles rapportées, une citation ou des propos avec lesquels le locuteur souhaite prendre de la distance.

    Selon toi, la situation est « catastrophique ».

- L'**astérisque** indique un appel de note. Il désigne aussi un nom que l'on ne veut pas révéler : Madame L***

Exercice

Ponctuez ce texte et rétablissez les majuscules si nécessaire.

j'ai lu un article curieux madame V*** a été victime d'un cambriolage écrit le journaliste mais vous en conviendrez le fait qu'on ne lui ait dérobé qu'une montre de faible valeur est étrange qui aurait bien pu prendre de tels risques pour un si faible gain hélas on ne le saura jamais

➤ CORRIGÉS PAGE 418

☞ Voir aussi Dialogue, Interjections, onomatopées, Phrases déclarative, interrogative, exclamative, injonctive

Prépositions (1)

Les jeunes [de] l'immeuble jouent
[au] basket tous les soirs.

■ **de** et **au** précèdent et relient **l'immeuble**
et **basket** à d'autres éléments de la phrase.
Ce sont des **prépositions**.

Définition

● Une **préposition** est un mot invariable qui rattache un mot ou un
groupe de mots à un autre : Je vide la corbeille à papier.

GN   prép.   nom

● Les **prépositions** sont constituées d'un seul mot : à, de, en, par, pour,
avec, parmi, sans, devant... : J'écris **avec** un stylo.

● Les **locutions prépositionnelles** sont constituées de plusieurs mots :
à cause de, loin de, au-dessus de... : Il va **loin de** la gare.

Nature des mots mis en lien par les prépositions et les locutions prépositionnelles

Les prépositions et locutions prépositionnelles peuvent relier :
– un adjectif à un verbe : difficile **à** prononcer
– un nom à un nom : un champ **de** blé, le vélo **de** Pierre
– une proposition à un nom : Nous applaudirons les acteurs **après** le spectacle.
– un verbe à un nom : se souvenir **de** son enfance
– un verbe à un pronom : Je pense **à** lui.
– un verbe à un adverbe : Il est passé **par** là.
– un verbe à un infinitif : Il décide **de** s'inscrire.

GRAMMAIRE

(!) Astuce

On distingue les adverbes des prépositions car ils ne relient pas deux mots.

Marchez **devant**. (adverbe) Marchez **devant** moi. (préposition reliant *marchez* et *moi*)

Fonction des mots introduits par les prépositions

La préposition et la locution prépositionnelle marquent la **fonction** du complément qu'elles introduisent :

– COI : Je parle **à** Julien.

La préposition permet de distinguer le COI du COD : Je vois Léa.

– Complément d'agent : Elle est adorée **de** ses amis.

– Complément circonstanciel : Ils habitent **loin de** la ville.

– Complément du nom : Je sors un verre **à** thé.

– Complément de l'adjectif : Il est bon **en** dessin.

– Complément du déterminant numéral : J'ai vu trois **de** vos amis.

– Complément de l'adverbe : Il agit conformément **à** ma volonté.

– Complément du pronom : J'ai vu chacun **d'**eux.

(!) Piège à éviter

Il ne faut pas confondre la **préposition** et la **locution conjonctive de subordination**. La locution conjonctive de subordination contient *que*.

Il s'endort **avant** la tombée de la nuit. (préposition)

Il s'endort **avant que** la nuit tombe. (locution conjonctive de subordination)

Exercice

Relevez les prépositions et les locutions prépositionnelles, puis indiquez la nature des mots qu'elles relient.

Le jour du départ en vacances, sur l'autoroute A13, les embouteillages commencent à partir de Mantes. Sur la file de droite, les voitures roulent derrière les camions, alignés devant.

➤ CORRIGÉS PAGE 419

☞ Voir aussi **Adverbes**, **Articles définis, indéfinis et partitifs**, **Conjonctions de subordination**, **Prépositions (2)**

Prépositions (2)

Jeanne passera (chez) toi (avec) un ami.

- **chez** indique le lieu.
- **avec** indique l'accompagnement.

Ces **prépositions** fournissent des indications de sens.

Sens des prépositions

- Les **prépositions** indiquent le **sens** de la relation qu'elles établissent entre deux éléments.

- Des prépositions différentes peuvent exprimer la même circonstance :

Accompagnement	*avec, sans*	avec ma sœur
Agent	*par, de*	puni par erreur
But	*pour, afin de, de manière à*	parler pour être entendu
Cause	*à cause de, de, grâce à, en raison de*	échouer à cause d'une erreur, vert de peur
Comparaison	*à la manière de, comme*	écrire à la manière de Prévert
Concession	*malgré*	malgré son courage
Condition	*à condition de*	à condition de persévérer
Conséquence	*de manière à*	de manière à réussir
Contenu	*de*	un bol de lait
Destinataire	*à*	envoyer à
Exception	*sauf*	sauf lui
Fonction	*à*	un couteau à poisson
Lieu	*à, à travers, au-dessous de, au-dessus de, chez, dans, de, derrière, devant, en, en face de, entre, jusqu'à, loin de, par là, parmi, près de, sous, sur*	J'irai à Aix.
Manière	*avec, de, d', en, par, sans*	avec bonté, d'un air triste
Matière	*de, en*	fil de laine

Moyen	*avec, par, sans*	avec une boussole
Possession	*de*	le frère de Théo
Qualité	*à*	une chemise à pois
Temps	*à, après, à travers, au-delà de, avant, dans, de, depuis, dès, en, entre, jusqu'à, pendant, pour, vers*	partir à l'heure

- Certaines prépositions ont des sens différents selon le contexte.

— *entre* exprime :
  - le lieu : J'habite entre Paris et Rouen.
  - le temps : Il a entre 15 et 16 ans.

— *à* exprime :
  - la destination : Je me rends à Marseille.
  - la fonction : Je bois dans un verre à eau.
  - le lieu : Mon collège est à Nantes.
  - le temps : Je te rejoindrai à quatre heures.
  - la qualité : J'ai une chemise à carreaux.

(!) Astuce

Le sens de la préposition *de* peut être ambigu lorsqu'il concerne le lieu. Ainsi, le train de Lausanne peut signifier soit le train **qui part** de Lausanne, soit le train **qui va** à Lausanne.

Pour éviter la confusion, on dit le train en partance de Lausanne ou le train pour Lausanne.

Exercice

Indiquez le sens des prépositions et des locutions prépositionnelles.

Les cours commencent à 8 h 30 et je prends l'autobus de 8 heures, en face de chez moi, pour arriver après mes camarades. Ainsi, je peux bavarder avec eux sans attendre la récréation.

➤ CORRIGÉS PAGE 419

Voir aussi Adverbes, Articles définis, indéfinis et partitifs, Conjonctions de subordination, Prépositions (1)

Pronoms

Le cycliste a rejoint son équipier et il l'a dépassé.

- Le groupe nominal **le cycliste** est remplacé par **il**.
- Le groupe nominal **son équipier** est remplacé par **l'**.

Il et **l'** se substituent à des groupes nominaux, ce sont des **pronoms**.

Définition

- Le **pronom** remplace le plus souvent un nom ou un groupe nominal mentionné auparavant. Il permet d'éviter une répétition et de rendre la phrase plus concise. C'est un pronom **substitut**.

  <u>La nappe</u> est froissée. **Elle** doit être repassée.

- Certains **pronoms** ne remplacent pas un nom déjà mentionné, ils **renvoient à une personne qui participe à la conversation** : ce sont des pronoms **représentants** *(je, tu, nous, vous)*.

  Je vous parle d'un temps lointain.

Catégories de pronoms

Il existe plusieurs catégories de pronoms.

PRONOMS		
personnels	*je, tu, il, elle, nous, vous, ils, elles, on, me, te, le, lui, la, les, leur, eux, moi, toi*	**Tu te** lèves tôt.
possessifs	*le mien, la mienne, les miens, les miennes, le tien, la tienne, les tiens, les tiennes, le sien, la sienne, les siens, les siennes, le nôtre, la nôtre, les nôtres, le vôtre, la vôtre, les vôtres, le leur, la leur, les leurs*	Ses résultats sont encourageants et **les miens**, davantage encore.

démonstratifs	celui, celle, celles, ceux, ceci, cela, ce, c', ça, celui-ci, celui-là, celle-ci, celle-là, ceux-ci, ceux-là, celles-ci, celles-là	C'est le jour de l'an.
relatifs	qui, que, qu', quoi, dont, où, lequel, laquelle, lesquels, lesquelles, auquel, à laquelle, auxquels, auxquelles, duquel, de laquelle, desquels, desquelles	Voici le portable dont je t'ai parlé.
interrogatifs	qui, que, quoi, où	Où courez-vous ?
indéfinis	aucun, rien, personne, tout	Personne ne rit.
(personnels) adverbiaux	en, y	Tu reviens de Rio. J'y vais le mois prochain.

Nature des mots remplacés par un pronom

- Adjectif qualificatif : Heureux, je le suis.
- Infinitif : Parler, ce serait lui déplaire.
- Proposition : Il est le plus rapide, je le sais.

(!) **Piège à éviter**

Il ne faut pas confondre le **pronom adverbial** et la **préposition** *en*.

J'aime le ski. Je t'**en** parle souvent. (pronom adverbial)

J'habite **en** Franche-Comté. (préposition)

Si *en* précède un verbe, c'est un pronom adverbial.
Si *en* précède un nom, c'est une préposition.

◤ **Exercice**

Relevez les pronoms, puis indiquez s'ils sont substituts ou représentants. Précisez enfin leur nature et leur fonction.

Après ton voyage en Catalogne, tu as évoqué la tauromachie et tu en as parlé avec tant d'entrain que j'ai failli remettre en cause mes préjugés défavorables. Mais ceux-ci sont robustes chez moi et je n'y renoncerai pas.

➤ CORRIGÉS PAGE 419

☞ Voir aussi **Pronoms indéfinis**, **Pronoms interrogatifs et adverbes interrogatifs**, **Pronoms personnels**, **Pronoms possessifs et démonstratifs**, *Tout, même*

Pronoms indéfinis

> **Toutes** les routes sont enneigées et **aucune** n'a été sablée.
>
> ■ **Toutes** et **aucune** désignent les routes sans donner plus de précision à leur sujet. Ce sont des **pronoms indéfinis**.

Définition

- Les **pronoms indéfinis** sont les mots suivants : *chacun, certains, le même, n'importe quoi, personne, plusieurs, quelques, tout...*

- Les **pronoms indéfinis** expriment souvent la quantité de manière plus ou moins précise.

  Personne n'a appelé. **Certains** ont envoyé un message.

- Les **pronoms indéfinis** peuvent remplacer une personne, un animal ou un objet déjà mentionné ou ne représenter aucun nom mentionné auparavant.

  De ces photographies, **aucune** ne me plaît vraiment.

  Tous sont venus.

Catégories de pronoms

Les **pronoms indéfinis** peuvent se classer en catégories.

- *Aucun*, *rien*, *personne* permettent de ne considérer aucun des éléments d'un groupe : **Personne** ne bouge.

- *Tous* (toute, toutes), *chacun* (chacune) désignent tous les éléments d'un groupe : **Chacun** pour soi.

- *On* (pronom personnel) ne s'emploie que pour désigner des êtres humains. Il signifie *tout le monde, n'importe qui* et souvent *nous* : **On** rit beaucoup.

- **Certains** (certaines), **les uns** (les unes), **les autres**, **quelqu'un** (quelques-uns, quelques-unes), **plusieurs** désignent certains éléments d'un groupe.

  Les uns applaudissent, les autres sifflent.

Fonction des pronoms indéfinis

Les **pronoms indéfinis** peuvent avoir différentes fonctions.

- **Sujet :** Quelqu'un crie. Quelque chose m'ennuie.
- **Apposé :** Nous les connaissons **tous**.
- **COD :** J'aperçois **quelqu'un**. Dis **quelque chose**.
- **COI :** Il parle **à quelqu'un**. Il n'a peur **de rien**.
- **Complément circonstanciel :** Je n'ai été invité **chez aucun** d'eux.

Genre et nombre des pronoms indéfinis

- **Chacun** et **aucun** s'emploient toujours au singulier.

  Parmi ces titres, **aucun** ne me plaît.

- **Certain** varie en genre mais s'emploie au pluriel.

  Certains / Certaines s'amusent.

> **(!) Piège à éviter**
>
> Il ne faut pas confondre **aucun** qui est toujours au singulier et **d'aucuns** qui est toujours au pluriel. *D'aucuns* a le sens de *certains*, dans un niveau de langue soutenu.
>
> Je n'ai **aucun** souci.
>
> **D'aucuns** pensent que l'avenir est prometteur.

Exercice

Relevez les pronoms indéfinis et précisez leur fonction.

Quelqu'un aurait-il pêché un poisson dans mon bassin ? Je les ai tous comptés hier, il n'en manquait aucun. Ce matin, je n'y comprends rien : plusieurs ont disparu.

➤ CORRIGÉS PAGE 419

 Voir aussi Déterminants indéfinis, Pronoms

Pronoms interrogatifs et adverbes interrogatifs

Pourquoi veux-tu changer de chaîne ?
Laquelle souhaites-tu regarder ?

■ **Pourquoi** permet de poser une question portant sur le groupe verbal *vouloir changer*. C'est un **adverbe interrogatif**.
■ **Laquelle** remplace le nom *chaîne* et permet de poser une question. C'est un **pronom interrogatif**.

Définition

● Les **pronoms interrogatifs** permettent de poser une **question** concernant un **nom déjà utilisé**. Cette interrogation est **partielle** : c'est une question à laquelle il est impossible de répondre par *oui* ou par *non* : Tu as deux cousins. **Lequel** est le plus âgé ?

● Les **adverbes interrogatifs** permettent de poser une question portant sur une **nuance circonstancielle** *(combien, comment, où, pourquoi, quand)*. Ils introduisent une interrogation **partielle**.

Où penses-tu aller ? **Combien** pèses-tu ?

Différentes formes du pronom interrogatif

● Certains **pronoms interrogatifs** sont constitués d'un mot *(qui, que, quoi)* ; d'autres sont précédés d'une préposition *(à qui, à quoi, de qui, de quoi)*.

● Certains **pronoms interrogatifs** ont une forme renforcée *(qui est-ce qui, qui est-ce que)* : **Qui est-ce qui** a sonné ?

● Le **pronom interrogatif** *lequel* s'accorde en genre et en nombre *(lesquels, laquelle, lesquelles)*. Il reprend un nom précédé d'un déterminant. Ce nom est mentionné **avant** ou **après** le pronom interrogatif.

Parmi ces fleurs, **laquelle** est la plus odorante ?
Laquelle de ces fleurs est la plus odorante ?

Piège à éviter

Il ne faut pas reprendre **qu'est-ce que** à la forme affirmative, mais utiliser **ce que**.

Il me demande : « Qu'est-ce que tu dis ? »

Il me demande **ce que** je dis. (forme affirmative)

Fonction du pronom interrogatif

Le **pronom interrogatif** peut avoir plusieurs fonctions.

- **Sujet** *(qui)* : Qui me parle ?
- **Attribut** *(qui, que)* : Qui êtes-vous ?
- **COD** *(qui, que, lequel)* : Lequel de ces objets prenez-vous ?
- **COI** *(à qui, à quoi, de qui, de quoi)* : À qui parles-tu ?

Circonstances exprimées par l'adverbe interrogatif

L'**adverbe interrogatif** exprime différentes nuances.

- **Temps :** Quand part le prochain train ?
- **Lieu :** Où habites-tu ?
- **Manière :** Comment vas-tu ?
- **Cause :** Pourquoi souris-tu ?
- **Quantité :** Combien de pattes a l'araignée ?

 Exercice

Relevez les pronoms et les adverbes interrogatifs. Précisez la fonction des pronoms interrogatifs.

Pourquoi l'avion ne décolle-t-il pas ? Qui pourrait nous informer ? Plusieurs explications circulent, mais laquelle est la bonne ? Combien de temps allons-nous rester au sol ? Qu'allons-nous faire si le problème ne se règle pas rapidement ? À qui le demander ?

➤ CORRIGÉS PAGE 419

☞ Voir aussi **Déterminants exclamatifs et interrogatifs, Phrases déclarative, interrogative, exclamative, injonctive**

Pronoms personnels

Marie et Paul aiment les fruits rouges ;

(elle), apprécie les airelles et (lui), les framboises.

pronom   pronom

■ **elle** et **lui** remplacent les noms **Marie** et **Paul**.
Ils sont mis à la place d'un nom. Ce sont des **pronoms personnels**.

Définition

● Le **pronom personnel** s'emploie pour parler de quelqu'un ou de quelque chose sans le nommer.

● Le **pronom personnel** indique une **personne grammaticale**. Il se décline aux trois personnes du singulier et du pluriel.

● Le **pronom personnel** de la 3e personne remplace un **nom** ou un **groupe nominal déjà cité** ; il permet d'éviter une répétition.

La rosée couvre l'herbe, **elle** disparaît sous le soleil.

● Les **pronoms personnels** de 1re et 2e personne (*je, tu, nous, vous*) indiquent les **acteurs qui participent à la conversation**.

– Sais-**tu** où est Léa ? – **Je** ne sais pas.

Fonction des pronoms personnels

Certains pronoms personnels changent de forme selon leur fonction ou selon la personne qui parle ou qui est désignée.

– **Sujet** (*je, tu, il, elle, on, nous, vous, ils, elles*) : **Ils** m'écoutent.

– **COD** (*me, te, le, se, soi, la, en, nous, vous, les, se*) : Je **la** vois.

– **COI** (*me, moi, te, toi, lui, nous, vous, leur, eux*) : Il **te** parle.

– **CC** (*en, y*) : Il **en** revient.

Pronoms personnels compléments

• Les pronoms personnels compléments se placent **avant le verbe**.
– *le, la, les,* pronoms personnels COD : Tu conduis **un scooter**. Tu **le** conduis.
– *lui, leur,* pronoms personnels COI : Sam parle **à Manon**. Il **lui** parle.
• Lorsqu'une phrase contient des pronoms personnels COD et COS placés l'un à côté de l'autre, le COD est souvent en **première** place.

> Sam donne un timbre à sa sœur. Sam **le lui** donne.

Pronoms personnels renforcés

Les **pronoms renforcés** *(moi, toi, lui, elle, nous, vous, eux, elles)* s'utilisent pour **renforcer** le sujet et créer un effet d'insistance.

> **Lui**, il nous aura fait perdre notre temps !

Pronoms personnels réfléchis

Le **pronom réfléchi** *me, te, se, soi, nous, vous, se* renvoie à la même personne que le sujet : Ils **se** sont servis copieusement.

Les pronoms personnels adverbiaux *en* et *y*

• Le **pronom personnel** *en* peut remplacer :
– un GN (ou un nom) COD précédé d'un article partitif :

> Je cueille des fraises. J'**en** cueille.

– un GN COI précédé d'une préposition : Il rit **de** mon trouble. Il **en** rit.
– un CC de lieu : Le train vient **de Lille**. Il **en** vient.
• Le **pronom personnel** *y* peut remplacer :
– un GN ou un nom COI commençant par la préposition *à* :

> Charlotte pense **aux vacances**. Elle **y** pense.

– un CC de lieu : Je vais **à la montagne**. J'**y** vais.

Exercice

Relevez les pronoms personnels et indiquez leur fonction.

Les cuisiniers apprécient la glace carbonique, mais ils en craignent les brûlures. C'est pourquoi on doit se méfier lorsqu'on la manipule.

➤ CORRIGÉS PAGE 419

 Voir aussi **Nature et fonction**, **Pronoms**

GRAMMAIRE

Pronoms possessifs et démonstratifs

La **veste en cuir** de Solène coûte moins cher que la mienne, pourtant, c'est celle que je préfère.

■ la mienne remplace la veste en cuir et indique qu'elle m'appartient. C'est un **pronom possessif**.
■ celle désigne et remplace la veste en cuir et indique de quelle veste il s'agit. C'est un **pronom démonstratif**.

Définition

• Le **pronom possessif** remplace un nom ou un groupe nominal et il indique qui est le possesseur de l'objet, ou sa relation avec une personne ou un animal.

Elle me prête son parapluie, j'ai oublié **le mien**. = mon parapluie

• Le **pronom démonstratif** remplace un nom ou un groupe nominal. Il désigne sans le nommer un objet, une personne ou un événement connu, déjà mentionné ou que l'on montre.

Celui que j'admire le plus, c'est David Beckham.

 ## Forme du pronom possessif

PRONOMS POSSESSIFS		SINGULIER		PLURIEL	
PERSONNE		MASCULIN	FÉMININ	MASCULIN	FÉMININ
Singulier (un possesseur)	1re pers.	le mien	la mienne	les miens	les miennes
	2e pers.	le tien	la tienne	les tiens	les tiennes
	3e pers.	le sien	la sienne	les siens	les siennes
Pluriel (plusieurs possesseurs)	1re pers.	le nôtre	la nôtre	les nôtres	les nôtres
	2e pers.	le vôtre	la vôtre	les vôtres	les vôtres
	3e pers.	le leur	la leur	les leurs	les leurs

Accord du pronom possessif

Le **pronom possessif** prend le **genre et** le **nombre de l'objet possédé**. Il s'accorde **en personne avec le possesseur** : Ma parole contre la tienne.

Fonction du pronom possessif

Le pronom possessif peut avoir toutes les fonctions du nom.
- **Sujet** : Ton chien est docile, le mien n'obéit pas.
- **COD** : Vérifiez notre sac et préparez le vôtre.
- **COI** : Il a fini son dessert et il a goûté du nôtre.
- **CC lieu** : Sors la clé de ton sac pour la ranger dans le mien.

Forme du pronom démonstratif

		FORME SIMPLE	FORME COMPOSÉE
Singulier	Masculin	celui	celui-ci, celui-là
	Féminin	celle	celle-ci, celle-là
Pluriel	Masculin	ceux	ceux-ci, ceux-là
	Féminin	celles	celles-ci, celles-là
Invariable		ce/c'	ceci, cela, ça

- Les pronoms démonstratifs *ce, c', ceci, cela, ça* sont invariables.

  Que prendrez-vous pour le déjeuner ? **Cela** m'indiffère.

Fonction du pronom démonstratif

Le pronom démonstratif occupe toutes les fonctions du nom.
- **Sujet** : Celle que j'ai choisie est la plus solide des voitures.
- **Complément du nom** : La taille de celui-ci est parfaite.
- **Complément circonstanciel** : Sur ce, elle prit congé.

Exercice

Relevez les pronoms possessifs et démonstratifs et précisez leur fonction.

Ce dîner s'est éternisé, cette fois-ci. Ton frère a fait des remarques, et le mien a manifesté son impatience. À peine le dessert terminé, il s'est écrié : « Sur ce, je m'en vais. » Cela a déplu à nos hôtes.

➤ CORRIGÉS PAGE 419

 Voir aussi Déterminants possessifs et démonstratifs, Pronoms

Ⓟropositions indépendantes, juxtaposées, coordonnées

> La durée de vie des arbres varie selon les espèces ⦙
> le bouleau atteint environ quarante ans ⟨et⟩ **le**
> **séquoïa géant peut vivre trois mille ans.**
>
> ■ Les **3 propositions** peuvent exister **indépendamment** les
> unes des autres. Ce sont des propositions **indépendantes**.
> ■ La proposition soulignée est posée juste après la précédente
> à l'aide de deux points. C'est une **proposition juxtaposée**.
> ■ La **dernière proposition** est **coordonnée** à la précédente
> à l'aide de et.

Définition

Une **proposition** est une suite de mots organisés autour d'un **verbe conjugué** auquel se rattachent un sujet, et souvent, des compléments :

Dans la Grèce antique, on **cultivait** les oliviers et les figuiers.

La proposition indépendante

● Une **proposition indépendante** peut constituer **une phrase** à elle **seule**. C'est alors une **phrase simple**.

Le bambou **fleurit** très rarement.

● Une phrase peut contenir plusieurs propositions **indépendantes**. C'est alors une **phrase complexe**.

Le train **s'arrête** et les voyageurs en **descendent**.

Les propositions juxtaposées

Lorsque deux ou plusieurs **propositions indépendantes** sont reliées par une **virgule**, un **point-virgule** ou **deux points**, on dit qu'elles sont **juxtaposées**.

Angèle a deux sœurs : Anaïs a 6 ans, Lou est au lycée.

Les propositions coordonnées

- Les **propositions coordonnées** sont des **propositions indépendantes** reliées par :
– une **conjonction de coordination** *(mais, ou, et, donc, or, ni, car)* :

   Tu pars en vacances, **mais** tu restes en France.

– un **adverbe de liaison** *(alors, cependant, pourtant, puis)* :

   Le temps est magnifique, **pourtant** Jean n'est pas sorti.

- Des propositions peuvent être à la fois **coordonnées et séparées par une virgule**.

   Fabien est parti en courant, **puis** il s'est arrêté net.

 Piège à éviter

Il ne faut pas confondre la **proposition coordonnée** par *ou* avec la **proposition relative** introduite par *où*. Si on peut remplacer *ou* par *ou bien*, c'est une proposition coordonnée.

   Je couperai l'abricotier **ou** je le replanterai ailleurs.

   Je couperai l'abricotier **ou bien** je le replanterai ailleurs.

   propositions coordonnées

   C'est le parc **où** des marronniers ont été abattus.

   proposition relative

 Exercice

Indiquez pour chaque phrase si les propositions sont coordonnées ou juxtaposées.

J'arrose la clématite car il n'a pas plu depuis longtemps. J'ai cueilli du muguet, tu l'as donné à ta grand-mère. Le jardinier a greffé un cerisier et il attend avec impatience la prochaine floraison. Les pucerons parasitent les rosiers donc ils dépérissent. Nous respectons la nature, faites-en autant.

➤ CORRIGÉS PAGE 419

 Voir aussi **Phrases simple et complexe**

Propositions principale et subordonnée

La journaliste interviewe l'actrice
_____
proposition principale

qui a tourné un clip.
_____
proposition subordonnée

- **La journaliste interviewe l'actrice** peut constituer une phrase. C'est la **proposition principale**.
- **qui a tourné un clip** ne peut exister seule. Elle est **subordonnée** à la principale.

Définition

- Une **proposition** est organisée autour d'un **verbe conjugué** auquel se rattachent un sujet et souvent des compléments.

- La **proposition principale** est une proposition qui peut exister seule. Elle devient alors indépendante. J'**écoute** les informations.

- La **proposition principale** peut être complétée par une ou plusieurs **propositions subordonnées**. C'est alors une **phrase complexe**.

Les voisins t'**inviteront** quand ils **seront** installés.
└─ proposition principale ─┘ └─ proposition subordonnée ─┘

Les différentes propositions subordonnées

Une proposition subordonnée peut être :
– relative : Je connais un rebouteux **qui soigne les entorses**.
– conjonctive complétive : Tu sais bien **que je ne t'en veux pas**.
– conjonctive circonstancielle : Nous viendrons **si tu nous y autorises**.
– interrogative : Il se demande **pourquoi tu souris**.
– infinitive : Je vois **décoller l'avion**.

Les propositions subordonnées relatives et conjonctives

- La proposition subordonnée **relative** complète **un nom** :
  Le chanteur **que tu aimes** joue ce soir. (proposition subordonnée relative)
- La proposition subordonnée **conjonctive** complète **un verbe** :
  Je crois **que tu as perdu la partie.** (proposition subordonnée conjonctive complétive)
  Je ris **quand j'entends chanter mon père.** (prop. sub. conjonctive circonstancielle)

La proposition subordonnée interrogative indirecte

- La **proposition subordonnée interrogative indirecte** est introduite par un mot interrogatif *(combien, où, pourquoi, quand, si...)*. Elle complète la proposition principale qui exprime une question *(chercher, demander, dire...)* : Je cherche **où il se cache.**

- La **proposition subordonnée interrogative indirecte** est **totale** quand elle est introduite par *si* : Paul se demande **si** Mélanie a reçu sa lettre.

- La **proposition subordonnée interrogative indirecte** est **partielle** quand elle est introduite par un mot interrogatif autre que *si* :
  Max voudrait savoir **ce que tu lui reproches.**

 Piège à éviter

Il ne faut pas confondre l'emploi de *que* (adverbe interrogatif) et *ce que* (locution conjonctive de subordination). Si la phrase est terminée par un **point** et non par un **point d'interrogation**, c'est une proposition subordonnée : Il demande : « Que fais-tu ? » Il demande **ce que je fais.**

Exercice

Relevez les propositions principales et les propositions subordonnées. Précisez si les subordonnées interrogatives sont partielles ou totales.

L'amie qui habite dans mon immeuble ne cesse de me questionner, bien que je ne lui réponde pas : « Je me demande si tu me dis tout. J'aimerais savoir quels sont tes secrets. »

➤ CORRIGÉS PAGE 419

☞ Voir aussi Propositions subordonnées conjonctives circonstancielles, Propositions subordonnées conjonctives complétives, Propositions subordonnées relatives

Propositions subordonnées conjonctives circonstancielles (1)

Il faut visiter ce village **puisqu'**on nous l'a conseillé.

prop. principale   prop. subordonnée circonstancielle

■ puisqu'on nous l'a conseillé est une proposition introduite par la **conjonction de subordination** puisque. C'est une **proposition conjonctive subordonnée circonstancielle**.

Définition

• La **proposition subordonnée conjonctive circonstancielle** complète le verbe de la proposition principale en précisant les circonstances de l'action : Il argumente **afin que je cède**.

• La **proposition subordonnée conjonctive circonstancielle** est introduite par une **conjonction de subordination** *(lorsque, que, si...)* ou une **locution de subordination** *(au moment où, parce que...)*.

<u>Si tu as le temps</u>, rends-nous visite.

Place de la proposition subordonnée conjonctive circonstancielle

• La plupart des propositions subordonnées conjonctives circonstancielles peuvent se trouver placées **avant** ou **après** la proposition principale.

Le cycliste s'est arrêté **quand il a vu le feu orange**.

Quand il a vu le feu orange, le cycliste s'est arrêté.

• Certaines propositions subordonnées conjonctives circonstancielles, comme la proposition comparative, se trouvent **toujours placées après la proposition principale**.

Les bénéfices dégagés sont moins importants **que ceux que nous espérions**.

Fonction de la proposition subordonnée conjonctive circonstancielle

La **proposition subordonnée conjonctive circonstancielle** a toujours pour **fonction** d'être **complément circonstanciel** (de temps, condition, cause...) du verbe de la proposition principale.

> Le directeur n'est pas prêt à céder sur ce point, **bien qu'il se montre généralement conciliant.** (CC de concession du verbe *est*)

Équivalents de la proposition subordonnée conjonctive circonstancielle

La proposition subordonnée circonstancielle peut être remplacée par :
– un groupe nominal complément circonstanciel :

> Le veilleur de nuit dort **le jour.** (pendant qu'il fait jour : CC de temps)

– un groupe nominal prépositionnel :

> Il a renoncé à son régime **par gourmandise.** (parce qu'il est gourmand : CC de cause)

– un infinitif prépositionnel :

> Nous nous couchons tôt **pour être reposés.** (pour que nous nous reposions : CC de but)

Enchaînement de propositions subordonnées conjonctives circonstancielles

Plusieurs **propositions subordonnées conjonctives circonstancielles** peuvent coexister dans la même phrase et s'enchaîner l'une à l'autre.

> Il est venu dès qu'il a eu mon appel, parce que j'ai insisté.
> CC de temps   CC de cause

Exercice

Transformez les phrases en déplaçant les propositions subordonnées conjonctives circonstancielles lorsque c'est possible.

Même s'il promet de s'améliorer et qu'il en donne la preuve, j'hésiterai à lui faire confiance. Lorsque je lui ai prêté un parapluie et que je lui ai demandé d'en prendre soin, il me l'a rendu dans un état lamentable. Je le trouve encore moins soigneux que ne peut l'être son jeune frère.

➤ CORRIGÉS PAGE 420

☞ Voir aussi Conjonctions de subordination, Propositions subordonnées conjonctives circonstancielles (2)

Propositions subordonnées conjonctives circonstancielles (2)

> L'éclipse se produit
> ┬
> proposition principale
>
> **quand** la lune est devant le soleil.
> ┬
> proposition subordonnée circonstancielle de temps

Les fonctions des propositions subordonnées conjonctives circonstancielles

● La **proposition subordonnée circonstancielle de temps** indique :

– l'**antériorité** *(avant que,* suivi du subjonctif*)* ou la **postériorité** *(après que,* **toujours suivi de l'indicatif)** d'un fait par rapport à un autre :

Il a fini **avant que je lise.** J'ai lu **après qu'il a fini.**

– la **simultanéité** de plusieurs faits *(au moment où, lorsque...)* :

Lorsque j'allais t'écrire, tu m'as téléphoné.

● La **proposition subordonnée conjonctive circonstancielle de concession** (ou concessive) indique l'opposition entre deux faits.

Quoi que je dise, Léna me contredit.

Le **verbe** est au mode :

– **indicatif** après *alors que, même que, quand...*

Octave reprend la route **alors qu'il est fatigué.**

– **subjonctif** après *au lieu que, bien que, encore que, quoique...*

Bien qu'il soit allergique, il possède un chat.

● La **proposition subordonnée conjonctive circonstancielle de but** (ou finale) exprime un objectif à l'aide de *afin que, pour que...* Le verbe est toujours au **subjonctif.**

Lou crie **pour que je l'entende.**

- La **proposition subordonnée conjonctive circonstancielle de cause** (introduite par *puisque, comme* ou les locutions conjonctives *parce que, du moment que...*) indique les **raisons** pour lesquelles s'effectue l'action exprimée par le verbe de la proposition principale. L'action de la proposition subordonnée a donc lieu **avant** celle de la proposition principale.

> Les voiliers s'arrêtent **puisque le vent est tombé**.

- La **proposition subordonnée conjonctive circonstancielle de conséquence** (introduite par les locutions conjonctives *de sorte que, si bien que, de telle manière que, pour que...*) indique le **résultat** de l'action exprimée par le verbe de la proposition principale. L'action de la proposition subordonnée a donc lieu **après** celle de la proposition principale.

> J'ai couru **si bien que je suis épuisé**.

- La **proposition subordonnée conjonctive circonstancielle de condition** ou hypothétique (introduite par *si, à la condition que...*) indique une condition, une possibilité ou une éventualité. Le verbe de la proposition principale n'est jamais au conditionnel si celui de la proposition circonstancielle de condition est au présent de l'indicatif.

> **Si j'y pense**, je t'apporterai un plan.

- La **proposition subordonnée conjonctive circonstancielle de comparaison** établit une comparaison entre le contenu de deux propositions à l'aide de *autant que, comme, plus que, plutôt que...*

> Il a **autant** de chats **que nous possédons de chiens**.

Les propositions circonstancielles de comparaison introduites par **que** sont annoncées par un **adjectif** ou un **adverbe corrélatif** dans la proposition principale. Elle parle **aussi** fort **que le fait son interlocuteur**.

Exercice

Indiquez la fonction des propositions subordonnées conjonctives circonstancielles.

J'accepte de vous aider si vous promettez de me rendre la pareille. Parce que je suis méfiant, je prendrai ma décision après que vous m'aurez donné votre réponse.

➤ CORRIGÉS PAGE 420

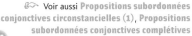 Voir aussi **Propositions subordonnées conjonctives circonstancielles (1)**, **Propositions subordonnées conjonctives complétives**

Propositions subordonnées conjonctives complétives

Mon frère me répète sans arrêt
proposition principale

qu'il faut réussir ses études.
proposition subordonnée conjonctive complétive

■ **qu'il faut réussir ses études** complète le verbe **répète**. C'est son COD : c'est une **proposition subordonnée conjonctive complétive**.

Définition

La **proposition subordonnée conjonctive complétive** complète le **verbe** de la proposition principale et fait partie du groupe verbal.

J'attends **que tu partes**. (J'attends ton départ.)

Construction

La **proposition subordonnée conjonctive complétive** est introduite par :
– **que**, après des verbes transitifs directs, comme *affirmer, croire, dire, penser, prétendre, s'imaginer...*

Elle s'imagine **que tout est pour le mieux**.

– **ce que**, après des verbes transitifs indirects, comme *s'étonner de, veiller à*.

Je m'étonne de **ce qu'il affirme**.

Fonctions

• La proposition subordonnée conjonctive complétive a le plus souvent pour fonction d'être **complément d'objet direct** du verbe de la principale.

On affirme **que le climat change**.

- La **proposition subordonnée complétive** peut avoir d'autres fonctions.
- **Sujet** : Que tu m'accompagnes me réconforterait.
- **Attribut du sujet** : Ma crainte est qu'elle soit malade.
- **COI** : Je veille à ce qu'elle respecte ses engagements.
- **Complément du nom** : Tu approuves l'idée qu'il t'aide.
- **Complément de l'adjectif** : Je suis certain qu'elle appellera.

(!) Piège à éviter

Il ne faut pas confondre une **proposition subordonnée conjonctive complétive** et une **proposition subordonnée relative**. Si *que* suit le verbe de la proposition principale, c'est une proposition subordonnée conjonctive complétive.

Je trouve que ce joueur de tennis a un bon service.

   verbe   proposition subordonnée conjonctive complétive

J'ai trouvé une idée que je voudrais te soumettre.

        GN   proposition subordonnée relative

Temps et modes

Le mode de la proposition subordonnée conjonctive complétive dépend du verbe de la proposition principale :

– **indicatif**, lorsque le verbe de la principale exprime une opinion ou une certitude : Il affirme qu'il **faut** tourner à gauche.

– **subjonctif**, lorsque le verbe de la principale exprime un doute, une crainte ou un sentiment : Je doute que tu **sois** sur la route.

Exercice

Relevez les propositions subordonnées conjonctives complétives, puis indiquez leur fonction.

Les médias précisent qu'une épidémie menace la population mondiale. Qu'elle atteigne les frontières de notre pays inquiète tous les habitants. Les médecins veillent à ce que des mesures sanitaires soient prises. Nous sommes sûrs qu'ils réussiront à enrayer ce fléau.

➤ CORRIGÉS PAGE 420

☞ Voir aussi Propositions subordonnées conjonctives circonstancielles (1)

Propositions subordonnées relatives

Alice a <u>un ami</u> **qui aime l'art contemporain**.

    antécédent   proposition subordonnée relative

■ **qui aime l'art contemporain** fournit des informations relatives au nom **ami**. C'est une **proposition subordonnée relative**.

Définition

• La **proposition subordonnée relative** complète un nom ou un groupe nominal de la proposition principale : l'**antécédent**.

• C'est une **expansion du nom** ou du **groupe nominal**.

Il a choisi un itinéraire **qui évite l'autoroute**.

Pronom relatif

• La proposition subordonnée relative est souvent introduite par un **pronom relatif**, qui peut occuper différentes fonctions.

FORME	FONCTION	EXEMPLE
qui	sujet	C'est un chat **qui** vagabonde.
que	COD	La recette **que** j'ai essayée est excellente.
dont	complément de nom	Le film **dont** j'ai vu l'extrait me tente.
à qui, de qui, auquel, à laquelle...	COI	Le responsable **à qui** j'ai écrit m'a répondu.
où, par lequel, à travers lequel...	complément circonstanciel	C'est la vitrine **à travers laquelle** j'ai vu un blouson en cuir.

• Certaines propositions subordonnées relatives existent sans antécédent.

Qui part à la chasse perd sa place.

Proposition subordonnée relative déterminative

La **proposition subordonnée relative déterminative** complète l'antécédent de **manière indispensable**. Elle ne peut être supprimée sans rendre la phrase incomplète.

> Je t'adresse les félicitations **que ton succès mérite**.

Proposition subordonnée relative explicative

La **proposition subordonnée relative explicative** fournit une information ou une **explication facultative à valeur causale**. Elle peut être séparée de la proposition principale par **des virgules**.

> Ma sœur, **qui adore cuisiner**, prépare de délicieux kouglofs.

 Piège à éviter

Il ne faut pas confondre la **proposition subordonnée relative déterminative** avec la **proposition subordonnée relative explicative**. Si la proposition subordonnée relative est entre virgules, elle est explicative.

> Je vous présente l'ami **dont je vous ai parlé**. (déterminative)

> Mon frère, **dont vous connaissez le courage**, a sauté en parapente. (explicative)

Exercice

Relevez les propositions relatives. Précisez pour chacune d'elles si elle est déterminative ou explicative.

Mon frère, qui est étudiant, a voulu travailler au mois de septembre. Il a cherché des offres d'emploi dans un journal de petites annonces qu'on lui avait recommandé. Il a aussi feuilleté une revue à laquelle nos parents sont abonnés. Il va envoyer son CV pour faire les vendanges, dont il a souvent entendu parler.

➤ CORRIGÉS PAGE 420

☞ Voir aussi Complément du nom,
Propositions principale et subordonnée

Reprises nominales et pronominales

Ma sœur a acheté un chapeau,
↑   ↑
elle porte sans cesse cet horrible accessoire.

■ elle représente ma sœur et cet horrible accessoire un chapeau.
elle et cet horrible accessoire sont des reprises.

Définition

La **reprise** consiste à reprendre un élément évoqué dans une phrase par un mot ou un groupe de mots, afin d'éviter une répétition.

Le livreur roule moins vite, **il** devient prudent.

Reprise nominale

● La **reprise nominale** reprend un élément de la phrase à l'aide d'un nom ou d'un groupe nominal. Elle peut apporter une information complémentaire ou un jugement de valeur.

Bob rit à gorge déployée. **Ce géant** nous effraie un peu.

● La **reprise nominale peut s'effectuer en employant :**

– le même nom, mais en changeant le déterminant :

La fille du libraire nous donne des stylos. **Cette fille** est généreuse.

– un nom générique :

J'ai goûté une mangue bien mûre. **Ce fruit** m'a rafraîchie.

– un synonyme :

J'apprécie ce compositeur. **Cet artiste** est peu reconnu.

– une périphrase :

Il a appelé la police. Sans **les forces de l'ordre**, il aurait pu être tué.

Reprise pronominale

- La **reprise pronominale s'effectue à l'aide d'un pronom :**
  - personnel (3e personne) : <u>Mon ordinateur</u> est infecté, **il** doit être reformaté.
  - démonstratif : J'ai croisé <u>ta cousine</u>. **Celle-ci** m'a salué.
  - possessif : Il a perdu <u>sa clé</u>, ainsi que **la mienne**.
  - indéfini : <u>Les spectateurs</u> sont mécontents ; **certains** sont partis.
  - relatif : J'ai parlé à <u>ma tante</u>, à **qui** tu n'as pas répondu.

- La **reprise pronominale reprend le plus souvent un nom,** mais elle peut reprendre d'autres éléments de la phrase :
  - verbe : Je <u>lis</u> plus que ne **le** fait Claudia.
  - adjectif : <u>Courageuse</u>, on peut dire qu'elle **l**'est.
  - proposition : <u>Il raconte des mensonges</u> et **ça** me déplaît.

 Piège à éviter

Pour que le destinataire auquel on s'adresse soit capable d'identifier le référent d'une **reprise nominale** à l'écrit, il faut mentionner le **référent** avant ou après la reprise.

Finalement, je **l**'ai acheté. (De quoi parle-t-on ? On ne sait pas.)
      reprise pronominale

J'avais envie d'un <u>pull</u>, finalement, je **l**'ai acheté.

Finalement, je **l**'ai acheté, ce <u>pull</u>.

Exercice

Relevez les reprises et indiquez si elles sont nominales ou pronominales.

Les acteurs ont répété leur rôle, puis ils ont quitté le théâtre. Ces comédiens sont allés dîner en ville avec leur metteur en scène. Celui-ci les a félicités et leur a assuré que la pièce serait un succès. Cet homme chaleureux est apprécié de son équipe.

➤ CORRIGÉS PAGE 420

☞ Voir aussi Déterminants, Pronoms

Sujet

Le vent de terre se leva, le skipper hissa la voile.

        sujet   verbe   sujet   verbe

■ **Le vent de terre** fait l'action de se lever. C'est de lui dont on parle. C'est le **sujet**.

■ **Le skipper** fait l'action de hisser. C'est le sujet de *hissa*.

Définition

Le **sujet du verbe** est un mot ou un groupe de mots qui exprime **de qui ou de quoi l'on parle** (personne, animal ou objet). Il est indispensable à une phrase verbale.

L'enfant court.

Identifier le sujet

● La fonction sujet répond aux questions : *qui est-ce qui ?* ou *qu'est-ce qui ?*

Suzanne rit.

Qui est-ce qui rit ? C'est Suzanne.

● On peut aussi identifier le sujet en le plaçant entre *c'est* et *qui*.

C'est **Suzanne** qui rit.

Accord sujet-verbe

Il est essentiel de reconnaître le sujet car **il donne au verbe ses marques de personne, de nombre et de genre**.

Je nage. Tu nage(s).

Le garçon joue. La fille s'est levé(e) tôt.

Place du sujet

- Le sujet est généralement placé **avant le verbe** :

    Pierre aide Paul.

- Le sujet est placé **après le verbe** :
– dans une phrase interrogative : Manges-tu ?
– dans un dialogue pour noter qui parle (proposition incise) :

    « Je lis », dit Liam.

– après des adverbes, comme *ainsi, sans doute, en vain, peut-être,* placés en début de phrase : Sans doute boit-il du café.
– pour mettre en valeur un complément circonstanciel en début de phrase :

    Sur la route passaient **des voitures**.

- Les **phrases impératives** n'ont pas de sujet : Mange ta soupe.

- Quand deux **verbes qui ont le même sujet sont coordonnés**, on n'exprime le sujet qu'une fois : Il se dirigea vers la porte et sortit.

Nature du sujet

Le sujet peut avoir des natures différentes.

- Nom : Martin aime la brioche.

- Groupe nominal : Le chat est blanc.

- Pronom personnel : Nous crions.

- Autres pronoms (possessif, démonstratif, indéfini...) : Ceux-ci sont ses cousins.

- Infinitif : Partir est nécessaire.

- Proposition subordonnée relative :

    Qui veut voyager loin ménage sa monture.

Exercice

Indiquez la nature des sujets des phrases et les raisons de l'inversion de certains d'entre eux.

Où auront lieu les prochains jeux Olympiques ? « Répondre à cette question semble difficile », affirment les responsables internationaux. Beaucoup n'osent émettre d'hypothèse fondée. Sans doute ont-ils raison.

➤ CORRIGÉS PAGE 420

☞ Voir aussi **Accord sujet-verbe,**
Nature et fonction

Temps et aspect

Paul **commence** à conduire. Il **a choisi** la conduite accompagnée.

■ Le verbe commence est au présent. Il désigne une action qui se déroule au moment où l'on parle, qui est **non accomplie**.
■ Le verbe a choisi est au passé. Il désigne une action qui est achevée, c'est-à-dire **accomplie**.

Définition

• Le **temps du verbe** permet de situer un fait ou une action dans le **passé**, le **présent** ou le **futur**, par rapport au moment de l'énonciation, c'est-à-dire le **moment** où parle le locuteur.

Le clown fit rire tout le monde. (avant que le locuteur parle)

Le magicien entre en scène. (au moment où le locuteur parle)

Le funambule marchera sur la corde. (après que le locuteur a parlé)

• **L'aspect du verbe** indique la manière dont un verbe présente le **déroulement de l'action**.

Les différents aspects du verbe

• L'aspect **accompli** indique que l'action **est achevée** (*finir de, terminer de*).

Max **a fini de garer** son camion.

• L'aspect **non accompli** indique que l'action est **inachevée**, en cours d'accomplissement. Des périphrases permettent d'exprimer l'**aspect** (*être en train de, sur le point de*).

Je **suis en train de** gonfler un pneu.

• L'aspect **itératif** indique que l'action **est répétée** (*rabâcher, radoter, refaire, reprendre, recommencer, redire, répéter...*).

Il nous **rabâche** sans cesse les mêmes conseils.

Antériorité, simultanéité et postériorité

Les terminaisons des différents verbes d'une phrase ou d'un texte indiquent si l'action a lieu :

– avant une autre action (**antériorité**) :

J'**avais engagé** (action 1) la conversation quand tu **es arrivé** (action 2).

– en même temps qu'une autre action (**simultanéité**) :

Je **mets** la table pendant que tu **nettoies** la salade.

– après une autre action (**postériorité**) :

Il nous **rejoindra** (action 2) quand ils **auront fini** (action 1) le repas.

Aspect itératif

L'**aspect itératif** correspond à la répétition d'une action, qui peut être exprimée par le temps :

– présent de l'indicatif : Chaque jour, je **bois** un jus d'orange au petit déjeuner.
– imparfait de l'indicatif : Quand j'**étais** petit, j'**allais** au parc des cygnes.

(!) Astuce

De nombreux verbes qui commencent par *re-* indiquent l'**aspect itératif**, comme *(re)prendre, (re)faire, (re)dire*.

Mais certains verbes commençant par *re-* comme *repérer, recenser* n'indiquent pas l'**aspect itératif**.

Si on peut retirer *re-* et obtenir le radical d'un verbe, son **aspect est itératif**.

Exercice

Indiquez le temps et l'aspect des verbes.

Chaque matin d'hiver, mon père dégivre le pare-brise de sa voiture, puis se met à essuyer la buée des vitres. La semaine dernière, son rituel lui a pris tellement de temps que j'ai préféré prendre l'autobus pour me rendre en ville. Je ferai ainsi dorénavant.

➤ CORRIGÉS PAGE 420

☞ Voir aussi Modes, Temps simples et temps composés

GRAMMAIRE

Textes explicatif, argumentatif

1. « J'ai prévu une pause dans une oasis*, car nous avons besoin de nous rafraîchir », dit l'homme du désert.

2. * Une oasis est un endroit du désert qui présente de la végétation due à un point d'eau.

- La phrase 1 présente un **argument** ; elle est **argumentative**.
- La phrase 2 propose une **explication** ; elle est **explicative**.

Définition

Les textes peuvent être classés en différentes catégories de **formes de discours**, selon leurs caractéristiques et leur visée.

- Le texte **explicatif** explique un phénomène.

  Un dragon est un animal fabuleux, souvent représenté avec des ailes, des griffes et une queue de serpent.

- Le texte **argumentatif** défend une opinion avec des arguments.

  Je m'oppose à votre décision que je trouve injuste.

Texte explicatif

- Le **texte explicatif** a pour intention d'expliquer un phénomène de manière **objective**.

  La gerboise est un rongeur vivant dans le désert.

- Le **texte explicatif** est souvent caractérisé par l'usage de la **3e personne** et de **verbes au présent**.

  La vigie a pour mission de surveiller le large.

Texte argumentatif

- Le **texte argumentatif** présente des **arguments** de manière **subjective** afin de convaincre ou de persuader un interlocuteur.

  Je te conseille de me suivre car je connais le chemin.

- Dans un **texte argumentatif**, les **arguments** sont souvent reliés par des **connecteurs** argumentatifs. L'emploi de ces connecteurs a pour but de ranger l'interlocuteur à l'avis de celui qui parle.

  Max a agi sans réfléchir, **c'est pourquoi** tu dois lui pardonner.

- Le **texte argumentatif** est souvent caractérisé par l'usage de la **1ʳᵉ personne** et de **verbes d'opinion**.

  Je pense que l'abus de sucreries peut nuire à la santé.

- Certains **adverbes** peuvent renforcer l'aspect argumentatif d'une phrase ou d'un texte.

  Assurément, tu ferais bien de suivre mes conseils.

  Son insouciance le conduira **inévitablement** à l'échec.

! Astuce

Un texte peut comprendre plusieurs formes de discours. Un texte **argumentatif** est souvent dit à **visée argumentative**, lorsqu'il se rattache à d'autres formes de discours (texte narratif ou explicatif).

– Texte narratif : Mon frère se plaint de la sonnerie de mon téléphone qui le gêne.

– Texte narratif à visée argumentative : Je ne diminuerai pas le volume pour être sûr de ne pas manquer un appel important.

Exercice

Indiquez les catégories de textes auxquelles appartiennent ces phrases.

« Je te propose mon portable à moitié prix. Il est tout neuf. C'est un modèle très récent d'une marque connue. Il a été fabriqué en Suède. La notice technique indique qu'il a une grande autonomie de batterie. Tu devrais accepter mon offre, car c'est vraiment une bonne affaire », dit mon ami.

➤ CORRIGÉS PAGE 420

☞ Voir aussi Textes narratif, descriptif, Temps simples et temps composés

Textes narratif, descriptif

1. Le soleil était haut dans le ciel.
2. Le guide et les touristes s'approchèrent du puits.

- La phrase 1 présente une description ; elle est **descriptive**.
- La phrase 2 présente un récit ; elle est **narrative**.

Définition

Les textes peuvent être classés en différentes catégories de **formes de discours**, selon leurs caractéristiques et leur visée.

- Le texte **narratif** permet de raconter une histoire.

  Le chevalier combattit et vainquit le dragon.

- Le texte **descriptif** permet de décrire une réalité.

  Le dragon, flamboyant de rage, était étendu sur le sol.

Texte narratif

- Le **texte narratif** (ou **récit**) raconte des événements réels ou imaginaires. Ces événements sont situés dans le temps à l'aide de **connecteurs temporels** : *hier, avant-hier, la veille, l'avant-veille, aujourd'hui, demain, le lendemain, le surlendemain.*

  Le lendemain, Matthias prit le train.

- Le **texte narratif** se caractérise par l'usage de **verbes d'action** au présent ou au passé simple.

  Maël **partit** à la recherche de son ami.

Texte descriptif

• Le **texte descriptif** donne la description d'un personnage (portrait), d'un objet ou d'un lieu (paysage) en introduisant le plus souvent des indications **spatiales**, des **adjectifs qualificatifs** et des images comme les **comparaisons** et les **métaphores.**

> **Tout en haut de la tour du château** se tenait Iseut **aux cheveux d'or et au teint d'albâtre.**

• Le **portrait** peut donner deux sortes de description :
– une description physique (visage, corps et vêtements) :

> Les yeux de la princesse brillaient. Sa démarche élégante dans sa robe de bal attirait vers elle tous les regards.

– une description morale (qualités, défauts et caractéristiques psychologiques) :

> Julien avait un caractère doux mais décidé.

• Le **texte descriptif** se caractérise par l'usage de **verbes d'état** au présent ou à l'imparfait.

> La reine d'Irlande **était** d'une beauté incomparable.

• Dans un texte littéraire, la **description physique** d'un personnage est souvent liée à sa **description morale.**

> Ses **doigts crochus** en disaient long sur son **avarice.**
> description physique   description morale

Exercice

Indiquez les catégories de textes auxquelles appartiennent ces phrases.

Le promoteur arpenta la ville pour trouver de nouveaux terrains. Celui qui le tentait le plus se trouvait en centre-ville, planté de chênes et situé à deux cents mètres de la gare. Le futur acquéreur alla parler affaires avec le propriétaire du terrain. Celui-ci se présenta à lui avec amabilité. Il portait un costume très élégant, de velours gris, une chemise en flanelle blanche sur laquelle se détachait une cravate gris perle à motifs géométriques discrets. Il lui serra vigoureusement la main et engagea la conversation de manière franche et directe.

➤ CORRIGÉS PAGE 420

☞ Voir aussi Textes explicatif, argumentatif, Temps simples et temps composés

Thème et propos

La navette spatiale décollera demain.

■ **La navette spatiale** indique ce dont on parle. C'est le **thème** de la phrase.

■ **décollera demain** fournit des informations à propos du thème de la phrase. C'est le **propos**.

Définition

● Une phrase est constituée de deux parties qui ont chacune un rôle différent : le **thème** et le **propos**.

● Le **thème** correspond à la première partie de la phrase, il indique **ce dont on parle**.

● Le **propos** correspond à la deuxième partie de la phrase, il précise **ce que l'on dit** du **thème**.

La fanfare de la municipalité joue un air entraînant.

On parle de la fanfare de la municipalité (le thème) et on en dit qu'elle joue un air entraînant (le propos).

Enchaînement thématique

● Dans un texte, on parle d'**enchaînement thématique** lorsque le **thème** est le même d'une phrase à l'autre.

Les étoiles sont brillantes dans le ciel. **Elles** dessinent le chariot de la Grande Ourse.

● Le **thème** peut être :

– exactement le même : **La mouche du vinaigre** se reconnaît à son corps brun d'un à deux millimètres et à ses antennes satinées. **La mouche du vinaigre** pond ses œufs sur les fruits.

– repris par un autre groupe nominal ou un pronom personnel :

L'autobus s'arrête. **Le véhicule** ouvre ses portes.

Une table est dressée. **Elle** occupe toute la pièce.

 Piège à éviter

L'enchaînement thématique d'un texte doit être cohérent.

La fête battait son plein. **Elle** attirait la foule joyeuse.

Si le pronom personnel sujet reprend le sujet de la phrase précédente, l'enchaînement thématique est cohérent.

Enchaînement thème-propos

Dans un texte, on parle d'**enchaînement thème-propos** lorsque le **propos** d'une phrase fournit le **thème** de la phrase suivante.

Le bouquet comprend des orchidées. **Ces orchidées** sont magnifiques.

Thème et propos aux voix active et passive

● Dans un discours ou dans un texte, on place en position de **thème** l'élément connu du destinataire. On place en position de **propos** l'information apportée par le locuteur.

Les agriculteurs fauchent un champ de maïs.

● On peut employer la voix passive pour mettre un élément de la phrase en position de **thème**.

Ce champ de maïs est fauché par des agriculteurs.

(J'insiste sur le champ que je vois et que le destinataire voit.)

 Exercice

Indiquez le thème et le propos de chacune des phrases et la nature de leur enchaînement (thématique ou thème-propos).

Les géomètres mesuraient les terrains avec une chaîne d'arpenteur. Ils passaient un temps considérable à cette activité. Celle-ci leur demandait beaucoup d'efforts physiques. Elle leur demandait de déplacer des instruments très lourds.

➤ CORRIGÉS PAGE 421

☞ Voir aussi Reprises nominales et pronominales, Voix active et voix passive

Ⓥerbe (1)

Marie [plonge] de la falaise.

Son frère [reste] hésitant.

- Le verbe **plonge** désigne une **action**.
- Le verbe **reste** indique un **état**.

Définition

• Le **verbe** est **l'élément essentiel** de la phrase (le noyau). C'est à lui que se rattachent le sujet et les différents compléments.

Le renard **dévore** une poule.

• La plupart des verbes fournissent une information concernant une **action** ou un **acte de parole relevant du sujet**.

Le président **prononce** un discours.

• Certains verbes mentionnent un **état** du sujet *(être, paraître, sembler, devenir, demeurer, rester, passer pour, avoir l'air...)*. Ce sont des **verbes d'état** : Cette région **paraît** pittoresque.

Groupes du verbe

Les verbes sont répartis en trois groupes :
• 1er groupe avec terminaison en *-er* :

chanter, laver, travailler...

Exception en *-er* : aller (3e groupe)
• 2e groupe avec terminaison en *-ir* et participe présent en *-issant* :

finir (finissant), blanchir (blanchissant)
• 3e groupe avec terminaisons différentes : *-ir, -oire, -endre, -eindre, -oudre* :

courir, croire, entendre, atteindre, coudre, résoudre

Verbe et auxiliaire

- *Être* et *avoir* sont :
– des **verbes**, quand ils ont leur sens propre (possession ou état) : J'ai un lecteur MP3. Je **suis** heureux.
– des **auxiliaires**, quand ils servent à conjuguer des verbes pour former des temps composés : J'ai choisi une BD.

- Les **semi-auxiliaires** précèdent un verbe à l'infinitif : *se mettre à, aller, venir de, devoir, pouvoir...* : Le bébé **vient de** s'endormir.

! Piège à éviter

Il ne faut pas confondre le **semi-auxiliaire** *venir* et le **verbe** *venir*.
S'il est suivi d'un verbe à l'infinitif, c'est un semi-auxiliaire.

Je **viens de** terminer mon goûter. (semi-auxiliaire *venir* + verbe à l'infinitif)

Je **viens de** la campagne. (verbe *venir* + GN)

Sens et désinences

- Le **radical** du verbe porte le **sens**.

Les camelots **haranguaient** la foule.

Le radical *harangu-* montre l'activité des camelots : ils s'adressent à la foule avec éloquence.

- La **désinence**, ou terminaison, du verbe fournit des informations sur le **temps** et la **personne**.

Les camelots harangu**aient** la foule.

-ai correspond à la désinence de l'imparfait ; *-nt*, à la 3ᵉ personne du pluriel

Exercice

Relevez les verbes et précisez lesquels sont des verbes d'action ou d'état, des auxiliaires ou des semi-auxiliaires.

Mon père s'est mis à lire la presse quotidienne lorsqu'il a changé de lieu de travail. Depuis, il regarde moins souvent les informations télévisées et profite de ce temps pour bavarder plus longuement avec nous. Il semble ravi de son nouveau mode de vie.

➤ CORRIGÉS PAGE 421

☞ Voir aussi Temps et aspect, Verbe (2)

Verbe (2)

Claude [regarde] rêveusement son album de photos de vacances. Il [faisait] un temps radieux.

- Le verbe regarde a un sujet, Claude. Il peut varier en fonction de la personne. C'est un **verbe personnel**.
- Le verbe faisait est précédé du pronom impersonnel il. C'est un **verbe impersonnel**.

Les verbes personnels

- Le **verbe personnel** fournit des indications sur la **personne** du sujet. Cette personne est indiquée de deux manières, par la désinence du verbe et par :
– un pronom personnel sujet à toutes les personnes :

Tu consulte**s** une carte. **Ils** programm**ent** leur GPS.

2e personne du singulier   3e personne du pluriel

– un nom ou un groupe nominal sujet pour la 3e personne :

Jasmine li**t** une lettre. **Mes amis** écriv**ent**.

3e personne du singulier   3e personne du pluriel

À l'impératif, l'indication de personne est exclusivement donnée par la désinence du verbe : Attach**ez** votre ceinture.

- Le **verbe personnel** fournit des indications sur le temps de l'action. Ce temps est indiqué par la désinence du verbe à l'indicatif.

nous parlons – nous parlions – nous parlerons

présent   imparfait   futur

Verbes impersonnels

- Certains verbes s'emploient à la 3e personne du singulier, avec le pronom *il* qui ne désigne personne. Ces verbes sont **impersonnels** : il pleut, il neige, il vente

- Pour donner un ordre, on peut employer le verbe impersonnel *il faut* suivi de *que* + subjonctif : Il faut que tu révises ta leçon.

Verbes transitifs

Certains verbes se construisent avec un **complément d'objet**, ils sont transitifs.

- Sont **transitifs directs** ceux qui admettent un complément d'objet direct (COD) : Tu fabriques un cerf-volant.

- Sont **transitifs indirects** ceux qui admettent un complément d'objet indirect (COI) : Je parle au facteur.

Verbes intransitifs

Certains verbes n'admettent **pas de complément d'objet**. Ils sont intransitifs : Nous partirons bientôt.

 Astuce

Certains verbes sont parfois **intransitifs** et parfois **transitifs**.

Elle pleure.
verbe intransitif

Elle pleure toutes les larmes de son corps.
verbe transitif direct   COD

 Exercice

Soulignez les verbes. Puis précisez s'ils sont personnels ou impersonnels, transitifs ou intransitifs.

Ce matin, il pleuvait. Caroline a prêté son parapluie à sa meilleure amie. La pluie a trempé son manteau. Sa mère lui a dit : « Tu es une bonne camarade, mais il faut que tu penses aussi à toi. Tu risques une bronchite. »

➤ CORRIGÉS PAGE 421

☞ Voir aussi **Verbe (1)**, **Voix active et voix passive**

Voix active et voix passive

1. **Les Indiens** poursuivent <u>la diligence</u>. → actif
   le sujet fait l'action   le COD subit l'action

2. **La diligence** est attaquée par <u>les Indiens</u>. → passif
   le sujet subit l'action   complément d'agent

■ Les deux phrases ont le même sens, mais dans la phrase 1,
Les Indiens est sujet, et dans la phrase 2, La diligence est sujet.

Définition

• **À la voix active**, le sujet accomplit l'action.

Mon père plante des arbres fruitiers.

• **À la voix passive**, le sujet subit l'action.

Des arbres fruitiers sont plantés par mon père.

Sujet, COD et complément d'agent

• **Une phrase active** peut être transformée en phrase passive si son verbe
admet un complément d'objet direct (c'est un verbe transitif direct).

Les pompiers ont sauvé le chaton.
    sujet   complément d'objet direct

Le chaton a été sauvé par les pompiers.
    sujet   complément d'agent

• **Le COD de la phrase active** devient sujet de la phrase passive. Le sujet
de la phrase active devient complément d'agent de la phrase passive.

Temps des voix active et passive

Le verbe à la voix passive est conjugué avec l'auxiliaire *être* **suivi du participe passé du verbe**.

Pour savoir à quel temps est conjugué le verbe de la voix passive, il faut observer le temps de l'auxiliaire.

	VOIX ACTIVE	VOIX PASSIVE
Présent	Léo lit une BD.	Une BD est lue par Léo.
Imparfait	Léo lisait une BD.	Une BD était lue par Léo.
Futur	Léo lira une BD.	Une BD sera lue par Léo.
Passé simple	Léo lut une BD.	Une BD fut lue par Léo.
Passé composé	Léo a lu une BD.	Une BD a été lue par Léo.
Plus-que-parfait	Léo avait lu une BD.	Une BD avait été lue par Léo.
Futur antérieur	Léo aura lu une BD.	Une BD aura été lue par Léo.
Passé antérieur	Léo eut lu une BD.	Une BD eut été lue par Léo.

Complément d'agent

 À la voix passive, l'auteur de l'action exprimée par le verbe est le **complément d'agent**. Il est introduit par les prépositions *par* ou *de*.

La purée est un plat apprécié **de/par tous les enfants**.

 Il peut ne pas y avoir de complément d'agent, soit parce que l'on ignore son identité, soit parce qu'on ne veut pas la dévoiler. Mon frère a été suivi.

 Piège à éviter

Pour ne pas confondre le **présent de la voix passive** avec le **passé composé de la voix active**, vérifiez que le complément d'agent peut devenir sujet de la phrase active.

Le suspect est suivi **par un détective**. → (complément d'agent, présent passif)

Un détective suit le suspect. → (sujet, présent actif)

Le suspect est parti. (passé composé actif)

Exercice

Indiquez le temps des verbes à la voix passive.

Un accident a été provoqué par une voiture mal stationnée. Les gendarmes seront bientôt alertés. Les victimes sont prises en charge par le SAMU.

➤ CORRIGÉS PAGE 421

☞ Voir aussi Thème et propos

Abréviations, sigles et symboles

Il a manqué son **RER**. Il n'ira pas
sigle

au **cinéma**, à 4 **km** d'ici.
abréviation   symbole

■ **RER** signifie *Réseau Express Régional* ;
cinéma : *cinématographe* ; km : *kilomètre*.

Définition

Le langage courant emploie des formes réduites d'un mot ou d'un groupe de mots. Une partie des lettres a été supprimée.

radiographie → radio

Formation des abréviations

• Dans certaines abréviations, une ou plusieurs syllabes sont retranchées du mot par **apocope** (fin de mot retranchée) ou plus rarement par **aphérèse** (début du mot retranché) : photographie → photo – autobus → bus

Certaines abréviations sont familières :

publicité → pub – professeur → prof – sympathique → sympa

• Certaines abréviations sont formées de la première lettre du mot et d'un point. Nord → N. – Monsieur → M.

• Certaines abréviations sont formées de la première et des dernières lettres du mot. Dans ce cas, elles ne se terminent pas par un point.

Madame → Mme – Mademoiselle → Mlle

• Certaines abréviations sont formées des premières lettres du mot et d'un point : adjectif → adj. – adverbe → adv. – exemple → ex.

• Le mot d'origine est parfois modifié : réfrigérateur → frigo (familier)

Sigles

- Les sigles sont des abréviations. Ils se réduisent aux initiales de chaque mot : TGV : Train à Grande Vitesse
- Quand on lit un sigle, chaque lettre est prononcée. Si une voyelle fait partie du sigle, on peut prononcer ce sigle comme un mot ordinaire.

    OVNI : objet volant non identifié ; VTT : vélo tout-terrain ; SVP : s'il vous plaît ; NB : *nota bene* (expression latine qui signifie « note bien », c'est-à-dire : sois attentif)

Symboles scientifiques

Dans le domaine des sciences, les abréviations sont souvent symbolisées par deux lettres du mot : kilomètre → km
Ces symboles ne sont jamais suivis de point.

	UNITÉ	ABRÉVIATION
Grandeur	kilomètre, hectomètre, décamètre, mètre, décimètre, centimètre, millimètre	km, hm, dam, m, dm, cm, mm
Superficie	hectare, are, centiare	ha, a, ca
Volume	hectolitre, décalitre, litre, décilitre, centilitre, millilitre	hL, daL, L, dL, cL, mL
Masse	tonne, quintal, kilogramme, hectogramme, décagramme, gramme, décigramme, centigramme, milligramme	t, q, kg, hg, dag, g, dg, cg, mg
Temps	jour, heure, minute, seconde	j, h, min, s
Puissance	watt	W
Monnaie	euro	€

 Piège à éviter

Certains mots abrégés prennent la marque du pluriel.

les mathématiques → les maths – les informations → les infos

 Exercice

Retrouvez les abréviations des mots.

Train à grande vitesse – numéro – Madame – Monsieur – s'il vous plaît – vélo tout-terrain – millimètre – décigramme

➤ CORRIGÉS PAGE 421

☞ Voir aussi **Préfixes et suffixes**

Accents aigu, grave, circonflexe, tréma

Le jour de Noël, le marin accède aux côtes à marée haute.

■ Noël a un tréma sur le e, marée a un accent aigu sur le e, accède à un accent grave sur le e, côtes a un accent circonflexe sur le o.

Définition

Les **accents aigu**, **grave**, **circonflexe** et le **tréma** sont des signes que l'on trouve sur des voyelles et qui en modifient le plus souvent la prononciation : mais ≠ maïs – de ≠ dé

Mots écrits avec un accent aigu

L'accent aigu s'écrit sur le e au début, au milieu et à la fin des mots. Il se prononce [e] : anxiété – électricité – élimé – étage – étonner – évidence – élégant – déguster – fainéant – télévision – thé

Mots écrits avec un accent grave

• L'accent grave se place très souvent sur la voyelle e au milieu des mots : chèque – chèvre – colère – liège – modèle – oxygène – piège

• è se trouve parfois dans la dernière syllabe du mot : accès – excès – procès – succès – cacatoès (le s se prononce dans ce mot)

• Sur la voyelle a, l'accent est uniquement en fin de mot : à – celle-là – celui-là – déjà – là – voilà

• Le mot *où* est le seul à porter un accent grave sur le *u*.

L'accent grave en conjugaison

Les verbes à l'infinitif en *-ecer*, *-emer*, *-ener*, *-eper*, *-erer*, *-eser*, *-ever*,

-evrer changent le *e* de l'avant-dernière syllabe en *è* aux présents de l'indicatif, du subjonctif, du conditionnel, de l'impératif et au futur simple.

semer : je sème, qu'il sème, ils sèmeraient, tu sèmeras, sème

 Piège à éviter

Des mots d'une même famille peuvent ne pas porter le même accent.

fidèle/fidélité – crème/crémier – collège/collégien

Mots écrits avec un accent circonflexe

• L'accent circonflexe est souvent la marque d'un *s* qui a existé aux siècles précédents. On retrouve parfois ce *s* dans un mot de la même famille.

fête/festival – hôpital/hospitalier – croûte/croustillant

• L'accent circonflexe peut se transformer en accent aigu et correspondre à une alternance de graphies *é* ou *ê* dans les mots d'une même famille.

bête/bétail – extrême/extrémité

• L'accent circonflexe peut marquer une voyelle longue : pâte ou distinguer deux homonymes : cote/côte – foret/forêt – mur/mûr.

Mots écrits avec un tréma

• Le tréma marque la séparation de deux voyelles que l'on prononce l'une après l'autre : caïman – canoë – coïncidence – égoïste

• Parfois, le tréma sert à marquer le féminin de certains adjectifs. Il sert à montrer que *u* se prononce : aigu/aiguë – ambigu/ambiguë

 À apprendre par cœur

coïncidence – égoïste – faïence – héroïque – maïs – mosaïque – naïf

 Exercice

Complétez les mots avec un accent ou un tréma.

La foret est dense. Quelle coincidence ! Cette orange est amere. Cet homme est elegant. La fete a ete tres reussie. La, il sera au calme.

➤ CORRIGÉS PAGE 421

☞ Voir aussi **Histoire des mots : étymologie**

ORTHOGRAPHE

Ⓐccord dans le groupe nominal

De nombreuses colonies d'oiseaux marins ont regagné l'île rocheuse.

- nombreuses s'accorde avec colonies au féminin pluriel.
- marins s'accorde avec oiseaux au masculin pluriel.
- rocheuse s'accorde avec île au féminin singulier.

Règle générale

- Le nom est le **noyau** du groupe nominal (GN).
- À l'intérieur du groupe nominal, le déterminant et l'adjectif se rapportent au nom.

un grand garçon – une grande fille

Accord dans le groupe nominal

Les **déterminants** (articles et déterminants possessifs, démonstratifs, indéfinis et numéraux) et les **adjectifs qualificatifs s'accordent en genre et en nombre** avec le nom noyau auquel ils se rapportent.

les beaux recueils   cette bonne idée

Accord d'un adjectif avec des noms au masculin singulier

Si l'adjectif qualificatif qualifie plusieurs noms qui sont au masculin singulier, il s'accorde au **masculin pluriel**.

un paysage et un portrait réussis
nom 1   nom 2   adjectif qualificatif au masculin pluriel

144

Pièges à éviter

- Les **déterminants numéraux cardinaux** *(deux, quatre, huit)* sont invariables.

  huit jours   deux ans

- *Vingt* et *cent* se mettent au pluriel quand ils sont multipliés par un déterminant numéral et non suivis d'un autre déterminant numéral.

  quatre-vingt**s** ans   quatre-vingt-huit images

Accord d'un adjectif avec des noms au féminin singulier

Si l'adjectif qualificatif qualifie deux noms au féminin singulier, il s'accorde au **féminin pluriel**.

une <u>veste</u> et une <u>écharpe</u> chau**des**
    nom 1   nom 2   adjectif qualificatif au féminin pluriel

Accord d'un adjectif avec plusieurs noms de genres différents

Si l'adjectif qualificatif qualifie des noms de genres différents et que l'un de ces noms est masculin, l'accord se fait au **masculin pluriel**.

une <u>fille</u> et un <u>garçon</u> vif**s**

À apprendre par cœur

un acteur et un chanteur connus – une nappe et une assiette assorties – une chevelure et un teint blancs – une valise, une ceinture et un portefeuille neufs

Exercice

Complétez l'accord de chaque groupe nominal.

des fourrures et des étoffes dou... – les villages et les hameaux isolé... – les rendez-vous et les entretiens annulé... – des clowns et des humoristes amusant... – des exercices et des problèmes complexe... – des questions et des énoncés compliqué...

➤ CORRIGÉS PAGE 421

☞ Voir aussi **Adjectifs qualificatifs, Déterminants**

Ⓐ ccord du participe passé avec *être* et *avoir*

Chloé **a chanté** et elle **est applaudie** par un public enthousiaste.

- Le participe passé chanté est employé avec l'auxiliaire *avoir*. Il ne s'accorde pas avec le sujet Chloé.
- Le participe passé applaudie est employé avec l'auxiliaire *être*. Il s'accorde avec le sujet elle ; applaudie prend un e.

Règle générale

À un **temps composé**, un verbe est constitué de l'auxiliaire *être* ou *avoir* conjugué et d'un **participe passé**. Son accord suit des règles précises.

Ils **ont** vendu. Elles **sont** sorties.

Participe passé employé avec l'auxiliaire *être*

- Le participe passé employé avec l'auxiliaire *être* **s'accorde en genre et en nombre avec le sujet** : Les candidates sont convoquées.

- Le participe passé est employé avec l'auxiliaire *être* pour former les temps composés des **verbes intransitifs** : elle est allée – elles sont arrivées – ils sont sortis

- Le participe passé est employé avec l'auxiliaire *être* pour former la **tournure passive** : Les arbres ont été déracinés par un vent violent.

Participe passé employé avec l'auxiliaire *avoir*

- Le participe passé employé avec l'auxiliaire *avoir* **ne s'accorde pas avec son sujet**.

Les enfants ont lu une BD. Les élèves ont préparé un exposé.

- Le participe passé employé avec l'auxiliaire *avoir* **s'accorde avec le COD lorsque celui-ci est placé avant le verbe** (antéposé).

  La star **que** Damien a attendu**e** à la sortie lui a serré la main.

  Le guide **nous** a intéressé**s**.

  Quelles toiles as-tu préféré**es** ?

- Si le COD est après le verbe, il n'y a pas d'accord du participe passé employé avec l'auxiliaire *avoir*.

  La récompense a flatté **les lauréats**.

 Piège à éviter

Le **pronom relatif** *que* peut remplacer un complément circonstanciel.

La pluie est tombée pendant la demi-heure qu'ils ont couru.

La demi-heure est un complément circonstanciel de temps et non un COD. Il n'y a pas d'accord du participe passé.

Participe passé employé sans auxiliaire

- Le participe passé employé sans auxiliaire s'accorde, comme l'adjectif, en genre et en nombre avec le nom qu'il accompagne.

- Le participe passé a les mêmes fonctions que l'adjectif qualificatif.

  Les cours **terminés**, ils rentrèrent. (épithète)

  Exténuées, les femmes s'écroulèrent de fatigue. (apposé)

  Les devoirs sont **compliqués**. (attribut)

 Exercice

Accordez les participes passés si nécessaire.

Elles sont venu... en voiture. Ton père a téléphoné... ce matin. Les boucles d'oreilles que tu as vu... sont en argent. Les résultats affiché... au tableau sont ceux de ton équipe. Quelles chaussures a-t-elle choisi... ?

➤ CORRIGÉS PAGE 421

☞ Voir aussi **Complément d'objet direct (COD)**, **Temps simples et temps composés**

ORTHOGRAPHE

Accord du participe passé : cas particuliers

Ces statues sont splendides. Je les ai **fait** venir d'Italie.

■ **fait** est suivi d'un infinitif : venir ; **fait** ne s'accorde pas avec les, mis pour **statues**.

Participe passé suivi d'un infinitif

• Si le participe passé est suivi d'un infinitif, il s'accorde avec le sujet de l'infinitif s'il est placé avant le verbe.

> Il a nourri les chats ; il <u>les</u> a **vus grandir**.
>
> *les* remplace *les chats*. Il a vu que les chats grandissent. *chats* est sujet de l'infinitif *grandir*. *Les* est placé avant le verbe *grandir*. Le participe passé *vus* s'accorde donc au masculin pluriel avec *les chats*.

• Si le participe passé est suivi d'un infinitif qui a un COD, il ne s'accorde pas.

> Les <u>maisons</u> qu'il a **vu construire** ont une bonne isolation.
>
> *maisons* est COD du verbe *construire*, il n'y a pas d'accord.

Participe passé des verbes *faire, laisser, devoir, pouvoir* suivi d'un infinitif

Le participe passé des verbes *faire, laisser, devoir, pouvoir* suivi d'un infinitif ne s'accorde jamais.

> Les traces qu'il a **fait suivre**.
>
> Les bananes qu'il a **laissé mûrir**.
>
> Les jeux qu'il a **dû vendre**.
>
> Les chansons qu'il a **pu interpréter**.

Participe passé précédé d'un pronom

● Le participe passé ne s'accorde pas quand le COD placé devant le verbe est le **pronom *en*,** pronom personnel adverbial et invariable neutre, qui n'a aucun genre et aucun nombre.

> J'en **ai lu** des histoires.
>
> Ils ont mangé des spécialités et en **ont** beaucoup **parlé.**
>
> *en* est COD et reprend *spécialités* (féminin, pluriel) ; *parlé* reste au masculin singulier.

● Le participe passé ne s'accorde pas quand le COD placé devant le verbe est le **pronom *le* utilisé à la place d'une proposition.**

> Sa renommée n'était pas aussi importante que vous l'**aviez dit.**
>
> *l'* remplace la proposition *Sa renommée n'était pas aussi importante.*

Participe passé d'un verbe impersonnel

● Le sujet d'un verbe impersonnel est toujours *il*, qui ne représente ni une personne, ni un animal ni une chose définie. On dit que le sujet *il* est **apparent** :

> Il neige. Il pleut. Il bruine. Il faut...

Il peut également y avoir un **sujet réel**, qui est facultatif :

> Il pleut **des cordes.**

● Même si le sujet réel est au pluriel, le participe passé reste au singulier car il s'accorde avec *il*, sujet apparent singulier.

> Il a **plu** des cordes.
> sujet apparent singulier   sujet réel pluriel

Exercice

Écrivez au passé composé chaque verbe entre parenthèses et faites l'accord si nécessaire.

Les fleurs qu'il (voir) pousser sont multicolores. Les empreintes qu'il (faire) repérer sont celles d'un sanglier. Les histoires qu'il (lire) ont plu. Elle en (écrire) des romans. Il (bruiner) toute la journée.

➤ CORRIGÉS PAGE 421

☞ Voir aussi **Accord du participe passé avec *être* et *avoir***

A ccord du participe passé des verbes pronominaux

Les hirondelles se sont envol(ées) car

sujet   participe passé

l'hiver approche.

■ envolées est le participe passé du verbe pronominal *s'envoler*. Il s'accorde avec le sujet les hirondelles au féminin pluriel.

Accord du participe passé des verbes essentiellement pronominaux

Le participe passé des verbes pronominaux s'accorde avec le sujet, quand le pronom réfléchi est employé avec des verbes **essentiellement pronominaux**, qui n'existent qu'à la forme pronominale : *s'absenter, s'accouder, s'envoler, se méfier, s'évanouir, s'exclamer, s'emparer, s'enfuir, se raviser...*

> Elle s'est souvenue du chemin.

Accord du participe passé des verbes pronominaux réfléchis

Le verbe est **pronominal réfléchi** quand le sujet fait l'action sur lui-même.

> Tu t'es regardé dans un miroir.

• Le participe passé d'un verbe pronominal réfléchi **s'accorde** lorsque son **COD est placé avant le verbe**.

> Elles se sont lavées. (*se* = COD ; elles ont lavé elles-mêmes ; il y a accord)

• Le participe passé d'un verbe pronominal réfléchi **ne s'accorde pas** lorsque son **COD est placé après le verbe**.

> Elles se sont lavé les mains. (*les mains* = COD ; il n'y a pas accord)

• Le participe passé d'un verbe pronominal réfléchi **ne s'accorde pas** si le pronom réfléchi est **COI**.

> Elle s'est dit que tout allait bien. (*s'* = COI ; elle a dit à elle-même ; il n'y a pas accord)

Accord du participe passé des verbes pronominaux réciproques

Le verbe est **pronominal réciproque** quand les sujets, toujours au pluriel, font l'action l'un sur l'autre : Ils se sont battus.

• Le participe passé d'un verbe pronominal réciproque **s'accorde avec le COD s'il est placé devant le verbe**.

> Pierre et Paul se sont retrouvés. (*se* = COD ; il y a accord)
>
> Ils se sont envoyé des fleurs. (*des fleurs* = COD ; il n'y a pas accord)

• Si le pronom personnel réfléchi a pour **fonction COI** et qu'il n'y a pas de COD dans la phrase, le participe passé reste invariable.

> Ils se sont plu. (*se* = COI ; Ils ont plu à eux ; il n'y a pas accord)

Accord du participe passé des verbes pronominaux de sens passif

Le participe passé des **verbes pronominaux de sens passif** s'accorde avec le sujet qui subit l'action.

> Les roses se sont bien vendues. (Les roses ont été vendues.)

Accord du verbe pronominal suivi d'un infinitif

• Si le verbe pronominal est suivi d'un **infinitif de sens actif** (le COD fait l'action), le participe passé s'accorde en genre et en nombre avec le sujet.

> Elles se sont vues mourir.

• Si le verbe pronominal est suivi d'un **infinitif de sens passif** (le COD subit l'action), le participe passé reste invariable.

> Elles se sont vu jeter à la porte.

Exercice

Complétez les participes passés des verbes pronominaux.

Les bonnes résolutions se sont envol... . Les candidats se sont concentr... . Garance s'est coup... légèrement le doigt. Elles se sont laiss... convaincre. Line s'est décid... à rentrer.

➤ CORRIGÉS PAGE 422

☞ Voir aussi **Accord du participe passé : cas particuliers**, COD, Verbes pronominaux

ORTHOGRAPHE

Ⓐ ccord sujet-verbe (1)

> Le feu **passe** au vert
>
> et les voitures **démarrent**.
>
> - **Le feu** est au singulier → **passe** est au singulier.
> - **voitures** est au pluriel → **démarrent** est au pluriel.

Règle générale

Le **verbe** s'accorde en **nombre** (singulier – pluriel) et en **personne** *(je, tu, il, elle, nous, vous, ils, elles)* avec **son sujet**.

Marie **se rend** à la piscine.

Les deux cousins **vont** au cinéma.

Accord du verbe à la voix passive

Les verbes à la **voix passive** s'accordent en genre et en nombre avec le sujet.

Les joueuses **ont été terrassées** par l'autre équipe.

Accord du verbe avec le groupe nominal sujet

Quand le sujet est un **groupe nominal**, l'accord du verbe se fait avec le nom principal.

Les **musiques** mélodieuses de cet artiste m'**enchantent**.

Accord du verbe placé avant ou après le sujet

- Le sujet est presque toujours placé **avant le verbe**.

Adrien **rit**.

- Le sujet est placé **après le verbe** dans le cas de :
- la forme interrogative :

    Quand **dînons-nous** ?

- l'inversion du sujet après un complément circonstanciel :

    Dans la mare **buvaient** des animaux sauvages.

Accord du verbe avec plusieurs sujets

- Le verbe peut s'accorder avec **plusieurs sujets** au singulier. Il se met alors au pluriel.

    Pierre, Alain et Anne **passent** leurs examens le même jour.

- Quand les sujets sont des **personnes différentes**, on peut avoir deux cas de figure :
- le verbe se met à la 2e personne du pluriel quand le sujet est composé des 3e personne + 2^e personne :

    Léo et toi **irez** à la gare à pied.

- le verbe se met à la 1re personne du pluriel quand le sujet est composé des 3e (ou 2e) personne + 1re personne :

    Pierre et moi **passons** nos examens le même jour.

 Piège à éviter

Attention, le verbe est parfois séparé de son sujet par un pronom.

Ses parents le **grondent**.

 Exercice

Conjuguez les verbes entre parenthèses au présent.

La peinture, la musique et la danse (être) des activités artistiques. Les langues vivantes (permettre) de s'ouvrir sur le monde. Simon et Cynthia la (voir) sans cesse. Les ailes de ce papillon (ressortir) sur le fond blanc. Vous et moi (partir) à la nuit tombée.

➤ CORRIGÉS PAGE 422

☞ Voir aussi **Accord sujet-verbe (2)**,
Pronoms personnels

ORTHOGRAPHE

Ⓐ ccord sujet-verbe (2)

Chacun **prend** une raquette.

La majorité des élèves **commencent** l'entraînement.

- Chacun est au singulier → prend est au singulier.
- élèves est au pluriel → commencent est au pluriel.

Cas particuliers d'accord sujet-verbe

NATURE DES SUJETS	ACCORD DU VERBE
Un pronom indéfini on, chacun, aucun	Le verbe se met toujours au singulier. **On** reconnaît son style. **Chacun** donne son avis. Le rapport énumère les problèmes : **aucun** d'eux n'**est** à négliger.
Un adverbe de quantité beaucoup, trop, combien, peu...	Le verbe s'accorde avec le complément de l'adverbe. **Trop** de collégiens n'**ont** pas réussi. *collégiens* est le complément de l'adverbe *trop*, il est masculin pluriel, le verbe est au pluriel → *ont*.
Un nom collectif une foule, la plupart, un grand nombre, la majorité...	Le verbe s'accorde avec le collectif ou avec le complément (selon ce sur quoi on veut insister). Un grand nombre de **navires** **parcourent** les océans. *navires* est au pluriel → le verbe est au pluriel → *parcourent*.
Une fraction au singulier la moitié, le quart ou un nom numéral au singulier : la quinzaine...	S'il y a un complément au pluriel, le verbe s'accorde avec le complément et s'écrit au pluriel. Le quart du **sable est** transporté. Le quart des **gravures sont** vendues.
Un pronom, qui reprend plusieurs noms tout, rien, personne	Le verbe s'accorde avec ce pronom. Il se met au singulier. Le tennis, l'escrime, le judo, **tout** convient à Sami. *tout* reprend *tennis*, *escrime* et *judo*.
Le pronom relatif *qui*	Le verbe se met à la même personne que l'antécédent. C'est **toi** qui m'**inviteras**. Les **artistes** qui **arrivent** sont des célébrités.

Piège à éviter

Le sujet *on* n'entraîne pas toujours un accord au singulier du verbe : l'adjectif attribut ou le participe passé de la forme passive peut varier en genre et en nombre selon le sens du pronom indéfini.

On est satisfait. (tout le monde est satisfait : singulier)

On est satisfaits. On est satisfaites. (nous sommes satisfaits ou satisfaites : pluriel)

Cas particuliers d'accord avec les pronoms neutres

• Avec le **pronom neutre** *ce (c')* comme sujet, le verbe est généralement au singulier : C'est nous, ouvre-nous la porte.

Avec les **pronoms** *eux, elles*, un nom ou **un groupe nominal au pluriel**, le verbe est au pluriel : Ce sont eux les vainqueurs. Ce sont des rêves.

• Avec le **pronom neutre** *il* (sujet apparent d'un verbe impersonnel), le verbe est toujours au singulier : Il tombe des grêlons.

Sujets coordonnés par *ni* ou par *ou*

Quand les sujets sont coordonnés par *ni* ou par *ou*, le verbe se met :

– soit **au singulier** lorsque les deux éléments coordonnés expriment l'opposition :

Ni la gentillesse ni la méchanceté ne le **caractérise**.

Ni l'une ni l'autre ne caractérise la personne.

– soit **au pluriel** lorsque les deux éléments coordonnés forment un ensemble :

Ni ma tante ni mon oncle ne **viendront**.

Exercice

Conjuguez les verbes entre parenthèses au présent.

Chacun (prendre) son sac et (sortir). C'est toi qui (attraper) la balle. La plupart des joueurs (s'entraîner) en soirée. On (convenir) d'un rendez-vous devant le cinéma. Beaucoup de jeunes (boire) des sodas.

➤ CORRIGÉS PAGE 422

☞ Voir aussi **Accord sujet-verbe (1)**, Pronoms personnels

Adverbes en -*ment*

Ces touristes s'informent **précisément** des routes à emprunter.

■ **précisément** précise le sens du verbe s'informent.
C'est un **adverbe**. Il est invariable.

Définition

- L'**adverbe** est un mot **invariable** qui précise et modifie le sens d'un autre mot : verbe, adjectif, autre adverbe, ou de toute la phrase.
- La plupart des adverbes en -*ment* expriment la manière.

  heureusement – durement

Formation des adverbes terminés par -*ment*

- L'adverbe terminé par -*ment* est généralement formé à partir d'un **adjectif au féminin singulier** auquel on ajoute le suffixe -*ment*.

ADJECTIF MASCULIN	ADJECTIF FÉMININ	ADVERBE
heureux	heureuse	heureusement
doux	douce	doucement
vif	vive	vivement
cruel	cruelle	cruellement

- Pour les **adjectifs terminés au masculin par les voyelles** -*ai*, -*é*, -*i*, -*u*, on ajoute le suffixe -*ment* à l'adjectif masculin.

ADJECTIF MASCULIN	ADVERBE
vrai	vraiment
aisé	aisément
infini	infiniment
résolu	résolument

Tolérance orthographique

De nombreux adverbes issus d'adjectifs en -*u* prennent un accent circonflexe, mais, depuis 1990, il n'est plus obligatoire de mettre l'accent sur la voyelle.

continûment – goulûment – assidûment

 Piège à éviter

Dans la formation de quelques adverbes, le *e* de l'adjectif devient *é*.

intens**é**ment – énorm**é**ment – confus**é**ment

Adverbes en -*ment* formés à partir des adjectifs en -*ant* ou -*ent*

Lorsque le suffixe -*ment* s'ajoute à un adjectif masculin singulier terminé par -*ant* ou -*ent*, le *m* est doublé. L'adverbe s'écrit -*amment* ou -*emment*. Il se prononce [amã].

- Adjectifs en -*ant* :

  méch**ant** → méch**amment** – élég**ant** → élég**amment** – cour**ant** → cour**amment** – puiss**ant** → puiss**amment**

- Adjectifs en -*ent* :

  fréqu**ent** → fréqu**emment** – réc**ent** → réc**emment** – viol**ent** → viol**emment**

Il existe :

– quelques exceptions : l**ent** → l**entement** – prés**ent** → prés**entement** – véhém**ent** → véhém**entement**

– quelques irrégularités : bref → brièvement – grave → gravement – gai → gaiement ou gaîment

 Exercice

Relevez les adverbes des phrases et retrouvez l'adjectif à partir duquel ils sont formés.

Phil a clairement présenté son travail. Elle a décidé de ne pas agir négligemment. Le chevalier a vaillamment combattu. Tu as tracé précisément le contour de cette figure. Ils ont gaiement effectué la traversée.

➤ CORRIGÉS PAGE 422

☞ Voir aussi Adverbes, Adjectifs qualificatifs

ORTHOGRAPHE

Consonnes doubles

Le co**ll**ier est retrouvé sur une te**rr**asse par un ho**mm**e ho**nn**ête qui le ra**pp**orte au co**mm**issariat.

■ **collier**, **terrasse**, **homme**, **honnête**, **rapporte** et **commissariat** s'écrivent avec une consonne double.

Règle générale

- On trouve généralement les **consonnes doubles à l'intérieur des mots** :

  coquette – couramment – interrompre

- On ne double jamais les consonnes *h, j, q, v, w, x*.

- Une consonne peut être doublée entre :

– deux voyelles : allumette – ballon – manivelle – patronne

– une voyelle et la consonne *l* : acclamation – sifflement – supplier

– une voyelle et la consonne *r* : admettre – apprendre – souffrance

Consonnes doubles et accentuation

- Le *e* qui précède une consonne doublée ne **porte jamais d'accent**.

  chaussette – chandelle – étincelle – guerre – presser – antenne

- Mais la consonne qui suit une voyelle accentuée n'est jamais doublée.

  grève – sirène – hémisphère – trêve

Astuces

- Le doublement de la consonne permet parfois de distinguer deux homonymes : canne/cane – salle/sale – datte/date
- La famille de mots à laquelle appartient un mot peut aider à connaître la présence d'une double consonne : terre, terrasse, terrier, enterrer

Cependant, il existe des exceptions : honneur, honnête *mais* honorable, honorer – donner, pardonner *mais* donation – nulle *mais* annulation

Consonnes doubles et conjugaison

- Les verbes en *-eler* et *-eter* ont leur consonne *l* ou *t* doublée devant un *e* muet ; le *e* qui précède se prononce alors [ɛ] : il appelle – il jette
- Il existe quelques exceptions où le *e* est accentué : il gèle – il achète – il crochète – il furète – il halète – il cisèle – il pèle

La consonne *s* doublée

Entre deux voyelles, la lettre *s* doublée se prononce [s] :

assaut – assemblée – assiette – assister – baisse – casser – essuyer

Consonnes doubles en fin de mot

- Lorsqu'un adjectif passe du masculin au féminin, il double parfois la consonne : réel/réelle – ancien/ancienne – gros/grosse – maigrelet/maigrelette – poltron/poltronne
- Les verbes en *-onner* prennent généralement deux *n* : chantonner, marmonner à l'exception de *détoner, ramoner, s'époumoner.*

 Exercice

Complétez les mots avec une consonne simple ou une consonne double.

Cette information est bien rée...e. Il faut lui pardo...er ses si...lements incontrôlés. Son attitude est ho...orable. Cet ho...e a agi selon son instinct. Jim remarque que mes chau...ettes sont à l'envers. Célia a...orte chaque lundi des fleurs. Ma mère a effectué une do...ation à une association.

➤ CORRIGÉS PAGE 422

ORTHOGRAPHE

Voir aussi **Consonnes finales muettes**

Consonnes finales muettes

Une promenade au bor**d** de l'étan**g** me convien**t** parfaitemen**t**.

■ **d, g, t** sont des consonnes muettes : on ne les prononce pas. On les trouve à la fin des mots.

Repérer une consonne finale muette

• La plupart des lettres muettes à la fin d'un mot masculin se prononcent au féminin.

chau**d** ⟶ chaude – surpri**s** ⟶ surprise – anglai**s** ⟶ anglaise

• On peut aussi trouver la consonne finale muette par **dérivation** (transformation qui permet de former un mot de la même famille à partir du radical) : refu**s** ⟶ refuser – préci**s** ⟶ préciser – sau**t** ⟶ sauter

 Piège à éviter

Connaître un mot de la même famille peut aider à trouver la consonne muette à la fin d'un mot : blanc/blanchir.

Attention à certains mots, dont la recherche d'un autre mot de la même famille peut être source d'erreur.

abri ne se termine pas par *t* malgré le verbe *abriter*

jus ne se termine pas par *t* malgré l'adjectif *juteux*

Le s muet final

• On trouve le *s* muet à la **fin des noms masculins** : bras, colis, dos, jus, mois, repas, temps. Exceptions : brebis, fois, souris (noms féminins)

• Les verbes se terminent toujours par un *s* muet à l'**imparfait de l'indicatif** et au **conditionnel aux personnes je, tu** et **nous** :

je venais, tu viendrais, nous viendrions

Le *t* muet final

De nombreux mots terminés par un *t* muet sont :
– des noms masculins : achat, bout, circuit, défaut, endroit, fruit, lit, pot, résultat, saut, toit. Exception : nuit (nom féminin)
– des adjectifs : adroit, content, petit, vivant
– des adverbes : doucement, surtout, vraiment
– des verbes conjugués aux 3ᵉ personnes du singulier et du pluriel : il grandit, il souriait, elles viendront

Le *x* muet final

La lettre *x* se trouve souvent à la fin :
– des noms féminins : noix, paix, toux, voix
– des noms masculins : choix, époux, prix
– de certains adjectifs : deux, heureux, soucieux
– de quelques verbes conjugués au présent de l'indicatif : je veux, tu peux

Les lettres *b*, *c*, *d*, *g*, *l*, *p*, *z* muettes finales

On trouve à la fin de quelques mots les consonnes muettes :
- -**b** : plomb
- -**d** : chaud, pied, nid
- -**l** : fusil, outil, gentil
- -**z** : riz, raz de marée
- -**c** : banc, croc, jonc, tronc
- -**g** : joug, hareng, étang
- -**p** : champ, drap, loup

À apprendre par cœur

banc – croquis – étang – hareng – jonc – parcours – tronc

Exercice

Complétez les mots avec une consonne muette : *s, d, c, p, l, x*.

Regarde ce beau tapi... oriental. Mes parents sont soucieu... de ma santé. Le lou... est un carnivore. Ma mère étend le dra... au soleil. De ce chêne, il ne reste que le tron... . Tu es surpri... par ce message. Il fait vraiment chau... . Mon père range ses outi...s.

➤ CORRIGÉS PAGE 422

🖝 Voir aussi Adverbes

ORTHOGRAPHE

Début des mots en *ab-*, *ac-*, *ad-*, *af-*, *ag-*, *am-*, *an-*, *ap-*

Maxence réussit son saut avec ⌐ad⌐resse.
Ses amis l'⌐app⌐ellent et l'⌐acc⌐lament.

■ Le mot **adresse** qui commence par *ad-* ne double pas
la consonne **d**.
■ Les verbes **appellent** et **acclament** qui commencent par
ap- et *ac-* doublent respectivement les consonnes **p** et **c**.

Mots commençant par *ab-*

Les mots commençant par *ab-* ne doublent pas le *b*.

    abandon, abattre, abus, abord, aboyer, abri

Quelques exceptions : abbé, abbaye

Mots commençant par *ac-*

Les mots commençant par *ac-* qui se prononce [ak] prennent le plus souvent deux *c* : accabler, accélération, accent, accepter, accessible, accessoire,
accident, accompagner, accourir, accrocher, acclamer, accuser

Quelques exceptions : académie, acacia, acajou, acompte, acoustique, âcre,
acrobate

Mots commençant par *ad-*

Les mots commençant par *ad-* prennent le plus souvent un seul *d*.

    adapter, adhérer, adjectif, adjoint, adorer, adresse, adulte, adverbe

Quelques exceptions : additif, addition, adducteur

Mots commençant par *af-*

Les mots commençant par *af-* prennent deux *f* : affaire, affamer, affiche,
affilié, affirmation, affluence, affolé, affranchir, affreux, affronter, affûter

Quelques exceptions : Afghan, afin, Afrique, africain

Mots commençant par *ag-*

Les mots commençant par *ag-* s'écrivent le plus souvent avec un seul *g*.

agrafe, agrandir, agréable, agression, agriculteur, agripper, agrume

Quelques exceptions : agglomérer, agglutiner, aggraver

Mots commençant par *am-*

Les mots commençant par *am-* s'écrivent le plus souvent avec un seul *m*.

amateur, amazone, amical, amitié, amortir

Quelques exceptions : ammoniac, ammonite

Mots commençant par *an-*

Les mots commençant par *an-* s'écrivent le plus souvent avec un seul *n*.

analphabète, anatomie, anéantir, anonyme

Quelques exceptions : anneau, année, annexer, annoncer, annoter

Mots commençant par *ap-*

Les mots commençant par *ap-* s'écrivent le plus souvent avec deux *p*.

appareil, apparence, appeler, appendice, applaudir, apporter, approcher, appuyer

Quelques exceptions : apaiser, apéritif, apercevoir, apitoyer, aplanir, aplatir, apôtre, apostrophe, apothéose, après

 À apprendre par cœur

abattre – accuser – adresse – affirmer – agrandir – amateur – anonyme – approcher

 Exercice

Complétez les mots avec *abb-, acc-, ad-, aff-, ag-, agg-, ap-, app-*.

L'alpiniste s'...rippe à la paroi. ...rès le brevet, tu iras au lycée. La chanteuse est ...laudie par le public. Cette ...aye est très ancienne. Elle ...roche son écharpe. Il y a du monde en ...lomération parisienne. Ce chat semble ...olé par le bruit. L'équipe ...met sa défaite.

➤ CORRIGÉS PAGE 422

☞ Voir aussi **Consonnes doubles**

ORTHOGRAPHE

Demi, nul, tel, tel quel

Dans une **demi**-heure, le concert commence.
Avec de **tels** musiciens, tous s'attendent à
un succès.

■ demi placé devant le nom heure ne s'accorde pas.
■ tels placé devant le nom musiciens s'accorde.

Accord de *demi*

• L'adjectif *demi* est **variable en genre** et **invariable en nombre** quand il est placé **après** un nom : trois heures et demie – deux mètres et demi

• L'adjectif *demi* est **invariable** quand il est placé **devant** un nom. Il se joint au nom par un trait d'union : une demi-finale – des demi-tarifs

• *Demi* est un **nom** quand il représente une fraction. Il peut alors se mettre au **pluriel** : Un demi plus un demi font **deux** demis.

Accord de *nul*

• L'adjectif qualificatif *nul* (qui a le sens de «sans valeur») **s'accorde en genre et en nombre avec le nom** auquel il se rapporte.

Les différences sont nulles. (*différences* et *nulles* sont au féminin pluriel)

• Le déterminant indéfini *nul* **s'accorde en genre et en nombre avec le nom.**

Nulle raison ne l'oblige à partir.

(*raison* est un nom féminin singulier, *nulle* prend la marque du féminin avec *e*)

Nuls stages ne lui conviennent.

(*stages* est un nom masculin pluriel, *nuls* prend la marque du pluriel avec *s*)

• Le pronom indéfini *nul* peut être **sujet d'une phrase** (au singulier et plus rarement au pluriel). C'est lui qui détermine l'accord du verbe.

Nul ne convient de son erreur.

Piège à éviter

L'expression *nulle part* est **invariable** : Ils arrivent de nulle part.

Accord de *tel* et *tel quel*

- Le déterminant indéfini *tel* (qui a le sens de « pareil, semblable ») **s'accorde en genre et en nombre avec le nom** auquel il se rapporte.

  Tels discours me préoccupent.

  Telle victoire est unique.

- Le pronom indéfini *tel* peut être **sujet d'une phrase**. C'est lui qui détermine l'accord du verbe : Tel est pris qui croyait prendre.

- L'expression *tel quel* **s'accorde avec le nom qui précède**. Il est incorrect de la remplacer par *tel que*.

  Elle lui rendra sa revue **telle quelle**.

 Astuces

- On peut remplacer **l'expression** *tel(le) qu'elle* par *tel qu'il*.

  Elle lui rendra la revue **telle qu'elle** la lui a donnée.

  (le livre tel qu'il)

- *Tel* dans l'expression en **tant que tel** ou **comme tel** **s'accorde en genre et en nombre avec le nom** qui précède.

  L'ordinateur est une **machine** et comme **telle** elle ne peut pas remplacer notre réflexion.

  La mer est un **bien** précieux et en tant que **tel** nous devons la préserver.

 Exercice

Complétez les phrases avec *demi, demie, nuls, nulle, telles quelles, telle qu'elle*.

Il n'a nul... envie de sortir. Il est une heure et demi... . Tu viendras avec tes chaussures tel... quel... . Viens dans une demi...-heure. Ces analyses ont donné des résultats nul... . La plage est tel... qu... l'imaginait.

➤ CORRIGÉS PAGE 422

ORTHOGRAPHE

 Voir aussi Adjectifs qualificatifs, Déterminants indéfinis

Ⓕéminin des adjectifs qualificatifs

Sur les murs de la chambre vert(e)
de Samia est accrochée une affiche
ancien(ne) de sa star anglais(e).

■ **verte, ancienne** et **anglaise** sont les formes
au féminin des adjectifs qualificatifs *vert,
ancien* et *anglais.*

Formation du féminin de l'adjectif qualificatif

• Le féminin de l'adjectif qualificatif se forme le plus souvent en ajoutant
un *e* au masculin : noir → noir**e**

• La marque du féminin s'entend à l'oral quand l'adjectif au masculin se
termine par une consonne : vert → ver**te** – blond → blon**de** – gris → gri**se**

• La marque du féminin ne s'entend pas à l'oral quand l'adjectif au masculin se termine par une voyelle : velu → vel**ue**

Féminin des adjectifs formés avec une double consonne

Les adjectifs au masculin en *-eil, -el, -iel, -ien, -il, -on, -ul,* et certains adjectifs
en *-s* doublent la consonne finale au féminin.

pareil → parei**lle** – annuel → annue**lle** – partiel → partie**lle** –
ancien → ancie**nne** – gentil → genti**lle** – breton → breto**nne** –
nul → nu**lle** – gros → gro**sse**

Féminin des adjectifs en *-er*

Les adjectifs terminés par *-er* au masculin ont un suffixe différent au féminin
par un **changement d'accentuation** : léger → lég**ère** – dernier → dern**ière**

Féminin des adjectifs en *-et*

Les adjectifs terminés par *-et* au masculin ont un féminin en *-ette* ou *-ète*.

coquet → coqu**ette** – net → n**ette**
complet → compl**ète** – secret → secr**ète**

Féminin des adjectifs en *-eur*

Les adjectifs en *-eur* au masculin changent de suffixe au féminin. Le suffixe devient *-euse*, *-rice* ou *-eresse*.

moqueur → moqu**euse** – réducteur → réduct**rice**
enchanteur → enchant**eresse**

Féminin des adjectifs terminés par *-f*, *-c*, *-s* ou *-x*

Les adjectifs terminés par *-f*, *-c*, *-s*, *-x* au masculin voient leur **dernière consonne modifiée au féminin** et, parfois, on ajoute un accent sur la voyelle placée avant la consonne finale.

vif → vi**ve** – sec → sè**che** – public → publi**que** – frais → fraî**che** –
creux → creu**se** – roux → rou**sse** – doux → dou**ce**

 Piège à éviter

L'ajout d'une consonne avant le *e* est parfois nécessaire pour certains adjectifs qui se terminent par une voyelle au masculin : coi → coi**te**

Féminin sans variation

Certains adjectifs terminés par *-e* au masculin ne changent pas au féminin.

salutaire – tranquille – aimable
une rue tranquille – un quartier tranquille

 Exercice

Écrivez chaque adjectif au féminin.

inquiet → ... – frais → ... – doux → ... – vif → ... – net → ... – vivant →
... – tranquille → ... – ému → ... – favori → ... – aigu → ...

➤ CORRIGÉS PAGE 422

ORTHOGRAPHE

☞ Voir aussi **Accord dans le groupe nominal**

F éminin des noms (1)

> Ce **rassemblement** de jeunes est une **réussite** pour les organisateurs.
>
> - **rassemblement** est un nom masculin.
> - **réussite** est un nom féminin.

Règle générale

Les **noms communs** sont soit au féminin (la semaine), soit au masculin (le résultat). Cette distinction repose sur une opposition de sexe pour la plupart des noms d'êtres animés.

un garçon/une fille, un chien/une chienne

Féminins en *-ée, -ie, -ue, -aie, -eue, -oie, -oue*

La plupart des noms féminins s'écrivent avec un *-e* en finale du nom après les voyelles *é, i, u, ai, eu, oi, ou.*

FIN DES MOTS EN	EXEMPLES
-ée	bouée, tranchée, idée, fée, volée
-ie	colonie, pie, jalousie, sortie, vie, pluie
-ue	cohue, étendue, avenue, rue, statue
-aie	baie, haie, monnaie, raie
-eue	lieue, banlieue, queue
-oie	oie, joie, courroie, proie, soie
-oue	boue, moue, roue

Féminins en *-e*

Pour passer du nom animé (personne ou animal) masculin au nom féminin, on ajoute souvent un *-e.*

un marchand → une marchande   un employé → une employée

Féminins en -*nne*, -*tte*

Pour passer du nom animé masculin en -*an*, -*ien*, -*ion*, -*at* au nom féminin correspondant, il faut doubler la consonne finale au féminin et ajouter -*e*.

un paysan → une paysanne   un pharmacien → une pharmacienne
un lion → une lionne   un chien → une chienne
un chat → une chatte

Féminins irréguliers

Le passage du masculin au féminin change parfois la forme du nom.

un oncle → une tante   un monsieur → une dame
un porc → une truie   un sanglier → une laie
un jars → une oie   un cheval → une jument
un canard → une cane   un coq → une poule

 À apprendre par cœur

un neveu/une nièce – un gendre/une bru – un favori/une favorite –
un fou/une folle – un cerf/une biche

 Astuce

Dans le cas des mots homophones et homographes (qui se prononcent et s'écrivent de la même façon), le changement de genre modifie le sens : un livre/une livre, un mode/une mode, un cache/une cache, un somme/une somme, un manche/une manche.

 Exercices

1. Donnez le masculin des noms.
la citoyenne – la dame – la montagne – l'abonnée – la belle-mère

2. Donnez le féminin des noms.
le chien – le collégien – le patron – le neveu – le porc.

➤ CORRIGÉS PAGE 422

🖙 Voir aussi Déterminants, **Féminin des noms (2)**, Noms animés et noms inanimés, Pronoms

ORTHOGRAPHE

F éminin des noms (2)

> Cette **aventurière** parcourt l'**hémisphère** Nord à la **recherche** d'un **obélisque** enfoui.
>
> - **aventurière** est le féminin de *aventurier*.
> - **recherche** est un nom féminin.
> - **hémisphère** et **obélisque** sont deux noms masculins.

Féminins en *-ère, -ière, -euse, -trice, -esse*

- Les noms masculins en *-er, -ier, -eur, -teur, -e* ont un féminin terminé en *-ère, -ière, -euse, -trice, -esse*. Ils désignent souvent des métiers.

  un boulanger ⟶ une boulang**ère**

  un charcutier ⟶ une charcuti**ère**

  un coiffeur ⟶ une coiff**euse**

  un éducateur ⟶ une éduca**trice**

  un âne ⟶ une ân**esse**

- L'usage donne peu à peu un féminin à tous les noms de métiers masculins.

  un député ⟶ une député**e**

  un auteur ⟶ une auteur**e**

  un professeur ⟶ une professeur**e**

Féminins identiques aux formes du masculin

- Certains noms ont la même forme au masculin et au féminin.

un enfant ⟶ une enfant	un élève ⟶ une élève
un secrétaire ⟶ une secrétaire	un adulte ⟶ une adulte
un concierge ⟶ une concierge	un touriste ⟶ une touriste

- Pour les animaux, on précisera le sexe.

  une belette mâle – une belette femelle

Astuce

On peut aussi bien utiliser le masculin que le féminin pour certains noms : un/une après-midi – un/une oasis – un/une météorite – un/une pamplemousse

Genre arbitraire des noms

• Le genre des noms non animés (objets, choses, sentiments, idées) ne répond pas à une règle. Il est arbitraire.

Joie est un nom inanimé féminin. Il n'a pas d'équivalent au masculin.

Instrument est un nom inanimé masculin.

• Le genre des noms inanimés s'apprend. En cas de doute, il suffit de se référer au dictionnaire.

NOMS FÉMININS		NOMS MASCULINS	
une acné	une azalée	un aparté	un astérisque
une acoustique	une ébène	un apogée	un augure
une algèbre	une éphéméride	un apologue	un emplâtre
une amnistie	une épigramme	un appendice	un haltère
une apothéose	une épitaphe	un arcane	un hémisphère
une autoroute	une octave	un armistice	un obélisque

 À apprendre par cœur

une algèbre – un armistice – un aparté – un astérisque – un arcane – une autoroute – une épitaphe – un hémisphère

 Exercice

Écrivez *un* ou *une* devant chaque nom.

instrument – octave – autoroute – haltère – augure – apothéose – éducatrice – professeur – apogée

➤ CORRIGÉS PAGE 422

☞ Voir aussi **Féminin des noms (1)**,
Noms animés et noms inanimés

Fin des noms en *-é, -ée, -er, -té, -tée, -tié, -tier*

Cette all**ée** a conservé la moi**tié** de ses pa**vés**.

- all**ée** est un nom féminin terminé par le son [e] qui s'écrit *ée*.
- pa**vé(s)** est un nom masculin terminé par le son [e] qui s'écrit *é(s)*.
- moi**tié** est un nom féminin terminé par le son [tje] qui s'écrit *tié*.

Noms terminés par *-é, -ée, -er*

- Quelques noms masculins terminés par le son [e] s'écrivent *-é*.

  le blé – le canapé – le café – le défilé – le degré – le marché

- Certains noms masculins terminés par le son [e] s'écrivent *-ée*.

  le lycée – le scarabée – le mausolée – le musée – le trophée – le rez-de-chaussée

- Les noms féminins terminés par le son [e] s'écrivent *-ée* à l'exception du mot *clé* ou *clef.*

  une brassée – une chevauchée – une durée – une idée – une rosée – une destinée – une marée – une pensée – une tournée

- La plupart des noms masculins terminés par le son [e] s'écrivent *-er*.

  un balancier – un danger – un épervier – un goûter – un prunier – un souper – un boulanger – un boucher

---

Astuce

Parmi les noms masculins en [e], certains sont obtenus par dérivation (transformation) du participe passé en nom :

associer (verbe) ⟶ associé (participe passé) ⟶ un associé (nom)

blesser ⟶ blessé ⟶ un blessé – allier ⟶ allié ⟶ un allié

Noms terminés par *-té* et *-tée*

- Les noms féminins terminés par le son [te] s'écrivent **-té**.

    l'Antiquité – la beauté – la qualité – la fierté – la bonté – l'humidité – la société

- Quelques noms masculins terminés par le son [te] s'écrivent **-té**.

    un côté – un doigté – un été – un traité

- Quelques noms féminins terminés par le son [te] ainsi que ceux indiquant un contenu s'écrivent **-tée**.

    la dictée – la pâtée – la jetée – la portée – la butée – la montée
    la brouettée – la pelletée – l'assiettée – la nuitée

Noms terminés par *-tié* et *-tier*

- Les noms féminins terminés par le son [tje] s'écrivent **-tié**.

    l'amitié – la moitié – la pitié

- Les noms masculins terminés par le son [tje] s'écrivent **-tier**.

    le métier – le charcutier – le quartier – le routier – le sentier

 À apprendre par cœur

la butée – la dictée – la jetée – le lycée – le mausolée – la montée – le musée – la pâtée – la portée – le rez-de-chaussée – le scarabée – le trophée

 Exercice

Complétez les mots avec -é, -er, -ée, -té, -tié, -tier ou -tée.

Cet homme est d'une grande générosi... . Couvreur est un mé... difficile. Le boulang... se lève tôt. La mon... est rude. La dur... du film est de deux heures. Le march... a lieu le lundi. Mon ami... est sincère.

➤ CORRIGÉS PAGE 422

☞ Voir aussi **Féminin et pluriel, genre et nombre**

ORTHOGRAPHE

ⓗ aspiré et *h* muet

L'alpiniste ⓗésite. Va-t-il se ⓗisser au sommet le plus ⓗaut ?

■ La lettre h ne s'entend pas. Elle ne se prononce pas.

Le *h* muet en début de mot

• Le *h* **muet** peut se trouver en début de mot devant **toutes les voyelles**.

habitude, heure, hiver, horloge, humide, hygromètre

• La liaison s'effectue au pluriel. Les hydravions se posent sur l'étang.

Le *h* muet à l'intérieur des mots

• Le *h* muet peut se trouver à l'intérieur des mots formés de deux éléments dont le second commence par *h* après une consonne.

malheur, malheureux (mal-heureux), inhabituel (in-habituel)

• On le trouve très rarement en fin de mot, sauf :

ah !, aneth, mammouth, casbah, maharadjah

 Astuce

La lettre *h* est muette dans de nombreux mots d'origine grecque : l'hippopotame, l'hippodrome, l'hydravion, la sympathie, l'orthographe, le rhinocéros

---

Le *h* aspiré en début de mot

• Le *h* **aspiré** peut se trouver en **début** de mot : un hameau, se hisser
• Devant le *h* aspiré, il n'y a pas d'apostrophe : la hantise
• Au pluriel, la liaison avec le mot précédent ne s'effectue pas : les (h)iboux

Le *h* aspiré à l'intérieur des mots

Le *h* aspiré peut se trouver entre deux voyelles qui se prononcent alors séparément : tra-hi-son

Tableau récapitulatif

H MUET EN DÉBUT DE MOT	*H* MUET À L'INTÉRIEUR DU MOT	*H* ASPIRÉ EN DÉBUT DE MOT	*H* ASPIRÉ À L'INTÉRIEUR DU MOT
habileté	anthologie	hâle	cohérence
habituer	athlète	handicap	cahot
haleine	bonheur	hauteur	répréhensible
harmonie	enthousiasme	hérisson	trahison
héberger	thé	héros	véhémence

Le *h* combiné avec d'autres lettres

• La lettre *h* se combine parfois avec d'autres lettres pour former des sons consonantiques : la **ch**aise, la **ch**ronique, le mat**ch**, la **ph**armacie, le **sh**ort, le **sch**éma, le kir**sch**

• Dans certains mots d'origine étrangère, la lettre *h* placée après un *g* se prononce [ge] : un **gh**etto, des spa**gh**ettis

 À apprendre par cœur

un athlète – un bonhomme – une chronique – une chronologie – un dahlia – un ghetto – inhaler – des spaghettis – une thérapie

 Exercice

Complétez les phrases avec les noms suivants que vous accorderez : *véhicule, horloge, adhésion, dahlia, short, chronologie*.

Les ... du jardin sont fleuris. Tom a renouvelé son ... à une association sportive. En été, Lucie est souvent en ... . Cette ... sonne toutes les heures. En histoire, la ... est importante. Tous les ... sont bloqués par la neige.

➤ CORRIGÉS PAGE 422

☞ Voir aussi **Formation des mots**, **Préfixes et suffixes**

ORTHOGRAPHE

⒣omophones grammaticaux (1)
a/à, est/et, ont/on, ou/où

Jamel ⓐ compris ⓐ quel point les amis sont importants. Il ne sait pas ⓞⓤ̀ il ira habiter. Il hésite : sera-t-il mieux à Lille ⓞⓤ à Marseille ? Ses parents ⓔⓣ ses amis lui conseillent de bien réfléchir. Mais il ⓔⓢⓣ pressé de partir. ⓞⓝ lui a promis un beau studio. Tous l'ⓞⓝⓣ mis en garde : il ne faut pas trop se précipiter.

Définition

De nombreux mots grammaticaux ne contiennent qu'une ou deux syllabes et sont **homophones** (ils se prononcent de la même manière) mais ils **ne s'écrivent pas de la même façon**.

Ils appartiennent :

– à une même classe grammaticale, mais varient selon le genre :

cet escalier, **cette** statue

– à des classes grammaticales différentes ; ils ont des emplois différents :

Il ira à Berlin **ou** à Venise, dans la ville **où** le carnaval se déroule.

    conjonction de coordination   pronom relatif

a/à

• **a** est la forme conjuguée du verbe **avoir** à la 3ᵉ personne du singulier du présent de l'indicatif. Il peut être employé comme auxiliaire dans la formation des temps composés. On peut le remplacer par la forme conjuguée **avait** : Il **a** (avait) soif. Il **a** (avait) compris.

• **à** est une **préposition**, qui introduit un complément du nom ou du verbe. On peut la remplacer par une autre préposition.

Vous vivez **à** (dans) Paris.

est/et

- **est** est la forme conjuguée du verbe **être** à la 3e personne du singulier du présent de l'indicatif. Il peut être employé comme auxiliaire dans la formation des temps composés. On peut le remplacer par **était**.

  Il **est** (était) heureux. Il **est** (était) parti.

- **et** est une **conjonction de coordination**, qui relie deux éléments d'une phrase. On peut la remplacer par **et puis**.

  C'est un jeune sérieux **et** (et puis) calme.

ont/on

- **ont** est la forme conjuguée du verbe **avoir** à la 3e personne du pluriel du présent de l'indicatif. Il peut être employé comme auxiliaire dans la formation des temps composés. On peut le remplacer par l'imparfait **avaient**.

  Ils **ont** (avaient) peur. Ils **ont** (avaient) déjeuné.

- **on** est un **pronom personnel** ou un **pronom indéfini**. On peut le remplacer par **il** : **On** (Il) a vu la fin du film.

  À la forme négative, il ne faut pas oublier le **n'** de la locution négative *ne... pas, n'... pas* : **On** n'a pas vu la fin du film.

ou/où

- **ou** est une **conjonction de coordination**, qui exprime un choix entre deux possibilités. On peut la remplacer par **ou bien**.

  Aimes-tu le handball **ou** (ou bien) le basket-ball ?

- **où** peut être **pronom** ou **adverbe**. Il indique un lieu, un état, une situation. On peut le remplacer par **à l'endroit où**.

  Tu vivras **où** (à l'endroit où) tu voudras.

ORTHOGRAPHE

◢ Exercice

Complétez les phrases avec *a, à, ou, où, et, est, on, ont*.

Jérémie se demande s'il prend le train ... la voiture. C'est ... lui de savoir ... il va. Il ... le billet. Marie ... venue hier avec son chien ... son chat. ... a ri car ses animaux ... fait des acrobaties.

➤ CORRIGÉS PAGE 423

☞ Voir aussi Auxiliaires *avoir* et *être*, Conjonctions de coordination

Ⓗomophonesgrammaticaux (2)
ce/se, ces/ses, c'est/s'est, l'a(s)/la/là, son/sont

Son aventure avec (son) frère chez les Papous a été unique. Ils (sont) partis sac au dos. Ils (se) sont vite décidés. (Ce) matin-(là), chacun a chaussé (ses) chaussures de marche. (Ces) décisions se prennent sans réfléchir. (C'est) (la) première fois que son frère (l'a) suivi dans ce voyage. Il (s'est) vite laissé convaincre.

ce/se

- *ce* est un **déterminant démonstratif** qui est toujours placé devant un nom masculin. Il peut être remplacé par *cette* devant un nom féminin.

   ce matin-là – **cette** matinée-là

- *ce* ou *c'* est un **pronom démonstratif** qui peut se trouver devant un verbe, le plus souvent le verbe *être*. On peut le remplacer par *cela*.

   Ce (Cela) n'est pas important. **C'est** (Cela est) important.

- *se* est un **pronom personnel réfléchi**. Il est toujours placé devant un verbe. Il peut être remplacé par d'autres pronoms personnels en changeant de personne.

   Il **se** décide. Je **me** décide. Nous **nous** décidons.

ces/ses

- *ces* est un **déterminant démonstratif**, qui se trouve devant un nom. On peut le mettre au singulier (*ce, cet* ou *cette*).

   Ces décisions se prennent sans réfléchir.

   Cette décision se prend sans réfléchir.

- *ses* est un **déterminant possessif**, qui se trouve devant un nom. On peut le remplacer par *mes* : **ses** chaussures – **mes** chaussures

c'est/s'est

- **c'est** est formé du **pronom démonstratif** *c'* (*ce*) et du verbe *être* conjugué à la 3ᵉ personne du singulier du présent de l'indicatif. On peut le remplacer par *cela est* : C'est (Cela est) la première fois.

- **s'est** est la contraction du pronom réfléchi *se* et de l'auxiliaire *être* conjugué à la 3ᵉ personne du singulier du présent de l'indicatif. On peut varier la personne. Il s'est laissé convaincre. Je me suis laissé convaincre.

l'a(s)/la/là

- **l'as** ou **l'a** est formé du pronom personnel *l'* suivi de l'auxiliaire *avoir* à la 2ᵉ ou 3ᵉ personne du présent de l'indicatif. On peut le remplacer par *l'avais/l'avait*. Tu l'as (l'avais) suivi. Son frère l'a (l'avait) suivi.

- **la** est un **article défini** féminin. Il se place devant un nom. On peut le remplacer par un article défini masculin : la fermière – le fermier

- **la** peut être aussi un **pronom personnel**. On le place devant un verbe. On peut le remplacer par le pronom personnel *le* : Je la vois. Je le vois.

- **là** est **adverbe de lieu**. On peut le remplacer par *-ci* ou *ici*.

   ce jour-là (jour-ci) – Il est là (ici).

- On peut employer *là* comme interjection de temps : Là ! Calmez-vous.

son/sont

- **son** est un **déterminant possessif**. On peut le remplacer par *sa* ou *ses*.

   son frère – ses frères

- **sont** est une forme conjuguée du verbe *être* à la 3ᵉ personne du pluriel du présent de l'indicatif. Il peut être employé comme auxiliaire dans la formation des temps composés. On peut le remplacer par *étaient*.

   Ils sont (étaient) heureux. Ils sont (étaient) partis.

 Exercice

Complétez les phrases avec *ce, se, ces, ses, la, l'a, là*.

L'outil … manie bien. … n'est pas lui. Il … compris tout de suite. … maison est immense. … amis sont … pour sa fête. … colonnes sont grecques.

➤ CORRIGÉS PAGE 423

☞ Voir aussi Déterminants, Pronoms

ORTHOGRAPHE

Homophones grammaticaux (3)
dans/d'en, leur/leurs, plus tôt/plutôt, quelle(s)/qu'elle(s), sans/s'en

Ces quatre filles ont décidé de dépenser **leurs** économies. Elles **leur** ont demandé beaucoup d'efforts et elles vont réaliser leur rêve. Leurs amies pensent **qu'elles** ont raison de vouloir s'acheter des places de concert en promotion. **Quelle** bonne initiative ! **Sans** cette remise, elles ne **s'en** seraient pas sorties. Avec leur argent, elles ont pu acheter leur place **plus tôt** dans la matinée et des CD de leurs chanteurs préférés. **Dans** cette boutique, les CD se vendent **plutôt** par deux donc les quatre complices décident **d'en** acheter deux.

dans/d'en

• *dans* est une **préposition** qui s'emploie devant un groupe nominal. On peut la remplacer par une autre préposition : *chez, à l'intérieur de.*

dans (à l'intérieur de) la voiture

• *d'en* est la contraction de la **préposition** *de* (*d'* est la forme élidée) et du **pronom personnel adverbial** *en*. Il est souvent situé devant un verbe à l'infinitif.

Elles décident **d'en** acheter. (Elles décident de + en)

• *d'en* se trouve également en premier terme d'une locution préposition-nelle : *d'en face, d'en haut, d'en bas…* Le bruit vient **d'en haut**.

leur/leurs

• *leur* est un **pronom personnel**. Il est situé devant un verbe. Il est invariable. On peut le remplacer par *lui* au singulier.

Elles **leur** ont demandé. Elles lui ont demandé.

- *leur(s)* est un **déterminant possessif**. Il est situé devant un nom. Il s'accorde en nombre avec le nom.

  Leur rêve se réalise. **Leurs** rêves se réalisent.

plus tôt/plutôt

- *plus tôt* est le **comparatif de l'adverbe** *tôt*. On peut le remplacer par son contraire, *plus tard* : Ils rentrent **plus tôt** (plus tard).
- *plutôt* est un **adverbe** qui signifie *de préférence*. On peut le remplacer par un autre adverbe : Ils sont **plutôt** (bien/très) frileux.

quelle(s)/qu'elle(s)

- *quelle(s)* est un **déterminant exclamatif** ou **interrogatif** au féminin. On peut le remplacer par *quel(s)* suivi d'un nom au masculin.

  Quelle belle journée ! Quel temps magnifique !

- *qu'elle(s)* (*que* élidé devant *elle*) est formé d'un **pronom relatif** ou d'une **conjonction de subordination** *qu'* et d'un **pronom personnel** *elle(s)*. On peut remplacer *elles* par *ils*.

  Elles pensent **qu'elles** ont raison. Elles pensent qu'ils ont raison.

sans/s'en

- *sans* est une **préposition** qui marque le contraire de *avec*.

  sans cette remise/avec cette remise

- *s'en* est la contraction du **pronom personnel réfléchi** *se* et du **pronom personnel adverbial** *en*. On trouve *s'en* devant un verbe pronominal. On peut conjuguer le verbe à une autre personne.

  Elles ne **s'en** sont pas sorties. Je ne m'en suis pas sorti.

Exercice

Complétez avec *leur, leurs, qu'elles, quelle, sans, s'en, dans, d'en.*

Elles avancent ... l'eau ... hésiter. Elles ... vont demain, donc elles profitent de ... derniers jours de congés. Il ... faudra quitter cette île. ... vue de la chambre ! ... haut, elles dominent toute la plage. Elles savent ... reviendront l'an prochain.

➤ CORRIGÉS PAGE 423

☞ Voir aussi **Déterminants possessifs et démonstratifs, Pronoms personnels**

ORTHOGRAPHE

H omophones grammaticaux (4)
ni/n'y, près/prêt, quand/quant/qu'en, quoique/quoi que, sa/ça/çà

> Ni la chaleur ni le froid ne gênent le guide. Il n'y fait pas attention. Quant aux touristes, quand il fait froid, ils sont près du feu. Mais leur guide est toujours prêt à affronter les intempéries. Quoique la météo annonce du gel, il dort. Quoi que disent les touristes, c'est sa façon de vivre. Les touristes ne savent qu'en penser. Tout à coup, çà et là, des lueurs apparaissent. Ça valait la peine d'attendre dans le froid.

ni/n'y — neither / not there

• *ni* est une **conjonction de coordination négative**. On peut transformer la négation en affirmation : *ni* est alors remplacé par *et*.

Ni Louise ni Marc ne partiront. Louise et Marc partiront.

• *n'y* est formé de la **négation *ne*** et du **pronom personnel adverbial *y***. On peut le remplacer par *à cela, dans cela*.

Il n'y va pas. (Il ne va pas dans cela.)

près/prêt close/ready.

• *près* est un **adverbe de lieu** ou une **locution prépositionnelle** *(près de)*. On peut le remplacer par un autre adverbe *(loin)* ou une autre locution prépositionnelle *(à côté de)*. Ils sont près (loin) du feu.

• *prêt* est un **adjectif qualificatif**. On peut remplacer le nom masculin avec lequel il s'accorde par un nom féminin.

Le guide est prêt. La guide est prête.

quand/quant/qu'en

- *quand* est un **adverbe interrogatif**. On peut le remplacer par *à quel moment* : Quand (À quel moment) pars-tu ?
- *quand* est une **conjonction de subordination**. On peut la remplacer par *lorsque* : Quand (Lorsqu') il fait froid...
- *quant à/aux* est une **locution prépositionnelle**. On peut la remplacer par *en ce qui concerne* : Quant aux (En ce qui concerne les) touristes...
- *qu'en* est la contraction de la **conjonction de subordination** ou du pronom *que* et de *en*, **pronom personnel adverbial**.

    Ils ne savent qu'en penser (que penser de cette situation).

quoique/quoi que

- *quoique* est une **conjonction de subordination**. On peut la remplacer par *bien que* : Quoique (Bien que) la météo annonce...
- *quoi que* est un **pronom relatif composé**. On peut le remplacer par *quelle que soit la chose que* : Quoi (Quelle que soit la chose) que vous disiez...

sa/ça/çà

- *sa* est un **déterminant possessif féminin** placé devant un nom. On peut le remplacer par un autre déterminant possessif féminin.

    sa façon/ta façon

- *ça* est un **pronom démonstratif**. On peut le remplacer par *cela* ou *ceci*.

    Ça (Cela) valait la peine.

- *çà* est un **adverbe de lieu** qui ne se rencontre que dans l'expression *çà et là* : Çà et là, on voyait des lueurs.

Exercice

Complétez les phrases avec *près*, *prêt*, *quand*, *quant*, *qu'en*, *quoique*, *quoi que*.

Tu viendras ... ta sœur en dise. ... tu rentreras, ferme à double tour. Il n'y a ... l'appelant qu'il le saura. Lily dort, ... à moi je lis. Je suis ... du cerisier. Il est ... à jongler. ... son père soit sévère, il ne l'écoute pas.

➤ CORRIGÉS PAGE 423

 Voir aussi **Mots invariables**, **Pronoms**

ORTHOGRAPHE

Homophones grammaticaux (5)
quelque(s)/quel(s) que/quelle(s) que, parce que/par ce que

Jimmy a décidé de partir en Provence (parce que) sa famille y vit. (Quels que) soient ses projets, il s'y installera. Le climat de la région, (par ce qu')on en dit, est agréable. Il a déjà (quelques) amis qui l'attendent. Il espère parler (quelque) vingt phrases d'ici la fin des vacances.

Le déterminant indéfini *quelque(s)*

Le **déterminant indéfini** *quelque(s)* est situé devant un nom et s'accorde en nombre avec lui.

Il a **quelques** soucis. (*soucis* est au pluriel : *quelques* prend la marque du pluriel avec un *s*.)

Dans **quelque** temps, il espère parler l'italien.

Dans **un certain** temps, il espère parler l'italien.

(*quelque temps* peut se remplacer par *un certain temps* : le nom est au singulier, *quelque* ne prend pas la marque du pluriel.)

L'adverbe *quelque*

• Quand *quelque* est un **adverbe**, on peut le remplacer par un autre adverbe : *aussi*. *Quelque* est alors **invariable**.

On remarque que l'adverbe *quelque* est placé **devant un adjectif**.

Quelque mouillées que soient tes sandales, tu dois les garder.

Aussi mouillées que soient tes sandales, tu dois les garder.

• L'adverbe *quelque* peut également signifier *environ*.

Le bus s'est arrêté à **quelque** deux cents mètres de l'arrêt.

quel(s) que/quelle(s) que

- **quel que** écrit en deux mots est formé d'un **déterminant indéfini**, *quel*, et d'une **conjonction de subordination**, *que*.
- **quel que** s'accorde en genre et en nombre avec le nom qu'il détermine : *quel(s) que, quelle(s) que*.

> Quelles que soient les courses, tu feras de ton mieux.
>
> (Peu importent les courses.)
>
> *Quelles* s'accorde en genre et en nombre avec le sujet placé derrière le verbe *être* : *les courses* (féminin pluriel).
>
> Quelle que soit la course...
>
> (féminin singulier)
>
> Quels que soient les vents, il quitte le port.
>
> *Quels* s'accorde avec *vents* (masculin pluriel).
>
> Quel que soit le vent...
>
> (masculin singulier)

parce que/par ce que

- **parce que** écrit en deux mots est une **locution conjonctive**. Elle peut être remplacée par *puisque*. Elle introduit une cause.

> Il est content **parce qu'**il (puisqu'il) a gagné la course.

- **par ce que** s'écrit en trois mots, et *ce* est un pronom démonstratif. On peut remplacer l'expression par **par la chose que, par les informations que**.

> Paul connaît uniquement ce pays **par ce qu'**on (par les informations qu'on) en dit.

ORTHOGRAPHE

⬛ Exercice

Complétez les phrases avec *quelque(s)*, *quel(s) que*, *quelle(s) que*, *parce que, par ce que*.

Nous sommes venus ... nous nous ennuyions. ... soient les obstacles, j'y retournerai. Il a vu ... oiseaux rares. ... soit cette ville, je m'y arrête pour me reposer. Il lui a fallu ... temps pour s'habituer. ... soient les situations, il s'en sort toujours très bien. ... soit ton avis, nous courrons. Simon a découvert ce lycée ... les anciens élèves en ont dit.

➤ CORRIGÉS PAGE 423

☞ Voir aussi Déterminants indéfinis

ⓟ articipe passé en -é, -i, -u et suivi d'un infinitif

Tanguy a **décidé** de faire un tour du monde.

- décidé est le participe passé du verbe *décider*.
- faire est un verbe à l'infinitif.

Règle générale

- Le **participe passé** d'un verbe s'obtient en conjuguant le verbe à un **temps composé** : Marius **a pris** froid.

- Le **participe passé** peut être employé comme **adjectif**.
une question **posée** – une fête **réussie** – un problème **résolu**

Participe passé en -é

Le participe passé d'un **verbe du 1er groupe** en -er se termine en -é.

INFINITIF DU VERBE	PARTICIPE PASSÉ AU MASCULIN (PLURIEL)	PARTICIPE PASSÉ AU FÉMININ (PLURIEL)
dévoiler	dévoilé(s)	dévoilée(s)
observer	observé(s)	observée(s)
piquer	piqué(s)	piquée(s)

Participe passé en -i, -is, -it, -u, -us

- Le participe passé d'un **verbe du 2e groupe** se termine en -i : finir → fini
- Les participes passés des **verbes du 3e groupe** se terminent en : -i, -is, -it, -u, -us.

partir → parti – prendre → pris – écrire → écrit – savoir → su – inclure → inclus

INFINITIF DU VERBE	PARTICIPE PASSÉ AU MASCULIN (PLURIEL) -I, -IS, -IT	PARTICIPE PASSÉ AU FÉMININ (PLURIEL)
ramollir	ramolli(s)	ramollie(s)
prendre	pris	prise(s)
dire	dit(s)	dite(s)

INFINITIF DU VERBE	PARTICIPE PASSÉ AU MASCULIN (PLURIEL) -U, -US	PARTICIPE PASSÉ AU FÉMININ (PLURIEL)
vivre	vécu(s)	vécue(s)
croire	cru(s)	crue(s)
entendre	entendu(s)	entendue(s)
inclure	inclus	incluse(s)

 Astuce

Le féminin d'un participe passé permet de vérifier à l'oral la présence ou non d'une consonne finale.

grandi → grandie – mis → mise – offert → offerte

Exception : ***dissoute*** et ***absoute*** au féminin correspondent à ***absous*** et ***dissous*** terminés par -s au masculin.

Participe passé suivi d'un infinitif

Lorsque le participe passé est suivi d'un infinitif, il ne s'accorde pas si cet infinitif a un COD. Les problèmes qu'il a **voulu** terminer étaient difficiles.

problèmes est le COD du verbe *terminer*. Il n'y a pas d'accord.

 À apprendre par cœur

compris – connu – dit – lu – mangé – mis – vécu

 Exercice

Complétez les terminaisons des participes passés si nécessaire.

Il a pri... le train. Tu as résolu... l'énigme. Louise a bu... un grand verre d'orangeade. Vous aviez di... que vous reviendriez. Mes parents ont décoré... ma chambre. Tu as mi... du temps pour arriver.

➤ CORRIGÉS PAGE 423

ORTHOGRAPHE

☞ Voir aussi **Accord du participe passé : cas particuliers**, Temps simples et temps composés, Verbe

P luriel
des adjectifs de couleur

Les boucles d'oreilles de Lise sont **turquois⓪**
et ses bracelets sont **vertⓢ**.

■ turquoise est un nom qui est employé comme adjectif,
il ne s'accorde pas avec le nom boucles d'oreilles.
■ verts est un adjectif qui s'accorde avec le nom bracelets.

Règle générale

• L'**adjectif de couleur** est un mot qui précise la couleur du nom qu'il
qualifie : un ciel bleu.

• Ce mot peut être un seul adjectif (bleu) ou un adjectif accompagné
d'un autre adjectif (un ciel bleu clair) ou un adjectif accompagné d'un
nom (des albums jaune citron).

• L'adjectif de couleur **s'accorde en genre et en nombre** avec le nom
qu'il accompagne, lorsque la couleur est désignée par un seul adjectif.

des tuiles noires – des souris grises

La couleur désigne un nom de fruit, de fleur...

Lorsque l'adjectif de couleur a pour origine un nom de fleur, de pierre
précieuse ou de fruit, il reste invariable.

des yeux marron (de la couleur du marron), des vêtements crème (de la couleur
de la crème), des boucles d'oreilles turquoise (de la couleur de la pierre)

 Piège à éviter

Les mots *écarlate, incarnat, rose, fauve, mauve, pourpre,* qui sont des
noms à l'origine, sont considérés comme des adjectifs qualificatifs et
s'accordent donc en nombre : des joues écarlates, des nœuds roses, des
reflets fauves, des robes mauves

La couleur est désignée par deux mots

Lorsque la couleur est désignée par deux adjectifs ou par un adjectif et un nom, l'adjectif composé reste invariable.

des pochettes rose vif, des albums jaune citron, des tenues bleu marine, des médailles rouge coquelicot

La couleur est désignée par deux adjectifs coordonnés

Lorsque deux adjectifs de couleur coordonnés (par la conjonction de coordination *et*) accompagnent un nom au pluriel, ils prennent le singulier ou le pluriel selon le sens.

des tissus **noir et blanc**, des drapeaux **bleu et vert**
(Les adjectifs qui sont au singulier signifient que les objets ont deux couleurs : des tissus à la fois blanc et noir.)

Des plumes **vertes et rouges** ornent la coiffe des Indiens.
(Les adjectifs qui sont au pluriel signifient que des objets sont d'une couleur, et d'autres d'une autre couleur : des plumes vertes et des plumes rouges.)

ORTHOGRAPHE

 À apprendre par cœur

des tons bleus − des foulards fauves − des modèles vert foncé − des barrettes turquoise − des chaussettes marron − des vases orange

 Exercice

Accordez les adjectifs de couleur si nécessaire.

La mer est (bleu). Ta veste et ton pantalon sont (blanc). Les montures de tes lunettes sont (rouge foncé). Les oiseaux de mon voisin ont des plumes (vert). Il a de belles chaussures (crème). Ses cheveux (fauve) sont très longs.

➤ CORRIGÉS PAGE 423

☞ Voir aussi Adjectifs qualificatifs

P luriel des adjectifs qualificatifs

Anaïs préfère les tenues **classiques** et **discrètes**.

■ **classiques** et **discrètes** sont deux adjectifs. Ils s'accordent avec le nom **tenues**, féminin pluriel, qu'ils qualifient.

Règle générale

Les adjectifs qualificatifs **s'accordent avec le nom qu'ils qualifient.** Ils prennent le plus souvent un *-s* au pluriel : un sol lisse ⟶ des sols lisses

Pluriel des adjectifs qualificatifs terminés par –s, –x

Les adjectifs qualificatifs terminés par *-s* ou *-x* sont **invariables en nombre**.

un homme heur**eux** ⟶ des hommes heur**eux**

un gro**s** poisson ⟶ des gro**s** poissons

Pluriel des adjectifs qualificatifs féminins

Les adjectifs qualificatifs qui s'accordent avec un nom féminin pluriel se terminent le plus souvent par *-es* : glissant ⟶ glissant**es** – sourd ⟶ sourd**es**

Pluriel des adjectifs qualificatifs terminés par *-al*

Les adjectifs qualificatifs terminés par *-al* ont le plus souvent un pluriel en *-aux*.

un symbole roy**al** ⟶ des symboles roy**aux**

Exceptions : *banal, bancal, fatal, final, glacial, natal, naval* prennent un *-s* au pluriel : des résultats final**s**

Mais *banal* a un pluriel en *-aux* quand on l'emploie dans le sens « à l'usage de tous » : des fours ban**aux** – des moulins ban**aux**

Piège à éviter

Avec l'expression ***avoir l'air***, l'adjectif peut s'accorder avec *air* ou avec le sujet de *avoir l'air*.

Ces jeunes filles ont l'**air doux**.

Les **récoltes** ont l'air **importantes**.

Pluriel des adjectifs qualificatifs terminés par –*eau*

Les adjectifs qualificatifs terminés par -***eau*** font leur pluriel en -***eaux***.

nouveau → nouv**eaux** – beau → b**eaux**

Pluriel des adjectifs employés avec plusieurs noms

● Lorsque l'adjectif qualificatif est employé **avec deux noms singuliers**, il s'écrit au **pluriel** : du thé et du café brûlant**s** (masculin pluriel) – la casserole et l'assiette brûlant**es** (féminin pluriel)

● Lorsque l'adjectif qualificatif est employé **avec des noms de genres différents**, il s'écrit au **masculin pluriel**.

La jeune fille et son camarade sont discret**s**. (masculin pluriel)

Pluriel des adjectifs qualificatifs composés

● Les adjectifs qualificatifs composés de **deux adjectifs** s'accordent :

des remarques aigres-douce**s**

● Si l'un des deux termes de l'adjectif composé est un **mot invariable**, ce terme reste invariable : des haricots **extra**-fins

● S'il s'agit d'un **adjectif de couleur composé de deux mots**, il reste invariable : des blousons **bleu vert**

 Exercice

Accordez les adjectifs qualificatifs comme il convient.

Ces nouveau... ouvrages ont du succès. Les pistes verglacées sont glissante... . Les bonnets rouge... vif... ne passent pas inaperçus. Les blasons féod... attirent mon grand frère. Deux souris gris... grignotent le gruyère.

➤ CORRIGÉS PAGE 423

 Voir aussi Adjectifs qualificatifs,
Pluriel des adjectifs de couleur

ORTHOGRAPHE

P luriel
des déterminants numéraux

Treize ans est un bel âge.

■ Le déterminant numéral cardinal treize ne s'accorde pas.

Définition

- Les déterminants **numéraux cardinaux** indiquent le nombre.
  deux, trois
- Les déterminants **numéraux ordinaux** indiquent l'ordre.
  premier, second

Accord du déterminant numéral cardinal

Les déterminants numéraux cardinaux comme *deux, cinq, dix...* sont **invariables** : cinq livres – huit élèves

Accord de *zéro*

Zéro est un nom. Il **s'accorde en nombre** lorsqu'il est précédé d'un déterminant pluriel : N'oublie pas les deux zéros après la virgule.

Accord de *vingt* et de *cent*

Les déterminants numéraux cardinaux *vingt* et *cent* **s'accordent** quand ils indiquent un nombre exact de vingtaines ou de centaines.

deux cents points – quatre-vingts ans

Ils ne s'accordent que quand ils sont **multipliés** par un déterminant numéral et **non suivis par un autre déterminant numéral cardinal**.

huit cents (cent est multiplié par huit) → Il y a accord et cent prend un s.

quatre-vingts (vingt est multiplié par quatre) → Il y a accord et vingt prend un s.

deux cent trois – quatre-vingt-douze (cent et vingt sont multipliés par un déterminant numéral, mais sont suivis d'un autre déterminant numéral) → Il n'y a pas accord.

Accord de *mille, millier, million, milliard*

Le déterminant numéral cardinal *mille* est toujours invariable mais *millier, million, milliard,* qui sont des noms, prennent un *s* au pluriel.

cinq mille étoiles – trois milliers de touristes – trois milliards de bactéries

 Piège à éviter

- Dans les dates, il n'y a jamais d'accord.

  L'année huit cent a vu Charlemagne sacré empereur.

- On peut écrire *mille* ou *mil*.

  en l'an mil cent

  En mille neuf cent soixante-neuf, l'homme marcha sur la Lune pour la première fois.

Accord du déterminant numéral ordinal

Le déterminant numéral ordinal comme *premier, deuxième, troisième* prend un *-s* au pluriel.

les premiers avis, les treizièmes de chaque colonne

 Piège à éviter

Les déterminants numéraux cardinaux employés comme déterminants numéraux ordinaux sont invariables : ligne deux cent

Trait d'union

Il est d'usage de mettre un **trait d'union** pour les déterminants numéraux cardinaux entre les dizaines et les unités, sauf si elles sont reliées par *et* :

soixante-dix-huit – quatre-vingt-dix-neuf – vingt **et** un

 Exercice

Écrivez en lettres les nombres.

999 – 1 200 – 3 006 – 5 650 – 712 000 – 2 007 080

➤ CORRIGÉS PAGE 423

ORTHOGRAPHE

Voir aussi **Accord dans le groupe nominal**

ⓟ luriel des noms communs

Les rayon⑤ du soleil traversent les vitr⟨aux⟩ des monument⑤ anciens.

■ rayons, vitraux, monuments sont des noms au pluriel. Au singulier, ces noms s'écrivent : *rayon*, *vitrail*, *monument*.

Règle générale

Le plus souvent, il suffit **d'ajouter un -s** à la forme au singulier d'un nom commun pour obtenir son pluriel : un nuage → des nuages

Pluriel des noms communs en -*ou*, -*eu*, -*au*, -*eau*, -*al*, -*ail*...

• Les noms terminés au singulier par -*ou* prennent un -*s* au pluriel.

un trou → des trous – un clou → des clous

Exceptions : *un hibou → des hiboux – un genou → des genoux – un bijou → des bijoux – un chou → des choux – un caillou → des cailloux – un joujou → des joujoux – un pou → des poux*

• Les noms terminés par -*eu*, -*au*, -*eau* prennent un -*x* au pluriel :

un jeu → des jeux – un tuyau → des tuyaux – un seau → des seaux

Exceptions : *un bleu → des bleus – un pneu → des pneus – un landau → des landaus*

• Les noms terminés par -*al* font leur pluriel en -*aux* :

un journal → des journaux – un bocal → des bocaux

Exceptions : *un bal → des bals – un carnaval → des carnavals – un chacal → des chacals – un régal → des régals – un festival → des festivals – un récital → des récitals – un aval → des avals*

- Les noms terminés par **-ail** font leur pluriel en **-aux** :

  un travail → des travaux – un bail → des baux –
  un vitrail → des vitraux – un corail → des coraux – un émail → des émaux

  Exceptions : *un portail* → *des portails* – *un gouvernail* → *des gouvernails* –
  un détail → *des détails*

- Les noms terminés par **-s**, **-x**, **-z** ne changent pas au pluriel :

  un puits → des puits – un prix → des prix – un nez → des nez

 Piège à éviter

Certains mots ont un **sens différent au singulier et au pluriel.**

Le spectacle tire à **sa fin**. (se termine) – Pierre arrive toujours à **ses fins**. (Il obtient ce qu'il veut.)

Il va prendre **le frais**. (l'air) – Il s'est fait rembourser **ses frais**. (dépenses)

Particularités

- Certains noms ont une forme différente au pluriel :

  un ciel → des cieux – un œil → des yeux – un aïeul → des aïeux –
  de l'ail → des aulx – un monsieur → des messieurs

- Certains noms ne s'emploient :
- qu'au pluriel : archives, catacombes, entrailles, fiançailles, mœurs, ténèbres, vivres
- qu'au singulier : le bétail, (faire) le guet

- Certains noms s'emploient presque toujours au singulier. Il s'agit :
- des noms de matière : l'or, l'argent, le fer, la chaux...
- des noms abstraits : le courage, la malchance...
- des noms de sciences ou d'arts : la chimie, la peinture, le cinéma...

 Exercice

Mettez les phrases au pluriel.

Le chien aboie fort. Le chou est gros. Le travail est nécessaire. Le vitrail est lumineux. Le bal a lieu le 14 Juillet. Il faut planter un clou. Vérifie ton pneu avant de prendre la route. Tous les jeunes apprécient leur cadeau.

➤ CORRIGÉS PAGE 424

✍ Voir aussi **Noms propres et noms communs**

ORTHOGRAPHE

℗luriel des noms composés

Les figures réalisées par les **cerf⑤-volant⑤** éblouissent mes **grand⑤-parent⑤**.

■ cerfs-volants et grands-parents sont des noms composés de deux mots.

Définition

Un **nom composé** est souvent formé de deux ou trois mots. Il désigne un seul objet, une seule chose, une seule personne. Les mots sont parfois reliés par un **trait d'union**.

des grands-parents – des clins d'œil – des portefeuilles

Pluriel des noms composés

EXEMPLES	NOM COMPOSÉ FORMÉ DE	ACCORD AU PLURIEL
des malentendants (mal + entendants) des millepattes (mille + pattes) des téléfilms (télé + films)	deux mots que l'usage a soudés	Prend un **s** si le premier terme sert à qualifier le second.
des wagons-lits (*lit* qualifie *wagon*)	deux noms	Les deux termes prennent un **s** si le second terme sert à qualifier le premier.
des timbres-poste (des timbres pour la poste)	deux noms	Le second terme est invariable s'il correspond à un complément prépositionnel du premier.
des porte-carte ou des porte-cartes des taille-crayon ou des taille-crayons	un verbe + un nom	Le premier terme (un verbe) ne peut recevoir la marque du pluriel ; l'accord du nom varie selon l'usage.

des arrière-pensées (adverbe) des sous-titres (prép.) des sans-abri (prép.)	un adverbe + un nom ou une préposition + un nom	Le premier terme est invariable et le second (le nom) peut être au singulier ou au pluriel.
des courts-circuits des cerfs-volants des sourds-muets des nouveau-nés	un adjectif + un nom deux adjectifs un adverbe + un adjectif	Prennent un **s** sauf quand le premier mot est assimilé à un adverbe.
des arcs-en-ciel des chefs-d'œuvre	un nom + une préposition + un nom	Seul le premier nom prend un **s**.
des savoir-faire	deux verbes	Invariable.

• Pour les noms empruntés à l'anglais, seul le second nom prend la marque du pluriel : des cow-boys, des week-ends

 Piège à éviter

• Quand il est employé comme nom, *garde* s'accorde :

des gardes-chasses – des gardes-malades

• Il reste invariable s'il s'agit du verbe : des garde-manger – des garde-robes

 À apprendre par cœur

des pince-sans-rire – des laissez-passer – des nouveau-nés – des avant-postes – des tête-à-tête – des savoir-faire

 Exercice

Écrivez au pluriel les noms composés entre parenthèses.

L'orage a provoqué (un court-circuit). Sami n'a pas aimé (le téléfilm). Dès que la pluie et le soleil se mêlent, on aperçoit (un arc-en-ciel). Au XIXe siècle, on conservait la nourriture dans (un garde-manger). Pendant la dernière guerre, il fallait (un laissez-passer) pour circuler.

➤ CORRIGÉS PAGE 424

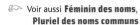 Voir aussi **Féminin des noms,** **Pluriel des noms communs**

ORTHOGRAPHE

P luriel des noms propres et des noms communs d'origine étrangère

Charlemagne appartient à la dynastie des **Carolingiens**.

■ Charlemagne et Carolingiens sont deux noms propres.

Règle générale

Contrairement aux noms communs, dans la plupart des cas, les **noms propres** ne **s'accordent pas** au pluriel : les frères Montgolfier

Pluriel des noms de familles célèbres

Les noms propres désignant des **familles célèbres** prennent un *s* au pluriel : les Capétiens – les Carolingiens – les Bourbons

Pluriel des noms de lieux géographiques

• Les noms propres désignant un **lieu géographique** prennent un *s* lorsqu'ils sont au pluriel : les Amériques – les Pyrénées – les Alpes

• Si le nom propre est un **nom composé**, il ne prend pas la marque du pluriel : Parmi les noms de villes, il existe plusieurs Saint-Maurice.

 Piège à éviter

Il ne faut pas confondre **l'adjectif de nationalité** avec **le nom propre de nationalité** qui prend une majuscule :

Les fromages **français** sont réputés.
                adjectif

Les **Français** sont connus pour leurs fromages.
      nom propre de nationalité

Pluriel des noms de personnages célèbres

• Le nom propre désignant un **personnage de référence** dans un domaine prend un **s** au pluriel.

> Il aimerait que ses enfants soient des Picasso**s**.

• Le nom propre qui comprend **un article au singulier** ne s'accorde pas au pluriel.

> Des **La Fontaine**, il voudrait en découvrir d'autres.

• Le nom propre perd sa majuscule lorsqu'il **désigne une qualité** ou **un défaut**. Ainsi, au pluriel, il s'accorde.

> Ces personnes sont des harpagons. (Harpagon est un personnage de Molière très avare.)

Pluriel des noms d'œuvres d'art

Le nom propre désignant une œuvre d'art peut rester au singulier ou bien s'accorder lorsqu'il est au pluriel.

> J'aimerais me procurer deux Monet(**s**).

Pluriel des noms communs d'origine étrangère

Les noms communs d'origine étrangère peuvent :
– s'accorder en nombre : un duo/des duos – une pizza/des pizzas
– rester invariables : un extra/des extra

 Astuce

Les noms communs d'origine étrangère peuvent garder le pluriel de leur langue : un scenario/des scenarii

 Exercice

Complétez les phrases avec l'un des noms propres : *Carolingiens, Anglais, Alpes, harpagons, Pasteurs.*

Le massif des ... est enneigé l'hiver. Ces enfants sont de vrais ... . Charlemagne est de la dynastie des ... . Les ... ont Londres pour capitale. Les ... sont avares.

➤ CORRIGÉS PAGE 424

☞ Voir aussi **Pluriel des noms communs**, **Pluriel des noms composés**

ORTHOGRAPHE

Terminaisons verbales en -ai, -ais, -ait, -rai, -rais, -rait

Si le volcan entr(ait) en éruption,
tu évacuer(ais) la région.

■ Les terminaisons verbales homophones en [ɛ]
(qui se prononcent de la même façon) s'écrivent
différemment : -ait et -(r)ais.

Terminaison des verbes en -ai, -ais ou -ait

• **Au passé simple de l'indicatif,** les verbes du 1er groupe ont une terminaison en **-ai** à la 1re personne du singulier.

Je parl**ai** lentement.

• **À l'imparfait de l'indicatif,** les verbes de tous les groupes se terminent par **-ais** aux deux premières personnes du singulier.

Je nage**ais** très vite. Tu grandiss**ais** vite.

 Astuce

Pour savoir s'il faut écrire -ai ou -ais, il suffit de remplacer les deux premières personnes du singulier par l'une des deux premières personnes du pluriel du même temps.

je nage**ai** → nous nage**âmes** – je nage**ais** → nous nag**ions**

-eâmes est la terminaison du verbe nager à la 1re personne du pluriel du passé simple,
donc je nageai s'écrit -ai à la 1re personne du singulier du passé simple.

-ions est la terminaison du verbe nager à la 1re personne du pluriel de l'imparfait, donc
je nageais s'écrit -ais à la 1re personne du singulier de l'imparfait.

• **À l'imparfait de l'indicatif,** les verbes de tous les groupes se terminent par **-ait** à la 3e personne du singulier.

Il plonge**ait** très bien. Elle connaiss**ait** sa leçon.

Terminaison des verbes en *-rai* ou *-rais*

• **Au futur simple de l'indicatif,** les verbes de tous les groupes ont une terminaison en **-rai** à la 1ʳᵉ personne du singulier.

Je parle**rai** lentement. Je fini**rai** mon dessert.

• **Au conditionnel présent,** les verbes de tous les groupes se terminent par **-rais** aux deux premières personnes du singulier.

Je nage**rais**. Tu grandi**rais**.

 Piège à éviter

Les verbes au **futur simple** et au **conditionnel présent** dont le radical se termine par *r* doublent le *r*. Seul le second *r* correspond à la marque du temps.

je pa**rcou**rrai, je pa**rcou**rrais – je pou**rr**ai, je pou**rr**ais

Terminaison des verbes en *-rait*

Au conditionnel présent, **-rait** est la terminaison de tous les verbes à la 3ᵉ personne du singulier.

Elle prend**rait** une place. Elle ver**rait** la mer.

 Astuce

La terminaison *-t* est toujours une marque de la 3ᵉ personne.

Elle disai**t** la vérité. Il sortai**t** la nuit.

 Exercice

Complétez avec *-ais, -ait, -ai, -rai, -rait*.

Il ét... certain de son itinéraire. Elle chante... encore si tu ne l'avais pas arrêtée. Soudain, je contourn... l'obstacle et poursuivis ma route. Tu sembl... inquiet ce matin. Je retourne... en vacances en Corse. Je parcour... l'arrière-pays avec mes amis. Je lui indique... des endroits inconnus.

➤ CORRIGÉS PAGE 424

☞ Voir aussi **Conditionnel**, **Futur simple de l'indicatif**, **Imparfait de l'indicatif**, **Passé simple et passé antérieur de l'indicatif**

ORTHOGRAPHE

Terminaisons verbales en **-é, -és, -ée, -ées, -er, -ez**

Attir**é** par une publicité : «Achet**ez** deux jeux vidéo pour le prix d'un !», Damien a décid**é** de s'en procur**er** un.

■ Les terminaisons verbales homophones en [e] correspondent à des formes différentes : -é pour *attiré* et *décidé*, -ez pour *achetez*, -er pour *procurer*.

Terminaisons des verbes en **-er, -é**

Les différentes terminaisons des verbes du 1er groupe se prononçant [e] s'écrivent **-er** ou **-é**.

• On trouve la terminaison **-er** si le verbe est à l'infinitif.
On trouve l'infinitif :
– après une préposition : Il apprend à compter.
– après un autre verbe (à l'exclusion des auxiliaires *être* et *avoir*) : Il faut conserver cette avance.
– en position de sujet : Chanter est un passe-temps.

• On trouve la terminaison **-é** si c'est le participe passé qui est employé.
Tu as avalé un cachet.

 Astuce

Avec un verbe du 1er groupe, on distingue la terminaison de l'infinitif de celle du participe passé en le remplaçant par un verbe d'un autre groupe.

Nous allons **emprunter** cette route. ⟶ Nous allons **prendre** cette route.
Prendre est à l'infinitif. Par conséquent, *emprunter* est aussi à l'infinitif.

Tu as **avalé** un cachet. ⟶ Tu as **pris** un cachet.
Pris est un participe passé ; par conséquent, *avalé* est aussi un participe passé.

Terminaisons des participes passés des verbes en *-ée, -ées, -és*

Les participes passés, lorsqu'ils s'accordent, peuvent être terminés par *-ée, -ées, -és*.

• Après l'auxiliaire *être* aux temps composés, le participe passé du verbe **s'accorde en genre et en nombre** avec le sujet.

> Elles sont pass**ées**. (féminin pluriel) Ils sont pass**és**. (masculin pluriel)

• Après l'auxiliaire *être* pour les verbes à la forme passive ou à la forme pronominale, le participe passé du verbe **s'accorde en genre et en nombre avec le sujet**.

> Elles seront dénonc**ées**. Elle s'est coup**ée**.

• Après l'auxiliaire *avoir* aux temps composés, le participe passé du verbe **ne s'accorde ni en genre ni en nombre avec le sujet, mais avec le COD** s'il est placé avant le verbe.

> Les ann**ées** qu'elle a pass**ées** au collège lui ont plu. (féminin pluriel)

• Lorsque les participes passés sont employés seuls (sans auxiliaire), ils **s'accordent avec le nom ou le groupe nominal auxquels ils se rapportent**.

– épithète : Les spectateurs **amusés** rient aux éclats.

– apposé : Les coureurs, **exténués**, s'écroulèrent à l'arrivée.

Terminaisons des verbes en *-ez*

• *-ez* correspond à la **terminaison des verbes à la 2ᵉ personne du pluriel du présent de l'indicatif**. Cette terminaison est associée au pronom personnel *vous*, sauf à l'impératif, où le pronom est absent :

> Vous perd**ez** votre temps. Continu**ez** tout droit.

• Pour identifier la 2ᵉ personne du pluriel, il est possible de la remplacer par la 1ʳᵉ personne du pluriel : Nous perd**ons** notre temps.

Exercice

Complétez avec la terminaison qui convient : -é, -er, -és, -ées, -ez.

L'avion vient de décoll... . Vous avanc... très lentement. Les sportifs sont fatigu... . Ils ont pass... une bonne nuit. Les récompenses distribu... ont plu. Préven... vos amis avant de passer chez eux.

> ➤ CORRIGÉS PAGE 424

 Voir aussi **Accord du participe passé avec *être* et *avoir*, Accord du participe passé : cas particuliers**

ORTHOGRAPHE

Tout, même

Dans tous les spectacles de Molière, les mêmes rires se font entendre.

■ **tous** et **mêmes** sont des déterminants. Ils s'accordent.

Accord de *tout*

En fonction de sa **nature**, *tout* peut **s'accorder** ou être **invariable**.

• Lorsque *tout* est **déterminant indéfini**, il s'accorde en genre et en nombre avec le nom auquel il se rapporte :

> **tout** ce bruit
>
> **toute** la journée
>
> **toutes** les semaines

• *Tout* est **pronom indéfini** quand il remplace un nom.

– Si le nom est singulier, *tout* reste invariable : Tout va bien.

– Si *tout* remplace un nom pluriel, il s'accorde en genre et en nombre avec ce nom.

> **Toutes** promirent de revenir.
>
> **Tous** applaudirent au premier panier.

• *Tout* est **adverbe** quand il signifie *tout à fait, entièrement*.

– Il est invariable devant un adjectif ou un participe au masculin pluriel.

> les arbres **tout** décorés

– Il s'accorde en genre et en nombre devant un adjectif ou un participe au féminin.

> Ses joues sont **toutes** rouges.

– Devant un adjectif féminin commençant par une voyelle, *tout* reste invariable.

> Il a rempli une page **tout** entière.

Pièges à éviter

• Il ne faut pas confondre **le pronom** et **l'adverbe** *tout*. Il faut le remplacer par *tout à fait, entièrement*.

Ces collégiens sont tout appliqués. (tout à fait appliqués) → adverbe

Ces collégiens sont tous appliqués. (Tous sont appliqués.) → pronom

• Attention, ***tout*** adverbe placé devant un adjectif qualificatif féminin commençant par une consonne ou un *h* aspiré s'accorde en genre et en nombre.

Les mères **toutes** inquiètes arrivèrent à l'école.

Elle est **toute** heureuse de me voir.

Accord de *même*

En fonction de sa **nature**, *même* peut **s'accorder** ou être **invariable**.

• Lorsqu'il est **déterminant indéfini**, *même* s'accorde en nombre avec le nom auquel il se rapporte. Il a le sens de *pareil*.

Les **mêmes** professeurs interviennent en 6ᵉ A et B.

• Lorsque *même* se rapporte à un pronom, il est relié à ce pronom par un trait d'union et s'accorde avec le pronom.

Les élèves **eux**-mêmes ont compris.

• Lorsqu'il est **adverbe**, *même* est invariable. Il a le sens de *aussi, encore plus*. Il est déplaçable dans la phrase.

Même ces toits sont couverts de neige.

Ces toits sont **même** couverts de neige.

• *Même* est également adverbe dans certaines expressions : *tout de même, quand même*.

Nous viendrons **tout de même**.

Exercice

Trouvez la nature de *tout* dans chacune des phrases : adverbe, pronom, déterminant.

Vous avez tout essayé et le moteur a redémarré. Tout ce travail a porté ses fruits. Tout lui convient. Il est tout petit. Tout ce soleil est agréable.

➤ CORRIGÉS PAGE 424

 Voir aussi **Déterminants**,
Pronoms indéfinis

VOCABULAIRE

Champ lexical et champ sémantique

Harpagon **compte** les **louis** d'**or** de sa **cassette** : elle contient une grosse **somme**.

J'ai appris la **règle** par cœur. Je tire un trait avec ma **règle**.

■ Harpagon, compte, louis, or, cassette et somme sont des mots en relation avec le thème de l'**argent**. Ils appartiennent au **champ lexical** de l'**argent**.

■ Les différents sens d'un mot constituent son **champ sémantique**. Le **champ sémantique** du mot règle comprend **deux sens** : **1. le principe** que l'on apprend – **2. l'objet** servant à tirer un trait.

Définition

• Le **champ lexical** est l'ensemble des mots relevant d'un même **thème** ou d'une même **notion**. Ces mots constituent un **réseau de sens** et assurent la **cohérence** d'un énoncé.

Les **alpinistes escaladent** le **sommet** de la **montagne**. (champ lexical de la montagne)

• Le **champ sémantique** regroupe l'ensemble des **sens** d'un même **mot**, tels qu'ils sont mentionnés dans le dictionnaire.

Le **champ sémantique** du mot *pièce* est constitué de plusieurs sens ayant en commun le fait qu'une pièce est une partie d'un ensemble :

– **espace** habitable d'un logement délimité par des murs : un appartement d'une **pièce** avec vue sur la mer

– **morceau de métal plat**, en forme de disque, et servant de monnaie d'échange : une **pièce** de deux euros

– **œuvre théâtrale** : une **pièce** de Molière

– **document écrit** établissant un fait : une **pièce** justificative

Nature des mots d'un champ lexical

Un champ lexical est constitué de mots de **natures différentes**.
Champ lexical de la **pêche** :

NOMS	pêcheur	ligne	filet
ADJECTIFS	miraculeux	halieutique	côtier
VERBES	pêcher	ferrer	prendre
ADVERBES	patiemment	silencieusement	habilement

Relations unissant les mots d'un champ lexical

Un **champ lexical** peut être constitué, notamment :
– de mots de la même famille : dire, contredire, disert, maldisant, médire, médisant, prédictif, prédiction, prédire, se dédire (champ lexical de la **parole**) ;
– de synonymes et d'antonymes : aimer, adorer, détester, haïr (champ lexical des sentiments) ;
– d'un mot générique et de ses termes spécifiques : bateau, barque, canoë, trimaran, chalutier (champ lexical de la **navigation**) ;
– de mots de nature grammaticale différente : guerre, combattre, offensif, belligérant (champ lexical de la **guerre**).

Champ sémantique et polysémie

Un mot qui a plusieurs sens est **polysémique**. Le **champ sémantique** est constitué des différents sens d'un mot polysémique. Ainsi, le **champ sémantique** du mot *bureau* comprend **deux sens** : la pièce et le meuble.

> Je travaille dans mon **bureau**. (la pièce)
>
> Je travaille sur mon **bureau**. (le meuble)

Exercices

1. Cherchez cinq mots associés aux champs lexicaux suivants : les loisirs – l'amitié – la finance – l'écologie.

2. Indiquez le champ sémantique des mots tour **et** livre.

➤ CORRIGÉS PAGE 424

☞ Voir aussi **Dictionnaire**, **Polysémie**

Connotation et dénotation

1. Le **loup** appartient à la famille des canidés.
2. L'homme est un **loup** pour l'homme.

■ La phrase 1 propose une définition **objective** du mot loup d'après un **dictionnaire**. Elle indique le sens de ce mot en **dénotation**.
■ La phrase 2 donne au mot loup le sens d'une de ses caractéristiques, la cruauté. Elle utilise une **connotation** du mot loup.

Définition

• Les **connotations** d'un mot correspondent aux **sens subjectifs** qui peuvent lui être affectés par un locuteur en fonction du contexte. Un mot peut avoir des connotations différentes.

La **mer** peut ainsi connoter la *liberté*, *l'immensité*, mais aussi le *voyage* ou le *naufrage*.

• La **dénotation** d'un mot correspond au **sens objectif** que lui attribue le dictionnaire.

La **mer** désigne *une vaste étendue d'eau salée qui couvre une partie de la surface du globe*.

• L'ensemble du sens **dénoté** et des sens **connotés** du mot *mer* en constitue le **champ sémantique**.

Connotations culturelles

Selon **les cultures**, les connotations attachées à un mot diffèrent et peuvent même s'opposer. La couleur *blanche*, en Occident, est associée à la pureté, au mariage, d'où la robe blanche de la mariée et les fleurs de lys composant le bouquet. En revanche, en Extrême-Orient, le blanc connote le deuil.

Connotations socio-culturelles

Selon **l'appartenance socio-culturelle** du locuteur, celui-ci peut attribuer à un mot des connotations affectives variées.

La *télé-réalité* peut être connotée positivement par un adolescent consommateur de programmes télévisés. Elle sera connotée négativement par un adulte épris de lectures intellectuelles.

Connotations littéraires

Les connotations littéraires, explicites ou implicites, contribuent à la pluralité des sens associés à certains mots.

● Le *renard* est, en **dénotation**, un mammifère canidé au pelage roux ou argenté, aux oreilles pointues et à la queue touffue.

● Un *renard* est, en **connotation**, une personne rusée, en référence à Renart, le personnage du *Roman de Renart*.

Connotations historiques

Certains noms, communs ou propres, ont une connotation liée à l'événement dont ils portent la mémoire. La *guillotine* est associée à la *Révolution française*.

Connotations esthétiques

Certains mots, par leur sens même, mélioratif ou péjoratif, mais aussi par leurs sonorités, sont affectés de connotations :

– agréables : voyelles ouvertes : airelle – belle – irréelle

– ou désagréables : certains sons consonantiques, comme [k], [t], et les sons nasalisés, comme [$\tilde{\varepsilon}$], [$\tilde{a}$], [$\tilde{\jmath}$] (« in », « an », « on ») : tintamarre – dindon

Exercice

Indiquez quels énoncés relèvent de la dénotation et lesquels relèvent de la connotation.

Mon cousin est un vrai ours. L'ours est un mammifère de grande taille. Cet homme est une épave. Une épave est un bateau naufragé en mer. Cet avocat est un rapace. L'aigle royal est un rapace.

➤ CORRIGÉS PAGE 424

🖝 Voir aussi **Champ lexical et champ sémantique**, **Dictionnaire**, **Niveaux de langue**

VOCABULAIRE

Dictionnaire

judoka [ʒydɔka] n. – v. 1944 ; mot jap. ; *de judo*
♦ Personne qui pratique le judo. *Des judokas sont ceinture noire.*

■ Cet article de dictionnaire fournit sept informations : orthographe, prononciation, nature, date, étymologie, définition, exemple.

Définition

• Pour chaque mot de la langue, le **dictionnaire** fournit une ou des **définitions** correspondant au sens propre et au sens figuré du mot. Il permet aussi de vérifier l'orthographe.

• Les dictionnaires les plus complets fournissent également : la prononciation, la nature, le genre (pour les noms), l'étymologie et la date d'apparition dans la langue française, le niveau de langue ou le domaine d'emploi, les synonymes, les antonymes, les homonymes, parfois une famille de mots, et un ou des exemples d'emploi.

Informations grammaticales

• Le dictionnaire permet de vérifier **l'orthographe** d'un mot.

• Il indique la **prononciation** d'un mot : acide [asid]

• Le dictionnaire permet de trouver ou de vérifier la **nature** et le **genre** des mots, indiqués en abrégé : *n.c.* (nom commun), *n.m.* (nom masculin), *n.f.* (nom féminin), *art.* (article), *art. déf.* (article défini), *pr.* (pronom), *pr. pers.* (pronom personnel), *v.* (verbe), *v. trans.* (verbe transitif), *adj.* (adjectif), *adj. poss.* (adjectif possessif), *adv.* (adverbe), *prép.* (préposition)...

Les synonymes et les antonymes

• La plupart des dictionnaires fournissent les **synonymes** (mots de même sens) du mot qu'ils expliquent, précédés de l'abréviation *syn.* ou une flèche.

traître **syn.** déloyal / traître → déloyal

- Certains dictionnaires fournissent des **antonymes** (mots de sens contraire) du mot qu'ils expliquent, précédés de l'abréviation *ant.* ou un signe égal barré.

> exigu **ant.** spacieux / exigu ≠ spacieux

Le sens propre et le sens figuré

Le dictionnaire indique, dans cet ordre, le **sens propre**, puis le **sens figuré**.

- Le **sens propre** est le sens **premier** et le plus **courant** d'un mot. Il est conforme à son étymologie.

> Le premier sens du mot **lacet** est celui d'un cordon étroit que l'on passe dans des œillets pour attacher une chaussure.

- Le **sens figuré** est le deuxième sens d'un mot, attribué de manière métaphorique. Les informations données sur les mots par le dictionnaire permettent d'en comprendre le(s) sens hors contexte et en contexte.

> Par analogie de forme avec la disposition du lacet, *une route en lacets* désigne une *route très sinueuse.*

Les différents dictionnaires

Il existe des **dictionnaires de langue**, les plus fréquemment consultés, qui contiennent les informations décrites précédemment ; des **dictionnaires encyclopédiques**, fournissant des connaissances détaillées ; des **dictionnaires de synonymes**, présentant l'ensemble des synonymes pour un même mot ; des **dictionnaires de rimes**, permettant de trouver des mots qui riment et de constater des régularités orthographiques.

 Piège à éviter

Lorsqu'un mot a plusieurs sens, il est nécessaire de lire l'**ensemble des définitions** proposées par le dictionnaire avant de déterminer son sens en fonction de son contexte.

 Exercice

Recherchez dans le dictionnaire la nature et la définition des mots *ichtyophage* et *vernaculaire*. Employez-les dans deux phrases différentes.

➤ CORRIGÉS PAGE 425

VOCABULAIRE

☞ Voir aussi **Polysémie**, **Synonymes et antonymes**

Expressions et proverbes

> 1. Il faut tourner sept fois sa langue dans sa bouche avant de parler.
> 2. Mais Sophie n'a pas la langue dans sa poche.
>
> ■ La phrase 1 est une formule générale qui se présente comme un conseil de sagesse populaire. C'est un **proverbe**.
> ■ Dans la phrase 2, ne pas avoir la langue dans sa poche est une **expression imagée** qui est à prendre au **sens figuré**. Elle signifie « parler beaucoup ».

Définition

• Les **expressions** toutes faites sont **spécifiques à une langue**. Elles s'appuient le plus souvent sur le **sens figuré** des mots.

Battre le fer tant qu'il est chaud. Chercher midi à quatorze heures.

• Un **proverbe** est une phrase qui a pour but de dicter des modes de **conduite** fondés sur la **sagesse** et la **morale**. Il a une **valeur générale** et très souvent un **sens figuré**.

Qui va à la chasse perd sa place.

(La chasse désigne toute activité qui amène une personne à s'absenter.)

Temps des proverbes

Lorsque les proverbes contiennent un verbe conjugué, celui-ci est souvent au **présent** de l'indicatif qui a alors une valeur dite de **présent de proverbe** ou de **présent omnitemporel** (hors du temps, dans le présent, mais aussi dans le passé et le futur).

La nuit porte conseil.

Expressions liées au corps humain

De nombreuses expressions sont liées aux parties du corps.

en mettre sa **tête** à couper (être sûr de quelque chose)

avoir le **bras** long (avoir de l'influence)

se lever du **pied** gauche (être de mauvaise humeur)

avoir les **chevilles** enflées (être prétentieux)

avoir les **yeux** plus gros que le ventre (se montrer trop gourmand)

avoir l'**estomac** dans les talons (avoir très faim)

Expressions dont le sens a évolué

Certaines expressions au sens **figuré** sont sources de méprise sur leur sens propre quand ce sens correspond à une époque révolue.

Filer un mauvais coton signifie pour une personne voir sa situation se dégrader. Or, cette expression reprend de manière métaphorique celle qui s'appliquait jadis à une machine à tisser. La machine filait un mauvais coton quand elle était usée.

 Piège à éviter

Certaines **expressions** ont un sens trompeur, car les mots qui les constituent ont changé d'orthographe et de sens au fil des siècles.

Ainsi, l'expression ***tomber dans le lac*** signifie, à propos d'un projet, qu'il a échoué. Le mot *lac* (au sens d'une étendue d'eau) n'a plus aucun rapport avec son sens initial (un nœud coulant destiné à prendre au piège des animaux). Le mot *lac* s'écrivait *lacs* et *tomber dans le lacs* signifiait donc tomber dans un piège.

 Exercice

Complétez les phrases, puis indiquez si elles contiennent un proverbe ou une expression.

Pierre cherche toujours midi à … . Il ne veut pas mettre la main à … . Pourtant, tout le monde lui dit qu'il faut battre le fer tant … . Je trouve vraiment qu'il file …

➤ CORRIGÉS PAGE 425

☞ Voir aussi **Polysémie**

VOCABULAIRE

Famille de mots

Le **spationaute** s'est introduit dans la capsule **spatiale** pour son voyage dans l'**espace**.

■ spationaute, spatiale et espace appartiennent à la même famille de mots.

Définition

Une **famille de mots** est constituée de l'ensemble des mots formés à partir du **même radical**.

nom → nommer – nomination – nominal – nominatif – surnom – prénom – renom

Familles de mots à radicaux simples ou multiples

• La plupart des familles de mots sont construites à partir d'un **radical simple**.

plat → platitude – plateau – aplatir

• Certaines familles de mots sont construites à partir de **radicaux multiples** :

aube → aubépine – albâtre

Le mot « aube » vient du latin *alba*, « blanc ». En ancien français, les lettres *al* sont devenues *au*, mais le sens étymologique est présent dans tous les mots de cette famille. L'aube est le moment où le soleil blanchit à l'horizon, l'aubépine est de couleur blanche.

chant → chanter – chanteur / cantatrice – cantique
saut → sauter – sursaut / salto – saltimbanque

Les radicaux *cant* et *salt* sont respectivement issus du latin classique *cantare*, « chanter », et *saltare*, « sauter ». Les radicaux *chant* et *saut* viennent du latin populaire. Les mots de ces familles ont un sens commun.

quartier – écarteler

Ces deux mots appartiennent à la même famille. Ils sont issus du latin *exquartare*, qui signifiait « couper en quatre ». Le supplice de l'écartèlement consistait ainsi à attacher les quatre membres d'une personne à quatre chevaux qui prenaient des directions différentes.

Dérivation

• Le procédé le plus courant de formation de mots appartenant à une même famille est la **dérivation**.

• La **dérivation** consiste à former des mots **dérivés** en ajoutant au **radical**, qui représente la souche de la famille de mots, un **préfixe** à **gauche** et/ou un **suffixe** à **droite**.

> heureux ⟶ heureusement (ajout d'un suffixe)
> malheureux (ajout d'un préfixe)
> malheureusement (ajout d'un préfixe et d'un suffixe)

Composition

• Une famille de mots comprend aussi des mots obtenus par le procédé de la **composition**.

• La **composition** consiste à assembler deux mots différents :
– en les soudant :
> portefeuille – passeport
– en les séparant par un trait d'union :
> garde-malade – taille-crayon – porte-bagages
– en les séparant par une préposition :
> corde à sauter – fil de fer

• Le plus souvent, les mots composés appartiennent à l'une et à l'autre des familles auxquelles leur forme les rattache.

> Le mot *ouvre-boîte* appartient à la famille du mot *ouvrir* et à celle du mot *boîte*.

• Parfois, le mot composé appartient à une seule famille.

> Le mot *chou-fleur* relève de la famille du mot *chou*.

 Exercice

Trouvez cinq noms composés à l'aide des mots suivants :

presse, porte, taille, avion, crayon, mine, papier.

➤ CORRIGÉS PAGE 425

☞ Voir aussi **Histoire des mots : étymologie**, **Pluriel des noms composés**

VOCABULAIRE

ⓕigures de style (1) : antithèse, oxymore, hyperbole, litote

Chimène hésite entre la **vengeance** de son père et son **amour** pour Rodrigue. Son ⟨hésitante certitude⟩ lui fait dire « je ne te hais point » à celui qu'elle ⟨idolâtre⟩.

- ■ **vengeance** et **amour** ont des sens **opposés** dans la phrase, ils sont en **antithèse**.
- ■ **hésitante certitude** réunit deux mots de sens **opposés**, c'est un **oxymore**.
- ■ « je ne te hais point » semble **atténuer** l'expression du sentiment, c'est une **litote**.
- ■ **idolâtre** correspond à une **exagération**, c'est une **hyperbole**.

Définition

- Une **figure de style**, ou **figure de rhétorique**, correspond à un emploi inhabituel et particulier des mots destiné à produire un effet **expressif** et **esthétique** : La révolte gronde.

- L'effet expressif diminue lorsque ces expressions, trop fréquemment employées, sont devenues des clichés, présents dans le langage courant.

  Le chanteur a eu droit a **un tonnerre d'applaudissements**.

L'antithèse

L'**antithèse** établit un contraste et une **opposition entre deux idées** afin que l'une mette en évidence l'autre.

Innocents dans un bagne, anges dans un enfer (V. Hugo)

Dans ce vers contre le travail imposé aux enfants dans les usines, il y a deux antithèses : les innocents envoyés au bagne et les anges jetés dans l'enfer.

L'oxymore

L'**oxymore** consiste à **allier** deux mots de **sens opposés** en les **rapprochant** pour leur donner plus de force expressive.

> Une **obscure clarté** irradiait le paysage.

 Piège à éviter

L'antithèse et l'oxymore mettent des termes en opposition d'après leur sens. L'**oxymore rapproche** ces mots opposés. Au contraire, l'**antithèse éloigne** ces mots opposés.

> Le vent soufflait avec une **douce violence**. (oxymore)
>
> La **violence** de ses tourments tranchait avec la **douceur** de l'été. (antithèse)

L'hyperbole

L'**hyperbole** consiste à employer des termes de **manière excessive** par rapport à la réalité qu'ils décrivent. Elle produit un effet d'**exagération** mettant en valeur un fait ou une action.

> J'ai recommencé **cent** fois. (plusieurs fois)
>
> Ton idée est **géniale**. (excellente)

La litote

La **litote** est une figure de style **par laquelle on atténue la force de la pensée** pour en laisser entendre bien davantage.

> Cette pièce n'est **pas mauvaise**. (elle est très bonne)

 Exercice

Relevez une antithèse, un oxymore, une hyperbole et une litote.

On dirait un jeune vieillard. À vaincre sans péril, on triomphe sans gloire (Corneille). Cette plaisanterie est géniale. Va, je ne te hais point (Corneille).

➤ CORRIGÉS PAGE 425

VOCABULAIRE

Voir aussi **Figures de style (2) et (3)**

Figures de style (2) : comparaison, métaphore, personnification, métonymie

Le **paysage** était <u>comme</u> un **désert de glace**. Les **arbres décharnés** dressaient leurs **bras** grêles vers le ciel. La voyageuse les contemplait, emmitouflée dans son **vison**.

- Le paysage est comparé à un désert de glace à l'aide de l'outil de comparaison comme. C'est une **comparaison**.
- Les branches des arbres sont assimilées à des bras, sans outil de comparaison : c'est une **métaphore**.
- Les arbres sont associés à des personnes : c'est une **personnification**.
- Le vison désigne un manteau fait en vison. Ce procédé de substitution est une **métonymie**.

La comparaison

La **comparaison** consiste à créer une image en établissant un rapport de **ressemblance** entre le **comparé** et le **comparant**. La relation entre le comparé et le comparant est assurée par un outil de comparaison, un mot outil : *comme, tel (que), semblable à* ou le verbe *ressembler*.

Ce **malade** est vacillant, **telle** la **flamme d'une bougie**.
    comparé   outil de comparaison   comparant

La métaphore

La **métaphore** consiste à créer une image en établissant un rapport de **ressemblance** entre un **comparé** et un **comparant**. Cependant, elle ne fait appel à aucun outil de comparaison.

- Le **comparant** d'une métaphore peut être **présent**.

  Cette femme a un **teint** de **lys**.

- Le **comparant** d'une métaphore peut être **implicite**.

  Les **étoiles volaient** dans les branches.

  Le verbe *voler* sert à comparer les **étoiles** à des **oiseaux**.

• La **métaphore filée** se prolonge sur plusieurs mots à partir d'un même champ lexical.

> Ses yeux **dardaient** des **rayons éblouissants**.
>
> Les yeux sont comparés à l'éclat du soleil : *dardaient*, *rayons*, *éblouissants*.

La personnification

La **personnification** consiste à attribuer des propriétés humaines à un animal ou à un objet.

> Le **moteur hurlait** sous les accélérations nerveuses du pilote.

 Piège à éviter

La personnification est un cas particulier de métaphore. Mais une métaphore n'est pas toujours une personnification.

> La **terre** buvait l'eau torrentielle.
>
> métaphore + personnification (*boire* est une activité humaine)
>
> La moissonneuse fauchait les **épis** d'**or**.
>
> métaphore : les épis ont la couleur et l'éclat de l'or

La métonymie

La **métonymie** indique la **proximité** entre deux éléments. Elle introduit une **substitution** entre :

– contenant et contenu : boire un verre (le liquide dans le verre)

– l'artiste et son œuvre : aimer un Miró (un tableau de Miró)

– la marque pour l'objet : Elle porte un Chanel. (un tailleur de marque Chanel)

– la partie et le tout : Les voiles (un voilier) voguaient sur l'eau.

– le lieu et la personne qui l'occupe : La tour de contrôle (le responsable dans la tour) a autorisé le décollage de l'avion.

 Exercice

Relevez une comparaison, une métaphore, une personnification et une métonymie.

La radio chuchote. La terre est bleue comme une orange. La terrasse surplombait une mer d'émeraude. Ce bronze a été sculpté par un artiste contemporain.

➤ CORRIGÉS PAGE 425

VOCABULAIRE

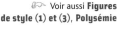

Voir aussi **Figures de style (1)** et **(3)**, **Polysémie**

Figures de style (3) : anaphore, périphrase, gradation

> Le cheval **marche au pas**, le cheval **trotte**, le cheval **galope**. Ce fringant animal s'emballe.
>
> ■ Le cheval est repris trois fois dans la phrase, en début de proposition. C'est une **anaphore**.
> ■ ce fringant animal désigne le cheval en le caractérisant. C'est une **périphrase**.
> ■ marche au pas, trotte, galope, s'emballe indiquent que le cheval va de plus en plus vite. C'est une **gradation**.

L'anaphore

• L'**anaphore** est un **procédé poétique** qui consiste à reprendre un mot ou une expression en début de phrase, de vers, de proposition.

« **Marcher** à jeun, **marcher** vaincu, **marcher** malade » (V. Hugo)

• L'**anaphore** est aussi une figure de **reprise**. Elle reprend un nom ou un groupe nominal à l'aide d'un pronom personnel sujet ou complément. L'anaphore permet d'éviter une répétition.

Le tsunami se déchaîne, **il** dévaste tout. Rien ne **l'**arrête.

(pronom personnel sujet + pronom personnel complément)

La périphrase

• Une **périphrase** est une figure par laquelle on remplace un mot par un groupe nominal ou une expression qui apporte des **précisions** et des **caractérisations supplémentaires**.

• L'emploi d'une périphrase est destiné à enrichir un texte.

Le brillant vainqueur de l'épreuve du cent mètres papillon (= le nageur) est acclamé par la foule.

La gradation

• La **gradation** est constituée d'une suite de mots ou d'idées de sens proches, rangés selon un **ordre d'intensité** :

– **croissante :** Il chuchote, marmonne, crie et finit par hurler.

– ou **décroissante :** La flamme tremble, elle vacille, elle faiblit et s'éteint.

• Les termes d'une **gradation** ont souvent la **même nature grammaticale**. Ce sont le plus souvent :

– des noms (une collation, un repas, un festin),

– des adjectifs qualificatifs (bon, savoureux, délicieux, divin),

– des verbes (apprécier, aimer, adorer),

– des adverbes (habilement, subtilement, magistralement).

• Les termes d'une **gradation** peuvent être de **nature grammaticale différente**.

La fermière accourt essoufflée, hors d'haleine.

    participe passé employé comme adjectif   groupe nominal prépositionnel

---

 Piège à éviter

Les termes d'une **gradation**, comme ceux d'une **énumération**, sont séparés par des **virgules**. Cependant, dans une énumération, les mots juxtaposés ne diffèrent pas en intensité.

Sur l'étalage se trouvaient des choux, des aubergines, des carottes et des navets. (énumération)

Le vent soufflait, grondait, dévastait tout sur l'île. (gradation)

 Exercice

Relevez une anaphore, une périphrase et une gradation.

La foule a salué, acclamé, ovationné le chanteur. Le président des États-Unis est venu en France, il a rencontré son homologue français. « Toujours aimer, toujours souffrir, toujours mourir. » (Corneille)

➤ CORRIGÉS PAGE 425

☞ Voir aussi **Figures de style (1) et (2)**, **Synonymes et antonymes**

VOCABULAIRE

Formation des mots

Une entreprise de dé**rat**isation

préfixe radical suffixes

est intervenue dans l'immeuble.

■ Le mot dératisation est **formé** à partir du radical *rat*, du **préfixe** *dé-* et des deux **suffixes** *-is* et *-ation*.

Définition

• Un mot peut être formé d'un **radical** seul : loup, voiture
• La **dérivation** est le procédé qui permet de former différents autres mots en ajoutant au **radical** :
– un préfixe : bicéphale, défaire
– un suffixe : soirée, pierrade, amitié
– un préfixe et un suffixe : dépliage, débriefing
– un préfixe et plusieurs suffixes : revital/is/er

Radicaux grecs et latins

Certains mots sont formés à partir de la combinaison de radicaux :
– **grecs :** cinéphile (*kinêma* = mouvement / *phile* = aimer), bibliothèque (*biblio* = livre / *thèque* = lieu de dépôt), géologie (*gê* = terre / *logie* = étude) ;
– **latins :** carnivore (*carnis* = viande / *vore* = dévorer), aqueduc (*aqua* = eau / *duc[ere]* = conduire), omnipotent (*omni* = tout / *potent* = puissant).

Nature des mots préfixés

Le préfixe, placé devant le radical, modifie le plus souvent le sens d'un mot, mais il n'en modifie pas la nature grammaticale :
– préfixe + nom = nom : une enchère, une **sur**enchère
– préfixe + adjectif = adjectif : heureux, **mal**heureux

– préfixe + verbe = verbe : saler, dessaler
– préfixe + adverbe = adverbe : heureusement, malheureusement

Sens des préfixes

Les préfixes peuvent indiquer :
– la quantité : monogame, triathlon, hémisphère
– l'importance : superproduction, surcharge
– l'opposition : antidote, parachute
– le contraire : impossible, mécontent, déplaire
– la situation dans le temps : prévenir, postérieur
– la situation dans l'espace : rétroviseur, télécommande

Nature des mots suffixés

• Le suffixe, placé après le radical, modifie souvent la nature grammaticale du mot dérivé qu'il sert à former.

    léger (adjectif) → légèreté (nom), légèrement (adverbe)

• Certains suffixes ne modifient pas la nature grammaticale du mot qu'ils servent à former.

    toit (nom) → toiture (nom)   rouge (adjectif) → rougeaud (adjectif)

Sens des suffixes

Le suffixe ne modifie pas le sens d'un mot. Il peut indiquer :
– la nationalité : français, égyptien, chinois, chypriote
– le métier : boulanger, dentiste, directeur, doctoresse
– la qualité : blancheur, sincérité, solitude
– la petitesse : fillette, agnelet, capuchon
– la dépréciation : fuyard, verdâtre, filasse

Exercice

Entourez le radical des mots dérivés suivants.

démêler – inexplicable – traditionnel – inutilité – boulangerie – hyperactif –
délicatement – malheureusement

➤ CORRIGÉS PAGE 425

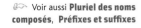 Voir aussi **Pluriel des noms composés**, **Préfixes et suffixes**

VOCABULAIRE

Histoire des mots : étymologie

Le plongeur est terrifié : un **requin** lui fait face.

■ Le mot **requin** vient du latin *requiem*, qui signifie :
« que je repose ». Cette étymologie rappelle que celui
qui voit un requin s'approcher de lui pense que sa
dernière heure est arrivée.

Définition

L'**étymologie** est l'**étude du sens originel des mots**. Elle permet de
connaître le premier sens d'un mot.

Les Romains ont construit des **aqueducs**.

Les aqueducs sont une invention des Romains (du latin *aqua* = eau + *duc[ere]* = conduire).

Le fonds primitif de la langue française

À son origine, la langue française s'est constituée à partir de mots qui sont
entrés sur son territoire par les échanges commerciaux et les guerres.

Ces contacts ont permis la présence dans la langue française de mots **celtiques**
(mouton), **germaniques** *(gagner)* et issus du **latin** populaire *(servir)*.

Mots d'origine celtique

Plusieurs dizaines de mots **celtiques**, employés par les Gaulois, font partie
du français depuis son origine. Ils concernent :

– la nature : alouette – bouleau – bruyère – chêne – chemin – talus
– l'agriculture : arpent – borne – glaner – jachère – lieue – sillon – soc

Mots d'origine germanique

De nombreux mots **germaniques** utilisés par les Francs constituent le
fonds de la langue française. Ils concernent :

– la guerre ou la paix : blesser – épargner – flèche – guérir – guerre
– la nature : blé – framboise – haie – hêtre – martre – mésange – renard

Mots d'origine latine

La plupart des mots du français viennent du **latin** populaire. Ils ont été introduits par les Romains qui ont occupé la Gaule.

• Certains mots latins sont restés identiques à leur forme initiale :

agenda – recto – verso – terminus – a priori

• La plupart des mots latins se sont modifiés :
– en perdant leur terminaison : *amicus* → ami
– en évoluant selon les déformations successives de leur prononciation :

alba → aube – *caballus* → cheval

Les doublets

Les **doublets** sont deux mots issus d'un même mot latin. Le premier mot du doublet est de formation populaire ; le second est de formation savante.

navigare → nager (mot de formation populaire)

navigare → naviguer (mot de formation savante)

Mots d'origine grecque

• De nombreux mots français sont constitués de **racines grecques** qui ont permis de former des mots scientifiques. Connaître la signification de ces radicaux permet de comprendre les mots.

poly/gone (plusieurs/angle) – ortho/graphe (droit/écriture)

• Certains mots français sont constitués de **racines grecques** auxquelles on a ajouté un préfixe ou un suffixe.

il/logique – marathon/**ien**

(raison)   (course de fond)

Exercice

Indiquez l'origine des noms suivants.

alouette – cheval – blé – orthographe – lieue – framboise – chêne – ami – agenda

➤ CORRIGÉS PAGE 425

☞ Voir aussi **Formation des mots**

227

ⓗistoire des mots : évolution

Mon **ordinateur** est en panne :
je ne peux pas t'envoyer de **mail**.

- ■ ordinateur a remplacé le mot anglais *computer*.
Il a été créé en 1951 à partir du latin *ordinis*.
- ■ Le **mail** est un **emprunt** à la langue anglaise.

Définition

Certains mots de la langue française ont été empruntés **à d'autres langues**, du Moyen Âge à nos jours :

– à des langues anciennes, comme le grec et le latin classique :

Le mot *hélice*, apparu en 1547 dans la langue française, vient du **latin** *helis*, qui vient lui-même du **grec** *hellis*.

– à des langues vivantes :

Le mot *ski*, apparu en 1841 dans la langue française, vient du **norvégien**.

Origines des emprunts

Le français a emprunté des mots à de nombreuses langues.

Allemand : vasistas

Arabe : amiral – azimut

Espagnol : adjudant – cédille

Italien : carnaval

Mandchou : soja

Norvégien : ski

Polonais : baba

Anglais : airbus – week-end

Bulgare : yogourt

Hébreu : cabale

Japonais : bonsaï

Javanais : jonque

Russe : blinis

Tchèque : obus – robot

Néologismes et archaïsmes

● Les **néologismes** sont de **nouveaux mots** qui entrent dans la langue. Ils sont considérés comme des néologismes jusqu'au moment où ils figurent dans le dictionnaire.

Le verbe *slamer* est un **néologisme**.

• Les **archaïsmes** sont des mots qui ne sont plus employés et qui disparaissent progressivement de la langue.

Moult est un **archaïsme** qui signifie *beaucoup*.

Transformation des mots

• Lorsque certains mots sont longs, ils subissent au cours du temps des **transformations** qui consistent à couper :

– le **début** du mot : (auto)bus – (auto)car

– la **fin** du mot : ciné(ma)(tographe) – stylo(graphe) – math(ématique)s – métro(politain) – auto(mobile)

• Selon le **niveau de langue** utilisé, ces transformations ne sont pas toujours admises :

– dans un niveau de langue **recherché**, on emploie les mots :

télévision – mathématiques – autobus

– dans un niveau de langue **familier**, ces mots deviennent :

télé – maths – bus

 Piège à éviter

Toutes les **transformations** de mots ne sont pas conformes à la norme. Ainsi, pour désigner un *réfrigérateur*, il faut employer ce terme générique et non le terme spécifique *Frigidaire* qui est le nom d'une marque de réfrigérateurs.

 Exercice

Associez un mot de la liste 1 à la langue à laquelle il a été emprunté (liste 2). Si besoin, utilisez un dictionnaire.

1. handball – slalom – judo – pizza – short – igloo – isba

2. russe – anglais – japonais – allemand – italien – norvégien – inuit

➤ CORRIGÉS PAGE 425

VOCABULAIRE

☞ Voir aussi **Abréviations, Sigles et symboles**, **Niveaux de langue**

omonymes et paronymes

Quand Théo part du **camp**, il **emprunte** un chemin couvert d'**empreintes** d'animaux étranges.

- **quand** et **camp** se prononcent de manière identique. Ce sont des **homonymes**.
- **emprunte** et **empreintes** se prononcent de manière proche. Ce sont des **paronymes**.

Définition

- Des **homonymes** sont des mots qui se prononcent de la même manière, mais dont le sens est différent.
– Parfois, ils s'écrivent différemment ; ils sont **hétérographes** :
  Madame le **maire** de ce village situé en bord de **mer** est **mère** de jumeaux.
– Parfois, ils s'écrivent à l'identique ; ils sont **homographes** :
  L'âne mange du **son** au **son** du tambour.

- Des **paronymes** sont des mots **proches** sur le plan de la prononciation et de l'écriture, mais dont le sens est différent. Ils sont à l'origine de confusions.
  décerner et discerner – hiberner et hiverner – aménager et emménager
  infraction et effraction – spectre et sceptre

Nature des homonymes

- Certains **homonymes homographes** sont de même nature.
  le **mousse** (nom masculin) – la **mousse** (nom féminin)

- Certains **homonymes homographes** sont de nature différente.
  une **porte** (nom féminin) – il **porte** (verbe)

Étymologie des homonymes

L'étymologie permet de distinguer le sens des **homonymes**.

pain vient du latin *panem*, qui a aussi donné **panier**

pin vient du latin *pinus*, qui a aussi donné **pinède**

Formation des paronymes

- Les **paronymes** sont le plus souvent des mots de **même nature grammaticale** : des verbes (induire/enduire) ; des noms (toiture/voiture) ; des adjectifs (conjoncturel/conjecturel).

- Les paronymes peuvent avoir le **même radical** (maudire/médire – inclinaison/inclination) ou des **radicaux différents** (avarie/avanie – consommer/consumer).

- Certains **paronymes** sont de **nature différente** :

temps (nom) – dans (préposition)

- Employer involontairement des **paronymes** l'un pour l'autre relève de l'erreur : un champignon vénéneux venimeux

En revanche, les paronymes employés de manière volontaire donnent lieu à des jeux de mots, comme dans les proverbes :

Qui se ressemble s'assemble.

Qui vole un œuf vole un bœuf.

 Paronymes à retenir

consommer et consumer *(détruire par le feu)* – évoquer *(parler de)* et invoquer *(supplier)* – opportun *(qui arrive au bon moment)* et importun *(qui ennuie)* – induire (en erreur) et enduire *(recouvrir avec de l'enduit)* – perpétuer *(faire durer)* et perpétrer *(commettre)*

VOCABULAIRE

 Exercice

Regroupez ces mots en deux catégories : homonymes et paronymes.

saut – paire – seau – soie – vert – sceau – noir – soit – soi – zoo – sois – fer – ver – vair – verre – soir – vers

➤ CORRIGÉS PAGE 425

☞ Voir aussi **Dictionnaire, Polysémie**

Mots génériques et particuliers

Le **roquefort** et le **camembert** sont mes fromages préférés.

■ Les fromages désignent à la fois le roquefort et le camembert : fromage est un **mot générique** ; roquefort et camembert sont des **mots particuliers**.

Définition

• Les mots **génériques** servent à constituer des catégories générales comprenant des mots **particuliers** (ou spécifiques).

mot générique

Je pratique différents sports comme le **basket**, le **judo** et la **course à pied**.

mots particuliers

• Ils constituent des ensembles qui renvoient à :

– des **animés**, comprenant les humains (eux-mêmes comprenant les hommes et les femmes) et les animaux ;

– des **inanimés**, comprenant essentiellement les objets, les créations artistiques, les végétaux... ;

– des **ensembles abstraits**, comprenant les concepts, les notions, les jugements, les sentiments, les qualités...

Ces catégories permettent de désigner et d'évoquer le monde concret et abstrait en le hiérarchisant en sous-catégories.

Mots particuliers devenant génériques

Un **mot particulier** peut devenir à son tour **générique**.

Les **protéines**, les glucides et les lipides sont des nutriments.

Le poisson et la viande sont des **protéines**.

Introduction des mots particuliers

Un **mot générique** peut parfois introduire un ou plusieurs **mots particuliers** présentés sous forme de **liste** et/ou introduits par :

– les **deux points** ou des **parenthèses** :

> Il s'intéresse aux arts plastiques : la peinture, la sculpture, la photographie.
> Tu excelles dans la plupart des disciplines (histoire, anglais, sciences).

– une **préposition** (*comme* ou *tel que*) :

> Les fruits secs **tels que** les amandes, les noisettes et les noix de cajou sont très riches en calories.

– l'adverbe *notamment* ou *particulièrement* :

> Mon voisin lit de nombreux romans, et **notamment** des romans d'aventures et des romans policiers.

 Astuce

• Le sens d'un mot particulier inconnu dans un texte peut être élucidé à l'aide du mot générique.

> Je m'intéresse aux rongeurs, particulièrement aux **gerboises**.
> Le mot générique permet de comprendre que la *gerboise* est un rongeur.

• Un mot particulier peut aider à comprendre un mot générique.

> Le concombre et la citrouille font partie de la famille des **cucurbitacées**.
> Si le sens du mot *cucurbitacées* n'est pas connu, il peut être déduit à partir des mots *concombre* et *citrouille*.

 Exercice

Indiquez les mots génériques et les mots particuliers.

Les conditions climatiques s'annoncent changeantes : pluie, orage, vent, bourrasques, puis soleil sont annoncés. Pour le week-end, nous emporterons un imperméable, un pull-over, un maillot de bain et un chapeau. Tous ces vêtements nous seront utiles.

➤ CORRIGÉS PAGE 425

☞ Voir aussi **Synonymes et antonymes**

VOCABULAIRE

Ⓜ ots mélioratifs et péjoratifs

« J'ai mangé une tarte **succulente** », dit Mona.
« Ce café est **imbuvable** », grommelle Tom.

■ succulente donne une information positive sur la tarte : c'est un mot **mélioratif**.
■ imbuvable donne une information négative sur le café : c'est un mot **péjoratif**.

Définition

• Les mots **mélioratifs** permettent de porter un jugement favorable sur ce dont on parle (mélioratif est issu du latin *melior* qui signifie « meilleur »).

J'ai assisté à un spectacle **remarquable**.

• Les mots **péjoratifs** permettent de porter un jugement défavorable sur ce dont on parle (péjoratif est issu du latin *pejor* qui signifie « pire »).

Je trouve cette personne **déplaisante**.

• Les mots **mélioratifs** et les mots **péjoratifs** appartiennent à l'ensemble des mots **évaluatifs**.

Formation des mots mélioratifs

On peut former des mots mélioratifs en ajoutant :
– des préfixes comme *super, hyper* ou *méga* :

Voici une technicienne **hyper**active.

– un suffixe comme *-issime* :

Cet orateur est brillant**issime**.

Choix des mots mélioratifs

• Les mots mélioratifs mettent en évidence une **qualité liée à un système de valeurs.** Les mots appartenant au champ lexical de la beauté, de l'intelligence, de la propreté, de l'honnêteté, par exemple, relèvent d'un vocabulaire mélioratif.

L'héroïne de ce film est une actrice **ravissante.**

• L'emploi de **métaphores** ou de **comparaisons valorisantes** renforce le jugement mélioratif : une enfant d'une **douceur angélique** (métaphore)

Formation des mots péjoratifs

Les mots péjoratifs peuvent se former à l'aide de suffixes dépréciatifs, comme *-âtre* à la fin d'un nom ou d'un adjectif (un bellâtre – grisâtre) ; *-asse(r)* à la fin d'un verbe (traînasser) ; *-ouille(r)* à la fin d'un verbe (pendouiller).

Choix des mots péjoratifs

• Les mots **péjoratifs** sont souvent associés à des **représentations négatives** et aux connotations de ce qui est sale, au sens propre et figuré.

Regarde cette **sale** bête, elle a voulu me mordre.

• La figure de la **comparaison** ou de la **métaphore** accentue l'effet péjoratif lié à l'utilisation de mots appartenant à certains champs lexicaux dépréciatifs.

Il est sale **comme un peigne.** (comparaison)

• Les approximations dans la désignation, avec des expressions comme *une espèce de,* relèvent le plus souvent du vocabulaire péjoratif.

Elle portait **une espèce de** pull usé aux coudes.

VOCABULAIRE

Exercice

Remplacez les mots péjoratifs en gras par des mots mélioratifs. Vous pouvez modifier le sens.

Ce plat à l'odeur peu **engageante** a un goût **âcre**, et la serveuse a des manières **déplaisantes.** Je trouve ce restaurant **exécrable.**

➤ CORRIGÉS PAGE 426

☞ Voir aussi **Comparatif et superlatif**,
Niveaux de langue

Niveaux de langue

Quel est le nom de cet appareil ?
Qu'est-ce que c'est que cette machine ?
C'est quoi, ce truc ?

■ Ces trois phrases n'ont pas été formulées dans la même situation ; elles ne s'adressent pas à la même personne.
■ La première correspond à un niveau de langue **soutenu**, la deuxième, à un niveau **courant** et la troisième, à un niveau **familier**.

Définition

• Les **niveaux** (ou registres) **de langue** permettent de caractériser des énoncés en fonction de l'émetteur, du/des récepteur(s) et du contexte.

• Il existe trois niveaux de langue :

– **soutenu** : utilisé à **l'écrit**, notamment dans les textes littéraires, ou à l'oral dans des circonstances **solennelles**.

Je serais fort contrit de vous importuner.

– **courant** : utilisé avec des personnes que l'on **côtoie** souvent.

Je ne voudrais pas vous ennuyer.

– **familier** : utilisé en **famille**, entre **amis** ou entre personnes ayant établi des relations de **connivence**.

J'veux pas te casser les pieds.

La prononciation et le vocabulaire des différents niveaux de langue

• La **prononciation** varie en fonction des niveaux de langue. Plus le niveau de langue est recherché, plus les syllabes sont distinctement articulées. Plus le niveau de langue est familier, plus les syllabes sont tronquées.

- Le **vocabulaire** utilisé varie avec le niveau de langue.

	SOUTENU	COURANT	FAMILIER
Nom	une motocyclette	une mobylette	une mob
Verbe	observer	regarder	zyeuter
Adjectif	sordide	sale	dégoûtant

La grammaire des différents niveaux de langue

- Le **niveau de langue soutenu** suppose le strict respect des règles grammaticales, par exemple l'utilisation de la **négation complète** :

    Je **ne** connais **pas** l'étendue de ses compétences.

- L'emploi du **niveau de langue courant** fait souvent, par exemple, l'**économie du** *ne* de *ne... pas, ne... plus* ou *ne... que*.

    Je veux **pas** que tu y ailles. Il vient **pas**. Elle est partie **qu**'hier.

- Dans le **niveau de langue familier**, la grammaire est **peu respectée**. Par exemple, certains mots et certaines syllabes sont supprimés :

    J'veux pas y aller. Y a pas la place. Y a plus l'temps.

L'interrogation et les niveaux de langue

- Le plus souvent, l'inversion du sujet caractérise le **niveau soutenu** :

    Viendrez-vous nous rendre visite ?

- Dans le **niveau courant**, *est-ce que* introduit généralement la question.

    Est-ce que vous viendrez nous voir ?

- Dans le **niveau familier**, l'intonation ascendante indique la forme interrogative : Vous viendrez nous faire une petite visite ?

Exercice

Récrivez ces phrases en utilisant un niveau de langue soutenu.

Je ne sais pas si je pourrai venir à ta fête. Maman ne veut pas. Pourtant, je n'ai pas envie de laisser tomber.

➤ CORRIGÉS PAGE 426

VOCABULAIRE

✎➣ Voir aussi **Abréviations, sigles et symboles, Polysémie**

Polysémie

Émilie est tombée de son **lit**.
La rivière a débordé de son **lit**.

■ Le **lit** d'Émilie et le **lit** de la rivière ne désignent
pas le même objet, mais il s'agit du même mot.
Le mot **lit** a plusieurs sens, il est **polysémique**.

Définition

La **polysémie** correspond aux **différents sens** d'un même mot.

un papillon (un insecte)

un papillon (une contravention posée sur le pare-brise d'une voiture)

Rôle du contexte

Le **contexte** permet de comprendre le sens du mot **polysémique** qu'il
faut prendre en compte.

Le musicien joue du **triangle**. L'élève dessine un **triangle**.

Le mot *musicien* permet de comprendre que le *triangle* est un instrument de musique, le mot
élève permet de comprendre qu'il s'agit d'une figure géométrique.

Sens propre et sens figuré

Certains mots **polysémiques** renvoient :

— au sens **propre** : un paon (l'animal qui fait la roue)

— au sens **figuré** : un paon (dans l'expression « fier comme un paon », désigne une personne
prétentieuse)

Sens concret et sens abstrait

Certains mots **polysémiques** renvoient :

— au sens **concret** : Il y a un **théâtre** dans ma rue. (Il s'agit du lieu.)

— au sens **abstrait** : J'aime le **théâtre**. (Il s'agit de l'art théâtral.)

Sens étendu et sens restreint

Certains mots **polysémiques** ont :
- un **sens étendu** : un bureau (la pièce)
- un **sens restreint** : un bureau (le meuble qui est dans la pièce nommée *bureau*)

Mots scientifiques

Les mots scientifiques ont en général un seul sens ; ils sont précis et ne présentent pas d'ambiguïté.

un quadrilatère – un stéthoscope – une molécule

Piège à éviter

Quand on cherche un mot dans le dictionnaire, il faut lire l'ensemble des définitions pour ne pas se limiter au sens le plus courant. Le sens recherché peut se trouver en deuxième ou en troisième position.

Dans la phrase : « Les Anglais paient leurs achats en **livres** », il faut utiliser le troisième sens du mot *livre*. (n.f.)

1. unité de masse – **2.** ancienne monnaie française – **3.** unité monétaire britannique.

Exercices

1. Expliquez le sens de l'expression « jouer la comédie » dans les phrases suivantes.

Angelina Jolie joue la comédie. Ma cousine est insupportable : elle ne cesse de jouer la comédie pour obtenir ce qu'elle veut.

2. Indiquez pour chaque mot en gras s'il est employé dans son sens concret ou dans son sens abstrait.

La ménagère a posé un **film** de plastique sur l'assiette de crudités. J'ai vu un **film** excellent à la télévision. J'aimerais avoir un **nuage** de lait dans mon café. Les **nuages** s'assombrissent : il va bientôt pleuvoir. La chèvre mange un **brin** d'herbe. Il a un **brin** d'humour.

➤ CORRIGÉS PAGE 426

☞ Voir aussi **Champ lexical et champ sémantique**, **Homonymes et paronymes**

VOCABULAIRE

P réfixes et suffixes

Mon cousin est **hyper**émotif.
Il rougit rapide**ment**.

- **hyperémotif** commence par le **préfixe** *hyper-*.
- **rapidement** se termine par le **suffixe** *-ment*.

Les préfixes

Les **préfixes modifient** le sens des mots.

SENS	PRÉFIXE	EXEMPLE	PRÉFIXE	EXEMPLE
Mauvais état	*dys-*	**dys**fonctionner		
Nombre	*bi-*	**bi**plan	*hexa-*	**hexa**gone
	tri-	**tri**pler	*octo-*	**octo**syllabe
	hémi-	**hémi**sphère	*poly-*	**poly**chrome
Insuffisance	*hypo-*	**hypo**glycémie		
Excès	*hyper-*	**hyper**tension	*ultra-*	**ultra**puissant
Absence	*a-*	**a**typique	*an-*	**an**alphabète
Contraire	*dé-*	**dé**couragé	*in-*	**in**vincible
	dés-	**dés**espéré	*im-*	**im**mobile
	dis-	**dis**crédit	*il-*	**il**lettré
	mal-	**mal**chance	*ir-*	**ir**responsable
Intérieur	*im-*	**im**merger	*em-*	**em**magasiner
	in-	**in**carcérer	*en-*	**en**cercler
Position supérieure	*épi-*	**épi**derme	*super-*	**super**sonique
	sur-	**sur**puissant		
Contre	*anti-*	**anti**biotique	*contra-*	**contra**dictoire
Négation Mauvais	*mé(s)-*	**mé**dire	*mal-*	**mal**formation
		mésaventure	*mau-*	**mau**dire
Nouveau	*re-*	**re**cuire	*ré-*	**ré**examiner

Les suffixes

Les **suffixes modifient** souvent la nature des mots.

NATURE	SUFFIXE	EXEMPLE	SUFFIXE	EXEMPLE
Noms	-age	habillage	-eur	classeur
	-aison	fenaison	-erie	poissonnerie
	-ateur	cultivateur	-iste	chimiste
	-atrice	cultivatrice	-ot	chiot
	-ation	vacation	-elet	osselet
	-issage	vernissage	-eton	caneton
	-tion	prétention	-eteau	louveteau
	-ment	craquement	-ise	sottise
	-oir	abreuvoir	-at	bénévolat
	-oire	patinoire	-ure	toiture
	-té	bonté	-isme	romantisme
Adjectifs	-able	jouable	-euse	travailleuse
	-ais	français	-if	pensif
	-ard	savoyard	-ive	passive
	-aud	lourdaud	-ible	perceptible
	-eux	majestueux	-u	feuillu
Adverbes	-ment	rapidement		
Verbes	-er	sauter	-iller	fendiller
	-eter	tacheter	-oter	clignoter
	-ir	finir	-iser	alcooliser
	-oyer	festoyer	-onner	chantonner

 Piège à éviter

Le suffixe du nom *professeur* change au féminin.

un professeur – une professeure

VOCABULAIRE

 Exercices

1. Indiquez les préfixes des mots suivants.

hémiplégie – polygone – asocial – épigraphe – incarcérer

2. Ajoutez à ces mots un suffixe.

➤ CORRIGÉS PAGE 426

☞ Voir aussi **Formation des mots**

Synonymes et antonymes

Mes grands-parents ont un pavillon **immense**.

synonymes | antonymes

Mon oncle habite un logement **minuscule**.

- pavillon et logement sont des noms de **même sens**. Ces mots sont **synonymes**.
- immense et minuscule sont des adjectifs de **sens contraire**. Ce sont des **antonymes**.

Définition

- Les **synonymes** sont des mots de même nature grammaticale qui ont le **même sens** ou un **sens proche**.

  Cet enfant est **calme, tranquille, paisible**. (adjectifs synonymes)

  Mon **bateau** est un **voilier**. (noms synonymes)

  Je me **dirige** vers la gare, je m'y **rends** en voiture. (verbes synonymes)

- Les **antonymes** sont des mots de même nature grammaticale dont les **sens s'opposent**.

  vérité ≠ mensonge   joyeux ≠ triste   avouer ≠ nier
  noms antonymes   adjectifs antonymes   verbes antonymes

Les antonymes peuvent être de forme différente : fatigué ≠ en pleine forme.

Degré de synonymie

- Des synonymes peuvent varier en intensité : grand, immense, gigantesque
- Des synonymes peuvent apporter une précision : logement, habitation, pavillon, appartement

Synonymes et contexte

- Le **contexte** joue un rôle important car il permet de choisir le synonyme le plus précis.

Le verbe *donner* admet de nombreux synonymes : accorder (une permission), céder (sa place), exposer (son avis), fixer (un rendez-vous), etc.

• Le contexte permet de comprendre le sens d'un mot ou d'une expression en lien avec le **sens propre** ou le **sens figuré**.

Cette tarte est délicieuse. (sens propre) Cette personne est délicieuse. (sens figuré)

• Le contexte permet de choisir un synonyme en fonction du **niveau de langue** : une automobile (soutenu), une voiture (courant), un tacot (familier)

Formation des antonymes

Certains antonymes sont formés à l'aide d'un **préfixe** et d'un radical commun : ***a-*** : typique/**a**typique ; ***dé-*** : loyal/**dé**loyal ; ***il-*** : légal/**il**légal ; ***im-*** : moral/**im**moral ; ***in-*** : certain/**in**certain ; ***mal-*** : habile/**mal**habile ; ***mé-*** : content/**mé**content

Antonymes et contexte

Le choix d'un antonyme est lié au contexte.

un raisonnement **obscur** ≠ un raisonnement **limpide**

une raison **obscure** ≠ une raison **explicite**

une pièce **obscure** ≠ une pièce **lumineuse**

 Piège à éviter

Il ne faut pas confondre l'antonyme d'un mot formé avec le préfixe *in-* (soumis ≠ in soumis) avec un mot dont le radical commence par *in-* (interdire), même si celui-ci a un sens négatif.

VOCABULAIRE

 Exercice

Remplacez les mots en gras par un antonyme.

Tu devrais **te hâter**, nous sommes les **derniers** et nous aurons des places **épouvantables**. Nous verrons très **mal** le spectacle et nous passerons une soirée **désagréable**.

➤ CORRIGÉS PAGE 426

☞ Voir aussi **Connotation et dénotation, Niveaux de langue, Préfixes et suffixes**

A uxiliaires *avoir* et *être*

Jim **a joué** au saxophone.

auxiliaire *avoir*

Ses camarades **sont venus** l'applaudir.

auxiliaire *être*

- **a** sert à conjuguer le verbe *jouer*, c'est une forme conjuguée de l'**auxiliaire *avoir***. Associé au participe passé, l'auxiliaire *avoir* sert à former le passé composé de la majorité des verbes.
- **sont** sert à conjuguer le verbe *venir*, c'est une forme conjuguée de l'**auxiliaire *être***. L'auxiliaire *être* sert à former le passé composé de certains verbes.

Définition

Avoir et *être* sont **auxiliaires** quand ils servent à conjuguer d'autres verbes aux **temps composés**. L'auxiliaire *avoir* est le plus fréquemment employé.

J'**ai** trouvé. Nous **sommes** venus.

Emploi de l'auxiliaire *avoir*

● À la voix active, les temps composés des verbes **transitifs** (qui ont un COD) sont toujours formés avec l'auxiliaire *avoir*.

Vous **avez** recueilli un oiseau blessé.

● Les temps composés de la plupart des verbes **intransitifs** sont aussi formés avec l'auxiliaire *avoir* : *alunir, bifurquer, bourgeonner, chuter, coûter, frissonner, grimper, sangloter...* Elle **a** frissonné. L'arbre **a** bourgeonné.

Emploi de l'auxiliaire *être*

● Les temps composés des **verbes pronominaux** sont toujours formés avec l'auxiliaire *être* : Vous vous **êtes** expliqués.

- Les temps composés de **certains verbes intransitifs** sont formés avec l'auxiliaire *être* : *aller, arriver, demeurer, descendre, devenir, entrer, monter, partir, rester, sortir, tomber, venir...* Elles **sont** sorties. Elle **est** restée.

Astuce

Il ne faut pas confondre auxiliaire et verbe :

Il **a** mangé. (auxiliaire *avoir* entrant dans la formation du passé composé)

Il **a** un chien. (verbe *avoir* exprimant la possession)

Il **est** parti. (auxiliaire *être* entrant dans la formation du passé composé)

Il **est** seul. (verbe *être* exprimant un état)

Auxiliaires et voix passive

Tous les verbes se construisent avec l'auxiliaire *être* à la voix passive, quel que soit le temps employé.

Le sol **est** lavé par la pluie. (présent)

Le sol **a été** lavé par la pluie. (passé composé)

Le sol **sera** lavé par la pluie. (futur)

Le sol **fut** lavé par la pluie. (passé simple)

Piège à éviter

Certains verbes se conjuguent avec l'auxiliaire *avoir* ou *être* selon qu'ils ont un **sens transitif** ou **intransitif**.

Tu **as** descendu une pente raide.   Vous **êtes** descendus avant lui.

verbe transitif   verbe intransitif

Exercice

Complétez chaque phrase avec *avoir* ou *être* puis précisez si le verbe est transitif ou intransitif.

Le père de Simon l'... inscrit au concours. Simon ... passé les épreuves orales hier. Nous l'... encouragé. Il ... sorti satisfait, il ... tenu son engagement.

➤ CORRIGÉS PAGE 426

☞ Voir aussi **Accord du participe passé avec *être* et *avoir*,** Temps simples et temps composés, Verbe (1)

CONJUGAISON

Concordance des temps

Hier, Enzo a rendu à Léa le livre
passé composé
qu'elle lui avait prêté le mois dernier.
plus-que-parfait

■ L'action de *prêter* et l'action de *rendre* ont eu lieu dans le **passé**. Mais elles n'ont pas eu lieu en même temps. C'est pourquoi le verbe avait prêté et le verbe a rendu ne sont pas au même temps. Léa a prêté un livre à Enzo **avant** qu'Enzo ne le lui rende. C'est la **concordance des temps** qui permet de comprendre l'emploi des temps.

Définition

La **concordance des temps** est le fait d'utiliser dans une phrase deux temps différents pour indiquer qu'une action en précède une autre.

Le professeur nous a **dit** que Jeanne d'Arc **avait combattu** les Anglais.
② passé composé   ① plus-que-parfait

L'action de dire se passe au XXIᵉ siècle. L'action de combattre se passe au XVᵉ siècle.

Passé composé et plus-que-parfait

On emploie le **plus-que-parfait** pour indiquer qu'une action a eu lieu avant une action située dans le passé et exprimée par le **passé composé**.

J'**avais prédit** ce qui s'**est passé**.
① plus-que-parfait   ② passé composé

Voilà ce qui s'est passé : je l'avais bien prédit avant.

Passé simple et plus-que-parfait

On emploie le **plus-que-parfait** pour indiquer qu'une action a eu lieu avant une action située dans le passé et exprimée par le **passé simple**.

Le paquebot **était** déjà **parti** quand j'**arrivai** sur le quai.
① plus-que-parfait   ② passé simple

Concordance entre futur et futur antérieur

Le **futur antérieur** permet d'assurer la concordance des temps entre une action située dans le **futur** et une autre action future qui aura lieu avant elle.

Je **me coucherai** quand j'**aurai fini** mon livre.

  ② futur   ① futur antérieur

Astuce

Il faut toujours se demander quelle action a lieu **en premier** et quelle action a lieu **en second**.

J'**ai retrouvé** un ami que j'**avais perdu** de vue.

1. J'avais perdu de vue mon ami (plus-que-parfait). 2. J'ai retrouvé mon ami (passé composé).

Concordance des temps au discours indirect

Dans une phrase où on rapporte les paroles d'une personne au discours indirect, on établit la concordance entre le temps de la proposition principale et le temps de la proposition subordonnée.

Timothée **dit** : « Je **viens** ce soir. »   discours direct
   présent   présent   ↓

Timothée **a dit** qu'il **venait** ce soir.   discours indirect
  passé composé   imparfait

Timothée **a dit** : « Je **viendrai** ce soir. »   discours direct
   passé composé   futur   ↓

Timothée **a dit** qu'il **viendrait** ce soir.   discours indirect
   passé composé   conditionnel présent

Exercice

Complétez les phrases en respectant la concordance des temps.

Ma grand-mère ne m'... jamais ... (dire) qu'elle ... (participer) à des concours de beauté quand elle avait seize ans. Lorsque tu ... (terminer) ta maquette, tu ... (pouvoir) la présenter au professeur.

➤ CORRIGÉS PAGE 426

☞ Voir aussi Indicatif, Modes, Paroles rapportées

CONJUGAISON

Conditionnel

if I ∿, I will ∿

Si j'avais des rollers, je **ferais** la course avec toi.

■ Le verbe **ferais** indique que *faire la course* est une action soumise à une **condition**, celle d'*avoir des rollers*. Le verbe **ferais** est au **conditionnel**.

Définition

● **Le conditionnel est un mode** qui exprime le plus souvent qu'une **condition** doit être réalisée pour qu'une action se fasse.

Si je pouvais, je **voyagerais**. (hypothèse)

● Il exprime aussi la **supposition** ou **l'imaginaire/le rêve**. Il s'oppose à l'indicatif, qui est le mode de la réalité.

Je **vivrais** (imaginaire) bien en Amazonie. Je **vis** (réalité) en Amazonie.

Terminaisons du conditionnel présent et passé

● Au **conditionnel présent**, les terminaisons du verbe varient selon la personne : *-rais, -rais, -rait, -rions, -riez, -raient.*

je li**rais**, tu li**rais**, il li**rait**, nous li**rions**, vous li**riez**, ils li**raient**

● Le **conditionnel passé** est formé de l'auxiliaire *avoir* ou *être* conjugué au conditionnel présent et du **participe passé** du verbe conjugué.

j'au**rais** vu, tu au**rais** vu, il au**rait** vu, nous au**rions** vu, vous au**riez** vu, ils au**raient** vu

Piège à éviter

Dans une proposition subordonnée de condition, *si* est suivi de l'imparfait. Le conditionnel est dans la proposition principale.

Si tu voulais, tu **pourrais** nous rejoindre.

250

Valeur modale : l'irréel

Le conditionnel s'emploie pour exprimer :

- une **action soumise à une condition** (hypothèse) qui peut se situer dans le présent et dans le passé : on parle alors d'**irréel du présent** et d'**irréel du passé.**

  Quand bien même tu m'**accompagnerais**, je ne **viendrais** pas.

  (Dans le présent, tu pourrais m'accompagner, mais je ne viendrais pas.)

  Si tu m'avais prévenu de ton arrivée, je t'**aurais attendu**.

  (Dans le passé, tu pourrais m'avoir prévenu et je t'aurais attendu.)

- une **supposition** : Le témoin **aurait menti**.

- un **conseil**, une **demande polie** : **Pourriez**-vous me passer le sel ?

- un **souhait** : **J'aimerais** tant assister au concert.

Valeur temporelle : le futur dans le passé

Le conditionnel peut indiquer le futur par rapport à un moment du passé.

- On le trouve dans une proposition subordonnée qui exprime un temps futur, **après une proposition principale au passé.**

  Pierre a dit qu'il nous **rendrait** visite bientôt. (Tout s'est passé il y a quelque temps ; la visite a sans doute eu lieu après que Pierre s'est exprimé.)

  Pierre dit qu'il nous rendra visite bientôt.

  Pierre prévoit de rendre une visite très prochainement.

- On emploie le futur dans le passé lorsqu'on transforme certaines phrases au **discours indirect.**

  Lise nous a promis : « Je vous écrirai. » (futur)

  Lise nous a promis qu'elle nous **écrirait**. (futur dans le passé)

 Exercice

Relevez les verbes au conditionnel et précisez ceux qui indiquent le futur dans le passé.

Si j'avais le temps aujourd'hui, je t'inviterais chez moi. Nous pourrions jouer à la console. Quand je te l'ai proposé la semaine dernière, tu m'as répondu que tu essaierais de te libérer mercredi. Si tu avais accepté alors, nous aurions pu voir qui était le gagnant de mon nouveau jeu.

➤ CORRIGÉS PAGE 426

☞ Voir aussi Modes

CONJUGAISON

Futur antérieur de l'indicatif

Quand j'(**aurai réparé**) ma roue de vélo,
<small>auxiliaire *avoir* + participe passé</small>
je m'entraînerai pour la course.

■ L'action de s'entraîner est au futur, l'action de réparer la roue est aussi au futur, mais elle est antérieure à celle de s'entraîner. Le verbe aurai réparé est conjugué au **futur antérieur**.

Définition

● Le **futur antérieur** de l'indicatif exprime **l'antériorité** dans le futur d'une action ayant lieu avant une autre action future.

● C'est un temps composé formé de l'auxiliaire *avoir* ou *être* conjugué au futur simple et du participe passé du verbe conjugué.

Tu **auras choisi**. Je **serai resté**.

(!) Piège à éviter

Attention à ne pas confondre le **futur antérieur** et le **conditionnel passé**.

J'**aurai** mangé ce gâteau avant ton arrivée. (futur antérieur)

J'**aurais** bien **mangé** ce gâteau aux noix. (conditionnel passé)

Pour cela, il faut mettre les verbes à une personne du pluriel.

Nous **aurons mangé** ce gâteau avant ton arrivée. (futur antérieur)

Nous **aurions** bien **mangé** ce gâteau aux noix. (conditionnel passé)

Valeurs du futur antérieur

Le futur antérieur sert à exprimer :

– un **fait futur, antérieur à un autre fait futur** conjugué au futur simple :

Je **serai sorti** quand vous rentrerez.

– un **fait à venir** qui se déroulera avant le moment dont on parle :

Vite, vous n'**aurez** pas **terminé** avant la rentrée.

– une **action accomplie** à un moment plus ou moins précis du futur :

J'**aurai fini** mes plantations en fin de journée.

– un **fait probable** mais non certain, dont la valeur temporelle est celle du passé composé : Il **aura rencontré** un ami sur le chemin du retour.

Il a certainement rencontré un ami.

 Astuce

Il ne faut pas confondre le **futur antérieur de la voix active** et le **futur antérieur de la voix passive**.

J'aurai terminé **mon contrôle** après toi. (phrase active)

COD

J'aurai été aidée par **ma meilleure amie**. (phrase passive)

complément d'agent

Exercices

1. Soulignez les verbes au futur antérieur, puis indiquez la valeur de ce temps (antériorité par rapport au futur simple, fait probable, action accomplie à un moment plus ou moins précis du futur).

Mon cousin est en retard : il se sera encore attardé en chemin. Quand il m'aura présenté ses habituelles excuses, je m'esclafferai. Il m'aura tout de même bien fait perdre mon temps !

2. Mettez les verbes suivants au futur antérieur en utilisant le sujet *on*.

Nous aurons été poursuivis. Il aura été encouragé. Tu auras été sermonné.

➤ CORRIGÉS PAGE 426

☞ Voir aussi Futur simple, Indicatif,
Temps simples et temps composés,
Voix active et voix passive

Futur simple de l'indicatif

L'été prochain, Julie (passera) ses vacances à l'île de la Réunion.

■ Le verbe passera indique qu'une action aura lieu l'été prochain. Le verbe *passer* est au **futur simple de l'indicatif**.

Définition

Le **futur simple de l'indicatif** est un temps qui **exprime une action à venir**, qu'elle soit proche ou lointaine par rapport au moment où l'on parle.

Je **viendrai** te voir en fin de matinée. (action proche)

Tu **déménageras** l'année prochaine. (action lointaine)

Terminaisons du futur

● Les terminaisons du futur varient selon la personne : *-rai, -ras, -ra, -rons, -rez, -ront*.

● La terminaison du futur s'ajoute au radical des verbes du 1er et du 2e groupe et de certains verbes du 3e groupe.

1er GROUPE	2e GROUPE	3e GROUPE
j'entrerai	je finirai	je lirai
tu entreras	tu finiras	tu liras
il entrera	il finira	il lira
nous entrerons	nous finirons	nous lirons
vous entrerez	vous finirez	vous lirez
ils entreront	ils finiront	ils liront

• Pour d'autres verbes du 3ᵉ groupe, le radical du **futur** est différent du radical de l'infinitif.

voir : je **ver**rai

pouvoir : je **pour**rai

 Piège à éviter

Attention à ne pas confondre le **futur** et le **présent** des verbes dont le radical est terminé par *r*. Le verbe au futur prend **deux** *r*.

nous cour**r**ons (futur) — nous cour**r**ons (présent)

Valeurs du futur

Le futur peut exprimer :
- l'**ordre** : Vous **vous lèverez** à six heures.
- l'**atténuation** : Je vous **prierai** de vous avancer.
- la **probabilité** : J'ai entendu un bruit, ce **sera** le vent.

L'expression du futur proche

Le futur proche peut s'exprimer à l'aide de **périphrases** :
- *aller* + infinitif :

Je **vais** me **préparer** bientôt.

- *être sur le point de* + infinitif :

Il **est sur le point de trouver** un emploi.

 Exercice

Relevez les verbes au futur.

Vous parcourrez plusieurs kilomètres à pied pour vous maintenir en forme. Lorsque nous courons, nous aimons le faire à la campagne, mais ce week-end, nous courrons en ville car nous participerons à une course de fond organisée par l'association sportive de la municipalité. Nous rejoindrez-vous ? Quand nous le ferez-vous savoir ?

➤ CORRIGÉS PAGE 426

☞ Voir aussi **Indicatif, Modes**,
Temps simples et temps composés

CONJUGAISON

Groupe du verbe

Je **déjeune**, je **finis** mon dessert et je **sors**.

$\underset{1^{er}\ groupe}{\underline{}}$ $\underset{2^e\ groupe}{\underline{}}$ $\underset{3^e\ groupe}{\underline{}}$

■ Les verbes déjeune, finis et sors sont conjugués et ont pour **infinitif** *déjeuner, finir* et *sortir*.

Définition

• Les verbes sont répartis en **trois groupes** selon la terminaison de leur infinitif.

• L'**infinitif** est la forme que l'on trouve dans le dictionnaire.

Caractéristiques des trois groupes

• La plupart des verbes français appartiennent au 1er groupe. Ils sont terminés par -er. Ils se conjuguent de manière identique à tous les temps.

 danser, marcher, parler, rouler

Exception : *aller* appartient 3e groupe.

• Le 2e groupe est plus réduit que le précédent. Les verbes du 2e groupe sont terminés par -ir et leur participe présent se termine par -issant.

 blanchir, finir, pâlir

• Les verbes du 3e groupe sont appelés **verbes irréguliers** en raison de la transformation de leur radical en fonction du mode et du temps.

 peindre : je peins, je peignais, je peindrai

 voir : je vois, je voyais, je verrai, je vis

	1er GROUPE	2e GROUPE	3e GROUPE
Infinitif	en -er : écouter	en -ir : finir (participe présent en -issant : finissant)	• en -ir : sortir • en -oir : vouloir • en -re : entendre
Participe passé	en -é : écouté	en -i : fini	• le plus souvent en -i : sorti • ou en -u : voulu • ou en -s : compris • ou en -t : peint
Présent de l'indicatif	en -e, -es, -e aux trois personnes du singulier : j'écoute tu écoutes il écoute	en -is, -is, -it aux trois personnes du singulier : je finis tu finis il finit	• en -s, -s, -t aux trois personnes du singulier : je sors, tu sors, il sort • ou en -s, -s, -d : j'entends, tu entends, il entend • ou en -x, -x, -t : je veux, tu veux, il veut
Passé simple de l'indicatif	en -a, -èrent aux 3es personnes : il écouta ils écoutèrent	en -it, -irent aux 3es personnes : il finit ils finirent	• en -it, -irent aux 3es personnes : il sortit, ils sortirent • ou en -ut, -urent : il voulut, ils voulurent • ou en -int, -inrent : il vint, ils vinrent

! Piège à éviter

Malgré son infinitif en -er, **aller** est un verbe du 3e groupe. Son radical se modifie plusieurs fois.

il va, il allait, il ira

Exercice

Indiquez le groupe de chaque verbe.

sortir – pâlir – écrire – étudier – étendre – peindre – chuchoter – venir – lier – dire – nuire – courir – s'asseoir – partir – grandir

➤ CORRIGÉS PAGE 427

☞ Voir aussi **Verbe** (1)

CONJUGAISON

Imparfait de l'indicatif

Chaque nuit, Pénélope ⟮défaisait⟯ sa tapisserie, chaque jour elle la ⟮recommençait⟯.

■ Les verbes **défaisait** et **recommençait** présentent une action passée en insistant sur la répétition dans le temps. Ils sont conjugués à l'**imparfait** de l'indicatif.

Définition

L'imparfait de l'indicatif est un temps simple du passé. Il exprime un fait ou un état qui se déroule dans le passé.

L'année dernière, il **préparait** le brevet des collèges.

Formation de l'imparfait

- Le radical du verbe est identique à toutes les personnes.
- Pour tous les verbes, les terminaisons sont : *-ais, -ais, -ait, -ions, -iez, -aient.*

    je parl**ais**, tu parl**ais**, il parl**ait**, nous parl**ions**, vous parl**iez**, ils parl**aient**

    je croy**ais**, tu croy**ais**, il croy**ait**, nous croy**ions**, vous croy**iez**, ils croy**aient**

Valeurs de l'imparfait

L'imparfait exprime différentes valeurs du passé :
– **habituelle** (ou itérative) :

    Ma mère **m'accompagnait** tous les jours en voiture à l'école.
– **durative** : L'attente **se prolongeait**.
– **descriptive** : Un sourire **illuminait** son visage.
– **explicative** : Le professeur m'a réprimandé parce que je **bavardais**.

L'imparfait en arrière-plan du passé simple

L'imparfait peut poser le décor en arrière-plan. Au premier plan, le passé simple introduit des actions soudaines.

Je **regardais** un film quand, tout à coup, on **sonna**.
(imparfait)   (passé simple)

 Piège à éviter

Attention à ne pas confondre la **1ʳᵉ personne du singulier de l'imparfait**, terminée par *-ais*, et la **1ʳᵉ personne du singulier du passé simple**, terminée par *-ai*, pour les verbes du 1ᵉʳ groupe.

je voyag**ais** (imparfait) − je voyag**ai** (passé simple)

Pensez à remplacer par une autre personne.

Terminaisons particulières de l'imparfait

• Les verbes qui ont un **infinitif en *-ier* et *-yer*** ont pour terminaison *-iions*, *-yions*, *-iiez*, *-yiez* aux deux premières personnes du pluriel.

nous pli**ions** – nous voy**ions** – vous cri**iez** – vous ploy**iez**

• Les verbes qui ont un **infinitif en *-cer*** prennent un **ç** aux trois personnes du singulier et à la 3ᵉ personne du pluriel.

je lan**ç**ais, tu lan**ç**ais, il lan**ç**ait, elles lan**ç**aient

• Les verbes qui ont un **infinitif en *-ger*** s'écrivent avec **ge** aux trois personnes du singulier et à la 3ᵉ personne du pluriel.

je ran**ge**ais, tu ran**ge**ais, il ran**ge**ait, elles ran**ge**aient

 Exercice

Soulignez les verbes à l'imparfait, puis indiquez leur valeur.

Je lisais un magazine dans le train quand un individu me bouscula. Je recommençai ma lecture, distrait par les paysages sublimes qui charmaient mes regards. Le voyage se poursuivait, agrémenté du spectacle de la nature.

➤ CORRIGÉS PAGE 427

☞ Voir aussi Indicatif

CONJUGAISON

mpératif

Plie ton tee-shirt et range -le.

■ Les verbes plie et range expriment un ordre et une consigne **impérative**. Ils n'ont pas de sujet. Ils sont à l'**impératif**.

Définition

● L'**impératif** est un **mode personnel**. Il se conjugue à trois personnes mais n'emploie pas de pronom sujet.

Partons en voyage.

● L'**impératif** exprime :

– le conseil ou l'ordre, à la forme affirmative :

Pars de bonne heure.

– l'interdiction, à la forme négative :

Ne fumez pas dans les endroits publics.

Formation de l'impératif

L'impératif peut se conjuguer à trois personnes : 2e personne du singulier, 1re et 2e personnes du pluriel. Sa terminaison varie selon la personne et le groupe du verbe.

Sois sérieux. (2e personne du singulier)
Soyons sérieux. (1re personne du pluriel)
Soyez sérieux. (2e personne du pluriel)

1er GROUPE	2e GROUPE	3e GROUPE
entre	blanchis	crois
entrons	blanchissons	croyons
entrez	blanchissez	croyez

Temps de l'impératif

• **L'impératif présent** est formé du radical du verbe et d'une terminaison indiquant la personne : Terminez votre travail.

• **L'impératif passé** est formé de l'auxiliaire *avoir* ou *être* à l'impératif présent, suivi du participe passé du verbe.

– L'auxiliaire *avoir* est le plus fréquemment employé.

Ayez terminé votre travail lorsque je reviendrai.

– L'auxiliaire *être* est employé avec certains verbes.

Soyez revenus avant la nuit.

Nuances de l'impératif

• L'impératif peut exprimer l'ordre tout en atténuant sa fermeté pour exprimer une demande polie. Veuillez s'il vous plaît emprunter cette sortie.

• L'impératif peut exprimer l'ordre en le renforçant.

N'allez pas salir vos vêtements neufs.

 Piège à éviter

Attention à ne pas confondre le **présent de l'impératif** et le **présent de l'indicatif** de la 2ᵉ personne du singulier des verbes du 1ᵉʳ groupe. Le verbe au présent de l'impératif est terminé par *e*, alors que le verbe au présent de l'indicatif est terminé par *es*.

Parle plus fort. (présent de l'impératif) Tu parles plus fort. (présent de l'indicatif)

 Exercice

Soulignez les verbes à l'impératif et précisez leur temps.

Attendez-moi. N'allez pas me dire que vous êtes encore pressés par le temps. Cours moins vite car je suis fatigué de te suivre. Tu décides de partir au dernier moment et tu nous obliges à suivre ton rythme effréné. Donne-nous une explication. Je te laisse réfléchir. Aie trouvé une justification à me proposer à mon retour. Sois assuré que je te la demanderai.

➤ CORRIGÉS PAGE 427

☞ Voir aussi Modes, Temps simples et temps composés

CONJUGAISON

Indicatif

Les maçons **construisent** une maison sur le terrain que mon oncle **a acheté** ; il y **habitera** bientôt.

■ On a la certitude que les maçons construisent une maison, que mon oncle a effectivement acheté ce terrain et qu'il a l'intention d'y habiter. Les trois verbes sont à l'**indicatif**.

Définition

● L'**indicatif** est un **mode du verbe**. Il sert à exprimer la **réalité d'une action** située dans le présent, le passé ou le futur.

La pluie **frappe** les carreaux. (présent)

Nous **avons entendu** un bruit sourd. (passé)

Le beau temps **se rétablira** demain. (futur)

● L'**indicatif** est le seul mode qui possède un temps du futur.

Je marcherai. (futur)

Les temps de l'indicatif

Le mode indicatif est composé de huit temps :

– **quatre temps simples** : présent, imparfait, futur simple, passé simple :
je lan**ce**, je lan**çais**, je lance**rai**, je lan**çai**

– **quatre temps composés** : passé composé, plus-que-parfait, futur antérieur, passé antérieur : j'**ai** dit, j'**avais** dit, j'**aurai** dit, j'**eus** dit

L'indicatif dans les propositions exprimant une circonstance

Le **mode indicatif** s'emploie dans les phrases et propositions qui expriment la **forte probabilité de réalisation d'une action**.

C'est le cas des propositions circonstancielles de cause, conséquence, comparaison.

> Tu appelles un taxi **parce que** ta voiture est en panne. (cause)
>
> L'orage gronde, **de sorte que** je débranche l'ordinateur. (conséquence)
>
> Mélanie est **plus** sérieuse **que** son frère ne l'était à son âge. (comparaison)

L'indicatif dans les propositions circonstancielles de temps

Le mode **indicatif**, qui exprime la réalité, s'emploie dans les propositions circonstancielles de temps où une action a déjà eu lieu. L'action est donc **certaine**. Ces propositions sont introduites par *après que*.

> Je te téléphonerai **après que** j'aurai eu les résultats.
>
> (indicatif)

 Piège à éviter

Il faut distinguer le **présent de l'indicatif** et le **présent du subjonctif** d'un verbe du 3e groupe à la 3e personne du singulier. Pour cela, on peut remplacer le verbe à conjuguer par *comprendre*.

> Elle me **croit**. Elle me **comprend**. (indicatif)
>
> Il faut qu'elle me **croie**. Il faut qu'elle me **comprenne**. (subjonctif)

L'indicatif dans les propositions relatives

Dans une proposition relative, l'indicatif **exprime une réalité**.

> Je cherche un pull qui a des rayures noires et blanches.
>
> Le pull que je cherche existe et a des rayures noires et blanches.

 Exercice

Soulignez les verbes à l'indicatif et justifiez leur emploi.

Je vais préparer un dessert avant que mes amis arrivent. Ils apprécient la mousse au chocolat et ils adoreront la recette que j'ai inventée. Je la leur servirai bien glacée après que nous aurons joué aux cartes.

➤ CORRIGÉS PAGE 427

☞ Voir aussi Modes, Subjonctif,
Temps simples et temps composés

CONJUGAISON

Infinitif

« Il faut **mang er** pour **viv re** et non vivre
      1ᵉʳ groupe   3ᵉ groupe
pour manger », disait Harpagon.

■ Les verbes manger et vivre ne sont pas conjugués.
Ils sont à l'**infinitif**.

Définition

L'**infinitif** est un **mode** qui sert à indiquer la forme générale d'un verbe sans **indication de personne ni de temps**. Il permet de répartir les verbes en **groupes différents** caractérisés par des formes de conjugaison particulières.

regarder : je regard**e**
bondir : je bond**is**
pouvoir : je p**eux**

Verbes et groupes

● L'**infinitif** permet de distinguer des **groupes de verbes** :
– 1ᵉʳ groupe : acheter, parler, sembler
– 2ᵉ groupe : finir, blanchir, raccourcir
– 3ᵉ groupe : voir, écrire, pouvoir, prendre, peindre

● L'infinitif permet également de désigner les auxiliaires : être, avoir

Temps

L'**infinitif** peut correspondre à deux temporalités :
– le présent :
    Je crois **voir** un nuage.   J'entends **tomber** la pluie.
– le passé :
    Je crois **avoir vu** une ombre.   J'ai cru **être oublié**.

Piège à éviter

Il ne faut pas confondre l'**infinitif passé à la voix active** et l'**infinitif présent à la voix passive**.

Si le verbe est à l'infinitif présent de la voix passive, il peut admettre un **complément d'agent** introduit par *par*.

être revenu (infinitif passé à la voix active)

être vu **par un ami** (infinitif présent à la voix passive)
par + complément d'agent

Fonctions de l'infinitif

L'infinitif peut occuper différentes fonctions du nom :
– sujet : **Rire** est le propre de l'homme.
– attribut du sujet : Souffler n'est pas **jouer**.
– COD : Il aime **nager**.
– complément de nom : une salle à **manger**
– complément d'adjectif : prêt à **cuire**
– complément circonstanciel : Il cherche un appartement où **habiter**.

Exercices

1. Soulignez les verbes à l'infinitif, puis indiquez leur fonction.

Tu adores surfer sur les pistes neigeuses. Skier t'amuse moins. Tu es spécialiste des sauts acrobatiques et tu cherches des bosses d'où sauter. Tu as préparé ton surf avec une machine à farter. Maintenant, tu es prêt à prendre le départ de la compétition.

2. Mettez les verbes conjugués, les participes passés et le gérondif des phrases suivantes à l'infinitif présent, puis à l'infinitif passé.

Les randonneurs ont programmé une longue marche. Ils ont préparé soigneusement leur sac à dos et y ont mis des provisions de bouche. Ils n'ont pas oublié de prévoir des boissons énergétiques et des médicaments de première urgence. Les voilà partis en chantant gaiement, en route pour une journée de marche.

➤ CORRIGÉS PAGE 427

☞ Voir aussi Groupe du verbe, Modes

Modes

Pourvu qu'il **fasse** beau ! Nous **irions pique-niquer. Viens**, nous t'**invitons**.

■ Ces verbes sont à des **modes** différents : fasse est au subjonctif, irions, au conditionnel, pique-niquer, à l'infinitif, viens, à l'impératif et invitons, à l'indicatif.

Définition

● Les **modes** permettent de classer les verbes en fonction de la façon dont on envisage l'action. On est plus ou moins sûr qu'elle se réalisera, on tient à ce qu'elle se fasse, on l'ordonne, on émet une hypothèse.

● Il y a **quatre modes personnels** (indicatif, subjonctif, conditionnel, impératif) et **trois modes impersonnels** (infinitif, participe, gérondif).

Les modes personnels

Les **modes personnels** sont les modes des verbes qui se conjuguent. Ils présentent la marque d'une personne.

● L'**indicatif** exprime la **certitude** concernant la réalisation d'un fait ou d'une action : Léa chante. (Il est certain que Léa chante.)

● Le **subjonctif** exprime l'**incertitude, la volonté, le désir** concernant la réalisation d'un fait ou d'une action.

Je doute que Tom nous **rejoigne.** (Il n'est pas certain que Tom nous rejoigne.)

● Le **conditionnel** exprime l'**hypothèse** concernant la réalisation d'un fait ou d'une action.

Céline **apprendrait** l'italien si elle passait ses vacances à Rome.

(Le fait que Céline apprenne l'italien est une simple hypothèse.)

- L'**impératif** exprime un **ordre**.

  Finis ton assiette de légumes. (On donne l'ordre de finir une assiette de légumes.)

Les modes impersonnels

Les **modes impersonnels** sont les modes des verbes qui ne se conjuguent pas. Ils ne présentent pas la marque d'une personne.

- L'**infinitif** exprime le sens du verbe sans **aucune indication** de personne ni de temps : décider (On ne sait pas qui décide.)

L'infinitif peut indiquer le **temps** à l'aide de l'auxiliaire *avoir* ou *être* : présent → changer – tomber ; passé → avoir changé – être tombé

- Le **participe présent** exprime l'idée qu'une action se déroule en même temps qu'une autre. Il est terminé par -*ant*. Il est invariable.

  Ils ont accéléré, **changeant** d'itinéraire.

- Le **participe passé** s'accorde en genre et en nombre avec le nom. Il indique qu'une action a été accomplie.

  Changés, les bébés arrêtent de pleurer.

  (Les bébés ont été changés et ils ne pleurent plus.)

- Le **gérondif** exprime l'idée qu'une action se déroule en même temps qu'une autre. Il est terminé par -*ant* et précédé de la préposition *en*.

  Il s'est blessé **en changeant** une roue.

Exercices

1. Indiquez le mode des différents verbes et précisez s'il s'agit d'un mode personnel ou impersonnel.

Poussé par le vent, le ballon roule sur le trottoir, puis sur la route. En courant, Milo pourrait le rattraper, mais avant qu'il ne réussisse à l'atteindre, un passant lui crie : « Arrête ! Une voiture arrive. »

2. Indiquez le mode des verbes.

Quittez cette pièce enfumée. Vous pourriez vous asphyxier. En sortant, laissez la porte ouverte. Il faut que vous aériez, puis nous réintégrerons ensuite ce local, reprenant nos places, prêts à travailler à nouveau.

➤ CORRIGÉS PAGE 427

 Voir aussi Conditionnel, Impératif, Indicatif, Infinitif, Subjonctif

CONJUGAISON

Passé composé de l'indicatif

J'[ai lu] cette phrase : Léonard de Vinci [a inventé]
auxiliaire *avoir*   auxiliaire *avoir*
+ participe passé   + participe passé
le parachute.

■ Les verbes *lire* et *inventer* sont conjugués avec un auxiliaire au présent. ai lu et ai inventé expriment un événement passé. Ils sont au **passé composé**.

Définition

● Le **passé composé de l'indicatif** est un temps composé du passé formé d'un auxiliaire au présent et d'un participe passé du verbe.

● Il exprime des événements passés que l'on raconte.

Le mois dernier, il **a neigé**. (auxiliaire *avoir* au présent + participe passé du verbe *neiger*)

Terminaisons des participes passés

	1ᵉʳ GROUPE	2ᵉ GROUPE	3ᵉ GROUPE
Infinitif	-*er* noter, semer	-*ir* pâlir (forme -*issant* au participe présent)	• -*ir* : partir, venir, offrir • -*oir*, -*oire* : voir, croire • -*re* : prendre, dire, naître
Participe passé	-*é* noté, semé	-*i* pâli	• -*i*, -*u*, -*t* : parti, venu, offert • -*u* : vu, cru • -*is*, -*it*, -*é* : pris, dit, né

Formes du passé composé des verbes non pronominaux

Au passé composé, les verbes non pronominaux se conjuguent avec l'auxiliaire *avoir* ou *être* au présent de l'indicatif suivi du participe passé du verbe conjugué :

  j'ai chanté, j'ai pâli, j'ai cru   je suis revenu(e)

Formes du passé composé des verbes pronominaux

Au passé composé, les verbes pronominaux se conjuguent avec l'auxiliaire *être* au présent de l'indicatif suivi du participe passé du verbe conjugué.

> tu t'es blessé(e)

Valeurs du passé composé

Le passé composé de l'indicatif sert à exprimer :
– des **événements passés qui expliquent** des événements présents ou qui en sont la cause :

> Il **a apprécié** son dessert et l'**a dévoré.**

– des **événements passés que l'on raconte** et qui ont eu lieu à un moment précis :

> C'est en 1492 que Christophe Colomb **a découvert** l'Amérique.

(!) Pièges à éviter

• Il ne faut pas confondre le **passé composé à la voix active** avec le **présent à la voix passive** :

> Mon père est sorti de sa voiture. (Le sujet fait l'action : voix active)
>
> Mon père est bousculé par un passant. (Le sujet subit l'action : voix passive.)

• Certains participes passés se terminent par une **lettre muette**, -*t* ou -*s*. Le féminin du participe passé permet souvent de la trouver : ouver**t**/ouver**te** – surpri**s**/surpri**se**

◢ Exercice

Récrivez ces phrases au passé composé.

L'été dernier, mon scooter démarrait mal. À l'automne, les alouettes choisissent de quitter la France. L'écrivain entreprit un nouveau livre. L'épervier aperçoit une mésange dans l'arbre. Nous prendrons la navette près de la gare.

➤ CORRIGÉS PAGE 427

☞ Voir aussi **Accord du participe passé avec *être* et *avoir*,** Indicatif

CONJUGAISON

Passé simple et passé antérieur de l'indicatif

Quand l'horloge [eut sonné] douze coups,

passé antérieur

on [frappa] à la porte.

passé simple

- Le verbe **eut sonné** exprime un fait passé, antérieur à un autre fait passé. Il est au **passé antérieur**.
- Le verbe **frappa** exprime une action passée et terminée. Il est au **passé simple**.

Définition

- Le **passé simple** exprime dans un récit des événements accomplis à un moment précis du passé. C'est un temps simple de l'indicatif.

- Le **passé antérieur** exprime un événement antérieur à un événement passé. C'est un temps composé de l'indicatif.

Dès qu'il **eut terminé** sa course, il **rentra**.

Terminaisons du passé simple

1er GROUPE	2e GROUPE	3e GROUPE
je jouai	je grandis	je pris, crus, tins
tu jouas	tu grandis	tu pris, crus, tins
il/elle joua	il/elle grandit	il/elle prit, crut, tint
nous jouâmes	nous grandîmes	nous prîmes, crûmes, tînmes
vous jouâtes	vous grandîtes	vous prîtes, crûtes, tîntes
ils/elles jouèrent	ils/elles grandirent	ils/elles prirent, crurent, tinrent

Valeurs du passé simple

- Le passé simple sert à exprimer des **événements achevés** à un moment précis du passé : Au lever du jour, il **quitta** la maison.

- Le passé simple sert à exprimer des **événements qui se produisent en interrompant** un autre événement situé aussi dans le passé et qui dure.

    Il dormait bien quand le téléphone **sonna**.

Formation du passé antérieur

- Au passé antérieur, les **verbes non pronominaux** se conjuguent avec l'auxiliaire *avoir* ou *être* au passé simple de l'indicatif suivi du participe passé du verbe conjugué : J'eus lu. Je fus né(e).

- Au passé antérieur, les **verbes pronominaux** se conjuguent avec l'auxiliaire *être* au passé simple de l'indicatif suivi du participe passé du verbe conjugué : Il se fut levé. Elle se fut levée.

 Piège à éviter

À la 3e personne du singulier, il ne faut pas confondre le **passé antérieur** et le **passé du subjonctif**.

Il **eut** décidé. (passé antérieur : l'auxiliaire n'a pas d'accent)

(Qu') il **eût** décidé. (passé du subjonctif : l'auxiliaire a un accent)

Valeurs du passé antérieur

- Le passé antérieur de l'indicatif sert à exprimer un ou des **événements situés dans le passé et antérieurs** à un autre événement passé.

    Quand Léo **eut préparé** le repas, il nous **fit** appeler.

- Le passé antérieur de l'indicatif est souvent relié à un verbe au **passé simple** : Il m'**appela** après qu'il **eut garé** sa voiture.

 Exercice

Soulignez en rouge les verbes conjugués au passé simple et en bleu les verbes au passé antérieur.

L'acteur entra en scène quand on eut frappé les trois coups. Un tonnerre d'applaudissements l'accueillit. L'émotion l'envahit mais il n'en laissa rien paraître. Quand il eut dit sa réplique, il salua.

➤ CORRIGÉS PAGE 428

Voir aussi Modes, Temps simples et temps composés

 CONJUGAISON

Plus-que-parfait de l'indicatif

Tu as perdu la montre que Paul t'(avait donnée).

auxiliaire *avoir* +
participe passé

■ Le verbe **avait donnée** exprime un événement passé qui est antérieur à un autre événement passé. Il est au **plus-que-parfait**.

Définition

Le **plus-que-parfait** est un temps passé de l'indicatif. C'est un temps composé qui sert à exprimer des événements passés qui se sont déroulés avant d'autres événements situés dans le passé.

Marie sortait du four le gâteau qu'elle **avait cuisiné**.

Formes du plus-que-parfait des verbes non pronominaux

Au plus-que-parfait, les verbes non pronominaux se conjuguent avec l'auxiliaire *avoir* ou *être* à l'imparfait de l'indicatif suivi du participe passé du verbe conjugué.

j'avais chanté	j'étais revenu(e)
j'avais inventé	j'étais allé(e)

(!) **Piège à éviter**

Il ne faut pas confondre le **plus-que-parfait à la voix active** et l'**imparfait à la voix passive**.

J'avais poursuivi. (plus-que-parfait, voix active)

J'étais poursuivi(e). (imparfait, voix passive)

Formes du plus-que-parfait des verbes pronominaux

Au plus-que-parfait, les verbes pronominaux se conjuguent avec l'auxiliaire *être* à l'imparfait de l'indicatif suivi du participe passé du verbe conjugué.

> Elle s'était déplacée.

Valeurs du plus-que-parfait

Le plus-que-parfait de l'indicatif sert à exprimer un ou des **événements situés dans le passé et antérieurs** à un autre événement passé.

> J'**ai réussi** l'audition que j'**avais préparée**.
> ce matin   hier

Plus-que-parfait et passé composé

Le plus-que-parfait de l'indicatif est souvent relié à un verbe au passé composé.

> Il **a acheté** le CD que son amie lui **avait conseillé**.

Plus-que-parfait et imparfait

Le plus-que-parfait de l'indicatif est souvent relié à un verbe à l'imparfait.

> Le boulanger me **servait** toujours une baguette même quand je ne la lui **avais** pas encore **demandée**.

Exercice

Mettez les verbes des phrases au plus-que-parfait.

Le libraire déplace son échelle et prend un ouvrage sur la dernière étagère. Il le montre à son client qui parcourt rapidement la quatrième de couverture et se décide à en faire l'acquisition.

➤ CORRIGÉS PAGE 428

☞ Voir aussi Imparfait de l'indicatif,
Indicatif, Temps simples
et temps composés

CONJUGAISON

ⓟ résent de l'indicatif

Écoute ! Le tonnerre [gronde].

■ Le tonnerre gronde au moment où je parle.
Le verbe gronde est au **présent de l'indicatif**.

Définition

Le **présent de l'indicatif** désigne un temps (présent) et un mode (indicatif) du verbe. Il exprime une **action située dans le présent** en indiquant qu'elle se réalise vraiment.

Je **consulte** le programme du cinéma.

(Je suis en train de lire le programme du cinéma.)

Terminaisons du présent

Le **présent de l'indicatif** a des terminaisons différentes selon le groupe et la personne.

1er GROUPE	2e GROUPE	3e GROUPE
je donne tu donnes il/elle donne nous donnons vous donnez ils/elles donnent	je finis tu finis il/elle finit nous finissons vous finissez ils/elles finissent	je viens, tu viens, il/elle vient, nous venons, vous venez, ils/elles viennent
		je veux, tu veux, il/elle veut, nous voulons, vous voulez, ils/elles veulent
		j'offre, tu offres, il/elle offre, nous offrons, vous offrez, ils/elles offrent

Valeurs du présent

Le présent de l'indicatif peut exprimer :

– un état, une action ou un événement qui a lieu au moment où le **locuteur l'énonce** (présent d'énonciation).

Je **suis** ravi de vous rencontrer.

– un **fait important** dans une **narration** au passé :

Le film m'ennuyait quand soudain le héros **apparaît**.

– un état, une action ou un événement **habituel** :

Je **passe** toutes mes vacances en Bretagne.

– une **règle à valeur générale**, comme celle des **proverbes** :

Les côtés d'un triangle équilatéral **ont** la même mesure.

Un « tiens » **vaut** mieux que deux « tu l'auras ».

– une action, un événement qui a eu lieu dans un **passé proche** :

Hier, je **rentre** chez moi à la nuit tombée, impossible d'allumer la lumière : panne d'électricité.

– une action, un événement qui va se dérouler dans un **futur proche** :

Je **suis** chez toi dans cinq minutes.

(!) Piège à éviter

Attention à ne pas confondre **l'auxiliaire** *être* et **le verbe** *suivre* à la **1ʳᵉ personne du singulier du présent de l'indicatif**. Ils se prononcent et s'écrivent de la même manière. Pour les distinguer, on peut les mettre à la 2ᵉ personne du singulier.

Je **suis** sûr de moi. Tu **es** sûr de toi. (être)

Je **suis** la bonne voie. Tu **suis** la bonne voie. (suivre)

Exercice

Soulignez les verbes au présent de l'indicatif et indiquez leur valeur (énonciation, habitude, futur proche, passé proche, généralité, narration).

Regardez ! Un arc-en-ciel embrase le ciel. Qui se ressemble s'assemble. Il nous retrouve dans un quart d'heure. Chaque semaine, je joue au tennis. Le coureur a pris son élan, mais tout à coup il perd de la vitesse et s'arrête sur le bord de la piste. Hier, un cousin que nous avions perdu de vue arrive sans prévenir et s'installe sans nous demander notre avis.

➤ CORRIGÉS PAGE 428

☞ Voir aussi **Indicatif**, **Modes**

CONJUGAISON

(S) ubjonctif

> Simon souhaite que ses amis ⎡viennent⎤ à
> la fête du quartier avec lui.
>
> ■ Simon formule le souhait que ses amis viennent avec
> lui. Nul ne sait si les amis de Simon viendront. Le verbe
> viennent est au présent du **subjonctif**.

Définition

- Le **subjonctif** est un **mode personnel**.

- Il comprend deux temps simples et deux temps composés. Seuls le
présent et le passé sont employés aujourd'hui.

  Je souhaite que tu **finisses** ton exposé. (présent)

- Le passé du subjonctif est formé de l'auxiliaire *avoir* au présent du
subjonctif et du participe passé du verbe conjugué.

  J'aimerais que tu **aies fini** ton exposé. (passé)

Valeurs du subjonctif

- Le subjonctif sert à exprimer une action sans préciser si elle est réelle ou
non. C'est le mode de la volonté, du souhait, du doute.

- Le subjonctif s'emploie après les verbes qui expriment :
– un **ordre** : Il faut que tu **prennes** le train de treize heures.
– un **souhait** : Je souhaite que tu **gagnes** cette course.
– une **supposition** : Supposons que ce triangle **soit** équilatéral.
– une **crainte** : Je crains qu'il ne **pleuve** demain matin.

Emploi dans les propositions conjonctives

L'emploi du subjonctif est obligatoire après certaines conjonctions de
subordination :

– de **temps** *(avant que, jusqu'à ce que, en attendant que)* :

En attendant que tu te **réveilles**, je vais courir un peu.

– de **concession** *(bien que, quoique)* :

Bien que tu le **saches**, je te le répète encore.

– de **but** *(afin que, pour que)* :

J'ai rangé le garage pour que tu y **mettes** ton vélo.

– de **condition** *(à condition que)* :

Tu iras à la piscine à condition qu'il **fasse** beau.

Emploi dans les propositions indépendantes

Le subjonctif peut s'employer dans des propositions indépendantes exprimant :

– le **souhait** : Que les hommes **apprennent** à économiser l'eau !

– l'**ordre** : Que le chat **rentre** à la maison !

– la **prière** : Que vos vœux se **réalisent** en ce début d'année.

– la **supposition** : **Soient** trois quadrilatères de mesures différentes...

! Piège à éviter

Une **proposition conjonctive au subjonctif** est obligatoirement remplacée par un **verbe à l'infinitif** quand elle a le même sujet que la principale.

Il n'est pas exact de dire : ~~Je regrette que je dorme si longtemps.~~

Il faut dire : Je regrette de dormir si longtemps.

Exercice

Relevez les verbes au subjonctif et précisez leur valeur.

Jusqu'à ce que tu rentres, je continue à lire. Il faut que vous relisiez cette page pour que vous compreniez l'histoire. Il souhaite qu'ils soient dans le même train. Tu voudrais te baigner à condition qu'il fasse beau.

➤ CORRIGÉS PAGE 428

➤ Voir aussi Modes

CONJUGAISON

Temps simples et temps composés

Lola me [disait] qu'elle [aurait aimé]
    imparfait   conditionnel passé
te dire au revoir.

■ Le verbe conjugué à l'imparfait de l'indicatif est formé d'un seul mot : disait. C'est un **temps simple**.
■ Le verbe conjugué au conditionnel passé est formé de deux mots : aurait aimé. C'est un **temps composé**.

Définition

• Un verbe est conjugué à un **temps simple** lorsqu'il n'est accompagné d'aucun auxiliaire.

Mathieu **joue** au tennis.

• Un verbe est conjugué à un **temps composé** lorsqu'il est composé de l'auxiliaire *être* ou *avoir*, conjugué, et d'un participe passé.

Tu **as pris** une bonne décision.

Temps simples

INDICATIF		CONDITIONNEL	
Présent	vous parlez	Présent	vous courriez
Imparfait	tu chantais	**SUBJONCTIF**	
Passé simple	il arriva	Présent	(que) je prenne
Futur simple	je viendrai	Imparfait	(qu') il prît

Piège à éviter

Attention à ne pas confondre *eût* (**imparfait du subjonctif**) et *eut* (**passé simple de l'indicatif**). On peut le remplacer par un verbe comme *prendre* conjugué au subjonctif présent.

Il fallait qu'il **eût** peur pour s'enfuir. (subjonctif imparfait)

Il fallait qu'il **prenne** peur. (subjonctif présent)

Il **eut** peur et il s'enfuit. (indicatif)

Temps composés avec les auxiliaires *avoir* et *être*

INDICATIF	AUXILIAIRE *AVOIR*	AUXILIAIRE *ÊTRE*
Passé composé	il a dansé	il est tombé
Plus-que-parfait	nous avions trouvé	nous étions revenu(e)s
Passé antérieur	elle eut compris	elle fut descendue
Futur antérieur	tu auras terminé	tu seras parti(e)
CONDITIONNEL		
Passé	j'aurais fini	je serais parti(e)
SUBJONCTIF		
Passé	(que) j'aie pris	(que) je sois venu(e)
Plus-que-parfait	(qu') il eût pris	(qu') il fût allé

 Exercices

1. Classez les verbes des phrases suivantes en deux catégories : temps simples et temps composés, puis nommez ces temps.

Les nouvelles sont inquiétantes. Une tempête de neige menacerait la région. Elle s'est déjà abattue sur le Nord du pays et fera des dégâts. La population ne l'avait pas prévue, mais certains auront pris des mesures de sécurité.

2. Récrivez ces phrases en les mettant au temps simple correspondant.

La pluie avait été violente et les inondations avaient effrayé la population. Les pompiers sont arrivés sur les lieux et ont secouru les personnes en difficulté. Les victimes auront éprouvé une vive reconnaissance pour l'efficacité des secours.

➤ CORRIGÉS PAGE 428

☞ Voir aussi **Modes**

CONJUGAISON

Verbes défectifs et verbes impersonnels

Il **faut** que le fermier **ait clos** son terrain pour l'été.

- Le verbe faut n'est conjugué qu'à la 3ᵉ personne du singulier. C'est un **verbe impersonnel**.
- Le verbe ait clos ne se conjugue pas à tous les temps. C'est un verbe **défectif**.

Définition

• Les **verbes défectifs** sont des verbes qui ne possèdent pas toutes les formes de conjugaison :

– soit à **certains temps** : *paître* ne se conjugue ni au passé simple ni aux temps composés ;

– soit à **certains modes** : *pouvoir* n'existe pas à l'impératif.

• Les **verbes impersonnels** ou **unipersonnels** ne se conjuguent qu'avec le pronom *il* qui ne désigne personne : Il pleut, il faut.

Quelques verbes défectifs

• Le verbe *traire* n'a pas de passé simple de l'indicatif ni d'imparfait du subjonctif. je trais, je trayais, je trairai

• Le verbe *faillir* ne se conjugue pas au présent de l'indicatif, du subjonctif et de l'impératif, ni à l'imparfait de l'indicatif.

Le pronom personnel neutre *il*

• Les verbes impersonnels expriment souvent des **phénomènes liés à la météorologie** : il pleut, il neige, il gèle, il tonne, il gronde, il bruine…

• Si l'ordre exprimé par un verbe impersonnel s'adresse à une personne en particulier, **l'indication de personne** est **dans la proposition subordonnée conjonctive complétive** qui suit *Il faut* : Il faut que tu rentres.

Emplois particuliers des verbes impersonnels

● Les verbes impersonnels peuvent parfois **s'employer personnellement**. Ils ont alors un sens figuré et un sujet différent de *il*.

Les ennuis pleuvent sur cette famille.

● Dans l'emploi des verbes unipersonnels, le pronom personnel *il* est **neutre**. C'est le sujet apparent. Le sujet réel suit le verbe. Il tombe une forte pluie.

Verbes occasionnellement impersonnels

Certains verbes personnels peuvent s'employer de façon impersonnelle :
– le verbe *être* et les **verbes d'état** : Il était une fois...
– l'auxiliaire *avoir* sous la forme *il y a* : Il y a du vent.
– les verbes **actifs intransitifs** : Il est arrivé une drôle d'histoire.
– les verbes **passifs** : Il est demandé aux candidats...
– les verbes **pronominaux** : Il se peut que tu le rencontres.
– le verbe *faire* suivi d'un adjectif ou d'un nom : Il fait soleil.

(!) Pièges à éviter

● Le verbe *clore* ne s'emploie ni à l'imparfait ni aux deux premières personnes du pluriel au présent de l'indicatif et de l'impératif : je clos, tu clos, il clôt, ils closent.

● Attention : le verbe *éclore* se conjugue comme *clore* sauf à la 3ᵉ personne du singulier : Il éclot.

● Le verbe *enclore* se conjugue comme le verbe *clore*, mais il existe à toutes les personnes du présent de l'indicatif (nous enclosons, vous enclosez) et de l'impératif (enclosons, enclosez).

Exercice

Pour chaque verbe, indiquez s'il est défectif ou impersonnel.

Il neige depuis deux heures. Il a failli te manquer. Il se peut que tu reviennes. Il gèle ce matin. On ne trait plus les vaches à la main. Il vente souvent ici.

➤ CORRIGÉS PAGE 428

☞ Voir aussi Modes, Verbe (2)

CONJUGAISON

Verbes pronominaux

L'Indien [se] blesse avec sa flèche.

- ■ L'Indien se blesse lui-même. Le verbe *blesser* est précédé du **pronom** se. *Se blesser* est un verbe à la forme **pronominale**.

Définition

• Un verbe **pronominal** est toujours précédé d'un **pronom** personnel complément.

Je me regarde dans le miroir.

• Il se conjugue avec l'auxiliaire *être* aux temps composés.

Elle s'est regardée dans le miroir.

Relation sujet-pronom

Le pronom du verbe pronominal représente la **même personne** que le **sujet**. Il **renvoie** au sujet. C'est un **pronom réfléchi**.

Je me presse. Il se lave. Elles se présentent.

(**Je** presse **moi-même**. **Il** lave **lui-même**. **Elles** présentent **elles-mêmes**.)

Sens réfléchi, sens réciproque, sens passif

Un verbe pronominal est précédé d'un pronom dont le sens est :

– réfléchi :   Babeth se maquille.

                Elle exerce sur elle-même l'action de maquiller.

– réciproque :   Lisette et Suzy se battent.

                Elles exercent l'une sur l'autre l'action de battre.

– passif :   Cette œuvre s'est vendue facilement.

                Cette œuvre a été vendue facilement.

Verbes essentiellement pronominaux

Certains verbes sont toujours pronominaux, comme *s'absenter, s'abstenir, se désister, s'enfuir, s'envoler, s'évanouir, se souvenir...* Ce sont des verbes **essentiellement pronominaux.**

> Elle **se souvient** de son enfance.
> verbe essentiellement pronominal : on ne peut pas dire ~~elle souvient~~.

Verbes occasionnellement pronominaux

Certains verbes ne sont pas toujours pronominaux, comme *se lever (lever), s'apercevoir (apercevoir), se décider (décider)...*
Ce sont des verbes **occasionnellement pronominaux.**

> Elles **se sont changées** avant de sortir.
> verbe occasionnellement pronominal ; on peut dire *elles ont changé de vêtements*.

 Piège à éviter

Pour ne pas confondre un **verbe occasionnellement pronominal** et un **verbe essentiellement pronominal**, il faut se demander si ce verbe existe sans pronom réfléchi.

> Julien et Sabine **se parlent.**
> On peut dire : *Julien et Sabine parlent*. Par conséquent, le verbe *se parler* est occasionnellement pronominal.

> Julien et Sabine **se souviennent** de moi.
> On ne peut pas dire : *Julien et Sabine souviennent*. Par conséquent, le verbe *se souvenir* est essentiellement pronominal.

 Exercice

Relevez les verbes pronominaux et indiquez s'ils sont essentiellement ou occasionnellement pronominaux.

Ma camarade s'est levée avant la récréation et s'est dirigée vers la porte de la classe. Elle s'est absentée pendant la séance de sport car elle était souffrante. Elle s'est rendue chez la principale. Je me demande si elle est rentrée chez elle.

➤ CORRIGÉS PAGE 428

☞ Voir aussi **Verbe** (2)

Avoir • Auxiliaire

- *Avoir* est utilisé comme auxiliaire dans la formation des temps composés.
- Aux temps composés, il se conjugue avec l'auxiliaire *avoir*.
- C'est un verbe transitif direct.

INDICATIF

PRÉSENT		IMPARFAIT		PASSÉ SIMPLE		FUTUR SIMPLE	
j'	ai	j'	avais	j'	eus	j'	aurai
tu	as	tu	avais	tu	eus	tu	auras
il, elle	a	il, elle	avait	il, elle	eut	il, elle	aura
nous	avons	nous	avions	nous	eûmes	nous	aurons
vous	avez	vous	aviez	vous	eûtes	vous	aurez
ils, elles	ont	ils, elles	avaient	ils, elles	eurent	ils, elles	auront

PASSÉ COMPOSÉ			PLUS-QUE-PARFAIT			PASSÉ ANTÉRIEUR			FUTUR ANTÉRIEUR		
j'	ai	eu	j'	avais	eu	j'	eus	eu	j'	aurai	eu
tu	as	eu	tu	avais	eu	tu	eus	eu	tu	auras	eu
il, elle	a	eu	il, elle	avait	eu	il, elle	eut	eu	il, elle	aura	eu
nous	avons	eu	nous	avions	eu	nous	eûmes	eu	nous	aurons	eu
vous	avez	eu	vous	aviez	eu	vous	eûtes	eu	vous	aurez	eu
ils, elles	ont	eu	ils, elles	avaient	eu	ils, elles	eurent	eu	ils, elles	auront	eu

CONDITIONNEL

PRÉSENT		PASSÉ		
j'	aurais	j'	aurais	eu
tu	aurais	tu	aurais	eu
il, elle	aurait	il, elle	aurait	eu
nous	aurions	nous	aurions	eu
vous	auriez	vous	auriez	eu
ils, elles	auraient	ils, elles	auraient	eu

SUBJONCTIF

PRÉSENT		PASSÉ		
que j'	aie	que j'	aie	eu
que tu	aies	que tu	aies	eu
qu'il, elle	ait	qu'il, elle	ait	eu
que nous	ayons	que nous	ayons	eu
que vous	ayez	que vous	ayez	eu
qu'ils, elles	aient	qu'ils, elles	aient	eu

IMPARFAIT		PLUS-QUE-PARFAIT		
que j'	eusse	que j'	eusse	eu
que tu	eusses	que tu	eusses	eu
qu'il, elle	eût	qu'il, elle	eût	eu
que nous	eussions	que nous	eussions	eu
que vous	eussiez	que vous	eussiez	eu
qu'ils, elles	eussent	qu'ils, elles	eussent	eu

IMPÉRATIF

PRÉSENT	PASSÉ	
aie	aie	eu
ayons	ayons	eu
ayez	ayez	eu

INFINITIF

PRÉSENT	PASSÉ
avoir	avoir eu

PARTICIPE

PRÉSENT	PASSÉ
ayant	eu(e), ayant eu

- *Être* est utilisé comme auxiliaire dans la formation des temps composés.
- Aux temps composés, il se conjugue avec l'auxiliaire *avoir*.
- C'est un verbe intransitif.

INDICATIF

PRÉSENT		IMPARFAIT		PASSÉ SIMPLE		FUTUR SIMPLE	
je	suis	j'	étais	je	fus	je	serai
tu	es	tu	étais	tu	fus	tu	seras
il, elle	est	il, elle	était	il, elle	fut	il, elle	sera
nous	sommes	nous	étions	nous	fûmes	nous	serons
vous	êtes	vous	étiez	vous	fûtes	vous	serez
ils, elles	sont	ils, elles	étaient	ils, elles	furent	ils, elles	seront

PASSÉ COMPOSÉ			PLUS-QUE-PARFAIT			PASSÉ ANTÉRIEUR			FUTUR ANTÉRIEUR		
j'	ai	été	j'	avais	été	j'	eus	été	j'	aurai	été
tu	as	été	tu	avais	été	tu	eus	été	tu	auras	été
il, elle	a	été	il, elle	avait	été	il, elle	eut	été	il, elle	aura	été
nous	avons	été	nous	avions	été	nous	eûmes	été	nous	aurons	été
vous	avez	été	vous	aviez	été	vous	eûtes	été	vous	aurez	été
ils, elles	ont	été	ils, elles	avaient	été	ils, elles	eurent	été	ils, elles	auront	été

CONDITIONNEL

PRÉSENT		PASSÉ		
je	serais	j'	aurais	été
tu	serais	tu	aurais	été
il, elle	serait	il, elle	aurait	été
nous	serions	nous	aurions	été
vous	seriez	vous	auriez	été
ils, elles	seraient	ils, elles	auraient	été

SUBJONCTIF

PRÉSENT		PASSÉ		
que je	sois	que j'	aie	été
que tu	sois	que tu	aies	été
qu'il, elle	soit	qu'il, elle	ait	été
que nous	soyons	que nous	ayons	été
que vous	soyez	que vous	ayez	été
qu'ils, elles	soient	qu'ils, elles	aient	été

IMPARFAIT		PLUS-QUE-PARFAIT		
que je	fusse	que j'	eusse	été
que tu	fusses	que tu	eusses	été
qu'il, elle	fût	qu'il, elle	eût	été
que nous	fussions	que nous	eussions	été
que vous	fussiez	que vous	eussiez	été
qu'ils, elles	fussent	qu'ils, elles	eussent	été

IMPÉRATIF

PRÉSENT	PASSÉ	
sois	aie	été
soyons	ayons	été
soyez	ayez	été

INFINITIF

PRÉSENT	PASSÉ
être	avoir été

PARTICIPE

PRÉSENT	PASSÉ
étant	été, ayant été

Abréger • 1er groupe

▶ Le verbe que vous cherchez se termine par ...éger.

- *Abréger* a deux radicaux : abrèg..., abrég...
- **g** devient **ge** devant **a** et **o** : nous abrégeons.
- Aux temps composés, il se conjugue avec l'auxiliaire **avoir**.
- C'est un verbe transitif direct.

INDICATIF

PRÉSENT		IMPARFAIT		PASSÉ SIMPLE		FUTUR SIMPLE	
j'	abrège	j'	abrégeais	j'	abrégeai	j'	abrégerai
tu	abrèges	tu	abrégeais	tu	abrégeas	tu	abrégeras
il, elle	abrège	il, elle	abrégeait	il, elle	abrégea	il, elle	abrégera
nous	abrégeons	nous	abrégions	nous	abrégeâmes	nous	abrégerons
vous	abrégez	vous	abrégiez	vous	abrégeâtes	vous	abrégerez
ils, elles	abrègent	ils, elles	abrégeaient	ils, elles	abrégèrent	ils, elles	abrégeront

PASSÉ COMPOSÉ			PLUS-QUE-PARFAIT			PASSÉ ANTÉRIEUR			FUTUR ANTÉRIEUR		
j'	ai	abrégé	j'	avais	abrégé	j'	eus	abrégé	j'	aurai	abrégé
tu	as	abrégé	tu	avais	abrégé	tu	eus	abrégé	tu	auras	abrégé
il, elle	a	abrégé	il, elle	avait	abrégé	il, elle	eut	abrégé	il, elle	aura	abrégé
nous	avons	abrégé	nous	avions	abrégé	nous	eûmes	abrégé	nous	aurons	abrégé
vous	avez	abrégé	vous	aviez	abrégé	vous	eûtes	abrégé	vous	aurez	abrégé
ils, elles	ont	abrégé	ils, elles	avaient	abrégé	ils, elles	eurent	abrégé	ils, elles	auront	abrégé

CONDITIONNEL

PRÉSENT		PASSÉ		
j'	abrégerais	j'	aurais	abrégé
tu	abrégerais	tu	aurais	abrégé
il, elle	abrégerait	il, elle	aurait	abrégé
nous	abrégerions	nous	aurions	abrégé
vous	abrégeriez	vous	auriez	abrégé
ils, elles	abrégeraient	ils, elles	auraient	abrégé

SUBJONCTIF

PRÉSENT		PASSÉ		
que j'	abrège	que j'	aie	abrégé
que tu	abrèges	que tu	aies	abrégé
qu'il, elle	abrège	qu'il, elle	ait	abrégé
que nous	abrégions	que nous	ayons	abrégé
que vous	abrégiez	que vous	ayez	abrégé
qu'ils, elles	abrègent	qu'ils, elles	aient	abrégé

IMPÉRATIF

PRÉSENT	PASSÉ	
abrège	aie	abrégé
abrégeons	ayons	abrégé
abrégez	ayez	abrégé

IMPARFAIT		PLUS-QUE-PARFAIT		
que j'	abrégeasse	que j'	eusse	abrégé
que tu	abrégeasses	que tu	eusses	abrégé
qu'il, elle	abrégeât	qu'il, elle	eût	abrégé
que nous	abrégeassions	que nous	eussions	abrégé
que vous	abrégeassiez	que vous	eussiez	abrégé
qu'ils, elles	abrégeassent	qu'ils, elles	eussent	abrégé

INFINITIF

PRÉSENT	PASSÉ
abréger	avoir abrégé

PARTICIPE

PRÉSENT	PASSÉ
abrégeant	abrégé(e), ayant abrégé

Acheter • 1er groupe

▶ Le verbe que vous cherchez se termine par ...*eter.*

- *Acheter* a deux radicaux : achet... et achèt...
- Aux temps composés, il se conjugue avec l'auxiliaire **avoir**.
- C'est un verbe transitif.

INDICATIF

PRÉSENT		IMPARFAIT		PASSÉ SIMPLE		FUTUR SIMPLE	
j'	achète	j'	achetais	j'	achetai	j'	achèterai
tu	achètes	tu	achetais	tu	achetas	tu	achèteras
il, elle	achète	il, elle	achetait	il, elle	acheta	il, elle	achètera
nous	achetons	nous	achetions	nous	achetâmes	nous	achèterons
vous	achetez	vous	achetiez	vous	achetâtes	vous	achèterez
ils, elles	achètent	ils, elles	achetaient	ils, elles	achetèrent	ils, elles	achèteront

PASSÉ COMPOSÉ			PLUS-QUE-PARFAIT			PASSÉ ANTÉRIEUR			FUTUR ANTÉRIEUR		
j'	ai	acheté	j'	avais	acheté	j'	eus	acheté	j'	aurai	acheté
tu	as	acheté	tu	avais	acheté	tu	eus	acheté	tu	auras	acheté
il, elle	a	acheté	il, elle	avait	acheté	il, elle	eut	acheté	il, elle	aura	acheté
nous	avons	acheté	nous	avions	acheté	nous	eûmes	acheté	nous	aurons	acheté
vous	avez	acheté	vous	aviez	acheté	vous	eûtes	acheté	vous	aurez	acheté
ils, elles	ont	acheté	ils, elles	avaient	acheté	ils, elles	eurent	acheté	ils, elles	auront	acheté

CONDITIONNEL

PRÉSENT		PASSÉ		
j'	achèterais	j'	aurais	acheté
tu	achèterais	tu	aurais	acheté
il, elle	achèterait	il, elle	aurait	acheté
nous	achèterions	nous	aurions	acheté
vous	achèteriez	vous	auriez	acheté
ils, elles	achèteraient	ils, elles	auraient	acheté

IMPÉRATIF

PRÉSENT	PASSÉ	
achète	aie	acheté
achetons	ayons	acheté
achetez	ayez	acheté

SUBJONCTIF

PRÉSENT		PASSÉ		
que j'	achète	que j'	aie	acheté
que tu	achètes	que tu	aies	acheté
qu'il, elle	achète	qu'il, elle	ait	acheté
que nous	achetions	que nous	ayons	acheté
que vous	achetiez	que vous	ayez	acheté
qu'ils, elles	achètent	qu'ils, elles	aient	acheté

IMPARFAIT		PLUS-QUE-PARFAIT		
que j'	achetasse	que j'	eusse	acheté
que tu	achetasses	que tu	eusses	acheté
qu'il, elle	achetât	qu'il, elle	eût	acheté
que nous	achetassions	que nous	eussions	acheté
que vous	achetassiez	que vous	eussiez	acheté
qu'ils, elles	achetassent	qu'ils, elles	eussent	acheté

INFINITIF

PRÉSENT	PASSÉ
acheter	avoir acheté

PARTICIPE

PRÉSENT	PASSÉ
achetant	acheté(e), ayant acheté

CONJUGAISON • TABLEAUX

Appeler · 1er groupe

▶ Le verbe que vous cherchez se termine par ...*eler*.

- *Appeler* a deux radicaux : appel... et appell...
- Aux temps composés, il se conjugue avec l'auxiliaire **avoir**.
- C'est un verbe transitif.

INDICATIF

PRÉSENT		IMPARFAIT		PASSÉ SIMPLE		FUTUR SIMPLE	
j'	appelle	j'	appelais	j'	appelai	j'	appellerai
tu	appelles	tu	appelais	tu	appelas	tu	appelleras
il, elle	appelle	il, elle	appelait	il, elle	appela	il, elle	appellera
nous	appelons	nous	appelions	nous	appelâmes	nous	appellerons
vous	appelez	vous	appeliez	vous	appelâtes	vous	appellerez
ils, elles	appellent	ils, elles	appelaient	ils, elles	appelèrent	ils, elles	appelleront

PASSÉ COMPOSÉ			PLUS-QUE-PARFAIT			PASSÉ ANTÉRIEUR			FUTUR ANTÉRIEUR		
j'	ai	appelé	j'	avais	appelé	j'	eus	appelé	j'	aurai	appelé
tu	as	appelé	tu	avais	appelé	tu	eus	appelé	tu	auras	appelé
il, elle	a	appelé	il, elle	avait	appelé	il, elle	eut	appelé	il, elle	aura	appelé
nous	avons	appelé	nous	avions	appelé	nous	eûmes	appelé	nous	aurons	appelé
vous	avez	appelé	vous	aviez	appelé	vous	eûtes	appelé	vous	aurez	appelé
ils, elles	ont	appelé	ils, elles	avaient	appelé	ils, elles	eurent	appelé	ils, elles	auront	appelé

CONDITIONNEL

PRÉSENT		PASSÉ			
j'	appellerais	que j'	aurais	appelé	
tu	appellerais	que tu	aurais	appelé	
il, elle	appellerait	qu'il, elle	aurait	appelé	
nous	appellerions	que nous	aurions	appelé	
vous	appelleriez	que vous	auriez	appelé	
ils, elles	appelleraient	qu'ils, elles	auraient	appelé	

SUBJONCTIF

PRÉSENT		PASSÉ		
que j'	appelle	que j'	aie	appelé
que tu	appelles	que tu	aies	appelé
qu'il, elle	appelle	qu'il, elle	ait	appelé
que nous	appelions	que nous	ayons	appelé
que vous	appeliez	que vous	ayez	appelé
qu'ils, elles	appellent	qu'ils, elles	aient	appelé

IMPÉRATIF

PRÉSENT	PASSÉ	
appelle	aie	appelé
appelons	ayons	appelé
appelez	ayez	appelé

IMPARFAIT		PLUS-QUE-PARFAIT		
que j'	appelasse	que j'	eusse	appelé
que tu	appelasses	que tu	eusses	appelé
qu'il, elle	appelât	qu'il, elle	eût	appelé
que nous	appelassions	que nous	eussions	appelé
que vous	appelassiez	que vous	eussiez	appelé
qu'ils, elles	appelassent	qu'ils, elles	eussent	appelé

INFINITIF

PRÉSENT	PASSÉ
appeler	avoir appelé

PARTICIPE

PRÉSENT	PASSÉ
appelant	appelé(e), ayant appelé

Céder · 1er groupe

▶ Le verbe que vous cherchez se termine par ...é + consonne(s) + er.

- *Céder* a deux radicaux : céd... et cèd...
- Aux temps composés, il se conjugue avec l'auxiliaire ***avoir***.
- C'est un verbe transitif et transitif indirect.

INDICATIF

PRÉSENT		IMPARFAIT		PASSÉ SIMPLE		FUTUR SIMPLE	
je	cède	je	cédais	je	cédai	je	céderai
tu	cèdes	tu	cédais	tu	cédas	tu	céderas
il, elle	cède	il, elle	cédait	il, elle	céda	il, elle	cédera
nous	cédons	nous	cédions	nous	cédâmes	nous	céderons
vous	cédez	vous	cédiez	vous	cédâtes	vous	céderez
ils, elles	cèdent	ils, elles	cédaient	ils, elles	cédèrent	ils, elles	céderont

PASSÉ COMPOSÉ			PLUS-QUE-PARFAIT			PASSÉ ANTÉRIEUR			FUTUR ANTÉRIEUR		
j'	ai	cédé	j'	avais	cédé	j'	eus	cédé	j'	aurai	cédé
tu	as	cédé	tu	avais	cédé	tu	eus	cédé	tu	auras	cédé
il, elle	a	cédé	il, elle	avait	cédé	il, elle	eut	cédé	il, elle	aura	cédé
nous	avons	cédé	nous	avions	cédé	nous	eûmes	cédé	nous	aurons	cédé
vous	avez	cédé	vous	aviez	cédé	vous	eûtes	cédé	vous	aurez	cédé
ils, elles	ont	cédé	ils, elles	avaient	cédé	ils, elles	eurent	cédé	ils, elles	auront	cédé

CONDITIONNEL

PRÉSENT		PASSÉ		
je	céderais	j'	aurais	cédé
tu	céderais	tu	aurais	cédé
il, elle	céderait	il, elle	aurait	cédé
nous	céderions	nous	aurions	cédé
vous	céderiez	vous	auriez	cédé
ils, elles	céderaient	ils, elles	auraient	cédé

SUBJONCTIF

PRÉSENT		PASSÉ		
que je	cède	que j'	aie	cédé
que tu	cèdes	que tu	aies	cédé
qu'il, elle	cède	qu'il, elle	ait	cédé
que nous	cédions	que nous	ayons	cédé
que vous	cédiez	que vous	ayez	cédé
qu'ils, elles	cèdent	qu'ils, elles	aient	cédé

IMPARFAIT		PLUS-QUE-PARFAIT		
que je	cédasse	que j'	eusse	cédé
que tu	cédasses	que tu	eusses	cédé
qu'il, elle	cédât	qu'il, elle	eût	cédé
que nous	cédassions	que nous	eussions	cédé
que vous	cédassiez	que vous	eussiez	cédé
qu'ils, elles	cédassent	qu'ils, elles	eussent	cédé

IMPÉRATIF

PRÉSENT	PASSÉ	
cède	aie	cédé
cédons	ayons	cédé
cédez	ayez	cédé

INFINITIF

PRÉSENT	PASSÉ
céder	avoir cédé

PARTICIPE

PRÉSENT	PASSÉ
cédant	cédé(e), ayant cédé

CONJUGAISON · TABLEAUX

Chanter • 1er groupe

▶ Le verbe que vous cherchez se conjugue comme *chanter*.

- *Chanter* est un verbe régulier et a un seul radical : chant...
- Aux temps composés, il se conjugue avec l'auxiliaire *avoir*.
- C'est un verbe transitif et intransitif.

INDICATIF

PRÉSENT		IMPARFAIT		PASSÉ SIMPLE		FUTUR SIMPLE	
je	chante	je	chantais	je	chantai	je	chanterai
tu	chantes	tu	chantais	tu	chantas	tu	chanteras
il, elle	chante	il, elle	chantait	il, elle	chanta	il, elle	chantera
nous	chantons	nous	chantions	nous	chantâmes	nous	chanterons
vous	chantez	vous	chantiez	vous	chantâtes	vous	chanterez
ils, elles	chantent	ils, elles	chantaient	ils, elles	chantèrent	ils, elles	chanteront

PASSÉ COMPOSÉ			PLUS-QUE-PARFAIT			PASSÉ ANTÉRIEUR			FUTUR ANTÉRIEUR		
j'	ai	chanté	j'	avais	chanté	j'	eus	chanté	j'	aurai	chanté
tu	as	chanté	tu	avais	chanté	tu	eus	chanté	tu	auras	chanté
il, elle	a	chanté	il, elle	avait	chanté	il, elle	eut	chanté	il, elle	aura	chanté
nous	avons	chanté	nous	avions	chanté	nous	eûmes	chanté	nous	aurons	chanté
vous	avez	chanté	vous	aviez	chanté	vous	eûtes	chanté	vous	aurez	chanté
ils, elles	ont	chanté	ils, elles	avaient	chanté	ils, elles	eurent	chanté	ils, elles	auront	chanté

CONDITIONNEL

PRÉSENT		PASSÉ		
je	chanterais	j'	aurais	chanté
tu	chanterais	tu	aurais	chanté
il, elle	chanterait	il, elle	aurait	chanté
nous	chanterions	nous	aurions	chanté
vous	chanteriez	vous	auriez	chanté
ils, elles	chanteraient	ils, elles	auraient	chanté

SUBJONCTIF

PRÉSENT		PASSÉ		
que je	chante	que j'	aie	chanté
que tu	chantes	que tu	aies	chanté
qu'il, elle	chante	qu'il, elle	ait	chanté
que nous	chantions	que nous	ayons	chanté
que vous	chantiez	que vous	ayez	chanté
qu'ils, elles	chantent	qu'ils, elles	aient	chanté

IMPARFAIT		PLUS-QUE-PARFAIT		
que je	chantasse	que j'	eusse	chanté
que tu	chantasses	que tu	eusses	chanté
qu'il, elle	chantât	qu'il, elle	eût	chanté
que nous	chantassions	que nous	eussions	chanté
que vous	chantassiez	que vous	eussiez	chanté
qu'ils, elles	chantassent	qu'ils, elles	eussent	chanté

IMPÉRATIF

PRÉSENT	PASSÉ	
chante	aie	chanté
chantons	ayons	chanté
chantez	ayez	chanté

INFINITIF

PRÉSENT	PASSÉ
chanter	avoir chanté

PARTICIPE

PRÉSENT	PASSÉ
chantant	chanté(e), ayant chanté

Commencer · 1er groupe

▶ Le verbe que vous cherchez se conjugue comme *commencer*.

- *Commencer* a deux radicaux : commenc... et commenç...
- Aux temps composés, il se conjugue avec l'auxiliaire ***avoir***.
- C'est un verbe transitif et intransitif.

INDICATIF

PRÉSENT		IMPARFAIT		PASSÉ SIMPLE		FUTUR SIMPLE	
je	commence	je	commençais	je	commençai	je	commencerai
tu	commences	tu	commençais	tu	commenças	tu	commenceras
il, elle	commence	il, elle	commençait	il, elle	commença	il, elle	commencera
nous	commençons	nous	commencions	nous	commençâmes	nous	commencerons
vous	commencez	vous	commenciez	vous	commençâtes	vous	commencerez
ils, elles	commencent	ils, elles	commençaient	ils, elles	commencèrent	ils, elles	commenceront

PASSÉ COMPOSÉ			PLUS-QUE-PARFAIT			PASSÉ ANTÉRIEUR			FUTUR ANTÉRIEUR		
j'	ai	commencé	j'	avais	commencé	j'	eus	commencé	j'	aurai	commencé
tu	as	commencé	tu	avais	commencé	tu	eus	commencé	tu	auras	commencé
il, elle	a	commencé	il, elle	avait	commencé	il, elle	eut	commencé	il, elle	aura	commencé
nous	avons	commencé	nous	avions	commencé	nous	eûmes	commencé	nous	aurons	commencé
vous	avez	commencé	vous	aviez	commencé	vous	eûtes	commencé	vous	aurez	commencé
ils, elles	ont	commencé	ils, elles	avaient	commencé	ils, elles	eurent	commencé	ils, elles	auront	commencé

CONDITIONNEL

PRÉSENT		PASSÉ		
je	commencerais	j'	aurais	commencé
tu	commencerais	tu	aurais	commencé
il, elle	commencerait	il, elle	aurait	commencé
nous	commencerions	nous	aurions	commencé
vous	commenceriez	vous	auriez	commencé
ils, elles	commenceraient	ils, elles	auraient	commencé

IMPÉRATIF

PRÉSENT	PASSÉ	
commence	aie	commencé
commençons	ayons	commencé
commencez	ayez	commencé

SUBJONCTIF

PRÉSENT		PASSÉ		
que je	commence	que j'	aie	commencé
que tu	commences	que tu	aies	commencé
qu'il, elle	commence	qu'il, elle	ait	commencé
que nous	commencions	que nous	ayons	commencé
que vous	commenciez	que vous	ayez	commencé
qu'ils, elles	commencent	qu'ils, elles	aient	commencé

IMPARFAIT		PLUS-QUE-PARFAIT		
que je	commençasse	que j'	eusse	commencé
que tu	commençasses	que tu	eusses	commencé
qu'il, elle	commençât	qu'il, elle	eût	commencé
que nous	commençassions	que nous	eussions	commencé
que vous	commençassiez	que vous	eussiez	commencé
qu'ils, elles	commençassent	qu'ils, elles	eussent	commencé

INFINITIF

PRÉSENT	PASSÉ
commencer	avoir commencé

PARTICIPE

PRÉSENT	PASSÉ
commençant	commencé(e), ayant commencé

CONJUGAISON · TABLEAUX

Conjuguer • 1er groupe

▶ Le verbe que vous cherchez se termine par ...*guer*.

- *Conjuguer* a un seul radical : conjugu...
- Attention ! **gu** reste gu même devant **a** et **o** : nous conjuguons.
- Aux temps composés, il se conjugue avec l'auxiliaire ***avoir***.
- C'est un verbe transitif.

INDICATIF

PRÉSENT		IMPARFAIT		PASSÉ SIMPLE		FUTUR SIMPLE	
je	conjugue	je	conjuguais	je	conjuguai	je	conjuguerai
tu	conjugues	tu	conjuguais	tu	conjuguas	tu	conjugueras
il, elle	conjugue	il, elle	conjuguait	il, elle	conjugua	il, elle	conjuguera
nous	conjuguons	nous	conjuguions	nous	conjuguâmes	nous	conjuguerons
vous	conjuguez	vous	conjuguiez	vous	conjuguâtes	vous	conjuguerez
ils, elles	conjuguent	ils, elles	conjuguaient	ils, elles	conjuguèrent	ils, elles	conjugueront

PASSÉ COMPOSÉ			PLUS-QUE-PARFAIT			PASSÉ ANTÉRIEUR			FUTUR ANTÉRIEUR		
j'	ai	conjugué	j'	avais	conjugué	j'	eus	conjugué	j'	aurai	conjugué
tu	as	conjugué	tu	avais	conjugué	tu	eus	conjugué	tu	auras	conjugué
il, elle	a	conjugué	il, elle	avait	conjugué	il, elle	eut	conjugué	il, elle	aura	conjugué
nous	avons	conjugué	nous	avions	conjugué	nous	eûmes	conjugué	nous	aurons	conjugué
vous	avez	conjugué	vous	aviez	conjugué	vous	eûtes	conjugué	vous	aurez	conjugué
ils, elles	ont	conjugué	ils, elles	avaient	conjugué	ils, elles	eurent	conjugué	ils, elles	auront	conjugué

CONDITIONNEL

PRÉSENT		PASSÉ		
je	conjuguerais	j'	aurais	conjugué
tu	conjuguerais	tu	aurais	conjugué
il, elle	conjuguerait	il, elle	aurait	conjugué
nous	conjuguerions	nous	aurions	conjugué
vous	conjugueriez	vous	auriez	conjugué
ils, elles	conjugueraient	ils, elles	auraient	conjugué

IMPÉRATIF

PRÉSENT	PASSÉ	
conjugue	aie	conjugué
conjuguons	ayons	conjugué
conjuguez	ayez	conjugué

SUBJONCTIF

PRÉSENT		PASSÉ		
que je	conjugue	que j'	aie	conjugué
que tu	conjugues	que tu	aies	conjugué
qu'il, elle	conjugue	qu'il, elle	ait	conjugué
que nous	conjuguions	que nous	ayons	conjugué
que vous	conjuguiez	que vous	ayez	conjugué
qu'ils, elles	conjuguent	qu'ils, elles	aient	conjugué

IMPARFAIT		PLUS-QUE-PARFAIT		
que je	conjuguasse	que j'	eusse	conjugué
que tu	conjuguasses	que tu	eusses	conjugué
qu'il, elle	conjuguât	qu'il, elle	eût	conjugué
que nous	conjuguassions	que nous	eussions	conjugué
que vous	conjuguassiez	que vous	eussiez	conjugué
qu'ils, elles	conjuguassent	qu'ils, elles	eussent	conjugué

INFINITIF

PRÉSENT	PASSÉ
conjuguer	avoir conjugué

PARTICIPE

PRÉSENT	PASSÉ
conjuguant	conjugué(e), ayant conjugué

Créer · 1er groupe

▶ Le verbe que vous cherchez se termine par ...*éer*.

- *Créer* a un seul radical : cré...
- Attention ! é est suivi d'un **e muet** à certaines personnes : je crée.
- Aux temps composés, il se conjugue avec l'auxiliaire ***avoir***.
- C'est un verbe transitif.

INDICATIF

PRÉSENT		IMPARFAIT		PASSÉ SIMPLE		FUTUR SIMPLE	
je	crée	je	créais	je	créai	je	créerai
tu	crées	tu	créais	tu	créas	tu	créeras
il, elle	crée	il, elle	créait	il, elle	créa	il, elle	créera
nous	créons	nous	créions	nous	créâmes	nous	créerons
vous	créez	vous	créiez	vous	créâtes	vous	créerez
ils, elles	créent	ils, elles	créaient	ils, elles	créèrent	ils, elles	créeront

PASSÉ COMPOSÉ			PLUS-QUE-PARFAIT			PASSÉ ANTÉRIEUR			FUTUR ANTÉRIEUR		
j'	ai	créé	j'	avais	créé	j'	eus	créé	j'	aurai	créé
tu	as	créé	tu	avais	créé	tu	eus	créé	tu	auras	créé
il, elle	a	créé	il, elle	avait	créé	il, elle	eut	créé	il, elle	aura	créé
nous	avons	créé	nous	avions	créé	nous	eûmes	créé	nous	aurons	créé
vous	avez	créé	vous	aviez	créé	vous	eûtes	créé	vous	aurez	créé
ils, elles	ont	créé	ils, elles	avaient	créé	ils, elles	eurent	créé	ils, elles	auront	créé

CONDITIONNEL

PRÉSENT		PASSÉ		
je	créerais	j'	aurais	créé
tu	créerais	tu	aurais	créé
il, elle	créerait	il, elle	aurait	créé
nous	créerions	nous	aurions	créé
vous	créeriez	vous	auriez	créé
ils, elles	créeraient	ils, elles	auraient	créé

IMPÉRATIF

PRÉSENT	PASSÉ	
crée	aie	créé
créons	ayons	créé
créez	ayez	créé

INFINITIF

PRÉSENT	PASSÉ
créer	avoir créé

SUBJONCTIF

PRÉSENT		PASSÉ		
que je	crée	que j'	aie	créé
que tu	crées	que tu	aies	créé
qu' il, elle	crée	qu'il, elle	ait	créé
que nous	créions	que nous	ayons	créé
que vous	créiez	que vous	ayez	créé
qu' ils, elles	créent	qu'ils, elles	aient	créé

IMPARFAIT		PLUS-QUE-PARFAIT		
que je	créasse	que j'	eusse	créé
que tu	créasses	que tu	eusses	créé
qu'il, elle	créât	qu'il, elle	eût	créé
que nous	créassions	que nous	eussions	créé
que vous	créassiez	que vous	eussiez	créé
qu'ils, elles	créassent	qu'ils, elles	eussent	créé

PARTICIPE

PRÉSENT	PASSÉ
créant	créé(e), ayant créé

Crier · 1er groupe

▶ Le verbe que vous cherchez se termine par ...*ier*.

- *Crier* a un seul radical : cri... Attention ! i est suivi d'un **e muet** : je crie.
- À l'imparfait de l'indicatif et au présent du subjonctif, le i est suivi du i aux deux premières personnes du pluriel : nous criions. C'est un verbe transitif et intransitif.
- Aux temps composés, il se conjugue avec l'auxiliaire **avoir**.

INDICATIF

PRÉSENT		IMPARFAIT		PASSÉ SIMPLE		FUTUR SIMPLE	
je	crie	je	criais	je	criai	je	crierai
tu	cries	tu	criais	tu	crias	tu	crieras
il, elle	crie	il, elle	criait	il, elle	cria	il, elle	criera
nous	crions	nous	criions	nous	criâmes	nous	crierons
vous	criez	vous	criiez	vous	criâtes	vous	crierez
ils, elles	crient	ils, elles	criaient	ils, elles	crièrent	ils, elles	crieront

PASSÉ COMPOSÉ			PLUS-QUE-PARFAIT			PASSÉ ANTÉRIEUR			FUTUR ANTÉRIEUR		
j'	ai	crié	j'	avais	crié	j'	eus	crié	j'	aurai	crié
tu	as	crié	tu	avais	crié	tu	eus	crié	tu	auras	crié
il, elle	a	crié	il, elle	avait	crié	il, elle	eut	crié	il, elle	aura	crié
nous	avons	crié	nous	avions	crié	nous	eûmes	crié	nous	aurons	crié
vous	avez	crié	vous	aviez	crié	vous	eûtes	crié	vous	aurez	crié
ils, elles	ont	crié	ils, elles	avaient	crié	ils, elles	eurent	crié	ils, elles	auront	crié

CONDITIONNEL

PRÉSENT		PASSÉ		
je	crierais	j'	aurais	crié
tu	crierais	tu	aurais	crié
il, elle	crierait	il, elle	aurait	crié
nous	crierions	nous	aurions	crié
vous	crieriez	vous	auriez	crié
ils, elles	crieraient	ils, elles	auraient	crié

SUBJONCTIF

PRÉSENT		PASSÉ		
que je	crie	que j'	aie	crié
que tu	cries	que tu	aies	crié
qu'il, elle	crie	qu'il, elle	ait	crié
que nous	criions	que nous	ayons	crié
que vous	criiez	que vous	ayez	crié
qu'ils, elles	crient	qu'ils, elles	aient	crié

IMPARFAIT		PLUS-QUE-PARFAIT		
que je	criasse	que j'	eusse	crié
que tu	criasses	que tu	eusses	crié
qu'il, elle	criât	qu'il, elle	eût	crié
que nous	criassions	que nous	eussions	crié
que vous	criassiez	que vous	eussiez	crié
qu'ils, elles	criassent	qu'ils, elles	eussent	crié

IMPÉRATIF

PRÉSENT	PASSÉ	
crie	aie	crié
crions	ayons	crié
criez	ayez	crié

INFINITIF

PRÉSENT	PASSÉ
crier	avoir crié

PARTICIPE

PRÉSENT	PASSÉ
criant	crié(e), ayant crié

Déléguer • 1er groupe

▶ Le verbe que vous cherchez se termine par ...*éguer.*

- *Déléguer* a deux radicaux : délégu... et délègu...
- **gu** reste gu même devant **a** et **o** : nous déléguons.
- Aux temps composés, il se conjugue avec l'auxiliaire *avoir*.
- C'est un verbe transitif.

INDICATIF

PRÉSENT		IMPARFAIT		PASSÉ SIMPLE		FUTUR SIMPLE	
je	délègue	je	déléguais	je	déléguai	je	déléguerai
tu	délègues	tu	déléguais	tu	déléguas	tu	délégueras
il, elle	délègue	il, elle	déléguait	il, elle	délégua	il, elle	déléguera
nous	déléguons	nous	déléguions	nous	déléguâmes	nous	déléguerons
vous	déléguez	vous	déléguiez	vous	déléguâtes	vous	déléguerez
ils, elles	délèguent	ils, elles	déléguaient	ils, elles	déléguèrent	ils, elles	délégueront

PASSÉ COMPOSÉ			PLUS-QUE-PARFAIT			PASSÉ ANTÉRIEUR			FUTUR ANTÉRIEUR		
j'	ai	délégué	j'	avais	délégué	j'	eus	délégué	j'	aurai	délégué
tu	as	délégué	tu	avais	délégué	tu	eus	délégué	tu	auras	délégué
il, elle	a	délégué	il, elle	avait	délégué	il, elle	eut	délégué	il, elle	aura	délégué
nous	avons	délégué	nous	avions	délégué	nous	eûmes	délégué	nous	aurons	délégué
vous	avez	délégué	vous	aviez	délégué	vous	eûtes	délégué	vous	aurez	délégué
ils, elles	ont	délégué	ils, elles	avaient	délégué	ils, elles	eurent	délégué	ils, elles	auront	délégué

CONDITIONNEL

PRÉSENT		PASSÉ		
je	déléguerais	j'	aurais	délégué
tu	déléguerais	tu	aurais	délégué
il, elle	déléguerait	il, elle	aurait	délégué
nous	déléguerions	nous	aurions	délégué
vous	délégueriez	vous	auriez	délégué
ils, elles	délégueraient	ils, elles	auraient	délégué

SUBJONCTIF

PRÉSENT		PASSÉ		
que je	délègue	que j'	aie	délégué
que tu	délègues	que tu	aies	délégué
qu'il, elle	délègue	qu'il, elle	ait	délégué
que nous	déléguions	que nous	ayons	délégué
que vous	déléguiez	que vous	ayez	délégué
qu'ils, elles	délèguent	qu'ils, elles	aient	délégué

IMPARFAIT		PLUS-QUE-PARFAIT		
que je	déléguasse	que j'	eusse	délégué
que tu	déléguasses	que tu	eusses	délégué
qu'il, elle	déléguât	qu'il, elle	eût	délégué
que nous	déléguassions	que nous	eussions	délégué
que vous	déléguassiez	que vous	eussiez	délégué
qu'ils, elles	déléguassent	qu'ils, elles	eussent	délégué

IMPÉRATIF

PRÉSENT	PASSÉ	
délègue	aie	délégué
déléguons	ayons	délégué
déléguez	ayez	délégué

INFINITIF

PRÉSENT	PASSÉ
déléguer	avoir délégué

PARTICIPE

PRÉSENT	PASSÉ
déléguant	délégué(e), ayant délégué

Employer · 1er groupe

> Le verbe que vous cherchez se termine par ...*oyer*.

- *Employer* a deux radicaux : employ... et emploi... C'est un verbe transitif.
- À l'imparfait de l'indicatif et au présent du subjonctif, le y est suivi du i aux deux premières personnes du pluriel : nous employions.
- Aux temps composés, il se conjugue avec l'auxiliaire ***avoir***.

INDICATIF

PRÉSENT		IMPARFAIT		PASSÉ SIMPLE		FUTUR SIMPLE	
j'	emploie	j'	employais	j'	employai	j'	emploierai
tu	emploies	tu	employais	tu	employas	tu	emploieras
il, elle	emploie	il, elle	employait	il, elle	employa	il, elle	emploiera
nous	employons	nous	employions	nous	employâmes	nous	emploierons
vous	employez	vous	employiez	vous	employâtes	vous	emploierez
ils, elles	emploient	ils, elles	employaient	ils, elles	employèrent	ils, elles	emploieront

PASSÉ COMPOSÉ			PLUS-QUE-PARFAIT			PASSÉ ANTÉRIEUR			FUTUR ANTÉRIEUR		
j'	ai	employé	j'	avais	employé	j'	eus	employé	j'	aurai	employé
tu	as	employé	tu	avais	employé	tu	eus	employé	tu	auras	employé
il, elle	a	employé	il, elle	avait	employé	il, elle	eut	employé	il	aura	employé
nous	avons	employé	nous	avions	employé	nous	eûmes	employé	nous	aurons	employé
vous	avez	employé	vous	aviez	employé	vous	eûtes	employé	vous	aurez	employé
ils, elles	ont	employé	ils, elles	avaient	employé	ils, elles	eurent	employé	ils, elles	auront	employé

CONDITIONNEL

PRÉSENT		PASSÉ		
j'	emploierais	j'	aurais	employé
tu	emploierais	tu	aurais	employé
il, elle	emploierait	il, elle	aurait	employé
nous	emploierions	nous	aurions	employé
vous	emploieriez	vous	auriez	employé
ils, elles	emploieraient	ils, elles	auraient	employé

IMPÉRATIF

PRÉSENT	PASSÉ	
emploie	aie	employé
employons	ayons	employé
employez	ayez	employé

SUBJONCTIF

PRÉSENT		PASSÉ		
que j'	emploie	que j'	aie	employé
que tu	emploies	que tu	aies	employé
qu'il, elle	emploie	qu'il, elle	ait	employé
que nous	employions	que nous	ayons	employé
que vous	employiez	que vous	ayez	employé
qu'ils, elles	emploient	qu'ils, elles	aient	employé

IMPARFAIT		PLUS-QUE-PARFAIT		
que j'	employasse	que j'	eusse	employé
que tu	employasses	que tu	eusses	employé
qu'il, elle	employât	qu'il, elle	eût	employé
que nous	employassions	que nous	eussions	employé
que vous	employassiez	que vous	eussiez	employé
qu'ils, elles	employassent	qu'ils, elles	eussent	employé

INFINITIF

PRÉSENT	PASSÉ
employer	avoir employé

PARTICIPE

PRÉSENT	PASSÉ
employant	employé(e), ayant employé

S'envoler · 1er groupe

▶ Le verbe que vous cherchez se conjugue comme *s'envoler*.

- C'est un verbe pronominal.
- *S'envoler* a un seul radical : envol...
- Aux temps composés, il se conjugue toujours avec l'auxiliaire **être**.

INDICATIF

PRÉSENT	IMPARFAIT	PASSÉ SIMPLE	FUTUR SIMPLE
je m'envole	je m'envolais	je m'envolai	je m'envolerai
tu t'envoles	tu t'envolais	tu t'envolas	tu t'envoleras
il, elle s' envole	il, elle s'envolait	il, elle s'envola	il, elle s'envolera
nous nous envolons	nous nous envolions	nous nous envolâmes	nous nous envolerons
vous vous envolez	vous vous envoliez	vous vous envolâtes	vous vous envolerez
ils, elles s'envolent	ils, elles s'envolaient	ils, elles s'envolèrent	ils, elles s'envoleront

PASSÉ COMPOSÉ	PLUS-QUE-PARFAIT	PASSÉ ANTÉRIEUR	FUTUR ANTÉRIEUR
je me suis envolé(e)	je m'étais envolé(e)	je me fus envolé(e)	je me serai envolé(e)
tu t'es envolé(e)	tu t'étais envolé(e)	tu te fus envolé(e)	tu te seras envolé(e)
il, elle s'est envolé(e)	il, elle s'était envolé(e)	il, elle se fut envolé(e)	il, elle se sera envolé(e)
nous nous sommes envolé(e)s	nous nous étions envolé(e)s	nous nous fûmes envolé(e)s	nous nous serons envolé(e)s
vous vous êtes envolé(e)s	vous vous étiez envolé(e)s	vous vous fûtes envolé(e)s	vous vous serez envolé(e)s
ils, elles se sont envolé(e)s	ils, elles s'étaient envolé(e)s	ils, elles se furent envolé(e)s	ils, elles se seront envolé(e)s

CONDITIONNEL

PRÉSENT	PASSÉ
je m'envolerais	je me serais envolé(e)
tu t'envolerais	tu te serais envolé(e)
il, elle s'envolerait	il, elle se serait envolé(e)
nous nous envolerions	nous nous serions envolé(e)s
vous vous envoleriez	vous vous seriez envolé(e)s
ils, elles s'envoleraient	ils, elles se seraient envolé(e)s

IMPÉRATIF

PRÉSENT	PASSÉ
envole-toi	-
envolons-nous	
envolez-vous	

SUBJONCTIF

PRÉSENT	PASSÉ
que je m'envole	que je me sois envolé(e)
que tu t'envoles	que tu te sois envolé(e)
qu'il, elle s'envole	qu'il, elle se soit envolé(e)
que nous nous envolions	que nous nous soyons envolé(e)s
que vous vous envoliez	que vous vous soyez envolé(e)s
qu'ils, elles s'envolent	qu'ils, elles se soient envolé(e)s

IMPARFAIT	PLUS-QUE-PARFAIT
que je m'envolasse	que je me fusse envolé(e)
que tu t'envolasses	que tu te fusses envolé(e)
qu'il, elle s'envolât	qu'il, elle se fût envolé(e)
que nous nous envolassions	que nous nous fussions envolé(e)s
que vous vous envolassiez	que vous vous fussiez envolé(e)s
qu'ils, elles s'envolassent	qu'ils, elles se fussent envolé(e)s

INFINITIF

PRÉSENT	PASSÉ
s'envoler	s'être envolé(e)

PARTICIPE

PRÉSENT	PASSÉ
s'envolant	envolé(e), s'étant envolé(e)

Envoyer • 1er groupe

▶ Le verbe que vous cherchez se conjugue comme *envoyer*.

- *Envoyer* a trois radicaux : j'**envoie**, j'**envoyais**, j'**enverrai**. Il est transitif.
- À l'imparfait de l'indicatif et au présent du subjonctif, y est suivi de **i** aux deux premières personnes du pluriel : nous envoy**i**ons.
- Aux temps composés, il se conjugue avec l'auxiliaire **avoir**.

INDICATIF

PRÉSENT		IMPARFAIT		PASSÉ SIMPLE		FUTUR SIMPLE	
j'	envoie	j'	envoyais	j'	envoyai	j'	enverrai
tu	envoies	tu	envoyais	tu	envoyas	tu	enverras
il, elle	envoie	il, elle	envoyait	il, elle	envoya	il, elle	enverra
nous	envoyons	nous	envoyions	nous	envoyâmes	nous	enverrons
vous	envoyez	vous	envoyiez	vous	envoyâtes	vous	enverrez
ils, elles	envoient	ils, elles	envoyaient	ils, elles	envoyèrent	ils, elles	enverront

PASSÉ COMPOSÉ			PLUS-QUE-PARFAIT			PASSÉ ANTÉRIEUR			FUTUR ANTÉRIEUR		
j'	ai	envoyé	j'	avais	envoyé	j'	eus	envoyé	j'	aurai	envoyé
tu	as	envoyé	tu	avais	envoyé	tu	eus	envoyé	tu	auras	envoyé
il, elle	a	envoyé	il, elle	avait	envoyé	il, elle	eut	envoyé	il, elle	aura	envoyé
nous	avons	envoyé	nous	avions	envoyé	nous	eûmes	envoyé	nous	aurons	envoyé
vous	avez	envoyé	vous	aviez	envoyé	vous	eûtes	envoyé	vous	aurez	envoyé
ils, elles	ont	envoyé	ils, elles	avaient	envoyé	ils, elles	eurent	envoyé	ils, elles	auront	envoyé

CONDITIONNEL

PRÉSENT		PASSÉ		
j'	enverrais	j'	aurais	envoyé
tu	enverrais	tu	aurais	envoyé
il, elle	enverrait	il, elle	aurait	envoyé
nous	enverrions	nous	aurions	envoyé
vous	enverriez	vous	auriez	envoyé
ils, elles	enverraient	ils, elles	auraient	envoyé

SUBJONCTIF

PRÉSENT		PASSÉ		
que j'	envoie	que j'	aie	envoyé
que tu	envoies	que tu	aies	envoyé
qu'il, elle	envoie	qu'il, elle	ait	envoyé
que nous	envoyions	que nous	ayons	envoyé
que vous	envoyiez	que vous	ayez	envoyé
qu'ils, elles	envoient	qu'ils, elles	aient	envoyé

IMPARFAIT		PLUS-QUE-PARFAIT		
que j'	envoyasse	que j'	eusse	envoyé
que tu	envoyasses	que tu	eusses	envoyé
qu'il, elle	envoyât	qu'il, elle	eût	envoyé
que nous	envoyassions	que nous	eussions	envoyé
que vous	envoyassiez	que vous	eussiez	envoyé
qu'ils, elles	envoyassent	qu'ils, elles	eussent	envoyé

IMPÉRATIF

PRÉSENT	PASSÉ	
envoie	aie	envoyé
envoyons	ayons	envoyé
envoyez	ayez	envoyé

INFINITIF

PRÉSENT	PASSÉ
envoyer	avoir envoyé

PARTICIPE

PRÉSENT	PASSÉ
envoyant	envoyé(e), ayant envoyé

Essuyer · 1er groupe

▶ Le verbe que vous cherchez se termine par ...*uyer*.

- *Essuyer* a deux radicaux : essuy..., essui... C'est un verbe transitif.
- À l'imparfait de l'indicatif et au présent du subjonctif, y est suivi de i aux deux premières personnes du pluriel : nous essuyions.
- Aux temps composés, il se conjugue avec l'auxiliaire **avoir**.

INDICATIF

PRÉSENT		IMPARFAIT		PASSÉ SIMPLE		FUTUR SIMPLE	
j'	essuie	j'	essuyais	j'	essuyai	j'	essuierai
tu	essuies	tu	essuyais	tu	essuyas	tu	essuieras
il, elle	essuie	il, elle	essuyait	il, elle	essuya	il, elle	essuiera
nous	essuyons	nous	essuyions	nous	essuyâmes	nous	essuierons
vous	essuyez	vous	essuyiez	vous	essuyâtes	vous	essuierez
ils, elles	essuient	ils, elles	essuyaient	ils, elles	essuyèrent	ils, elles	essuieront

PASSÉ COMPOSÉ			PLUS-QUE-PARFAIT			PASSÉ ANTÉRIEUR			FUTUR ANTÉRIEUR		
j'	ai	essuyé	j'	avais	essuyé	j'	eus	essuyé	j'	aurai	essuyé
tu	as	essuyé	tu	avais	essuyé	tu	eus	essuyé	tu	auras	essuyé
il, elle	a	essuyé	il, elle	avait	essuyé	il, elle	eut	essuyé	il, elle	aura	essuyé
nous	avons	essuyé	nous	avions	essuyé	nous	eûmes	essuyé	nous	aurons	essuyé
vous	avez	essuyé	vous	aviez	essuyé	vous	eûtes	essuyé	vous	aurez	essuyé
ils, elles	ont	essuyé	ils, elles	avaient	essuyé	ils, elles	eurent	essuyé	ils, elles	auront	essuyé

CONDITIONNEL

PRÉSENT		PASSÉ		
j'	essuierais	j'	aurais	essuyé
tu	essuierais	tu	aurais	essuyé
il, elle	essuierait	il, elle	aurait	essuyé
nous	essuierions	nous	aurions	essuyé
vous	essuieriez	vous	auriez	essuyé
ils, elles	essuieraient	ils, elles	auraient	essuyé

SUBJONCTIF

PRÉSENT		PASSÉ		
que j'	essuie	que j'	aie	essuyé
que tu	essuies	que tu	aies	essuyé
qu'il, elle	essuie	qu'il, elle	ait	essuyé
que nous	essuyions	que nous	ayons	essuyé
que vous	essuyiez	que vous	ayez	essuyé
qu'ils, elles	essuient	qu'ils, elles	aient	essuyé

IMPÉRATIF

PRÉSENT	PASSÉ	
essuie	aie	essuyé
essuyons	ayons	essuyé
essuyez	ayez	essuyé

(SUBJONCTIF)

IMPARFAIT		PLUS-QUE-PARFAIT		
que j'	essuyasse	que j'	eusse	essuyé
que tu	essuyasses	que tu	eusses	essuyé
qu'il, elle	essuyât	qu'il, elle	eût	essuyé
que nous	essuyassions	que nous	eussions	essuyé
que vous	essuyassiez	que vous	eussiez	essuyé
qu'ils, elles	essuyassent	qu'ils, elles	eussent	essuyé

INFINITIF

PRÉSENT	PASSÉ
essuyer	avoir essuyé

PARTICIPE

PRÉSENT	PASSÉ
essuyant	essuyé(e), ayant essuyé

Gagner · 1er groupe

▶ Le verbe que vous cherchez se termine par ...gner.

- *Gagner* a un seul radical : gagn... C'est un verbe transitif.
- À l'imparfait de l'indicatif et au présent du subjonctif, le **gn** est suivi du **i** aux deux premières personnes du pluriel : nous ga**gn**ions.
- Aux temps composés, il se conjugue avec l'auxiliaire **avoir**.

INDICATIF

PRÉSENT		IMPARFAIT		PASSÉ SIMPLE		FUTUR SIMPLE	
je	gagne	je	gagnais	je	gagnai	je	gagnerai
tu	gagnes	tu	gagnais	tu	gagnas	tu	gagneras
il, elle	gagne	il, elle	gagnait	il, elle	gagna	il, elle	gagnera
nous	gagnons	nous	gagnions	nous	gagnâmes	nous	gagnerons
vous	gagnez	vous	gagniez	vous	gagnâtes	vous	gagnerez
ils, elles	gagnent	ils, elles	gagnaient	ils, elles	gagnèrent	ils, elles	gagneront

PASSÉ COMPOSÉ			PLUS-QUE-PARFAIT			PASSÉ ANTÉRIEUR			FUTUR ANTÉRIEUR		
j'	ai	gagné	j'	avais	gagné	j'	eus	gagné	j'	aurai	gagné
tu	as	gagné	tu	avais	gagné	tu	eus	gagné	tu	auras	gagné
il, elle	a	gagné	il, elle	avait	gagné	il, elle	eut	gagné	il, elle	aura	gagné
nous	avons	gagné	nous	avions	gagné	nous	eûmes	gagné	nous	aurons	gagné
vous	avez	gagné	vous	aviez	gagné	vous	eûtes	gagné	vous	aurez	gagné
ils, elles	ont	gagné	ils, elles	avaient	gagné	ils, elles	eurent	gagné	ils, elles	auront	gagné

CONDITIONNEL

PRÉSENT		PASSÉ		
je	gagnerais	j'	aurais	gagné
tu	gagnerais	tu	aurais	gagné
il, elle	gagnerait	il, elle	aurait	gagné
nous	gagnerions	nous	aurions	gagné
vous	gagneriez	vous	auriez	gagné
ils, elles	gagneraient	ils, elles	auraient	gagné

IMPÉRATIF

PRÉSENT	PASSÉ	
gagne	aie	gagné
gagnons	ayons	gagné
gagnez	ayez	gagné

SUBJONCTIF

PRÉSENT		PASSÉ		
que je	gagne	que j'	aie	gagné
que tu	gagnes	que tu	aies	gagné
qu'il, elle	gagne	qu'il, elle	ait	gagné
que nous	gagnions	que nous	ayons	gagné
que vous	gagniez	que vous	ayez	gagné
qu'ils, elles	gagnent	qu'ils, elles	aient	gagné

IMPARFAIT		PLUS-QUE-PARFAIT		
que je	gagnasse	que j'	eusse	gagné
que tu	gagnasses	que tu	eusses	gagné
qu'il, elle	gagnât	qu'il, elle	eût	gagné
que nous	gagnassions	que nous	eussions	gagné
que vous	gagnassiez	que vous	eussiez	gagné
qu'ils, elles	gagnassent	qu'ils, elles	eussent	gagné

INFINITIF

PRÉSENT	PASSÉ
gagner	avoir gagné

PARTICIPE

PRÉSENT	PASSÉ
gagnant	gagné(e), ayant gagné

Geler · 1er groupe

▶ Le verbe que vous cherchez se termine par ...*eler*.

- *Geler* a deux radicaux : gel... et gèl...
- Aux temps composés, il se conjugue avec l'auxiliaire **avoir**.
- C'est un verbe transitif, intransitif et impersonnel.

INDICATIF

PRÉSENT		IMPARFAIT		PASSÉ SIMPLE		FUTUR SIMPLE	
je	gèle	je	gelais	je	gelai	je	gèlerai
tu	gèles	tu	gelais	tu	gelas	tu	gèleras
il, elle	gèle	il, elle	gelait	il, elle	gela	il, elle	gèlera
nous	gelons	nous	gelions	nous	gelâmes	nous	gèlerons
vous	gelez	vous	geliez	vous	gelâtes	vous	gèlerez
ils, elles	gèlent	ils, elles	gelaient	ils, elles	gelèrent	ils, elles	gèleront

PASSÉ COMPOSÉ			PLUS-QUE-PARFAIT			PASSÉ ANTÉRIEUR			FUTUR ANTÉRIEUR		
j'	ai	gelé	j'	avais	gelé	j'	eus	gelé	j'	aurai	gelé
tu	as	gelé	tu	avais	gelé	tu	eus	gelé	tu	auras	gelé
il, elle	a	gelé	il, elle	avait	gelé	il, elle	eut	gelé	il, elle	aura	gelé
nous	avons	gelé	nous	avions	gelé	nous	eûmes	gelé	nous	aurons	gelé
vous	avez	gelé	vous	aviez	gelé	vous	eûtes	gelé	vous	aurez	gelé
ils, elles	ont	gelé	ils, elles	avaient	gelé	ils, elles	eurent	gelé	ils, elles	auront	gelé

CONDITIONNEL

PRÉSENT		PASSÉ		
je	gèlerais	j'	aurais	gelé
tu	gèlerais	tu	aurais	gelé
il, elle	gèlerait	il, elle	aurait	gelé
nous	gèlerions	nous	aurions	gelé
vous	gèleriez	vous	auriez	gelé
ils, elles	gèleraient	ils, elles	auraient	gelé

SUBJONCTIF

PRÉSENT		PASSÉ		
que je	gèle	que j'	aie	gelé
que tu	gèles	que tu	aies	gelé
qu'il, elle	gèle	qu'il, elle	ait	gelé
que nous	gelions	que nous	ayons	gelé
que vous	geliez	que vous	ayez	gelé
qu'ils, elles	gèlent	qu'ils, elles	aient	gelé

IMPARFAIT		PLUS-QUE-PARFAIT		
que je	gelasse	que j'	eusse	gelé
que tu	gelasses	que tu	eusses	gelé
qu'il, elle	gelât	qu'il, elle	eût	gelé
que nous	gelassions	que nous	eussions	gelé
que vous	gelassiez	que vous	eussiez	gelé
qu'ils, elles	gelassent	qu'ils, elles	eussent	gelé

IMPÉRATIF

PRÉSENT	PASSÉ	
gèle	aie	gelé
gelons	ayons	gelé
gelez	ayez	gelé

INFINITIF

PRÉSENT	PASSÉ
geler	avoir gelé

PARTICIPE

PRÉSENT	PASSÉ
gelant	gelé(e), ayant gelé

Interpeller • 1er groupe

▶ Le verbe que vous cherchez se termine par ...*eller*.

- *Interpeller* a un seul radical : interpell... C'est un verbe transitif.
- À l'imparfait de l'indicatif et au présent du subjonctif, les ll sont suivis du i aux deux premières personnes du pluriel : nous interpellions.
- Aux temps composés, il se conjugue avec l'auxiliaire *avoir*.

INDICATIF

PRÉSENT		IMPARFAIT		PASSÉ SIMPLE		FUTUR SIMPLE	
j'	interpelle	j'	interpellais	j'	interpellai	j'	interpellerai
tu	interpelles	tu	interpellais	tu	interpellas	tu	interpelleras
il, elle	interpelle	il, elle	interpellait	il, elle	interpella	il, elle	interpellera
nous	interpellons	nous	interpellions	nous	interpellâmes	nous	interpellerons
vous	interpellez	vous	interpelliez	vous	interpellâtes	vous	interpellerez
ils, elles	interpellent	ils, elles	interpellaient	ils, elles	interpellèrent	ils, elles	interpelleront

PASSÉ COMPOSÉ			PLUS-QUE-PARFAIT			PASSÉ ANTÉRIEUR			FUTUR ANTÉRIEUR		
j'	ai	interpellé	j'	avais	interpellé	j'	eus	interpellé	j'	aurai	interpellé
tu	as	interpellé	tu	avais	interpellé	tu	eus	interpellé	tu	auras	interpellé
il, elle	a	interpellé	il, elle	avait	interpellé	il, elle	eut	interpellé	il, elle	aura	interpellé
nous	avons	interpellé	nous	avions	interpellé	nous	eûmes	interpellé	nous	aurons	interpellé
vous	avez	interpellé	vous	aviez	interpellé	vous	eûtes	interpellé	vous	aurez	interpellé
ils, elles	ont	interpellé	ils, elles	avaient	interpellé	ils, elles	eurent	interpellé	ils, elles	auront	interpellé

CONDITIONNEL

PRÉSENT		PASSÉ		
j'	interpellerais	j'	aurais	interpellé
tu	interpellerais	tu	aurais	interpellé
il, elle	interpellerait	il, elle	aurait	interpellé
nous	interpellerions	nous	aurions	interpellé
vous	interpelleriez	vous	auriez	interpellé
ils, elles	interpelleraient	ils, elles	auraient	interpellé

IMPÉRATIF

PRÉSENT	PASSÉ	
interpelle	aie	interpellé
interpellons	ayons	interpellé
interpellez	ayez	interpellé

SUBJONCTIF

PRÉSENT		PASSÉ		
que j'	interpelle	que j'	aie	interpellé
que tu	interpelles	que tu	aies	interpellé
qu'il, elle	interpelle	qu'il, elle	ait	interpellé
que nous	interpellions	que nous	ayons	interpellé
que vous	interpelliez	que vous	ayez	interpellé
qu'ils, elles	interpellent	qu'ils, elles	aient	interpellé

IMPARFAIT		PLUS-QUE-PARFAIT		
que j'	interpellasse	que j'	eusse	interpellé
que tu	interpellasses	que tu	eusses	interpellé
qu'il, elle	interpellât	qu'il, elle	eût	interpellé
que nous	interpellassions	que nous	eussions	interpellé
que vous	interpellassiez	que vous	eussiez	interpellé
qu'ils, elles	interpellassent	qu'ils, elles	eussent	interpellé

INFINITIF

PRÉSENT	PASSÉ
interpeller	avoir interpellé

PARTICIPE

PRÉSENT	PASSÉ
interpellant	interpellé(e), ayant interpellé

Jeter · 1ᵉʳ groupe

▶ Le verbe que vous cherchez se termine par ...*eter*.

- *Jeter* a deux radicaux : jet... et jett...
- Aux temps composés, il se conjugue avec l'auxiliaire *avoir*.
- C'est un verbe transitif.

INDICATIF

PRÉSENT		IMPARFAIT		PASSÉ SIMPLE		FUTUR SIMPLE	
je	jette	je	jetais	je	jetai	je	jetterai
tu	jettes	tu	jetais	tu	jetas	tu	jetteras
il, elle	jette	il, elle	jetait	il, elle	jeta	il, elle	jettera
nous	jetons	nous	jetions	nous	jetâmes	nous	jetterons
vous	jetez	vous	jetiez	vous	jetâtes	vous	jetterez
ils, elles	jettent	ils, elles	jetaient	ils, elles	jetèrent	ils, elles	jetteront

PASSÉ COMPOSÉ			PLUS-QUE-PARFAIT			PASSÉ ANTÉRIEUR			FUTUR ANTÉRIEUR		
j'	ai	jeté	j'	avais	jeté	j'	eus	jeté	j'	aurai	jeté
tu	as	jeté	tu	avais	jeté	tu	eus	jeté	tu	auras	jeté
il, elle	a	jeté	il, elle	avait	jeté	il, elle	eut	jeté	il, elle	aura	jeté
nous	avons	jeté	nous	avions	jeté	nous	eûmes	jeté	nous	aurons	jeté
vous	avez	jeté	vous	aviez	jeté	vous	eûtes	jeté	vous	aurez	jeté
ils, elles	ont	jeté	ils, elles	avaient	jeté	ils, elles	eurent	jeté	ils, elles	auront	jeté

CONDITIONNEL

PRÉSENT		PASSÉ		
je	jetterais	j'	aurais	jeté
tu	jetterais	tu	aurais	jeté
il, elle	jetterait	il, elle	aurait	jeté
nous	jetterions	nous	aurions	jeté
vous	jetteriez	vous	auriez	jeté
ils, elles	jetteraient	ils, elles	auraient	jeté

SUBJONCTIF

PRÉSENT		PASSÉ		
que je	jette	que j'	aie	jeté
que tu	jettes	que tu	aies	jeté
qu'il, elle	jette	qu'il, elle	ait	jeté
que nous	jetions	que nous	ayons	jeté
que vous	jetiez	que vous	ayez	jeté
qu'ils, elles	jettent	qu'ils, elles	aient	jeté

IMPARFAIT		PLUS-QUE-PARFAIT		
que je	jetasse	que j'	eusse	jeté
que tu	jetasses	que tu	eusses	jeté
qu'il, elle	jetât	qu'il, elle	eût	jeté
que nous	jetassions	que nous	eussions	jeté
que vous	jetassiez	que vous	eussiez	jeté
qu'ils, elles	jetassent	qu'ils, elles	eussent	jeté

IMPÉRATIF

PRÉSENT	PASSÉ	
jette	aie	jeté
jetons	ayons	jeté
jetez	ayez	jeté

INFINITIF

PRÉSENT	PASSÉ
jeter	avoir jeté

PARTICIPE

PRÉSENT	PASSÉ
jetant	jeté(e), ayant jeté

Manger · 1er groupe

▶ Le verbe que vous cherchez se termine par ...*ger.*

- *Manger* a un seul radical : mang...
- Attention ! **g** devient ge devant **a** et **o** : nous mangeons.
- Aux temps composés, il se conjugue avec l'auxiliaire ***avoir.***
- C'est un verbe transitif.

INDICATIF

PRÉSENT		IMPARFAIT		PASSÉ SIMPLE		FUTUR SIMPLE	
je	mange	je	mangeais	je	mangeai	je	mangerai
tu	manges	tu	mangeais	tu	mangeas	tu	mangeras
il, elle	mange	il, elle	mangeait	il, elle	mangea	il, elle	mangera
nous	mangeons	nous	mangions	nous	mangeâmes	nous	mangerons
vous	mangez	vous	mangiez	vous	mangeâtes	vous	mangerez
ils, elles	mangent	ils, elles	mangeaient	ils, elles	mangèrent	ils, elles	mangeront

PASSÉ COMPOSÉ			PLUS-QUE-PARFAIT			PASSÉ ANTÉRIEUR			FUTUR ANTÉRIEUR		
j'	ai	mangé	j'	avais	mangé	j'	eus	mangé	j'	aurai	mangé
tu	as	mangé	tu	avais	mangé	tu	eus	mangé	tu	auras	mangé
il, elle	a	mangé	il, elle	avait	mangé	il, elle	eut	mangé	il, elle	aura	mangé
nous	avons	mangé	nous	avions	mangé	nous	eûmes	mangé	nous	aurons	mangé
vous	avez	mangé	vous	aviez	mangé	vous	eûtes	mangé	vous	aurez	mangé
ils, elles	ont	mangé	ils, elles	avaient	mangé	ils, elles	eurent	mangé	ils, elles	auront	mangé

CONDITIONNEL

PRÉSENT		PASSÉ		
je	mangerais	j'	aurais	mangé
tu	mangerais	tu	aurais	mangé
il, elle	mangerait	il, elle	aurait	mangé
nous	mangerions	nous	aurions	mangé
vous	mangeriez	vous	auriez	mangé
ils, elles	mangeraient	ils, elles	auraient	mangé

SUBJONCTIF

PRÉSENT		PASSÉ		
que je	mange	que j'	aie	mangé
que tu	manges	que tu	aies	mangé
qu'il, elle	mange	qu'il, elle	ait	mangé
que nous	mangions	que nous	ayons	mangé
que vous	mangiez	que vous	ayez	mangé
qu'ils, elles	mangent	qu'ils, elles	aient	mangé

IMPARFAIT		PLUS-QUE-PARFAIT		
que je	mangeasse	que j'	eusse	mangé
que tu	mangeasses	que tu	eusses	mangé
qu'il, elle	mangeât	qu'il, elle	eût	mangé
que nous	mangeassions	que nous	eussions	mangé
que vous	mangeassiez	que vous	eussiez	mangé
qu'ils, elles	mangeassent	qu'ils, elles	eussent	mangé

IMPÉRATIF

PRÉSENT	PASSÉ	
mange	aie	mangé
mangeons	ayons	mangé
mangez	ayez	mangé

INFINITIF

PRÉSENT	PASSÉ
manger	avoir mangé

PARTICIPE

PRÉSENT	PASSÉ
mangeant	mangé(e), ayant mangé

Payer · 1er groupe

▶ Le verbe que vous cherchez se termine par ...*ayer*.

- *Payer* a deux radicaux possibles : je paye / je paie. C'est un verbe transitif.
- À l'imparfait de l'indicatif et au présent du subjonctif, le y est suivi du i aux deux premières personnes du pluriel : nous payions.
- Aux temps composés, il se conjugue avec l'auxiliaire **avoir**.

INDICATIF

PRÉSENT		IMPARFAIT		PASSÉ SIMPLE		FUTUR SIMPLE	
je	paye/paie	je	payais	je	payai	je	payerai/paierai
tu	payes/paies	tu	payais	tu	payas	tu	payeras/paieras
il, elle	paye/paie	il, elle	payait	il, elle	paya	il, elle	payera/paiera
nous	payons	nous	payions	nous	payâmes	nous	payerons/paierons
vous	payez	vous	payiez	vous	payâtes	vous	payerez/paierez
ils, elles	payent/paient	ils, elles	payaient	ils, elles	payèrent	ils, elles	payeront/paieront

PASSÉ COMPOSÉ			PLUS-QUE-PARFAIT			PASSÉ ANTÉRIEUR			FUTUR ANTÉRIEUR		
j'	ai	payé	j'	avais	payé	j'	eus	payé	j'	aurai	payé
tu	as	payé	tu	avais	payé	tu	eus	payé	tu	auras	payé
il, elle	a	payé	il, elle	avait	payé	il, elle	eut	payé	il, elle	aura	payé
nous	avons	payé	nous	avions	payé	nous	eûmes	payé	nous	aurons	payé
vous	avez	payé	vous	aviez	payé	vous	eûtes	payé	vous	aurez	payé
ils, elles	ont	payé	ils, elles	avaient	payé	ils, elles	eurent	payé	ils, elles	auront	payé

CONDITIONNEL

PRÉSENT		PASSÉ		
je	payerais/paierais	j'	aurais	payé
tu	payerais/paierais	tu	aurais	payé
il, elle	payerait/paierait	il, elle	aurait	payé
nous	payerions/paierions	nous	aurions	payé
vous	payeriez/paieriez	vous	auriez	payé
ils, elles	payeraient/paieraient	ils, elles	auraient	payé

IMPÉRATIF

PRÉSENT	PASSÉ	
paye / paie	aie	payé
payons	ayons	payé
payez	ayez	payé

INFINITIF

PRÉSENT	PASSÉ
payer	avoir payé

SUBJONCTIF

PRÉSENT		PASSÉ		
que je	paye/paie	que j'	aie	payé
que tu	payes/paies	que tu	aies	payé
qu'il, elle	paye/paie	qu'il, elle	ait	payé
que nous	payions	que nous	ayons	payé
que vous	payiez	que vous	ayez	payé
qu'ils, elles	payent/paient	qu'ils, elles	aient	payé

IMPARFAIT		PLUS-QUE-PARFAIT		
que je	payasse	que j'	eusse	payé
que tu	payasses	que tu	eusses	payé
qu'il, elle	payât	qu'il, elle	eût	payé
que nous	payassions	que nous	eussions	payé
que vous	payassiez	que vous	eussiez	payé
qu'ils, elles	payassent	qu'ils, elles	eussent	payé

PARTICIPE

PRÉSENT	PASSÉ
payant	payé(e), ayant payé

Rapiécer • 1er groupe

▶ *Rapiécer* est un verbe particulier.

- *Rapiécer* a deux radicaux : rapiéc… et rapièc…
- **c** devient **ç** devant **a** et **o** : nous rapiéçons.
- Aux temps composés, il se conjugue avec l'auxiliaire **avoir**.
- C'est un verbe transitif.

INDICATIF

PRÉSENT		IMPARFAIT		PASSÉ SIMPLE		FUTUR SIMPLE	
je	rapièce	je	rapiéçais	je	rapiéçai	je	rapiécerai
tu	rapièces	tu	rapiéçais	tu	rapiéças	tu	rapiéceras
il, elle	rapièce	il, elle	rapiéçait	il, elle	rapiéça	il, elle	rapiécera
nous	rapiéçons	nous	rapiécions	nous	rapiéçâmes	nous	rapiécerons
vous	rapiécez	vous	rapiéciez	vous	rapiéçâtes	vous	rapiécerez
ils, elles	rapiècent	ils, elles	rapiéçaient	ils, elles	rapiécèrent	ils, elles	rapiéceront

PASSÉ COMPOSÉ			PLUS-QUE-PARFAIT			PASSÉ ANTÉRIEUR			FUTUR ANTÉRIEUR		
j'	ai	rapiécé	j'	avais	rapiécé	j'	eus	rapiécé	j'	aurai	rapiécé
tu	as	rapiécé	tu	avais	rapiécé	tu	eus	rapiécé	tu	auras	rapiécé
il, elle	a	rapiécé	il, elle	avait	rapiécé	il, elle	eut	rapiécé	il, elle	aura	rapiécé
nous	avons	rapiécé	nous	avions	rapiécé	nous	eûmes	rapiécé	nous	aurons	rapiécé
vous	avez	rapiécé	vous	aviez	rapiécé	vous	eûtes	rapiécé	vous	aurez	rapiécé
ils, elles	ont	rapiécé	ils, elles	avaient	rapiécé	ils, elles	eurent	rapiécé	ils, elles	auront	rapiécé

CONDITIONNEL

PRÉSENT		PASSÉ		
je	rapiécerais	j'	aurais	rapiécé
tu	rapiécerais	tu	aurais	rapiécé
il, elle	rapiécerait	il, elle	aurait	rapiécé
nous	rapiécerions	nous	aurions	rapiécé
vous	rapiéceriez	vous	auriez	rapiécé
ils, elles	rapiéceraient	ils, elles	auraient	rapiécé

SUBJONCTIF

PRÉSENT		PASSÉ		
que je	rapièce	que j'	aie	rapiécé
que tu	rapièces	que tu	aies	rapiécé
qu'il, elle	rapièce	qu'il, elle	ait	rapiécé
que nous	rapiécions	que nous	ayons	rapiécé
que vous	rapiéciez	que vous	ayez	rapiécé
qu'ils, elles	rapiècent	qu'ils, elles	aient	rapiécé

IMPARFAIT		PLUS-QUE-PARFAIT		
que je	rapiéçasse	que j'	eusse	rapiécé
que tu	rapiéçasses	que tu	eusses	rapiécé
qu'il, elle	rapiéçât	qu'il, elle	eût	rapiécé
que nous	rapiéçassions	que nous	eussions	rapiécé
que vous	rapiéçassiez	que vous	eussiez	rapiécé
qu'ils, elles	rapiéçassent	qu'ils, elles	eussent	rapiécé

IMPÉRATIF

PRÉSENT	PASSÉ	
rapièce	aie	rapiécé
rapiéçons	ayons	rapiécé
rapiécez	ayez	rapiécé

INFINITIF

PRÉSENT	PASSÉ
rapiécer	avoir rapiécé

PARTICIPE

PRÉSENT	PASSÉ
rapiéçant	rapiécé(e), ayant rapiécé

Régner • 1er groupe

▶ Le verbe que vous cherchez se termine par ...*égner*.

- *Régner* a deux radicaux : régn... et règn... C'est un verbe intransitif.
- À l'imparfait de l'indicatif et au présent du subjonctif, **gn** est suivi de **i** aux deux premières personnes du pluriel : nous régnions.
- Aux temps composés, il se conjugue avec l'auxiliaire ***avoir***.

INDICATIF

PRÉSENT		IMPARFAIT		PASSÉ SIMPLE		FUTUR SIMPLE	
je	règne	je	régnais	je	régnai	je	régnerai
tu	règnes	tu	régnais	tu	régnas	tu	régneras
il, elle	règne	il, elle	régnait	il, elle	régna	il, elle	régnera
nous	régnons	nous	régnions	nous	régnâmes	nous	régnerons
vous	régnez	vous	régniez	vous	régnâtes	vous	régnerez
ils, elles	règnent	ils, elles	régnaient	ils, elles	régnèrent	ils, elles	régneront

PASSÉ COMPOSÉ			PLUS-QUE-PARFAIT			PASSÉ ANTÉRIEUR			FUTUR ANTÉRIEUR		
j'	ai	régné	j'	avais	régné	j'	eus	régné	j'	aurai	régné
tu	as	régné	tu	avais	régné	tu	eus	régné	tu	auras	régné
il, elle	a	régné	il, elle	avait	régné	il, elle	eut	régné	il, elle	aura	régné
nous	avons	régné	nous	avions	régné	nous	eûmes	régné	nous	aurons	régné
vous	avez	régné	vous	aviez	régné	vous	eûtes	régné	vous	aurez	régné
ils, elles	ont	régné	ils, elles	avaient	régné	ils, elles	eurent	régné	ils, elles	auront	régné

CONDITIONNEL

PRÉSENT		PASSÉ		
je	régnerais	j'	aurais	régné
tu	régnerais	tu	aurais	régné
il, elle	régnerait	il, elle	aurait	régné
nous	régnerions	nous	aurions	régné
vous	régneriez	vous	auriez	régné
ils, elles	régneraient	ils, elles	auraient	régné

SUBJONCTIF

PRÉSENT		PASSÉ		
que je	règne	que j'	aie	régné
que tu	règnes	que tu	aies	régné
qu'il, elle	règne	qu'il, elle	ait	régné
que nous	régnions	que nous	ayons	régné
que vous	régniez	que vous	ayez	régné
qu'ils, elles	règnent	qu'ils, elles	aient	régné

IMPARFAIT		PLUS-QUE-PARFAIT		
que je	régnasse	que j'	eusse	régné
que tu	régnasses	que tu	eusses	régné
qu'il, elle	régnât	qu'il, elle	eût	régné
que nous	régnassions	que nous	eussions	régné
que vous	régnassiez	que vous	eussiez	régné
qu'ils, elles	régnassent	qu'ils, elles	eussent	régné

IMPÉRATIF

PRÉSENT	PASSÉ	
règne	aie	régné
régnons	ayons	régné
régnez	ayez	régné

INFINITIF

PRÉSENT	PASSÉ
régner	avoir régné

PARTICIPE

PRÉSENT	PASSÉ
régnant	régné(e), ayant régné

Remuer · 1er groupe

▶ Le verbe que vous cherchez se termine par ...*uer*.

- *Remuer* a un seul radical : remu...
- Attention ! u peut être suivi d'un **e muet** : je remuerai.
- Aux temps composés, il se conjugue avec l'auxiliaire ***avoir***.
- C'est un verbe transitif et intransitif.

INDICATIF

PRÉSENT		IMPARFAIT		PASSÉ SIMPLE		FUTUR SIMPLE	
je	remue	je	remuais	je	remuai	je	remuerai
tu	remues	tu	remuais	tu	remuas	tu	remueras
il, elle	remue	il, elle	remuait	il, elle	remua	il, elle	remuera
nous	remuons	nous	remuions	nous	remuâmes	nous	remuerons
vous	remuez	vous	remuiez	vous	remuâtes	vous	remuerez
ils, elles	remuent	ils, elles	remuaient	ils, elles	remuèrent	ils, elles	remueront

PASSÉ COMPOSÉ			PLUS-QUE-PARFAIT			PASSÉ ANTÉRIEUR			FUTUR ANTÉRIEUR		
j'	ai	remué	j'	avais	remué	j'	eus	remué	j'	aurai	remué
tu	as	remué	tu	avais	remué	tu	eus	remué	tu	auras	remué
il, elle	a	remué	il, elle	avait	remué	il, elle	eut	remué	il, elle	aura	remué
nous	avons	remué	nous	avions	remué	nous	eûmes	remué	nous	aurons	remué
vous	avez	remué	vous	aviez	remué	vous	eûtes	remué	vous	aurez	remué
ils, elles	ont	remué	ils, elles	avaient	remué	ils, elles	eurent	remué	ils, elles	auront	remué

CONDITIONNEL

PRÉSENT		PASSÉ		
je	remuerais	j'	aurais	remué
tu	remuerais	tu	aurais	remué
il, elle	remuerait	il, elle	aurait	remué
nous	remuerions	nous	aurions	remué
vous	remueriez	vous	auriez	remué
ils, elles	remueraient	ils, elles	auraient	remué

IMPÉRATIF

PRÉSENT	PASSÉ	
remue	aie	remué
remuons	ayons	remué
remuez	ayez	remué

SUBJONCTIF

PRÉSENT		PASSÉ		
que je	remue	que j'	aie	remué
que tu	remues	que tu	aies	remué
qu'il, elle	remue	qu'il, elle	ait	remué
que nous	remuions	que nous	ayons	remué
que vous	remuiez	que vous	ayez	remué
qu'ils, elles	remuent	qu'ils, elles	aient	remué

IMPARFAIT		PLUS-QUE-PARFAIT		
que je	remuasse	que j'	eusse	remué
que tu	remuasses	que tu	eusses	remué
qu'il, elle	remuât	qu'il, elle	eût	remué
que nous	remuassions	que nous	eussions	remué
que vous	remuassiez	que vous	eussiez	remué
qu'ils, elles	remuassent	qu'ils, elles	eussent	remué

INFINITIF

PRÉSENT	PASSÉ
remuer	avoir remué

PARTICIPE

PRÉSENT	PASSÉ
remuant	remué(e), ayant remué

▶ Le verbe que vous cherchez se termine par ...e + consonne(s) + *er*.

- *Semer* a deux radicaux : sem... et sèm...
- Aux temps composés, il se conjugue avec l'auxiliaire **avoir**.
- C'est un verbe transitif.

INDICATIF

PRÉSENT		IMPARFAIT		PASSÉ SIMPLE		FUTUR SIMPLE	
je	sème	je	semais	je	semai	je	sèmerai
tu	sèmes	tu	semais	tu	semas	tu	sèmeras
il, elle	sème	il, elle	semait	il, elle	sema	il, elle	sèmera
nous	semons	nous	semions	nous	semâmes	nous	sèmerons
vous	semez	vous	semiez	vous	semâtes	vous	sèmerez
ils, elles	sèment	ils, elles	semaient	ils, elles	semèrent	ils, elles	sèmeront

PASSÉ COMPOSÉ			PLUS-QUE-PARFAIT			PASSÉ ANTÉRIEUR			FUTUR ANTÉRIEUR		
j'	ai	semé	j'	avais	semé	j'	eus	semé	j'	aurai	semé
tu	as	semé	tu	avais	semé	tu	eus	semé	tu	auras	semé
il, elle	a	semé	il, elle	avait	semé	il, elle	eut	semé	il, elle	aura	semé
nous	avons	semé	nous	avions	semé	nous	eûmes	semé	nous	aurons	semé
vous	avez	semé	vous	aviez	semé	vous	eûtes	semé	vous	aurez	semé
ils, elles	ont	semé	ils, elles	avaient	semé	ils, elles	eurent	semé	ils, elles	auront	semé

CONDITIONNEL

PRÉSENT		PASSÉ		
je	sèmerais	j'	aurais	semé
tu	sèmerais	tu	aurais	semé
il, elle	sèmerait	il, elle	aurait	semé
nous	sèmerions	nous	aurions	semé
vous	sèmeriez	vous	auriez	semé
ils, elles	sèmeraient	ils, elles	auraient	semé

SUBJONCTIF

PRÉSENT		PASSÉ		
que je	sème	que j'	aie	semé
que tu	sèmes	que tu	aies	semé
qu'il, elle	sème	qu'il, elle	ait	semé
que nous	semions	que nous	ayons	semé
que vous	semiez	que vous	ayez	semé
qu'ils, elles	sèment	qu'ils, elles	aient	semé

IMPARFAIT		PLUS-QUE-PARFAIT		
que je	semasse	que j'	eusse	semé
que tu	semasses	que tu	eusses	semé
qu'il, elle	semât	qu'il, elle	eût	semé
que nous	semassions	que nous	eussions	semé
que vous	semassiez	que vous	eussiez	semé
qu'ils, elles	semassent	qu'ils, elles	eussent	semé

IMPÉRATIF

PRÉSENT	PASSÉ	
sème	aie	semé
semons	ayons	semé
semez	ayez	semé

INFINITIF

PRÉSENT	PASSÉ
semer	avoir semé

PARTICIPE

PRÉSENT	PASSÉ
semant	semé(e), ayant semé

CONJUGAISON • TABLEAUX

Tomber • 1er groupe

▶ Le verbe que vous cherchez se conjugue comme *tomber*.

- *Tomber* est un verbe régulier et a un seul radical : tomb...
- Aux temps composés, il se conjugue avec l'auxiliaire **être** (ou *avoir* selon qu'il est transitif ou intransitif).
- C'est un verbe transitif et intransitif.

INDICATIF

PRÉSENT		IMPARFAIT		PASSÉ SIMPLE		FUTUR SIMPLE	
je	tombe	je	tombais	je	tombai	je	tomberai
tu	tombes	tu	tombais	tu	tombas	tu	tomberas
il, elle	tombe	il, elle	tombait	il, elle	tomba	il, elle	tombera
nous	tombons	nous	tombions	nous	tombâmes	nous	tomberons
vous	tombez	vous	tombiez	vous	tombâtes	vous	tomberez
ils, elles	tombent	ils, elles	tombaient	ils, elles	tombèrent	ils, elles	tomberont

PASSÉ COMPOSÉ			PLUS-QUE-PARFAIT			PASSÉ ANTÉRIEUR			FUTUR ANTÉRIEUR		
je	suis	tombé(e)	j'	étais	tombé(e)	je	fus	tombé(e)	je	serai	tombé(e)
tu	es	tombé(e)	tu	étais	tombé(e)	tu	fus	tombé(e)	tu	seras	tombé(e)
il, elle	est	tombé(e)	il, elle	était	tombé(e)	il, elle	fut	tombé(e)	il, elle	sera	tombé(e)
nous	sommes	tombé(e)s	nous	étions	tombé(e)s	nous	fûmes	tombé(e)s	nous	serons	tombé(e)s
vous	êtes	tombé(e)s	vous	étiez	tombé(e)s	vous	fûtes	tombé(e)s	vous	serez	tombé(e)s
ils, elles	sont	tombé(e)s	ils, elles	étaient	tombé(e)s	ils, elles	furent	tombé(e)s	ils, elles	seront	tombé(e)s

CONDITIONNEL

PRÉSENT		PASSÉ		
je	tomberais	je	serais	tombé(e)
tu	tomberais	tu	serais	tombé(e)
il, elle	tomberait	il, elle	serait	tombé(e)
nous	tomberions	nous	serions	tombé(e)s
vous	tomberiez	vous	seriez	tombé(e)s
ils, elles	tomberaient	ils, elles	seraient	tombé(e)s

SUBJONCTIF

PRÉSENT		PASSÉ		
que je	tombe	que je	sois	tombé(e)
que tu	tombes	que tu	sois	tombé(e)
qu'il, elle	tombe	qu'il, elle	soit	tombé(e)
que nous	tombions	que nous	soyons	tombé(e)s
que vous	tombiez	que vous	soyez	tombé(e)s
qu'ils, elles	tombent	qu'ils, elles	soient	tombé(e)s

IMPÉRATIF

PRÉSENT	PASSÉ	
tombe	sois	tombé(e)
tombons	soyons	tombé(e)s
tombez	soyez	tombé(e)s

IMPARFAIT		PLUS-QUE-PARFAIT		
que je	tombasse	que je	fusse	tombé(e)
que tu	tombasses	que tu	fusses	tombé(e)
qu'il, elle	tombât	qu'il, elle	fût	tombé(e)
que nous	tombassions	que nous	fussions	tombé(e)s
que vous	tombassiez	que vous	fussiez	tombé(e)s
qu'ils, elles	tombassent	qu'ils, elles	fussent	tombé(e)s

INFINITIF

PRÉSENT	PASSÉ
tomber	être tombé(e)

PARTICIPE

PRÉSENT	PASSÉ
tombant	tombé(e), étant tombé(e)

Travailler • 1er groupe

▶ Le verbe que vous cherchez se termine par ...*iller.*

- *Travailler* a un seul radical : travaill... C'est un verbe transitif et intransitif.
- À l'imparfait de l'indicatif et au présent du subjonctif, les ll sont suivis du i aux deux premières personnes du pluriel : nous travaillions.
- Aux temps composés, il se conjugue avec l'auxiliaire *avoir*.

INDICATIF

PRÉSENT		IMPARFAIT		PASSÉ SIMPLE		FUTUR SIMPLE	
je	travaille	je	travaillais	je	travaillai	je	travaillerai
tu	travailles	tu	travaillais	tu	travaillas	tu	travailleras
il, elle	travaille	il, elle	travaillait	il, elle	travailla	il, elle	travaillera
nous	travaillons	nous	travaillions	nous	travaillâmes	nous	travaillerons
vous	travaillez	vous	travailliez	vous	travaillâtes	vous	travaillerez
ils, elles	travaillent	ils, elles	travaillaient	ils, elles	travaillèrent	ils, elles	travailleront

PASSÉ COMPOSÉ			PLUS-QUE-PARFAIT			PASSÉ ANTÉRIEUR			FUTUR ANTÉRIEUR		
j'	ai	travaillé	j'	avais	travaillé	j'	eus	travaillé	j'	aurai	travaillé
tu	as	travaillé	tu	avais	travaillé	tu	eus	travaillé	tu	auras	travaillé
il, elle	a	travaillé	il, elle	avait	travaillé	il, elle	eut	travaillé	il, elle	aura	travaillé
nous	avons	travaillé	nous	avions	travaillé	nous	eûmes	travaillé	nous	aurons	travaillé
vous	avez	travaillé	vous	aviez	travaillé	vous	eûtes	travaillé	vous	aurez	travaillé
ils, elles	ont	travaillé	ils, elles	avaient	travaillé	ils, elles	eurent	travaillé	ils, elles	auront	travaillé

CONDITIONNEL

PRÉSENT		PASSÉ		
je	travaillerais	j'	aurais	travaillé
tu	travaillerais	tu	aurais	travaillé
il, elle	travaillerait	il, elle	aurait	travaillé
nous	travaillerions	nous	aurions	travaillé
vous	travailleriez	vous	auriez	travaillé
ils, elles	travailleraient	ils, elles	auraient	travaillé

IMPÉRATIF

PRÉSENT	PASSÉ	
travaille	aie	travaillé
travaillons	ayons	travaillé
travaillez	ayez	travaillé

INFINITIF

PRÉSENT	PASSÉ
travailler	avoir travaillé

SUBJONCTIF

PRÉSENT		PASSÉ		
que je	travaille	que j'	aie	travaillé
que tu	travailles	que tu	aies	travaillé
qu'il, elle	travaille	qu'il, elle	ait	travaillé
que nous	travaillions	que nous	ayons	travaillé
que vous	travailliez	que vous	ayez	travaillé
qu'ils, elles	travaillent	qu'ils, elles	aient	travaillé

IMPARFAIT		PLUS-QUE-PARFAIT		
que je	travaillasse	que j'	eusse	travaillé
que tu	travaillasses	que tu	eusses	travaillé
qu'il, elle	travaillât	qu'il, elle	eût	travaillé
que nous	travaillassions	que nous	eussions	travaillé
que vous	travaillassiez	que vous	eussiez	travaillé
qu'ils, elles	travaillassent	qu'ils, elles	eussent	travaillé

PARTICIPE

PRÉSENT	PASSÉ
travaillant	travaillé(e), ayant travaillé

Finir • 2e groupe

▶ Le verbe que vous cherchez se conjugue comme *finir*.

- *Finir* a deux radicaux : fin... et finiss... C'est un verbe intransitif et transitif.
- Attention ! Il présente les mêmes formes aux trois personnes du singulier du présent et du passé simple de l'indicatif.
- Aux temps composés, il se conjugue avec l'auxiliaire **avoir**.

INDICATIF

PRÉSENT		IMPARFAIT		PASSÉ SIMPLE		FUTUR SIMPLE	
je	finis	je	finissais	je	finis	je	finirai
tu	finis	tu	finissais	tu	finis	tu	finiras
il, elle	finit	il, elle	finissait	il, elle	finit	il, elle	finira
nous	finissons	nous	finissions	nous	finîmes	nous	finirons
vous	finissez	vous	finissiez	vous	finîtes	vous	finirez
ils, elles	finissent	ils, elles	finissaient	ils, elles	finirent	ils, elles	finiront

PASSÉ COMPOSÉ			PLUS-QUE-PARFAIT			PASSÉ ANTÉRIEUR			FUTUR ANTÉRIEUR		
j'	ai	fini	j'	avais	fini	j'	eus	fini	j'	aurai	fini
tu	as	fini	tu	avais	fini	tu	eus	fini	tu	auras	fini
il, elle	a	fini	il, elle	avait	fini	il, elle	eut	fini	il, elle	aura	fini
nous	avons	fini	nous	avions	fini	nous	eûmes	fini	nous	aurons	fini
vous	avez	fini	vous	aviez	fini	vous	eûtes	fini	vous	aurez	fini
ils, elles	ont	fini	ils, elles	avaient	fini	ils, elles	eurent	fini	ils, elles	auront	fini

CONDITIONNEL

PRÉSENT		PASSÉ		
je	finirais	j'	aurais	fini
tu	finirais	tu	aurais	fini
il, elle	finirait	il, elle	aurait	fini
nous	finirions	nous	aurions	fini
vous	finiriez	vous	auriez	fini
ils, elles	finiraient	ils, elles	auraient	fini

IMPÉRATIF

PRÉSENT	PASSÉ	
finis	aie	fini
finissons	ayons	fini
finissez	ayez	fini

SUBJONCTIF

PRÉSENT		PASSÉ		
que je	finisse	que j'	aie	fini
que tu	finisses	que tu	aies	fini
qu'il, elle	finisse	qu'il, elle	ait	fini
que nous	finissions	que nous	ayons	fini
que vous	finissiez	que vous	ayez	fini
qu'ils, elles	finissent	qu'ils, elles	aient	fini

IMPARFAIT		PLUS-QUE-PARFAIT		
que je	finisse	que j'	eusse	fini
que tu	finisses	que tu	eusses	fini
qu'il, elle	finît	qu'il, elle	eût	fini
que nous	finissions	que nous	eussions	fini
que vous	finissiez	que vous	eussiez	fini
qu'ils, elles	finissent	qu'ils, elles	eussent	fini

INFINITIF

PRÉSENT	PASSÉ
finir	avoir fini

PARTICIPE

PRÉSENT	PASSÉ
finissant	fini(e), ayant fini

Haïr • 2ᵉ groupe

▶ *Haïr* est un verbe particulier.

- *Haïr* a deux radicaux : haï... et hai... C'est un verbe transitif.
- Au passé simple de l'indicatif aux deux premières personnes du pluriel, î devient ï : nous haïmes.
- Aux temps composés, il se conjugue avec l'auxiliaire **avoir**.

INDICATIF

PRÉSENT		IMPARFAIT		PASSÉ SIMPLE		FUTUR SIMPLE	
je	hais	je	haïssais	je	haïs	je	haïrai
tu	hais	tu	haïssais	tu	haïs	tu	haïras
il, elle	hait	il, elle	haïssait	il, elle	haït	il, elle	haïra
nous	haïssons	nous	haïssions	nous	haïmes	nous	haïrons
vous	haïssez	vous	haïssiez	vous	haïtes	vous	haïrez
ils, elles	haïssent	ils, elles	haïssaient	ils, elles	haïrent	ils, elles	haïront

PASSÉ COMPOSÉ			PLUS-QUE-PARFAIT			PASSÉ ANTÉRIEUR			FUTUR ANTÉRIEUR		
j'	ai	haï	j'	avais	haï	j'	eus	haï	j'	aurai	haï
tu	as	haï	tu	avais	haï	tu	eus	haï	tu	auras	haï
il, elle	a	haï	il, elle	avait	haï	il, elle	eut	haï	il, elle	aura	haï
nous	avons	haï	nous	avions	haï	nous	eûmes	haï	nous	aurons	haï
vous	avez	haï	vous	aviez	haï	vous	eûtes	haï	vous	aurez	haï
ils, elles	ont	haï	ils, elles	avaient	haï	ils, elles	eurent	haï	ils, elles	auront	haï

CONDITIONNEL

PRÉSENT		PASSÉ		
je	haïrais	j'	aurais	haï
tu	haïrais	tu	aurais	haï
il, elle	haïrait	il, elle	aurait	haï
nous	haïrions	nous	aurions	haï
vous	haïriez	vous	auriez	haï
ils, elles	haïraient	ils, elles	auraient	haï

IMPÉRATIF

PRÉSENT	PASSÉ	
hais	aie	haï
haïssons	ayons	haï
haïssez	ayez	haï

SUBJONCTIF

PRÉSENT		PASSÉ		
que je	haïsse	que j'	aie	haï
que tu	haïsses	que tu	aies	haï
qu'il, elle	haïsse	qu'il, elle	ait	haï
que nous	haïssions	que nous	ayons	haï
que vous	haïssiez	que vous	ayez	haï
qu'ils, elles	haïssent	qu'ils, elles	aient	haï

IMPARFAIT		PLUS-QUE-PARFAIT		
que je	haïsse	que j'	eusse	haï
que tu	haïsses	que tu	eusses	haï
qu'il, elle	haït	qu'il, elle	eût	haï
que nous	haïssions	que nous	eussions	haï
que vous	haïssiez	que vous	eussiez	haï
qu'ils, elles	haïssent	qu'ils, elles	eussent	haï

INFINITIF

PRÉSENT	PASSÉ
haïr	avoir haï

PARTICIPE

PRÉSENT	PASSÉ
haïssant	haï(e), ayant haï

Accroître • 3e groupe

▶ Le verbe que vous cherchez se termine par ...*croître*.

- *Accroître* a plusieurs radicaux : j'accrois, j'accroissais, j'accrus, j'accroîtrai.
- Aux temps composés, il se conjugue avec l'auxiliaire *avoir*.
- C'est un verbe transitif.

INDICATIF

PRÉSENT		IMPARFAIT		PASSÉ SIMPLE		FUTUR SIMPLE	
j'	accrois	j'	accroissais	j'	accrus	j'	accroîtrai
tu	accrois	tu	accroissais	tu	accrus	tu	accroîtras
il, elle	accroît	il, elle	accroissait	il, elle	accrut	il, elle	accroîtra
nous	accroissons	nous	accroissions	nous	accrûmes	nous	accroîtrons
vous	accroissez	vous	accroissiez	vous	accrûtes	vous	accroîtrez
ils, elles	accroissent	ils, elles	accroissaient	ils, elles	accrurent	ils, elles	accroîtront

PASSÉ COMPOSÉ			PLUS-QUE-PARFAIT			PASSÉ ANTÉRIEUR			FUTUR ANTÉRIEUR		
j'	ai	accru	j'	avais	accru	j'	eus	accru	j'	aurai	accru
tu	as	accru	tu	avais	accru	tu	eus	accru	tu	auras	accru
il, elle	a	accru	il, elle	avait	accru	il, elle	eut	accru	il, elle	aura	accru
nous	avons	accru	nous	avions	accru	nous	eûmes	accru	nous	aurons	accru
vous	avez	accru	vous	aviez	accru	vous	eûtes	accru	vous	aurez	accru
ils, elles	ont	accru	ils, elles	avaient	accru	ils, elles	eurent	accru	ils, elles	auront	accru

CONDITIONNEL

PRÉSENT		PASSÉ		
j'	accroîtrais	j'	aurais	accru
tu	accroîtrais	tu	aurais	accru
il, elle	accroîtrait	il, elle	aurait	accru
nous	accroîtrions	nous	aurions	accru
vous	accroîtriez	vous	auriez	accru
ils, elles	accroîtraient	ils, elles	auraient	accru

IMPÉRATIF

PRÉSENT	PASSÉ	
accrois	aie	accru
accroissons	ayons	accru
accroissez	ayez	accru

SUBJONCTIF

PRÉSENT		PASSÉ		
que j'	accroisse	que j'	aie	accru
que tu	accroisses	que tu	aies	accru
qu'il, elle	accroisse	qu'il, elle	ait	accru
que nous	accroissions	que nous	ayons	accru
que vous	accroissiez	que vous	ayez	accru
qu'ils, elles	accroissent	qu'ils, elles	aient	accru

IMPARFAIT		PLUS-QUE-PARFAIT		
que j'	accrusse	que j'	eusse	accru
que tu	accrusses	que tu	eusses	accru
qu'il, elle	accrût	qu'il, elle	eût	accru
que nous	accrussions	que nous	eussions	accru
que vous	accrussiez	que vous	eussiez	accru
qu'ils, elles	accrussent	qu'ils, elles	eussent	accru

INFINITIF

PRÉSENT	PASSÉ
accroître	avoir accru

PARTICIPE

PRÉSENT	PASSÉ
accroissant	accru(e), ayant accru

Acquérir · 3e groupe

▶ Le verbe que vous cherchez se termine par ...*quérir*.

- *Acquérir* a plusieurs radicaux : j'**acquiers**, j'**acquérais**, j'**acquerrai**, j'**acquis**, que j'**acquière**.
- Aux temps composés, il se conjugue avec l'auxiliaire **avoir**.
- C'est un verbe transitif.

INDICATIF

PRÉSENT		IMPARFAIT		PASSÉ SIMPLE		FUTUR SIMPLE	
j'	acquiers	j'	acquérais	j'	acquis	j'	acquerrai
tu	acquiers	tu	acquérais	tu	acquis	tu	acquerras
il, elle	acquiert	il, elle	acquérait	il, elle	acquit	il, elle	acquerra
nous	acquérons	nous	acquérions	nous	acquîmes	nous	acquerrons
vous	acquérez	vous	acquériez	vous	acquîtes	vous	acquerrez
ils, elles	acquièrent	ils, elles	acquéraient	ils, elles	acquirent	ils, elles	acquerront

PASSÉ COMPOSÉ			PLUS-QUE-PARFAIT			PASSÉ ANTÉRIEUR			FUTUR ANTÉRIEUR		
j'	ai	acquis	j'	avais	acquis	j'	eus	acquis	j'	aurai	acquis
tu	as	acquis	tu	avais	acquis	tu	eus	acquis	tu	auras	acquis
il, elle	a	acquis	il, elle	avait	acquis	il, elle	eut	acquis	il, elle	aura	acquis
nous	avons	acquis	nous	avions	acquis	nous	eûmes	acquis	nous	aurons	acquis
vous	avez	acquis	vous	aviez	acquis	vous	eûtes	acquis	vous	aurez	acquis
ils, elles	ont	acquis	ils, elles	avaient	acquis	ils, elles	eurent	acquis	ils, elles	auront	acquis

CONDITIONNEL

PRÉSENT		PASSÉ		
j'	acquerrais	j'	aurais	acquis
tu	acquerrais	tu	aurais	acquis
il, elle	acquerrait	il, elle	aurait	acquis
nous	acquerrions	nous	aurions	acquis
vous	acquerriez	vous	auriez	acquis
ils, elles	acquerraient	ils, elles	auraient	acquis

IMPÉRATIF

PRÉSENT	PASSÉ	
acquiers	aie	acquis
acquérons	ayons	acquis
acquérez	ayez	acquis

SUBJONCTIF

PRÉSENT		PASSÉ		
que j'	acquière	que j'	aie	acquis
que tu	acquières	que tu	aies	acquis
qu'il, elle	acquière	qu'il, elle	ait	acquis
que nous	acquérions	que nous	ayons	acquis
que vous	acquériez	que vous	ayez	acquis
qu'ils, elles	acquièrent	qu'ils, elles	aient	acquis

IMPARFAIT		PLUS-QUE-PARFAIT		
que j'	acquisse	que j'	eusse	acquis
que tu	acquisses	que tu	eusses	acquis
qu'il, elle	acquît	qu'il, elle	eût	acquis
que nous	acquissions	que nous	eussions	acquis
que vous	acquissiez	que vous	eussiez	acquis
qu'ils, elles	acquissent	qu'ils, elles	eussent	acquis

INFINITIF

PRÉSENT	PASSÉ
acquérir	avoir acquis

PARTICIPE

PRÉSENT	PASSÉ
acquérant	acquis(e), ayant acquis

Aller · 3e groupe

▶ *Aller* est un verbe particulier.

- *Aller* a quatre radicaux : je **v**ais, j'**all**ais, j'**ir**ai, que j'**aill**e.
- Aux temps composés, il se conjugue avec l'auxiliaire **être**.
- C'est un verbe intransitif.

INDICATIF

PRÉSENT		IMPARFAIT		PASSÉ SIMPLE		FUTUR SIMPLE	
je	vais	j'	allais	j'	allai	j'	irai
tu	vas	tu	allais	tu	allas	tu	iras
il, elle	va	il, elle	allait	il, elle	alla	il, elle	ira
nous	allons	nous	allions	nous	allâmes	nous	irons
vous	allez	vous	alliez	vous	allâtes	vous	irez
ils, elles	vont	ils, elles	allaient	ils, elles	allèrent	ils, elles	iront

PASSÉ COMPOSÉ			PLUS-QUE-PARFAIT			PASSÉ ANTÉRIEUR			FUTUR ANTÉRIEUR		
je	suis	allé(e)	j'	étais	allé(e)	je	fus	allé(e)	je	serai	allé(e)
tu	es	allé(e)	tu	étais	allé(e)	tu	fus	allé(e)	tu	seras	allé(e)
il, elle	est	allé(e)	il, elle	était	allé(e)	il, elle	fut	allé(e)	il, elle	sera	allé(e)
nous	sommes	allé(e)s	nous	étions	allé(e)s	nous	fûmes	allé(e)s	nous	serons	allé(e)s
vous	êtes	allé(e)s	vous	étiez	allé(e)s	vous	fûtes	allé(e)s	vous	serez	allé(e)s
ils, elles	sont	allé(e)s	ils, elles	étaient	allé(e)s	ils, elles	furent	allé(e)s	ils, elles	seront	allé(e)s

CONDITIONNEL

PRÉSENT		PASSÉ		
j'	irais	je	serais	allé(e)
tu	irais	tu	serais	allé(e)
il, elle	irait	il, elle	serait	allé(e)
nous	irions	nous	serions	allé(e)s
vous	iriez	vous	seriez	allé(e)s
ils, elles	iraient	ils, elles	seraient	allé(e)s

IMPÉRATIF

PRÉSENT	PASSÉ	
va	sois	allé(e)
allons	soyons	allé(e)s
allez	soyez	allé(e)s

SUBJONCTIF

PRÉSENT		PASSÉ		
que j'	aille	que je	sois	allé(e)
que tu	ailles	que tu	sois	allé(e)
qu'il, elle	aille	qu'il, elle	soit	allé(e)
que nous	allions	que nous	soyons	allé(e)s
que vous	alliez	que vous	soyez	allé(e)s
qu'ils, elles	aillent	qu'ils, elles	soient	allé(e)s

IMPARFAIT		PLUS-QUE-PARFAIT		
que j'	allasse	que je	fusse	allé(e)
que tu	allasses	que tu	fusses	allé(e)
qu'il, elle	allât	qu'il, elle	fût	allé(e)
que nous	allassions	que nous	fussions	allé(e)s
que vous	allassiez	que vous	fussiez	allé(e)s
qu'ils, elles	allassent	qu'ils, elles	fussent	allé(e)s

INFINITIF

PRÉSENT	PASSÉ
aller	être allé(e)

PARTICIPE

PRÉSENT	PASSÉ
allant	allé(e), étant allé(e)

S'asseoir · 3e groupe

▶ Le verbe que vous cherchez se termine par ...*asseoir*.

- *S'asseoir* est un verbe pronominal. Il a deux radicaux possibles : je m'**assois**, je m'**assieds**. C'est un verbe intransitif.
- Aux temps composés, il se conjugue avec l'auxiliaire *être*.

INDICATIF

PRÉSENT	IMPARFAIT	PASSÉ SIMPLE	FUTUR SIMPLE
je m'assois/assieds	je m'assoyais/asseyais	je m'assis	je m'assoirai/assiérai
tu t'assois/assieds	tu t'assoyais/asseyais	tu t'assis	tu t'assoiras/assiéras
il, elle s'assoit/assied	il, elle s'assoyait/asseyait	il, elle s'assit	il, elle s'assoira/assiéra
nous nous assoyons/asseyons	nous nous assoyions/asseyions	nous nous assîmes	nous nous assoirons/assiérons
vous vous assoyez/asseyez	vous vous assoyiez/asseyiez	vous vous assîtes	vous vous assoirez/assiérez
ils, elles s'assoient/asseyent	ils, elles s'assoyaient/asseyaient	ils, elles s'assirent	ils, elles s'assoiront/assiéront

PASSÉ COMPOSÉ	PLUS-QUE-PARFAIT	PASSÉ ANTÉRIEUR	FUTUR ANTÉRIEUR
je me suis assis(e)	je m'étais assis(e)	je me fus assis(e)	je me serai assis(e)
tu t'es assis(e)	tu t'étais assis(e)	tu te fus assis(e)	tu te seras assis(e)
il, elle s'est assis(e)	il, elle s'était assis(e)	il, elle se fut assis(e)	il, elle se sera assis(e)
nous nous sommes assis(es)	nous nous étions assis(es)	nous nous fûmes assis(es)	nous nous serons assis(es)
vous vous êtes assis(es)	vous vous étiez assis(es)	vous vous fûtes assis(es)	vous vous serez assis(es)
ils, elles se sont assis(es)	ils, elles s'étaient assis(es)	ils, elles se furent assis(es)	ils, elles se seront assis(es)

CONDITIONNEL

PRÉSENT	PASSÉ
je m'assoirais/assiérais	je me serais assis(e)
tu t'assoirais/assiérais	tu te serais assis(e)
il, elle s'assoirait/assiérait	il, elle se serait assis(e)
nous nous assoirions/assiérions	nous nous serions assis(es)
vous vous assoiriez/assiériez	vous vous seriez assis(es)
ils, elles s'assoiraient/assiéraient	ils, elles se seraient assis(es)

IMPÉRATIF

PRÉSENT	PASSÉ
assois-toi/assieds-toi	–
assoyons-nous/asseyons-nous	
assoyez-vous/asseyez-vous	

INFINITIF

PRÉSENT	PASSÉ
s'asseoir	s'être assis(e)

SUBJONCTIF

PRÉSENT	PASSÉ
que je m'assoie/asseye	que je me sois assis(e)
que tu t'assoies/asseyes	que tu te sois assis(e)
qu'il, elle s'assoie/asseye	qu'il, elle se soit assis(e)
que nous nous assoyions/asseyions	que nous nous soyons assis(es)
que vous vous assoyiez/asseyiez	que vous vous soyez assis(es)
qu'ils, elles s'assoient/asseyent	qu'ils, elles se soient assis(es)

IMPARFAIT	PLUS-QUE-PARFAIT
que je m'assisse	que je me fusse assis(e)
que tu t'assisses	que tu te fusses assis(e)
qu'il, elle s'assît	qu'il, elle se fût assis(e)
que nous nous assissions	que nous nous fussions assis(es)
que vous vous assissiez	que vous vous fussiez assis(es)
qu'ils, elles s'assissent	qu'ils, elles se fussent assis(es)

PARTICIPE

PRÉSENT	PASSÉ
s'assoyant/s'asseyant	assis(e), s'étant assis(e)

CONJUGAISON · TABLEAUX

Battre • 3e groupe

▶ Le verbe que vous cherchez se termine par ...*battre*.

- *Battre* a deux radicaux : batt... et bat...
- Aux temps composés, il se conjugue avec l'auxiliaire ***avoir***.
- C'est un verbe transitif et intransitif.

INDICATIF

PRÉSENT		IMPARFAIT		PASSÉ SIMPLE		FUTUR SIMPLE	
je	bats	je	battais	je	battis	je	battrai
tu	bats	tu	battais	tu	battis	tu	battras
il, elle	bat	il, elle	battait	il, elle	battit	il, elle	battra
nous	battons	nous	battions	nous	battîmes	nous	battrons
vous	battez	vous	battiez	vous	battîtes	vous	battrez
ils, elles	battent	ils, elles	battaient	ils, elles	battirent	ils, elles	battront

PASSÉ COMPOSÉ			PLUS-QUE-PARFAIT			PASSÉ ANTÉRIEUR			FUTUR ANTÉRIEUR		
j'	ai	battu	j'	avais	battu	j'	eus	battu	j'	aurai	battu
tu	as	battu	tu	avais	battu	tu	eus	battu	tu	auras	battu
il, elle	a	battu	il, elle	avait	battu	il, elle	eut	battu	il, elle	aura	battu
nous	avons	battu	nous	avions	battu	nous	eûmes	battu	nous	aurons	battu
vous	avez	battu	vous	aviez	battu	vous	eûtes	battu	vous	aurez	battu
ils, elles	ont	battu	ils, elles	avaient	battu	ils, elles	eurent	battu	ils, elles	auront	battu

CONDITIONNEL

PRÉSENT		PASSÉ		
je	battrais	j'	aurais	battu
tu	battrais	tu	aurais	battu
il, elle	battrait	il, elle	aurait	battu
nous	battrions	nous	aurions	battu
vous	battriez	vous	auriez	battu
ils, elles	battraient	ils, elles	auraient	battu

SUBJONCTIF

PRÉSENT		PASSÉ		
que je	batte	que j'	aie	battu
que tu	battes	que tu	aies	battu
qu'il, elle	batte	qu'il, elle	ait	battu
que nous	battions	que nous	ayons	battu
que vous	battiez	que vous	ayez	battu
qu'ils, elles	battent	qu'ils, elles	aient	battu

IMPARFAIT		PLUS-QUE-PARFAIT		
que je	battisse	que j'	eusse	battu
que tu	battisses	que tu	eusses	battu
qu'il, elle	battît	qu'il, elle	eût	battu
que nous	battissions	que nous	eussions	battu
que vous	battissiez	que vous	eussiez	battu
qu'ils, elles	battissent	qu'ils, elles	eussent	battu

IMPÉRATIF

PRÉSENT	PASSÉ	
bats	aie	battu
battons	ayons	battu
battez	ayez	battu

INFINITIF

PRÉSENT	PASSÉ
battre	avoir battu

PARTICIPE

PRÉSENT	PASSÉ
battant	battu(e), ayant battu

Boire • 3ᵉ groupe

▶ *Boire* est un verbe particulier.

- *Boire* a quatre radicaux : je **bois**, je **buvais**, je **bus**, que je **boive**.
- Aux temps composés, il se conjugue avec l'auxiliaire ***avoir***.
- C'est un verbe transitif.

INDICATIF

PRÉSENT		IMPARFAIT		PASSÉ SIMPLE		FUTUR SIMPLE	
je	bois	je	buvais	je	bus	je	boirai
tu	bois	tu	buvais	tu	bus	tu	boiras
il, elle	boit	il, elle	buvait	il, elle	but	il, elle	boira
nous	buvons	nous	buvions	nous	bûmes	nous	boirons
vous	buvez	vous	buviez	vous	bûtes	vous	boirez
ils, elles	boivent	ils, elles	buvaient	ils, elles	burent	ils, elles	boiront

PASSÉ COMPOSÉ			PLUS-QUE-PARFAIT			PASSÉ ANTÉRIEUR			FUTUR ANTÉRIEUR		
j'	ai	bu	j'	avais	bu	j'	eus	bu	j'	aurai	bu
tu	as	bu	tu	avais	bu	tu	eus	bu	tu	auras	bu
il, elle	a	bu	il, elle	avait	bu	il, elle	eut	bu	il, elle	aura	bu
nous	avons	bu	nous	avions	bu	nous	eûmes	bu	nous	aurons	bu
vous	avez	bu	vous	aviez	bu	vous	eûtes	bu	vous	aurez	bu
ils, elles	ont	bu	ils, elles	avaient	bu	ils, elles	eurent	bu	ils, elles	auront	bu

CONDITIONNEL

PRÉSENT		PASSÉ		
je	boirais	j'	aurais	bu
tu	boirais	tu	aurais	bu
il, elle	boirait	il, elle	aurait	bu
nous	boirions	nous	aurions	bu
vous	boiriez	vous	auriez	bu
ils, elles	boiraient	ils, elles	auraient	bu

SUBJONCTIF

PRÉSENT		PASSÉ		
que je	boive	que j'	aie	bu
que tu	boives	que tu	aies	bu
qu'il, elle	boive	qu'il, elle	ait	bu
que nous	buvions	que nous	ayons	bu
que vous	buviez	que vous	ayez	bu
qu'ils, elles	boivent	qu'ils, elles	aient	bu

IMPARFAIT		PLUS-QUE-PARFAIT		
que je	busse	que j'	eusse	bu
que tu	busses	que tu	eusses	bu
qu'il, elle	bût	qu'il, elle	eût	bu
que nous	bussions	que nous	eussions	bu
que vous	bussiez	que vous	eussiez	bu
qu'ils, elles	bussent	qu'ils, elles	eussent	bu

IMPÉRATIF

PRÉSENT	PASSÉ	
bois	aie	bu
buvons	ayons	bu
buvez	ayez	bu

INFINITIF

PRÉSENT	PASSÉ
boire	avoir bu

PARTICIPE

PRÉSENT	PASSÉ
buvant	bu(e), ayant bu

CONJUGAISON • TABLEAUX

Bouillir • 3ᵉ groupe

▶ Le verbe que vous cherchez se termine par ...*bouillir*.

- *Bouillir* a trois radicaux : je **bous**, je **bouillais**, je **bouillirai**.
- À l'imparfait de l'indicatif et au présent du subjonctif, les **ll** sont suivis de **i** aux deux premières personnes du pluriel : nous bouillions. Il est transitif direct et intransitif.
- Aux temps composés, il se conjugue avec l'auxiliaire ***avoir***.

INDICATIF

PRÉSENT		IMPARFAIT		PASSÉ SIMPLE		FUTUR SIMPLE	
je	bous	je	bouillais	je	bouillis	je	bouillirai
tu	bous	tu	bouillais	tu	bouillis	tu	bouilliras
il, elle	bout	il, elle	bouillait	il, elle	bouillit	il, elle	bouillira
nous	bouillons	nous	bouillions	nous	bouillîmes	nous	bouillirons
vous	bouillez	vous	bouilliez	vous	bouillîtes	vous	bouillirez
ils, elles	bouillent	ils, elles	bouillaient	ils, elles	bouillirent	ils, elles	bouilliront

PASSÉ COMPOSÉ			PLUS-QUE-PARFAIT			PASSÉ ANTÉRIEUR			FUTUR ANTÉRIEUR		
j'	ai	bouilli	j'	avais	bouilli	j'	eus	bouilli	j'	aurai	bouilli
tu	as	bouilli	tu	avais	bouilli	tu	eus	bouilli	tu	auras	bouilli
il, elle	a	bouilli	il, elle	avait	bouilli	il, elle	eut	bouilli	il, elle	aura	bouilli
nous	avons	bouilli	nous	avions	bouilli	nous	eûmes	bouilli	nous	aurons	bouilli
vous	avez	bouilli	vous	aviez	bouilli	vous	eûtes	bouilli	vous	aurez	bouilli
ils, elles	ont	bouilli	ils, elles	avaient	bouilli	ils, elles	eurent	bouilli	ils, elles	auront	bouilli

CONDITIONNEL

PRÉSENT		PASSÉ		
je	bouillirais	j'	aurais	bouilli
tu	bouillirais	tu	aurais	bouilli
il, elle	bouillirait	il, elle	aurait	bouilli
nous	bouillirions	nous	aurions	bouilli
vous	bouilliriez	vous	auriez	bouilli
ils, elles	bouilliraient	ils, elles	auraient	bouilli

SUBJONCTIF

PRÉSENT		PASSÉ		
que je	bouille	que j'	aie	bouilli
que tu	bouilles	que tu	aies	bouilli
qu'il, elle	bouille	qu'il, elle	ait	bouilli
que nous	bouillions	que nous	ayons	bouilli
que vous	bouilliez	que vous	ayez	bouilli
qu'ils, elles	bouillent	qu'ils, elles	aient	bouilli

IMPÉRATIF

PRÉSENT	PASSÉ	
bous	aie	bouilli
bouillons	ayons	bouilli
bouillez	ayez	bouilli

IMPARFAIT		PLUS-QUE-PARFAIT		
que je	bouillisse	que j'	eusse	bouilli
que tu	bouillisses	que tu	eusses	bouilli
qu'il, elle	bouillît	qu'il, elle	eût	bouilli
que nous	bouillissions	que nous	eussions	bouilli
que vous	bouillissiez	que vous	eussiez	bouilli
qu'ils, elles	bouillissent	qu'ils, elles	eussent	bouilli

INFINITIF

PRÉSENT	PASSÉ
bouillir	avoir bouilli

PARTICIPE

PRÉSENT	PASSÉ
bouillant	bouilli(e), ayant bouilli

Conclure · 3e groupe

▶ Le verbe que vous cherchez se termine par ...*clure*.

- *Conclure* a un seul radical : conclu... C'est un verbe transitif direct et indirect.
- Attention ! Au présent et au passé simple de l'indicatif, il présente les mêmes formes aux trois personnes du singulier.
- Aux temps composés, il se conjugue avec l'auxiliaire **avoir**.

INDICATIF

PRÉSENT		IMPARFAIT		PASSÉ SIMPLE		FUTUR SIMPLE	
je	conclus	je	concluais	je	conclus	je	conclurai
tu	conclus	tu	concluais	tu	conclus	tu	concluras
il, elle	conclut	il, elle	concluait	il, elle	conclut	il, elle	conclura
nous	concluons	nous	concluions	nous	conclûmes	nous	conclurons
vous	concluez	vous	concluiez	vous	conclûtes	vous	conclurez
ils, elles	concluent	ils, elles	concluaient	ils, elles	conclurent	ils, elles	concluront

PASSÉ COMPOSÉ			PLUS-QUE-PARFAIT			PASSÉ ANTÉRIEUR			FUTUR ANTÉRIEUR		
j'	ai	conclu	j'	avais	conclu	j'	eus	conclu	j'	aurai	conclu
tu	as	conclu	tu	avais	conclu	tu	eus	conclu	tu	auras	conclu
il, elle	a	conclu	il, elle	avait	conclu	il, elle	eut	conclu	il, elle	aura	conclu
nous	avons	conclu	nous	avions	conclu	nous	eûmes	conclu	nous	aurons	conclu
vous	avez	conclu	vous	aviez	conclu	vous	eûtes	conclu	vous	aurez	conclu
ils, elles	ont	conclu	ils, elles	avaient	conclu	ils, elles	eurent	conclu	ils, elles	auront	conclu

CONDITIONNEL

PRÉSENT		PASSÉ		
je	conclurais	j'	aurais	conclu
tu	conclurais	tu	aurais	conclu
il, elle	conclurait	il, elle	aurait	conclu
nous	conclurions	nous	aurions	conclu
vous	conclureriez	vous	auriez	conclu
ils, elles	concluraient	ils, elles	auraient	conclu

SUBJONCTIF

PRÉSENT		PASSÉ		
que je	conclue	que j'	aie	conclu
que tu	conclues	que tu	aies	conclu
qu'il, elle	conclue	qu'il, elle	ait	conclu
que nous	concluions	que nous	ayons	conclu
que vous	concluiez	que vous	ayez	conclu
qu'ils, elles	concluent	qu'ils, elles	aient	conclu

IMPARFAIT		PLUS-QUE-PARFAIT		
que je	conclusse	que j'	eusse	conclu
que tu	conclusses	que tu	eusses	conclu
qu'il, elle	conclût	qu'il, elle	eût	conclu
que nous	conclussions	que nous	eussions	conclu
que vous	conclussiez	que vous	eussiez	conclu
qu'ils, elles	conclussent	qu'ils, elles	eussent	conclu

IMPÉRATIF

PRÉSENT	PASSÉ	
conclus	aie	conclu
concluons	ayons	conclu
concluez	ayez	conclu

INFINITIF

PRÉSENT	PASSÉ
conclure	avoir conclu

PARTICIPE

PRÉSENT	PASSÉ
concluant	conclu(e), ayant conclu

Conduire · 3e groupe

▶ Le verbe que vous cherchez se termine par ...*uire*.

- *Conduire* a deux radicaux : condui... et conduis...
- Aux temps composés, il se conjugue avec l'auxiliaire *avoir*.
- C'est un verbe transitif.

INDICATIF

PRÉSENT		IMPARFAIT		PASSÉ SIMPLE		FUTUR SIMPLE	
je	conduis	je	conduisais	je	conduisis	je	conduirai
tu	conduis	tu	conduisais	tu	conduisis	tu	conduiras
il, elle	conduit	il, elle	conduisait	il, elle	conduisit	il, elle	conduira
nous	conduisons	nous	conduisions	nous	conduisîmes	nous	conduirons
vous	conduisez	vous	conduisiez	vous	conduisîtes	vous	conduirez
ils, elles	conduisent	ils, elles	conduisaient	ils, elles	conduisirent	ils, elles	conduiront

PASSÉ COMPOSÉ			PLUS-QUE-PARFAIT			PASSÉ ANTÉRIEUR			FUTUR ANTÉRIEUR		
j'	ai	conduit	j'	avais	conduit	j'	eus	conduit	j'	aurai	conduit
tu	as	conduit	tu	avais	conduit	tu	eus	conduit	tu	auras	conduit
il, elle	a	conduit	il, elle	avait	conduit	il, elle	eut	conduit	il, elle	aura	conduit
nous	avons	conduit	nous	avions	conduit	nous	eûmes	conduit	nous	aurons	conduit
vous	avez	conduit	vous	aviez	conduit	vous	eûtes	conduit	vous	aurez	conduit
ils, elles	ont	conduit	ils, elles	avaient	conduit	ils, elles	eurent	conduit	ils, elles	auront	conduit

CONDITIONNEL

PRÉSENT		PASSÉ		
je	conduirais	j'	aurais	conduit
tu	conduirais	tu	aurais	conduit
il, elle	conduirait	il, elle	aurait	conduit
nous	conduirions	nous	aurions	conduit
vous	conduiriez	vous	auriez	conduit
ils, elles	conduiraient	ils, elles	auraient	conduit

SUBJONCTIF

PRÉSENT		PASSÉ		
que je	conduise	que j'	aie	conduit
que tu	conduises	que tu	aies	conduit
qu'il, elle	conduise	qu'il, elle	ait	conduit
que nous	conduisions	que nous	ayons	conduit
que vous	conduisiez	que vous	ayez	conduit
qu'ils, elles	conduisent	qu'ils, elles	aient	conduit

IMPARFAIT		PLUS-QUE-PARFAIT		
que je	conduisisse	que j'	eusse	conduit
que tu	conduisisses	que tu	eusses	conduit
qu'il, elle	conduisît	qu'il, elle	eût	conduit
que nous	conduisissions	que nous	eussions	conduit
que vous	conduisissiez	que vous	eussiez	conduit
qu'ils, elles	conduisissent	qu'ils, elles	eussent	conduit

IMPÉRATIF

PRÉSENT	PASSÉ	
conduis	aie	conduit
conduisons	ayons	conduit
conduisez	ayez	conduit

INFINITIF

PRÉSENT	PASSÉ
conduire	avoir conduit

PARTICIPE

PRÉSENT	PASSÉ
conduisant	conduit(e), ayant conduit

Connaître · 3e groupe

▶ Le verbe que vous cherchez se termine par ...*aître*.

- *Connaître* a quatre radicaux : je **connais**, je **connaissais**, je **connus**, je **connaîtrai**.
- Aux temps composés, il se conjugue avec l'auxiliaire ***avoir***.
- C'est un verbe transitif.

INDICATIF

PRÉSENT		IMPARFAIT		PASSÉ SIMPLE		FUTUR SIMPLE	
je	connais	je	connaissais	je	connus	je	connaîtrai
tu	connais	tu	connaissais	tu	connus	tu	connaîtras
il, elle	connaît	il, elle	connaissait	il, elle	connut	il, elle	connaîtra
nous	connaissons	nous	connaissions	nous	connûmes	nous	connaîtrons
vous	connaissez	vous	connaissiez	vous	connûtes	vous	connaîtrez
ils, elles	connaissent	ils, elles	connaissaient	ils, elles	connurent	ils, elles	connaîtront

PASSÉ COMPOSÉ			PLUS-QUE-PARFAIT			PASSÉ ANTÉRIEUR			FUTUR ANTÉRIEUR		
j'	ai	connu	j'	avais	connu	j'	eus	connu	j'	aurai	connu
tu	as	connu	tu	avais	connu	tu	eus	connu	tu	auras	connu
il, elle	a	connu	il, elle	avait	connu	il, elle	eut	connu	il, elle	aura	connu
nous	avons	connu	nous	avions	connu	nous	eûmes	connu	nous	aurons	connu
vous	avez	connu	vous	aviez	connu	vous	eûtes	connu	vous	aurez	connu
ils, elles	ont	connu	ils, elles	avaient	connu	ils, elles	eurent	connu	ils, elles	auront	connu

CONDITIONNEL

PRÉSENT		PASSÉ		
je	connaîtrais	j'	aurais	connu
tu	connaîtrais	tu	aurais	connu
il, elle	connaîtrait	il, elle	aurait	connu
nous	connaîtrions	nous	aurions	connu
vous	connaîtriez	vous	auriez	connu
ils, elles	connaîtraient	ils, elles	auraient	connu

IMPÉRATIF

PRÉSENT	PASSÉ	
connais	aie	connu
connaissons	ayons	connu
connaissez	ayez	connu

INFINITIF

PRÉSENT	PASSÉ
connaître	avoir connu

SUBJONCTIF

PRÉSENT		PASSÉ		
que je	connaisse	que j'	aie	connu
que tu	connaisses	que tu	aies	connu
qu'il, elle	connaisse	qu'il, elle	ait	connu
que nous	connaissions	que nous	ayons	connu
que vous	connaissiez	que vous	ayez	connu
qu'ils, elles	connaissent	qu'ils, elles	aient	connu

IMPARFAIT		PLUS-QUE-PARFAIT		
que je	connusse	que j'	eusse	connu
que tu	connusses	que tu	eusses	connu
qu'il, elle	connût	qu'il, elle	eût	connu
que nous	connussions	que nous	eussions	connu
que vous	connussiez	que vous	eussiez	connu
qu'ils, elles	connussent	qu'ils, elles	eussent	connu

PARTICIPE

PRÉSENT	PASSÉ
connaissant	connu(e), ayant connu

Construire • 3ᵉ groupe

▶ Le verbe que vous cherchez se termine par ...*truire*.

- *Construire* a deux radicaux : construi... et construis...
- Aux temps composés, il se conjugue avec l'auxiliaire *avoir*.
- C'est un verbe transitif.

INDICATIF

PRÉSENT		IMPARFAIT		PASSÉ SIMPLE		FUTUR SIMPLE	
je	construis	je	construisais	je	construisis	je	construirai
tu	construis	tu	construisais	tu	construisis	tu	construiras
il, elle	construit	il, elle	construisait	il, elle	construisit	il, elle	construira
nous	construisons	nous	construisions	nous	construisîmes	nous	construirons
vous	construisez	vous	construisiez	vous	construisîtes	vous	construirez
ils, elles	construisent	ils, elles	construisaient	ils, elles	construisirent	ils, elles	construiront

PASSÉ COMPOSÉ			PLUS-QUE-PARFAIT			PASSÉ ANTÉRIEUR			FUTUR ANTÉRIEUR		
j'	ai	construit	j'	avais	construit	j'	eus	construit	j'	aurai	construit
tu	as	construit	tu	avais	construit	tu	eus	construit	tu	auras	construit
il, elle	a	construit	il, elle	avait	construit	il, elle	eut	construit	il, elle	aura	construit
nous	avons	construit	nous	avions	construit	nous	eûmes	construit	nous	aurons	construit
vous	avez	construit	vous	aviez	construit	vous	eûtes	construit	vous	aurez	construit
ils, elles	ont	construit	ils, elles	avaient	construit	ils, elles	eurent	construit	ils, elles	auront	construit

CONDITIONNEL

PRÉSENT		PASSÉ		
je	construirais	j'	aurais	construit
tu	construirais	tu	aurais	construit
il, elle	construirait	il, elle	aurait	construit
nous	construirions	nous	aurions	construit
vous	construiriez	vous	auriez	construit
ils, elles	construiraient	ils, elles	auraient	construit

IMPÉRATIF

PRÉSENT	PASSÉ	
construis	aie	construit
construisons	ayons	construit
construisez	ayez	construit

INFINITIF

PRÉSENT	PASSÉ
construire	avoir construit

SUBJONCTIF

PRÉSENT		PASSÉ		
que je	construise	que j'	aie	construit
que tu	construises	que tu	aies	construit
qu'il, elle	construise	qu'il, elle	ait	construit
que nous	construisions	que nous	ayons	construit
que vous	construisiez	que vous	ayez	construit
qu'ils, elles	construisent	qu'ils, elles	aient	construit

IMPARFAIT		PLUS-QUE-PARFAIT		
que je	construisisse	que j'	eusse	construit
que tu	construisisses	que tu	eusses	construit
qu'il, elle	construisît	qu'il, elle	eût	construit
que nous	construisissions	que nous	eussions	construit
que vous	construisissiez	que vous	eussiez	construit
qu'ils, elles	construisissent	qu'ils, elles	eussent	construit

PARTICIPE

PRÉSENT	PASSÉ
construisant	construit(e), ayant construit

Contredire • 3e groupe

▶ Le verbe que vous cherchez se termine par ...*dire*.

- *Contredire* a deux radicaux : contredi... et contredis... C'est un verbe transitif.
- Attention ! Au présent et au passé simple de l'indicatif, il présente les mêmes formes aux trois personnes du singulier.
- Aux temps composés, il se conjugue avec l'auxiliaire *avoir*.

INDICATIF

PRÉSENT		IMPARFAIT		PASSÉ SIMPLE		FUTUR SIMPLE	
je	contredis	je	contredisais	je	contredis	je	contredirai
tu	contredis	tu	contredisais	tu	contredis	tu	contrediras
il, elle	contredit	il, elle	contredisait	il, elle	contredit	il, elle	contredira
nous	contredisons	nous	contredisions	nous	contredîmes	nous	contredirons
vous	contredisez	vous	contredisiez	vous	contredîtes	vous	contredirez
ils, elles	contredisent	ils, elles	contredisaient	ils, elles	contredirent	ils, elles	contrediront

PASSÉ COMPOSÉ			PLUS-QUE-PARFAIT			PASSÉ ANTÉRIEUR			FUTUR ANTÉRIEUR		
j'	ai	contredit	j'	avais	contredit	j'	eus	contredit	j'	aurai	contredit
tu	as	contredit	tu	avais	contredit	tu	eus	contredit	tu	auras	contredit
il, elle	a	contredit	il, elle	avait	contredit	il, elle	eut	contredit	il, elle	aura	contredit
nous	avons	contredit	nous	avions	contredit	nous	eûmes	contredit	nous	aurons	contredit
vous	avez	contredit	vous	aviez	contredit	vous	eûtes	contredit	vous	aurez	contredit
ils, elles	ont	contredit	ils, elles	avaient	contredit	ils, elles	eurent	contredit	ils, elles	auront	contredit

CONDITIONNEL

PRÉSENT		PASSÉ		
je	contredirais	j'	aurais	contredit
tu	contredirais	tu	aurais	contredit
il, elle	contredirait	il, elle	aurait	contredit
nous	contredirions	nous	aurions	contredit
vous	contrediriez	vous	auriez	contredit
ils, elles	contrediraient	ils, elles	auraient	contredit

SUBJONCTIF

PRÉSENT		PASSÉ		
que je	contredise	que j'	aie	contredit
que tu	contredises	que tu	aies	contredit
qu'il, elle	contredise	qu'il, elle	ait	contredit
que nous	contredisions	que nous	ayons	contredit
que vous	contredisiez	que vous	ayez	contredit
qu'ils, elles	contredisent	qu'ils, elles	aient	contredit

IMPARFAIT		PLUS-QUE-PARFAIT		
que je	contredisse	que j'	eusse	contredit
que tu	contredisses	que tu	eusses	contredit
qu'il, elle	contredît	qu'il, elle	eût	contredit
que nous	contredissions	que nous	eussions	contredit
que vous	contredissiez	que vous	eussiez	contredit
qu'ils, elles	contredissent	qu'ils, elles	eussent	contredit

IMPÉRATIF

PRÉSENT	PASSÉ	
contredis	aie	contredit
contredisons	ayons	contredit
contredisez	ayez	contredit

INFINITIF

PRÉSENT	PASSÉ
contredire	avoir contredit

PARTICIPE

PRÉSENT	PASSÉ
contredisant	contredit(e), ayant contredit

CONJUGAISON • TABLEAUX

Coudre • 3e groupe

▶ Le verbe que vous cherchez se termine par ...*coudre*.

- *Coudre* a deux radicaux : **coud...** et **cous...** C'est un verbe transitif.
- À la 3e personne du singulier du présent de l'indicatif, ce verbe ne prend pas le **t** de la terminaison après le **d** du radical : il coud.
- Aux temps composés, il se conjugue avec l'auxiliaire *avoir*.

INDICATIF

PRÉSENT		IMPARFAIT		PASSÉ SIMPLE		FUTUR SIMPLE	
je	couds	je	cousais	je	cousis	je	coudrai
tu	couds	tu	cousais	tu	cousis	tu	coudras
il, elle	coud	il, elle	cousait	il, elle	cousit	il, elle	coudra
nous	cousons	nous	cousions	nous	cousîmes	nous	coudrons
vous	cousez	vous	cousiez	vous	cousîtes	vous	coudrez
ils, elles	cousent	ils, elles	cousaient	ils, elles	cousirent	ils, elles	coudront

PASSÉ COMPOSÉ			PLUS-QUE-PARFAIT			PASSÉ ANTÉRIEUR			FUTUR ANTÉRIEUR		
j'	ai	cousu	j'	avais	cousu	j'	eus	cousu	j'	aurai	cousu
tu	as	cousu	tu	avais	cousu	tu	eus	cousu	tu	auras	cousu
il, elle	a	cousu	il, elle	avait	cousu	il, elle	eut	cousu	il, elle	aura	cousu
nous	avons	cousu	nous	avions	cousu	nous	eûmes	cousu	nous	aurons	cousu
vous	avez	cousu	vous	aviez	cousu	vous	eûtes	cousu	vous	aurez	cousu
ils, elles	ont	cousu	ils, elles	avaient	cousu	ils, elles	eurent	cousu	ils, elles	auront	cousu

CONDITIONNEL

PRÉSENT		PASSÉ		
je	coudrais	j'	aurais	cousu
tu	coudrais	tu	aurais	cousu
il, elle	coudrait	il, elle	aurait	cousu
nous	coudrions	nous	aurions	cousu
vous	coudriez	vous	auriez	cousu
ils, elles	coudraient	ils, elles	auraient	cousu

IMPÉRATIF

PRÉSENT	PASSÉ	
couds	aie	cousu
cousons	ayons	cousu
cousez	ayez	cousu

INFINITIF

PRÉSENT	PASSÉ
coudre	avoir cousu

SUBJONCTIF

PRÉSENT		PASSÉ		
que je	couse	que j'	aie	cousu
que tu	couses	que tu	aies	cousu
qu'il, elle	couse	qu'il, elle	ait	cousu
que nous	cousions	que nous	ayons	cousu
que vous	cousiez	que vous	ayez	cousu
qu'ils, elles	cousent	qu'ils, elles	aient	cousu

IMPARFAIT		PLUS-QUE-PARFAIT		
que je	cousisse	que j'	eusse	cousu
que tu	cousisses	que tu	eusses	cousu
qu'il, elle	cousît	qu'il, elle	eût	cousu
que nous	cousissions	que nous	eussions	cousu
que vous	cousissiez	que vous	eussiez	cousu
qu'ils, elles	cousissent	qu'ils, elles	eussent	cousu

PARTICIPE

PRÉSENT	PASSÉ
cousant	cousu(e), ayant cousu

Courir • 3e groupe

▶ Le verbe que vous cherchez se termine par ...courir.

- *Courir* a un seul radical : cour... C'est un verbe transitif et intransitif.
- Le futur simple de l'indicatif et le présent du conditionnel se forment sans le premier **i** de la terminaison : je cou**rr**ai.
- Aux temps composés, il se conjugue avec l'auxiliaire ***avoir***.

INDICATIF

PRÉSENT		IMPARFAIT		PASSÉ SIMPLE		FUTUR SIMPLE	
je	cours	je	courais	je	courus	je	courrai
tu	cours	tu	courais	tu	courus	tu	courras
il, elle	court	il, elle	courait	il, elle	courut	il, elle	courra
nous	courons	nous	courions	nous	courûmes	nous	courrons
vous	courez	vous	couriez	vous	courûtes	vous	courrez
ils, elles	courent	ils, elles	couraient	ils, elles	coururent	ils, elles	courront

PASSÉ COMPOSÉ			PLUS-QUE-PARFAIT			PASSÉ ANTÉRIEUR			FUTUR ANTÉRIEUR		
j'	ai	couru	j'	avais	couru	j'	eus	couru	j'	aurai	couru
tu	as	couru	tu	avais	couru	tu	eus	couru	tu	auras	couru
il, elle	a	couru	il, elle	avait	couru	il, elle	eut	couru	il, elle	aura	couru
nous	avons	couru	nous	avions	couru	nous	eûmes	couru	nous	aurons	couru
vous	avez	couru	vous	aviez	couru	vous	eûtes	couru	vous	aurez	couru
ils, elles	ont	couru	ils, elles	avaient	couru	ils, elles	eurent	couru	ils, elles	auront	couru

CONDITIONNEL

PRÉSENT		PASSÉ		
je	courrais	j'	aurais	couru
tu	courrais	tu	aurais	couru
il, elle	courrait	il, elle	aurait	couru
nous	courrions	nous	aurions	couru
vous	courriez	vous	auriez	couru
ils, elles	courraient	ils, elles	auraient	couru

SUBJONCTIF

PRÉSENT		PASSÉ		
que je	coure	que j'	aie	couru
que tu	coures	que tu	aies	couru
qu'il, elle	coure	qu'il, elle	ait	couru
que nous	courions	que nous	ayons	couru
que vous	couriez	que vous	ayez	couru
qu'ils, elles	courent	qu'ils, elles	aient	couru

IMPARFAIT		PLUS-QUE-PARFAIT		
que je	courusse	que j'	eusse	couru
que tu	courusses	que tu	eusses	couru
qu'il, elle	courût	qu'il, elle	eût	couru
que nous	courussions	que nous	eussions	couru
que vous	courussiez	que vous	eussiez	couru
qu'ils, elles	courussent	qu'ils, elles	eussent	couru

IMPÉRATIF

PRÉSENT	PASSÉ	
cours	aie	couru
courons	ayons	couru
courez	ayez	couru

INFINITIF

PRÉSENT	PASSÉ
courir	avoir couru

PARTICIPE

PRÉSENT	PASSÉ
courant	couru(e), ayant couru

Craindre • 3e groupe

▶ Le verbe que vous cherchez se termine par ...*aindre*.

- *Craindre* a trois radicaux : je **crains**, je **craignais**, je **craind**rai.
- À l'imparfait de l'indicatif et au présent du subjonctif, **gn** est suivi de **i** aux deux premières personnes du pluriel : nous craignions. C'est un verbe transitif.
- Aux temps composés, il se conjugue avec l'auxiliaire ***avoir***.

INDICATIF

PRÉSENT		IMPARFAIT		PASSÉ SIMPLE		FUTUR SIMPLE	
je	crains	je	craignais	je	craignis	je	craindrai
tu	crains	tu	craignais	tu	craignis	tu	craindras
il, elle	craint	il, elle	craignait	il, elle	craignit	il, elle	craindra
nous	craignons	nous	craignions	nous	craignîmes	nous	craindrons
vous	craignez	vous	craigniez	vous	craignîtes	vous	craindrez
ils, elles	craignent	ils, elles	craignaient	ils, elles	craignirent	ils, elles	craindront

PASSÉ COMPOSÉ			PLUS-QUE-PARFAIT			PASSÉ ANTÉRIEUR			FUTUR ANTÉRIEUR		
j'	ai	craint	j'	avais	craint	j'	eus	craint	j'	aurai	craint
tu	as	craint	tu	avais	craint	tu	eus	craint	tu	auras	craint
il, elle	a	craint	il, elle	avait	craint	il, elle	eut	craint	il, elle	aura	craint
nous	avons	craint	nous	avions	craint	nous	eûmes	craint	nous	aurons	craint
vous	avez	craint	vous	aviez	craint	vous	eûtes	craint	vous	aurez	craint
ils, elles	ont	craint	ils, elles	avaient	craint	ils, elles	eurent	craint	ils, elles	auront	craint

CONDITIONNEL

PRÉSENT		PASSÉ		
je	craindrais	j'	aurais	craint
tu	craindrais	tu	aurais	craint
il, elle	craindrait	il, elle	aurait	craint
nous	craindrions	nous	aurions	craint
vous	craindriez	vous	auriez	craint
ils, elles	craindraient	ils, elles	auraient	craint

IMPÉRATIF

PRÉSENT	PASSÉ	
crains	aie	craint
craignons	ayons	craint
craignez	ayez	craint

SUBJONCTIF

PRÉSENT		PASSÉ		
que je	craigne	que j'	aie	craint
que tu	craignes	que tu	aies	craint
qu'il, elle	craigne	qu'il, elle	ait	craint
que nous	craignions	que nous	ayons	craint
que vous	craigniez	que vous	ayez	craint
qu'ils, elles	craignent	qu'ils, elles	aient	craint

IMPARFAIT		PLUS-QUE-PARFAIT		
que je	craignisse	que j'	eusse	craint
que tu	craignisses	que tu	eusses	craint
qu'il, elle	craignît	qu'il, elle	eût	craint
que nous	craignissions	que nous	eussions	craint
que vous	craignissiez	que vous	eussiez	craint
qu'ils, elles	craignissent	qu'ils, elles	eussent	craint

INFINITIF

PRÉSENT	PASSÉ
craindre	avoir craint

PARTICIPE

PRÉSENT	PASSÉ
craignant	craint(e), ayant craint

Croire · 3e groupe

▶ *Croire* est un verbe particulier.

- *Croire* a trois radicaux : je **crois**, je **croyais**, je **crus**. Il est transitif et intransitif.
- À l'imparfait de l'indicatif et au présent du subjonctif, le **y** est suivi du **i** aux deux premières personnes du pluriel : nous croyions.
- Aux temps composés, il se conjugue avec l'auxiliaire ***avoir***.

INDICATIF

PRÉSENT		IMPARFAIT		PASSÉ SIMPLE		FUTUR SIMPLE	
je	crois	je	croyais	je	crus	je	croirai
tu	crois	tu	croyais	tu	crus	tu	croiras
il, elle	croit	il, elle	croyait	il, elle	crut	il, elle	croira
nous	croyons	nous	croyions	nous	crûmes	nous	croirons
vous	croyez	vous	croyiez	vous	crûtes	vous	croirez
ils, elles	croient	ils, elles	croyaient	ils, elles	crurent	ils, elles	croiront

PASSÉ COMPOSÉ			PLUS-QUE-PARFAIT			PASSÉ ANTÉRIEUR			FUTUR ANTÉRIEUR		
j'	ai	cru	j'	avais	cru	j'	eus	cru	j'	aurai	cru
tu	as	cru	tu	avais	cru	tu	eus	cru	tu	auras	cru
il, elle	a	cru	il, elle	avait	cru	il, elle	eut	cru	il, elle	aura	cru
nous	avons	cru	nous	avions	cru	nous	eûmes	cru	nous	aurons	cru
vous	avez	cru	vous	aviez	cru	vous	eûtes	cru	vous	aurez	cru
ils, elles	ont	cru	ils, elles	avaient	cru	ils, elles	eurent	cru	ils, elles	auront	cru

CONDITIONNEL

PRÉSENT		PASSÉ		
je	croirais	j'	aurais	cru
tu	croirais	tu	aurais	cru
il, elle	croirait	il, elle	aurait	cru
nous	croirions	nous	aurions	cru
vous	croiriez	vous	auriez	cru
ils, elles	croiraient	ils, elles	auraient	cru

IMPÉRATIF

PRÉSENT	PASSÉ	
crois	aie	cru
croyons	ayons	cru
croyez	ayez	cru

SUBJONCTIF

PRÉSENT		PASSÉ		
que je	croie	que j'	aie	cru
que tu	croies	que tu	aies	cru
qu'il, elle	croie	qu'il, elle	ait	cru
que nous	croyions	que nous	ayons	cru
que vous	croyiez	que vous	ayez	cru
qu'ils, elles	croient	qu'ils, elles	aient	cru

IMPARFAIT		PLUS-QUE-PARFAIT		
que je	crusse	que j'	eusse	cru
que tu	crusses	que tu	eusses	cru
qu'il, elle	crût	qu'il, elle	eût	cru
que nous	crussions	que nous	eussions	cru
que vous	crussiez	que vous	eussiez	cru
qu'ils, elles	crussent	qu'ils, elles	eussent	cru

INFINITIF

PRÉSENT	PASSÉ
croire	avoir cru

PARTICIPE

PRÉSENT	PASSÉ
croyant	cru(e), ayant cru

Croître • 3e groupe

▶ *Croître* est un verbe particulier.

- *Croître* a quatre radicaux : je croîs, je croissais, je crûs, je croîtrai.
- **u** prend un accent circonflexe au passé simple de l'indicatif et au participe passé : crû. C'est un verbe intransitif.
- Aux temps composés, il se conjugue avec l'auxiliaire **avoir**.

INDICATIF

PRÉSENT		IMPARFAIT		PASSÉ SIMPLE		FUTUR SIMPLE	
je	croîs	je	croissais	je	crûs	je	croîtrai
tu	croîs	tu	croissais	tu	crûs	tu	croîtras
il, elle	croît	il, elle	croissait	il, elle	crût	il, elle	croîtra
nous	croissons	nous	croissions	nous	crûmes	nous	croîtrons
vous	croissez	vous	croissiez	vous	crûtes	vous	croîtrez
ils, elles	croissent	ils, elles	croissaient	ils, elles	crûrent	ils, elles	croîtront

PASSÉ COMPOSÉ			PLUS-QUE-PARFAIT			PASSÉ ANTÉRIEUR			FUTUR ANTÉRIEUR		
j'	ai	crû	j'	avais	crû	j'	eus	crû	j'	aurai	crû
tu	as	crû	tu	avais	crû	tu	eus	crû	tu	auras	crû
il, elle	a	crû	il, elle	avait	crû	il, elle	eut	crû	il, elle	aura	crû
nous	avons	crû	nous	avions	crû	nous	eûmes	crû	nous	aurons	crû
vous	avez	crû	vous	aviez	crû	vous	eûtes	crû	vous	aurez	crû
ils, elles	ont	crû	ils, elles	avaient	crû	ils, elles	eurent	crû	ils, elles	auront	crû

CONDITIONNEL

PRÉSENT		PASSÉ		
je	croîtrais	j'	aurais	crû
tu	croîtrais	tu	aurais	crû
il, elle	croîtrait	il, elle	aurait	crû
nous	croîtrions	nous	aurions	crû
vous	croîtriez	vous	auriez	crû
ils, elles	croîtraient	ils, elles	auraient	crû

IMPÉRATIF

PRÉSENT	PASSÉ	
croîs	aie	crû
croissons	ayons	crû
croissez	ayez	crû

SUBJONCTIF

PRÉSENT		PASSÉ		
que je	croisse	que j'	aie	crû
que tu	croisses	que tu	aies	crû
qu'il, elle	croisse	qu'il, elle	ait	crû
que nous	croissions	que nous	ayons	crû
que vous	croissiez	que vous	ayez	crû
qu'ils, elles	croissent	qu'ils, elles	aient	crû

IMPARFAIT		PLUS-QUE-PARFAIT		
que je	crûsse	que j'	eusse	crû
que tu	crûsses	que tu	eusses	crû
qu'il, elle	crût	qu'il, elle	eût	crû
que nous	crûssions	que nous	eussions	crû
que vous	crûssiez	que vous	eussiez	crû
qu'ils, elles	crûssent	qu'ils, elles	eussent	crû

INFINITIF

PRÉSENT	PASSÉ
croître	avoir crû

PARTICIPE

PRÉSENT	PASSÉ
croissant	crû(e), ayant crû

Cueillir · 3e groupe

▶ Le verbe que vous cherchez se termine par ...*cueillir*.

- *Cueillir* a deux radicaux : cueill... et cueille... C'est un verbe transitif.
- À l'imparfait de l'indicatif et au présent du subjonctif, les ll sont suivis du i aux deux premières personnes du pluriel : nous cueillions.
- Aux temps composés, il se conjugue avec l'auxiliaire *avoir*.

INDICATIF

PRÉSENT		IMPARFAIT		PASSÉ SIMPLE		FUTUR SIMPLE	
je	cueille	je	cueillais	je	cueillis	je	cueillerai
tu	cueilles	tu	cueillais	tu	cueillis	tu	cueilleras
il, elle	cueille	il, elle	cueillait	il, elle	cueillit	il, elle	cueillera
nous	cueillons	nous	cueillions	nous	cueillîmes	nous	cueillerons
vous	cueillez	vous	cueilliez	vous	cueillîtes	vous	cueillerez
ils, elles	cueillent	ils, elles	cueillaient	ils, elles	cueillirent	ils, elles	cueilleront

PASSÉ COMPOSÉ			PLUS-QUE-PARFAIT			PASSÉ ANTÉRIEUR			FUTUR ANTÉRIEUR		
j'	ai	cueilli	j'	avais	cueilli	j'	eus	cueilli	j'	aurai	cueilli
tu	as	cueilli	tu	avais	cueilli	tu	eus	cueilli	tu	auras	cueilli
il, elle	a	cueilli	il, elle	avait	cueilli	il, elle	eut	cueilli	il, elle	aura	cueilli
nous	avons	cueilli	nous	avions	cueilli	nous	eûmes	cueilli	nous	aurons	cueilli
vous	avez	cueilli	vous	aviez	cueilli	vous	eûtes	cueilli	vous	aurez	cueilli
ils, elles	ont	cueilli	ils, elles	avaient	cueilli	ils, elles	eurent	cueilli	ils, elles	auront	cueilli

CONDITIONNEL

PRÉSENT		PASSÉ		
je	cueillerais	j'	aurais	cueilli
tu	cueillerais	tu	aurais	cueilli
il, elle	cueillerait	il, elle	aurait	cueilli
nous	cueillerions	nous	aurions	cueilli
vous	cueilleriez	vous	auriez	cueilli
ils, elles	cueilleraient	ils, elles	auraient	cueilli

IMPÉRATIF

PRÉSENT	PASSÉ	
cueille	aie	cueilli
cueillons	ayons	cueilli
cueillez	ayez	cueilli

SUBJONCTIF

PRÉSENT		PASSÉ		
que je	cueille	que j'	aie	cueilli
que tu	cueilles	que tu	aies	cueilli
qu'il, elle	cueille	qu'il, elle	ait	cueilli
que nous	cueillions	que nous	ayons	cueilli
que vous	cueilliez	que vous	ayez	cueilli
qu'ils, elles	cueillent	qu'ils, elles	aient	cueilli

IMPARFAIT		PLUS-QUE-PARFAIT		
que je	cueillisse	que j'	eusse	cueilli
que tu	cueillisses	que tu	eusses	cueilli
qu'il, elle	cueillît	qu'il, elle	eût	cueilli
que nous	cueillissions	que nous	eussions	cueilli
que vous	cueillissiez	que vous	eussiez	cueilli
qu'ils, elles	cueillissent	qu'ils, elles	eussent	cueilli

INFINITIF

PRÉSENT	PASSÉ
cueillir	avoir cueilli

PARTICIPE

PRÉSENT	PASSÉ
cueillant	cueilli(e), ayant cueilli

Devoir • 3e groupe

▶ *Devoir* est un verbe particulier.

- *Devoir* a quatre radicaux : je dois, je devais, je dus, que je doive.
- Au féminin, le participe passé perd son accent circonflexe : dû, due.
- Aux temps composés, il se conjugue avec l'auxiliaire *avoir*.
- C'est un verbe transitif.

INDICATIF

PRÉSENT		IMPARFAIT		PASSÉ SIMPLE		FUTUR SIMPLE	
je	dois	je	devais	je	dus	je	devrai
tu	dois	tu	devais	tu	dus	tu	devras
il, elle	doit	il, elle	devait	il, elle	dut	il, elle	devra
nous	devons	nous	devions	nous	dûmes	nous	devrons
vous	devez	vous	deviez	vous	dûtes	vous	devrez
ils, elles	doivent	ils, elles	devaient	ils, elles	durent	ils, elles	devront

PASSÉ COMPOSÉ			PLUS-QUE-PARFAIT			PASSÉ ANTÉRIEUR			FUTUR ANTÉRIEUR		
j'	ai	dû	j'	avais	dû	j'	eus	dû	j'	aurai	dû
tu	as	dû	tu	avais	dû	tu	eus	dû	tu	auras	dû
il, elle	a	dû	il, elle	avait	dû	il, elle	eut	dû	il, elle	aura	dû
nous	avons	dû	nous	avions	dû	nous	eûmes	dû	nous	aurons	dû
vous	avez	dû	vous	aviez	dû	vous	eûtes	dû	vous	aurez	dû
ils, elles	ont	dû	ils, elles	avaient	dû	ils, elles	eurent	dû	ils, elles	auront	dû

CONDITIONNEL

PRÉSENT		PASSÉ		
je	devrais	j'	aurais	dû
tu	devrais	tu	aurais	dû
il, elle	devrait	il, elle	aurait	dû
nous	devrions	nous	aurions	dû
vous	devriez	vous	auriez	dû
ils, elles	devraient	ils, elles	auraient	dû

SUBJONCTIF

PRÉSENT		PASSÉ		
que je	doive	que j'	aie	dû
que tu	doives	que tu	aies	dû
qu'il, elle	doive	qu'il, elle	ait	dû
que nous	devions	que nous	ayons	dû
que vous	deviez	que vous	ayez	dû
qu'ils, elles	doivent	qu'ils, elles	aient	dû

IMPÉRATIF

PRÉSENT	PASSÉ	
dois	aie	dû
devons	ayons	dû
devez	ayez	dû

IMPARFAIT		PLUS-QUE-PARFAIT		
que je	dusse	que j'	eusse	dû
que tu	dusses	que tu	eusses	dû
qu'il, elle	dût	qu'il, elle	eût	dû
que nous	dussions	que nous	eussions	dû
que vous	dussiez	que vous	eussiez	dû
qu'ils, elles	dussent	qu'ils, elles	eussent	dû

INFINITIF

PRÉSENT	PASSÉ
devoir	avoir dû

PARTICIPE

PRÉSENT	PASSÉ
devant	dû, due, ayant dû

Dire · 3e groupe

▶ Le verbe que vous cherchez se termine par ...*dire*.

- *Dire* a trois radicaux : je **dis**, je **disais**, vous **dites**. C'est un verbe transitif.
- On emploie la forme **dites** à la 2e personne du pluriel au présent de l'indicatif et au présent de l'impératif.
- Aux temps composés, il se conjugue avec l'auxiliaire **avoir**.

INDICATIF

PRÉSENT		IMPARFAIT		PASSÉ SIMPLE		FUTUR SIMPLE	
je	dis	je	disais	je	dis	je	dirai
tu	dis	tu	disais	tu	dis	tu	diras
il, elle	dit	il, elle	disait	il, elle	dit	il, elle	dira
nous	disons	nous	disions	nous	dîmes	nous	dirons
vous	dites	vous	disiez	vous	dîtes	vous	direz
ils, elles	disent	ils, elles	disaient	ils, elles	dirent	ils, elles	diront

PASSÉ COMPOSÉ			PLUS-QUE-PARFAIT			PASSÉ ANTÉRIEUR			FUTUR ANTÉRIEUR		
j'	ai	dit	j'	avais	dit	j'	eus	dit	j'	aurai	dit
tu	as	dit	tu	avais	dit	tu	eus	dit	tu	auras	dit
il, elle	a	dit	il, elle	avait	dit	il, elle	eut	dit	il, elle	aura	dit
nous	avons	dit	nous	avions	dit	nous	eûmes	dit	nous	aurons	dit
vous	avez	dit	vous	aviez	dit	vous	eûtes	dit	vous	aurez	dit
ils, elles	ont	dit	ils, elles	avaient	dit	ils, elles	eurent	dit	ils, elles	auront	dit

CONDITIONNEL

PRÉSENT		PASSÉ		
je	dirais	j'	aurais	dit
tu	dirais	tu	aurais	dit
il, elle	dirait	il, elle	aurait	dit
nous	dirions	nous	aurions	dit
vous	diriez	vous	auriez	dit
ils, elles	diraient	ils, elles	auraient	dit

IMPÉRATIF

PRÉSENT	PASSÉ	
dis	aie	dit
disons	ayons	dit
dites	ayez	dit

SUBJONCTIF

PRÉSENT		PASSÉ		
que je	dise	que j'	aie	dit
que tu	dises	que tu	aies	dit
qu'il, elle	dise	qu'il, elle	ait	dit
que nous	disions	que nous	ayons	dit
que vous	disiez	que vous	ayez	dit
qu'ils, elles	disent	qu'ils, elles	aient	dit

IMPARFAIT		PLUS-QUE-PARFAIT		
que je	disse	que j'	eusse	dit
que tu	disses	que tu	eusses	dit
qu'il, elle	dît	qu'il, elle	eût	dit
que nous	dissions	que nous	eussions	dit
que vous	dissiez	que vous	eussiez	dit
qu'ils, elles	dissent	qu'ils, elles	eussent	dit

INFINITIF

PRÉSENT	PASSÉ
dire	avoir dit

PARTICIPE

PRÉSENT	PASSÉ
disant	dit(e), ayant dit

Dissoudre • 3e groupe

▶ *Dissoudre* est un verbe particulier.

- *Dissoudre* a plusieurs radicaux : je **dissous**, je **dissolvais**, je **dissoudrai**.
- Aux temps composés, il se conjugue avec l'auxiliaire ***avoir***.
- C'est un verbe transitif.

INDICATIF

PRÉSENT		IMPARFAIT		PASSÉ SIMPLE	FUTUR SIMPLE	
je	dissous	je	dissolvais	*On l'utilise*	je	dissoudrai
tu	dissous	tu	dissolvais	*très rarement.*	tu	dissoudras
il, elle	dissout	il, elle	dissolvait		il, elle	dissoudra
nous	dissolvons	nous	dissolvions		nous	dissoudrons
vous	dissolvez	vous	dissolviez		vous	dissoudrez
ils, elles	dissolvent	ils, elles	dissolvaient		ils, elles	dissoudront

PASSÉ COMPOSÉ			PLUS-QUE-PARFAIT			PASSÉ ANTÉRIEUR			FUTUR ANTÉRIEUR		
j'	ai	dissous	j'	avais	dissous	j'	eus	dissous	j'	aurai	dissous
tu	as	dissous	tu	avais	dissous	tu	eus	dissous	tu	auras	dissous
il, elle	a	dissous	il, elle	avait	dissous	il, elle	eut	dissous	il, elle	aura	dissous
nous	avons	dissous	nous	avions	dissous	nous	eûmes	dissous	nous	aurons	dissous
vous	avez	dissous	vous	aviez	dissous	vous	eûtes	dissous	vous	aurez	dissous
ils, elles	ont	dissous	ils, elles	avaient	dissous	ils, elles	eurent	dissous	ils, elles	auront	dissous

CONDITIONNEL

PRÉSENT		PASSÉ		
je	dissoudrais	j'	aurais	dissous
tu	dissoudrais	tu	aurais	dissous
il, elle	dissoudrait	il, elle	aurait	dissous
nous	dissoudrions	nous	aurions	dissous
vous	dissoudriez	vous	auriez	dissous
ils, elles	dissoudraient	ils, elles	auraient	dissous

SUBJONCTIF

PRÉSENT		PASSÉ		
que je	dissolve	que j'	aie	dissous
que tu	dissolves	que tu	aies	dissous
qu'il, elle	dissolve	qu'il, elle	ait	dissous
que nous	dissolvions	que nous	ayons	dissous
que vous	dissolviez	que vous	ayez	dissous
qu'ils, elles	dissolvent	qu'ils, elles	aient	dissous

IMPÉRATIF

PRÉSENT	PASSÉ	
dissous	aie	dissous
dissolvons	ayons	dissous
dissolvez	ayez	dissous

SUBJONCTIF (suite)

IMPARFAIT	PLUS-QUE-PARFAIT		
-	que j'	eusse	dissous
	que tu	eusses	dissous
	qu'il, elle	eût	dissous
	que nous	eussions	dissous
	que vous	eussiez	dissous
	qu'ils, elles	eussent	dissous

INFINITIF

PRÉSENT	PASSÉ
dissoudre	avoir dissous

PARTICIPE

PRÉSENT	PASSÉ
dissolvant	dissous, dissoute
	ayant dissous

Dormir · 3e groupe

▶ Le verbe que vous cherchez se termine par ...*dormir*.

- *Dormir* a deux radicaux : dorm... et dor...
- Aux temps composés, il se conjugue avec l'auxiliaire **avoir**.
- C'est un verbe intransitif.

INDICATIF

PRÉSENT		IMPARFAIT		PASSÉ SIMPLE		FUTUR SIMPLE	
je	dors	je	dormais	je	dormis	je	dormirai
tu	dors	tu	dormais	tu	dormis	tu	dormiras
il, elle	dort	il, elle	dormait	il, elle	dormit	il, elle	dormira
nous	dormons	nous	dormions	nous	dormîmes	nous	dormirons
vous	dormez	vous	dormiez	vous	dormîtes	vous	dormirez
ils, elles	dorment	ils, elles	dormaient	ils, elles	dormirent	ils, elles	dormiront

PASSÉ COMPOSÉ			PLUS-QUE-PARFAIT			PASSÉ ANTÉRIEUR			FUTUR ANTÉRIEUR		
j'	ai	dormi	j'	avais	dormi	j'	eus	dormi	j'	aurai	dormi
tu	as	dormi	tu	avais	dormi	tu	eus	dormi	tu	auras	dormi
il, elle	a	dormi	il, elle	avait	dormi	il, elle	eut	dormi	il, elle	aura	dormi
nous	avons	dormi	nous	avions	dormi	nous	eûmes	dormi	nous	aurons	dormi
vous	avez	dormi	vous	aviez	dormi	vous	eûtes	dormi	vous	aurez	dormi
ils, elles	ont	dormi	ils, elles	avaient	dormi	ils, elles	eurent	dormi	ils, elles	auront	dormi

CONDITIONNEL

PRÉSENT		PASSÉ		
je	dormirais	j'	aurais	dormi
tu	dormirais	tu	aurais	dormi
il, elle	dormirait	il, elle	aurait	dormi
nous	dormirions	nous	aurions	dormi
vous	dormiriez	vous	auriez	dormi
ils, elles	dormiraient	ils, elles	auraient	dormi

SUBJONCTIF

PRÉSENT		PASSÉ		
que je	dorme	que j'	aie	dormi
que tu	dormes	que tu	aies	dormi
qu'il, elle	dorme	qu'il, elle	ait	dormi
que nous	dormions	que nous	ayons	dormi
que vous	dormiez	que vous	ayez	dormi
qu'ils, elles	dorment	qu'ils, elles	aient	dormi

IMPARFAIT		PLUS-QUE-PARFAIT		
que je	dormisse	que j'	eusse	dormi
que tu	dormisses	que tu	eusses	dormi
qu'il, elle	dormît	qu'il, elle	eût	dormi
que nous	dormissions	que nous	eussions	dormi
que vous	dormissiez	que vous	eussiez	dormi
qu'ils, elles	dormissent	qu'ils, elles	eussent	dormi

IMPÉRATIF

PRÉSENT	PASSÉ	
dors	aie	dormi
dormons	ayons	dormi
dormez	ayez	dormi

INFINITIF

PRÉSENT	PASSÉ
dormir	avoir dormi

PARTICIPE

PRÉSENT	PASSÉ
dormant	dormi, ayant dormi

Écrire • 3e groupe

▶ Le verbe que vous cherchez se termine par ...*crire*.

- *Écrire* a deux radicaux : écri... et écriv...
- Aux temps composés, il se conjugue avec l'auxiliaire **avoir**.
- C'est un verbe transitif.

INDICATIF

PRÉSENT		IMPARFAIT		PASSÉ SIMPLE		FUTUR SIMPLE	
j'	écris	j'	écrivais	j'	écrivis	j'	écrirai
tu	écris	tu	écrivais	tu	écrivis	tu	écriras
il, elle	écrit	il, elle	écrivait	il, elle	écrivit	il, elle	écrira
nous	écrivons	nous	écrivions	nous	écrivîmes	nous	écrirons
vous	écrivez	vous	écriviez	vous	écrivîtes	vous	écrirez
ils, elles	écrivent	ils, elles	écrivaient	ils, elles	écrivirent	ils, elles	écriront

PASSÉ COMPOSÉ			PLUS-QUE-PARFAIT			PASSÉ ANTÉRIEUR			FUTUR ANTÉRIEUR		
j'	ai	écrit	j'	avais	écrit	j'	eus	écrit	j'	aurai	écrit
tu	as	écrit	tu	avais	écrit	tu	eus	écrit	tu	auras	écrit
il, elle	a	écrit	il, elle	avait	écrit	il, elle	eut	écrit	il, elle	aura	écrit
nous	avons	écrit	nous	avions	écrit	nous	eûmes	écrit	nous	aurons	écrit
vous	avez	écrit	vous	aviez	écrit	vous	eûtes	écrit	vous	aurez	écrit
ils, elles	ont	écrit	ils, elles	avaient	écrit	ils, elles	eurent	écrit	ils, elles	auront	écrit

CONDITIONNEL

PRÉSENT		PASSÉ		
j'	écrirais	j'	aurais	écrit
tu	écrirais	tu	aurais	écrit
il, elle	écrirait	il, elle	aurait	écrit
nous	écririons	nous	aurions	écrit
vous	écririez	vous	auriez	écrit
ils, elles	écriraient	ils, elles	auraient	écrit

IMPÉRATIF

PRÉSENT	PASSÉ	
écris	aie	écrit
écrivons	ayons	écrit
écrivez	ayez	écrit

SUBJONCTIF

PRÉSENT		PASSÉ		
que j'	écrive	que j'	aie	écrit
que tu	écrives	que tu	aies	écrit
qu'il, elle	écrive	qu'il, elle	ait	écrit
que nous	écrivions	que nous	ayons	écrit
que vous	écriviez	que vous	ayez	écrit
qu'ils, elles	écrivent	qu'ils, elles	aient	écrit

IMPARFAIT		PLUS-QUE-PARFAIT		
que j'	écrivisse	que j'	eusse	écrit
que tu	écrivisses	que tu	eusses	écrit
qu'il, elle	écrivît	qu'il, elle	eût	écrit
que nous	écrivissions	que nous	eussions	écrit
que vous	écrivissiez	que vous	eussiez	écrit
qu'ils, elles	écrivissent	qu'ils, elles	eussent	écrit

INFINITIF

PRÉSENT	PASSÉ
écrire	avoir écrit

PARTICIPE

PRÉSENT	PASSÉ
écrivant	écrit(e), ayant écrit

Faire · 3e groupe

▶ Le verbe que vous cherchez se termine par ...*faire*.

- *Faire* a sept radicaux : je **fais**, je **faisais**, je **fis**, je **ferai**, que je **fasse**, vous **faites**, ils **font**.
- Aux temps composés, il se conjugue avec l'auxiliaire ***avoir***.
- C'est un verbe transitif.

INDICATIF

PRÉSENT		IMPARFAIT		PASSÉ SIMPLE		FUTUR SIMPLE	
je	fais	je	faisais	je	fis	je	ferai
tu	fais	tu	faisais	tu	fis	tu	feras
il, elle	fait	il, elle	faisait	il, elle	fit	il, elle	fera
nous	faisons	nous	faisions	nous	fîmes	nous	ferons
vous	faites	vous	faisiez	vous	fîtes	vous	ferez
ils, elles	font	ils, elles	faisaient	ils, elles	firent	ils, elles	feront

PASSÉ COMPOSÉ			PLUS-QUE-PARFAIT			PASSÉ ANTÉRIEUR			FUTUR ANTÉRIEUR		
j'	ai	fait	j'	avais	fait	j'	eus	fait	j'	aurai	fait
tu	as	fait	tu	avais	fait	tu	eus	fait	tu	auras	fait
il, elle	a	fait	il, elle	avait	fait	il, elle	eut	fait	il, elle	aura	fait
nous	avons	fait	nous	avions	fait	nous	eûmes	fait	nous	aurons	fait
vous	avez	fait	vous	aviez	fait	vous	eûtes	fait	vous	aurez	fait
ils, elles	ont	fait	ils, elles	avaient	fait	ils, elles	eurent	fait	ils, elles	auront	fait

CONDITIONNEL

PRÉSENT		PASSÉ		
je	ferais	j'	aurais	fait
tu	ferais	tu	aurais	fait
il, elle	ferait	il, elle	aurait	fait
nous	ferions	nous	aurions	fait
vous	feriez	vous	auriez	fait
ils, elles	feraient	ils, elles	auraient	fait

IMPÉRATIF

PRÉSENT	PASSÉ	
fais	aie	fait
faisons	ayons	fait
faites	ayez	fait

INFINITIF

PRÉSENT	PASSÉ
faire	avoir fait

SUBJONCTIF

PRÉSENT		PASSÉ		
que je	fasse	que j'	aie	fait
que tu	fasses	que tu	aies	fait
qu'il, elle	fasse	qu'il, elle	ait	fait
que nous	fassions	que nous	ayons	fait
que vous	fassiez	que vous	ayez	fait
qu'ils, elles	fassent	qu'ils, elles	aient	fait

IMPARFAIT		PLUS-QUE-PARFAIT		
que je	fisse	que j'	eusse	fait
que tu	fisses	que tu	eusses	fait
qu'il, elle	fît	qu'il, elle	eût	fait
que nous	fissions	que nous	eussions	fait
que vous	fissiez	que vous	eussiez	fait
qu'ils, elles	fissent	qu'ils, elles	eussent	fait

PARTICIPE

PRÉSENT	PASSÉ
faisant	fait(e), ayant fait

CONJUGAISON · TABLEAUX

Fuir · 3e groupe

> Le verbe que vous cherchez se termine par ...*fuir*.

- *Fuir* a deux radicaux : fui... et fuy... Il est transitif et intransitif.
- À l'imparfait de l'indicatif et au présent du subjonctif, le y est suivi du i aux deux premières personnes du pluriel : nous fuyions.
- Aux temps composés, il se conjugue avec l'auxiliaire **avoir**.

INDICATIF

PRÉSENT		IMPARFAIT		PASSÉ SIMPLE		FUTUR SIMPLE	
je	fuis	je	fuyais	je	fuis	je	fuirai
tu	fuis	tu	fuyais	tu	fuis	tu	fuiras
il, elle	fuit	il, elle	fuyait	il, elle	fuit	il, elle	fuira
nous	fuyons	nous	fuyions	nous	fuîmes	nous	fuirons
vous	fuyez	vous	fuyiez	vous	fuîtes	vous	fuirez
ils, elles	fuient	ils, elles	fuyaient	ils, elles	fuirent	ils, elles	fuiront

PASSÉ COMPOSÉ			PLUS-QUE-PARFAIT			PASSÉ ANTÉRIEUR			FUTUR ANTÉRIEUR		
j'	ai	fui	j'	avais	fui	j'	eus	fui	j'	aurai	fui
tu	as	fui	tu	avais	fui	tu	eus	fui	tu	auras	fui
il, elle	a	fui	il, elle	avait	fui	il, elle	eut	fui	il, elle	aura	fui
nous	avons	fui	nous	avions	fui	nous	eûmes	fui	nous	aurons	fui
vous	avez	fui	vous	aviez	fui	vous	eûtes	fui	vous	aurez	fui
ils, elles	ont	fui	ils, elles	avaient	fui	ils, elles	eurent	fui	ils, elles	auront	fui

CONDITIONNEL

PRÉSENT		PASSÉ		
je	fuirais	j'	aurais	fui
tu	fuirais	tu	aurais	fui
il, elle	fuirait	il, elle	aurait	fui
nous	fuirions	nous	aurions	fui
vous	fuiriez	vous	auriez	fui
ils, elles	fuiraient	ils, elles	auraient	fui

SUBJONCTIF

PRÉSENT		PASSÉ		
que je	fuie	que j'	aie	fui
que tu	fuies	que tu	aies	fui
qu'il, elle	fuie	qu'il, elle	ait	fui
que nous	fuyions	que nous	ayons	fui
que vous	fuyiez	que vous	ayez	fui
qu'ils, elles	fuient	qu'ils, elles	aient	fui

IMPARFAIT		PLUS-QUE-PARFAIT		
que je	fuisse	que j'	eusse	fui
que tu	fuisses	que tu	eusses	fui
qu'il, elle	fuît	qu'il, elle	eût	fui
que nous	fuissions	que nous	eussions	fui
que vous	fuissiez	que vous	eussiez	fui
qu'ils, elles	fuissent	qu'ils, elles	eussent	fui

IMPÉRATIF

PRÉSENT	PASSÉ	
fuis	aie	fui
fuyons	ayons	fui
fuyez	ayez	fui

INFINITIF

PRÉSENT	PASSÉ
fuir	avoir fui

PARTICIPE

PRÉSENT	PASSÉ
fuyant	fui(e), ayant fui

Joindre · 3e groupe

▶ Le verbe que vous cherchez se termine par ...*oindre*.

- *Joindre* a trois radicaux : je joins, je joignais, je joindrai. Il est transitif et intransitif.
- À l'imparfait de l'indicatif et au présent du subjonctif, le gn est suivi du i aux deux premières personnes du pluriel : nous joignions.
- Aux temps composés, il se conjugue avec l'auxiliaire ***avoir***.

INDICATIF

PRÉSENT		IMPARFAIT		PASSÉ SIMPLE		FUTUR SIMPLE	
je	joins	je	joignais	je	joignis	je	joindrai
tu	joins	tu	joignais	tu	joignis	tu	joindras
il, elle	joint	il, elle	joignait	il, elle	joignit	il, elle	joindra
nous	joignons	nous	joignions	nous	joignîmes	nous	joindrons
vous	joignez	vous	joigniez	vous	joignîtes	vous	joindrez
ils, elles	joignent	ils, elles	joignaient	ils, elles	joignirent	ils, elles	joindront

PASSÉ COMPOSÉ			PLUS-QUE-PARFAIT			PASSÉ ANTÉRIEUR			FUTUR ANTÉRIEUR		
j'	ai	joint	j'	avais	joint	j'	eus	joint	j'	aurai	joint
tu	as	joint	tu	avais	joint	tu	eus	joint	tu	auras	joint
il, elle	a	joint	il, elle	avait	joint	il, elle	eut	joint	il, elle	aura	joint
nous	avons	joint	nous	avions	joint	nous	eûmes	joint	nous	aurons	joint
vous	avez	joint	vous	aviez	joint	vous	eûtes	joint	vous	aurez	joint
ils, elles	ont	joint	ils, elles	avaient	joint	ils, elles	eurent	joint	ils, elles	auront	joint

CONDITIONNEL

PRÉSENT		PASSÉ		
je	joindrais	j'	aurais	joint
tu	joindrais	tu	aurais	joint
il, elle	joindrait	il, elle	aurait	joint
nous	joindrions	nous	aurions	joint
vous	joindriez	vous	auriez	joint
ils, elles	joindraient	ils, elles	auraient	joint

SUBJONCTIF

PRÉSENT		PASSÉ		
que je	joigne	que j'	aie	joint
que tu	joignes	que tu	aies	joint
qu'il, elle	joigne	qu'il, elle	ait	joint
que nous	joignions	que nous	ayons	joint
que vous	joigniez	que vous	ayez	joint
qu'ils, elles	joignent	qu'ils, elles	aient	joint

IMPÉRATIF

PRÉSENT	PASSÉ	
joins	aie	joint
joignons	ayons	joint
joignez	ayez	joint

IMPARFAIT		PLUS-QUE-PARFAIT		
que je	joignisse	que j'	eusse	joint
que tu	joignisses	que tu	eusses	joint
qu'il, elle	joignît	qu'il, elle	eût	joint
que nous	joignissions	que nous	eussions	joint
que vous	joignissiez	que vous	eussiez	joint
qu'ils, elles	joignissent	qu'ils, elles	eussent	joint

INFINITIF

PRÉSENT	PASSÉ
joindre	avoir joint

PARTICIPE

PRÉSENT	PASSÉ
joignant	joint(e), ayant joint

Lire · 3e groupe

▶ Le verbe que vous cherchez se termine par ...*lire*.

- *Lire* a trois radicaux : je lis, je lisais, je lus.
- Aux temps composés, il se conjugue avec l'auxiliaire **avoir**.
- C'est un verbe transitif.

INDICATIF

PRÉSENT		IMPARFAIT		PASSÉ SIMPLE		FUTUR SIMPLE	
je	lis	je	lisais	je	lus	je	lirai
tu	lis	tu	lisais	tu	lus	tu	liras
il, elle	lit	il, elle	lisait	il, elle	lut	il, elle	lira
nous	lisons	nous	lisions	nous	lûmes	nous	lirons
vous	lisez	vous	lisiez	vous	lûtes	vous	lirez
ils, elles	lisent	ils, elles	lisaient	ils, elles	lurent	ils, elles	liront

PASSÉ COMPOSÉ			PLUS-QUE-PARFAIT			PASSÉ ANTÉRIEUR			FUTUR ANTÉRIEUR		
j'	ai	lu	j'	avais	lu	j'	eus	lu	j'	aurai	lu
tu	as	lu	tu	avais	lu	tu	eus	lu	tu	auras	lu
il, elle	a	lu	il, elle	avait	lu	il, elle	eut	lu	il, elle	aura	lu
nous	avons	lu	nous	avions	lu	nous	eûmes	lu	nous	aurons	lu
vous	avez	lu	vous	aviez	lu	vous	eûtes	lu	vous	aurez	lu
ils, elles	ont	lu	ils, elles	avaient	lu	ils, elles	eurent	lu	ils, elles	auront	lu

CONDITIONNEL

PRÉSENT		PASSÉ		
je	lirais	j'	aurais	lu
tu	lirais	tu	aurais	lu
il, elle	lirait	il, elle	aurait	lu
nous	lirions	nous	aurions	lu
vous	liriez	vous	auriez	lu
ils, elles	liraient	ils, elles	auraient	lu

SUBJONCTIF

PRÉSENT		PASSÉ		
que je	lise	que j'	aie	lu
que tu	lises	que tu	aies	lu
qu'il, elle	lise	qu'il, elle	ait	lu
que nous	lisions	que nous	ayons	lu
que vous	lisiez	que vous	ayez	lu
qu'ils, elles	lisent	qu'ils, elles	aient	lu

IMPARFAIT		PLUS-QUE-PARFAIT		
que je	lusse	que j'	eusse	lu
que tu	lusses	que tu	eusses	lu
qu'il, elle	lût	qu'il, elle	eût	lu
que nous	lussions	que nous	eussions	lu
que vous	lussiez	que vous	eussiez	lu
qu'ils, elles	lussent	qu'ils, elles	eussent	lu

IMPÉRATIF

PRÉSENT	PASSÉ	
lis	aie	lu
lisons	ayons	lu
lisez	ayez	lu

INFINITIF

PRÉSENT	PASSÉ
lire	avoir lu

PARTICIPE

PRÉSENT	PASSÉ
lisant	lu(e), ayant lu

Luire · 3e groupe

▶ Le verbe que vous cherchez se termine par...*luire*.

- *Luire* a deux radicaux : lui... et luis...
- Aux temps composés, il se conjugue avec l'auxiliaire **avoir**.
- C'est un verbe intransitif.

INDICATIF

PRÉSENT		IMPARFAIT		PASSÉ SIMPLE		FUTUR SIMPLE	
je	luis	je	luisais	je	luisis	je	luirai
tu	luis	tu	luisais	tu	luisis	tu	luiras
il, elle	luit	il, elle	luisait	il, elle	luisit	il, elle	luira
nous	luisons	nous	luisions	nous	luisîmes	nous	luirons
vous	luisez	vous	luisiez	vous	luisîtes	vous	luirez
ils, elles	luisent	ils, elles	luisaient	ils, elles	luisirent	ils, elles	luiront

PASSÉ COMPOSÉ			PLUS-QUE-PARFAIT			PASSÉ ANTÉRIEUR			FUTUR ANTÉRIEUR		
j'	ai	lui	j'	avais	lui	j'	eus	lui	j'	aurai	lui
tu	as	lui	tu	avais	lui	tu	eus	lui	tu	auras	lui
il, elle	a	lui	il, elle	avait	lui	il, elle	eut	lui	il, elle	aura	lui
nous	avons	lui	nous	avions	lui	nous	eûmes	lui	nous	aurons	lui
vous	avez	lui	vous	aviez	lui	vous	eûtes	lui	vous	aurez	lui
ils, elles	ont	lui	ils, elles	avaient	lui	ils, elles	eurent	lui	ils, elles	auront	lui

CONDITIONNEL

PRÉSENT		PASSÉ		
je	luirais	j'	aurais	lui
tu	luirais	tu	aurais	lui
il, elle	luirait	il, elle	aurait	lui
nous	luirions	nous	aurions	lui
vous	luiriez	vous	auriez	lui
ils, elles	luiraient	ils, elles	auraient	lui

IMPÉRATIF

PRÉSENT	PASSÉ	
luis	aie	lui
luisons	ayons	lui
luisez	ayez	lui

INFINITIF

PRÉSENT	PASSÉ
luire	avoir lui

SUBJONCTIF

PRÉSENT		PASSÉ		
que je	luise	que j'	aie	lui
que tu	luises	que tu	aies	lui
qu'il, elle	luise	qu'il, elle	ait	lui
que nous	luisions	que nous	ayons	lui
que vous	luisiez	que vous	ayez	lui
qu'ils, elles	luisent	qu'ils, elles	aient	lui

IMPARFAIT		PLUS-QUE-PARFAIT		
que je	luisisse	que j'	eusse	lui
que tu	luisisses	que tu	eusses	lui
qu'il, elle	luisît	qu'il, elle	eût	lui
que nous	luisissions	que nous	eussions	lui
que vous	luisissiez	que vous	eussiez	lui
qu'ils, elles	luisissent	qu'ils, elles	eussent	lui

PARTICIPE

PRÉSENT	PASSÉ
luisant	lui, ayant lui

Maudire • 3e groupe

▶ *Maudire* est un verbe particulier.

- *Maudire* a trois radicaux : je **maudis**, je **maudissais**, je **maudirai**.
- Il présente les mêmes formes aux trois personnes du singulier du présent et du passé simple de l'indicatif. C'est un verbe transitif direct.
- Aux temps composés, il se conjugue avec les auxiliaires **être** ou **avoir**.

INDICATIF

PRÉSENT		IMPARFAIT		PASSÉ SIMPLE		FUTUR SIMPLE	
je	maudis	je	maudissais	je	maudis	je	maudirai
tu	maudis	tu	maudissais	tu	maudis	tu	maudiras
il, elle	maudit	il, elle	maudissait	il, elle	maudit	il, elle	maudira
nous	maudissons	nous	maudissions	nous	maudîmes	nous	maudirons
vous	maudissez	vous	maudissiez	vous	maudîtes	vous	maudirez
ils, elles	maudissent	ils, elles	maudissaient	ils, elles	maudirent	ils, elles	maudiront

PASSÉ COMPOSÉ			PLUS-QUE-PARFAIT			PASSÉ ANTÉRIEUR			FUTUR ANTÉRIEUR		
j'	ai	maudit	j'	avais	maudit	j'	eus	maudit	j'	aurai	maudit
tu	as	maudit	tu	avais	maudit	tu	eus	maudit	tu	auras	maudit
il, elle	a	maudit	il, elle	avait	maudit	il, elle	eut	maudit	il, elle	aura	maudit
nous	avons	maudit	nous	avions	maudit	nous	eûmes	maudit	nous	aurons	maudit
vous	avez	maudit	vous	aviez	maudit	vous	eûtes	maudit	vous	aurez	maudit
ils, elles	ont	maudit	ils, elles	avaient	maudit	ils, elles	eurent	maudit	ils, elles	auront	maudit

CONDITIONNEL

PRÉSENT		PASSÉ		
je	maudirais	j'	aurais	maudit
tu	maudirais	tu	aurais	maudit
il, elle	maudirait	il, elle	aurait	maudit
nous	maudirions	nous	aurions	maudit
vous	maudiriez	vous	auriez	maudit
ils, elles	maudiraient	ils, elles	auraient	maudit

SUBJONCTIF

PRÉSENT		PASSÉ		
que je	maudisse	que j'	aie	maudit
que tu	maudisses	que tu	aies	maudit
qu'il, elle	maudisse	qu'il, elle	ait	maudit
que nous	maudissions	que nous	ayons	maudit
que vous	maudissiez	que vous	ayez	maudit
qu'ils, elles	maudissent	qu'ils, elles	aient	maudit

IMPARFAIT		PLUS-QUE-PARFAIT		
que je	maudisse	que j'	eusse	maudit
que tu	maudisses	que tu	eusses	maudit
qu'il, elle	maudît	qu'il	eût	maudit
que nous	maudissions	que nous	eussions	maudit
que vous	maudissiez	que vous	eussiez	maudit
qu'ils, elles	maudissent	qu'ils, elles	eussent	maudit

IMPÉRATIF

PRÉSENT	PASSÉ	
maudis	aie	maudit
maudissons	ayons	maudit
maudissez	ayez	maudit

INFINITIF

PRÉSENT	PASSÉ
maudire	avoir maudit

PARTICIPE

PRÉSENT	PASSÉ
maudissant	maudit(e), ayant maudit

Mentir · 3e groupe

▶ Le verbe que vous cherchez se termine par ...*entir*.

- *Mentir* a deux radicaux : ment... et men...
- Aux temps composés, il se conjugue avec l'auxiliaire **avoir**.
- C'est un verbe intransitif.

INDICATIF

PRÉSENT		IMPARFAIT		PASSÉ SIMPLE		FUTUR SIMPLE	
je	mens	je	mentais	je	mentis	je	mentirai
tu	mens	tu	mentais	tu	mentis	tu	mentiras
il, elle	ment	il, elle	mentait	il, elle	mentit	il, elle	mentira
nous	mentons	nous	mentions	nous	mentîmes	nous	mentirons
vous	mentez	vous	mentiez	vous	mentîtes	vous	mentirez
ils, elles	mentent	ils, elles	mentaient	ils, elles	mentirent	ils, elles	mentiront

PASSÉ COMPOSÉ			PLUS-QUE-PARFAIT			PASSÉ ANTÉRIEUR			FUTUR ANTÉRIEUR		
j'	ai	menti	j'	avais	menti	j'	eus	menti	j'	aurai	menti
tu	as	menti	tu	avais	menti	tu	eus	menti	tu	auras	menti
il, elle	a	menti	il, elle	avait	menti	il, elle	eut	menti	il, elle	aura	menti
nous	avons	menti	nous	avions	menti	nous	eûmes	menti	nous	aurons	menti
vous	avez	menti	vous	aviez	menti	vous	eûtes	menti	vous	aurez	menti
ils, elles	ont	menti	ils, elles	avaient	menti	ils, elles	eurent	menti	ils, elles	auront	menti

CONDITIONNEL

PRÉSENT		PASSÉ		
je	mentirais	j'	aurais	menti
tu	mentirais	tu	aurais	menti
il, elle	mentirait	il, elle	aurait	menti
nous	mentirions	nous	aurions	menti
vous	mentiriez	vous	auriez	menti
ils, elles	mentiraient	ils, elles	auraient	menti

SUBJONCTIF

PRÉSENT		PASSÉ		
que je	mente	que j'	aie	menti
que tu	mentes	que tu	aies	menti
qu'il, elle	mente	qu'il, elle	ait	menti
que nous	mentions	que nous	ayons	menti
que vous	mentiez	que vous	ayez	menti
qu'ils, elles	mentent	qu'ils, elles	aient	menti

IMPARFAIT		PLUS-QUE-PARFAIT		
que je	mentisse	que j'	eusse	menti
que tu	mentisses	que tu	eusses	menti
qu'il, elle	mentît	qu'il, elle	eût	menti
que nous	mentissions	que nous	eussions	menti
que vous	mentissiez	que vous	eussiez	menti
qu'ils, elles	mentissent	qu'ils, elles	eussent	menti

IMPÉRATIF

PRÉSENT	PASSÉ	
mens	aie	menti
mentons	ayons	menti
mentez	ayez	menti

INFINITIF

PRÉSENT	PASSÉ
mentir	avoir menti

PARTICIPE

PRÉSENT	PASSÉ
mentant	menti, ayant menti

Mettre • 3e groupe

▶ Le verbe que vous cherchez se termine par ...*mettre*.

- *Mettre* a trois radicaux : je **mets**, je **mettais** et je **mis**.
- Aux temps composés, il se conjugue avec l'auxiliaire **avoir**.
- C'est un verbe transitif.

INDICATIF

PRÉSENT		IMPARFAIT		PASSÉ SIMPLE		FUTUR SIMPLE	
je	mets	je	mettais	je	mis	je	mettrai
tu	mets	tu	mettais	tu	mis	tu	mettras
il, elle	met	il, elle	mettait	il, elle	mit	il, elle	mettra
nous	mettons	nous	mettions	nous	mîmes	nous	mettrons
vous	mettez	vous	mettiez	vous	mîtes	vous	mettrez
ils, elles	mettent	ils, elles	mettaient	ils, elles	mirent	ils, elles	mettront

PASSÉ COMPOSÉ			PLUS-QUE-PARFAIT			PASSÉ ANTÉRIEUR			FUTUR ANTÉRIEUR		
j'	ai	mis	j'	avais	mis	j'	eus	mis	j'	aurai	mis
tu	as	mis	tu	avais	mis	tu	eus	mis	tu	auras	mis
il, elle	a	mis	il, elle	avait	mis	il, elle	eut	mis	il, elle	aura	mis
nous	avons	mis	nous	avions	mis	nous	eûmes	mis	nous	aurons	mis
vous	avez	mis	vous	aviez	mis	vous	eûtes	mis	vous	aurez	mis
ils, elles	ont	mis	ils, elles	avaient	mis	ils, elles	eurent	mis	ils, elles	auront	mis

CONDITIONNEL

PRÉSENT		PASSÉ		
je	mettrais	j'	aurais	mis
tu	mettrais	tu	aurais	mis
il, elle	mettrait	il, elle	aurait	mis
nous	mettrions	nous	aurions	mis
vous	mettriez	vous	auriez	mis
ils, elles	mettraient	ils, elles	auraient	mis

SUBJONCTIF

PRÉSENT		PASSÉ		
que je	mette	que j'	aie	mis
que tu	mettes	que tu	aies	mis
qu'il, elle	mette	qu'il, elle	ait	mis
que nous	mettions	que nous	ayons	mis
que vous	mettiez	que vous	ayez	mis
qu'ils, elles	mettent	qu'ils, elles	aient	mis

IMPÉRATIF

PRÉSENT	PASSÉ	
mets	aie	mis
mettons	ayons	mis
mettez	ayez	mis

IMPARFAIT		PLUS-QUE-PARFAIT		
que je	misse	que j'	eusse	mis
que tu	misses	que tu	eusses	mis
qu'il, elle	mît	qu'il, elle	eût	mis
que nous	missions	que nous	eussions	mis
que vous	missiez	que vous	eussiez	mis
qu'ils, elles	missent	qu'ils, elles	eussent	mis

INFINITIF

PRÉSENT	PASSÉ
mettre	avoir mis

PARTICIPE

PRÉSENT	PASSÉ
mettant	mis(e), ayant mis

Mordre · 3e groupe

▶ Le verbe que vous cherchez se termine par ...*ordre*.

- *Mordre* a un seul radical : mord... C'est un verbe transitif et intransitif.
- À la 3e personne du singulier du présent de l'indicatif, ce verbe ne prend pas le **t** de la terminaison après le **d** du radical : il mord.
- Aux temps composés, il se conjugue avec l'auxiliaire ***avoir***.

INDICATIF

PRÉSENT		IMPARFAIT		PASSÉ SIMPLE		FUTUR SIMPLE	
je	mords	je	mordais	je	mordis	je	mordrai
tu	mords	tu	mordais	tu	mordis	tu	mordras
il, elle	mord	il, elle	mordait	il, elle	mordit	il, elle	mordra
nous	mordons	nous	mordions	nous	mordîmes	nous	mordrons
vous	mordez	vous	mordiez	vous	mordîtes	vous	mordrez
ils, elles	mordent	ils, elles	mordaient	ils, elles	mordirent	ils, elles	mordront

PASSÉ COMPOSÉ			PLUS-QUE-PARFAIT			PASSÉ ANTÉRIEUR			FUTUR ANTÉRIEUR		
j'	ai	mordu	j'	avais	mordu	j'	eus	mordu	j'	aurai	mordu
tu	as	mordu	tu	avais	mordu	tu	eus	mordu	tu	auras	mordu
il, elle	a	mordu	il, elle	avait	mordu	il, elle	eut	mordu	il, elle	aura	mordu
nous	avons	mordu	nous	avions	mordu	nous	eûmes	mordu	nous	aurons	mordu
vous	avez	mordu	vous	aviez	mordu	vous	eûtes	mordu	vous	aurez	mordu
ils, elles	ont	mordu	ils, elles	avaient	mordu	ils, elles	eurent	mordu	ils, elles	auront	mordu

CONDITIONNEL

PRÉSENT		PASSÉ		
je	mordrais	j'	aurais	mordu
tu	mordrais	tu	aurais	mordu
il, elle	mordrait	il, elle	aurait	mordu
nous	mordrions	nous	aurions	mordu
vous	mordriez	vous	auriez	mordu
ils, elles	mordraient	ils, elles	auraient	mordu

IMPÉRATIF

PRÉSENT	PASSÉ	
mords	aie	mordu
mordons	ayons	mordu
mordez	ayez	mordu

SUBJONCTIF

PRÉSENT		PASSÉ		
que je	morde	que j'	aie	mordu
que tu	mordes	que tu	aies	mordu
qu'il, elle	morde	qu'il, elle	ait	mordu
que nous	mordions	que nous	ayons	mordu
que vous	mordiez	que vous	ayez	mordu
qu'ils, elles	mordent	qu'ils, elles	aient	mordu

IMPARFAIT		PLUS-QUE-PARFAIT		
que je	mordisse	que j'	eusse	mordu
que tu	mordisses	que tu	eusses	mordu
qu'il, elle	mordît	qu'il, elle	eût	mordu
que nous	mordissions	que nous	eussions	mordu
que vous	mordissiez	que vous	eussiez	mordu
qu'ils, elles	mordissent	qu'ils, elles	eussent	mordu

INFINITIF

PRÉSENT	PASSÉ
mordre	avoir mordu

PARTICIPE

PRÉSENT	PASSÉ
mordant	mordu(e), ayant mordu

CONJUGAISON · TABLEAUX

345

Moudre • 3e groupe

▶ *Moudre* est un verbe particulier.

- *Moudre* a trois radicaux : je **mouds**, je **moulais**, je **moudrai**.
- À la 3e personne du singulier de l'indicatif présent, il ne prend pas le **t** de la terminaison après le **d** du radical : il moud. C'est un verbe transitif direct.
- Aux temps composés, il se conjugue avec l'auxiliaire *avoir*.

INDICATIF

PRÉSENT		IMPARFAIT		PASSÉ SIMPLE		FUTUR SIMPLE	
je	mouds	je	moulais	je	moulus	je	moudrai
tu	mouds	tu	moulais	tu	moulus	tu	moudras
il, elle	moud	il, elle	moulait	il, elle	moulut	il, elle	moudra
nous	moulons	nous	moulions	nous	moulûmes	nous	moudrons
vous	moulez	vous	mouliez	vous	moulûtes	vous	moudrez
ils, elles	moulent	ils, elles	moulaient	ils, elles	moulurent	ils, elles	moudront

PASSÉ COMPOSÉ			PLUS-QUE-PARFAIT			PASSÉ ANTÉRIEUR			FUTUR ANTÉRIEUR		
j'	ai	moulu	j'	avais	moulu	j'	eus	moulu	j'	aurai	moulu
tu	as	moulu	tu	avais	moulu	tu	eus	moulu	tu	auras	moulu
il, elle	a	moulu	il, elle	avait	moulu	il, elle	eut	moulu	il, elle	aura	moulu
nous	avons	moulu	nous	avions	moulu	nous	eûmes	moulu	nous	aurons	moulu
vous	avez	moulu	vous	aviez	moulu	vous	eûtes	moulu	vous	aurez	moulu
ils, elles	ont	moulu	ils, elles	avaient	moulu	ils, elles	eurent	moulu	ils, elles	auront	moulu

CONDITIONNEL

PRÉSENT		PASSÉ		
je	moudrais	j'	aurais	moulu
tu	moudrais	tu	aurais	moulu
il, elle	moudrait	il, elle	aurait	moulu
nous	moudrions	nous	aurions	moulu
vous	moudriez	vous	auriez	moulu
ils, elles	moudraient	ils, elles	auraient	moulu

SUBJONCTIF

PRÉSENT		PASSÉ		
que je	moule	que j'	aie	moulu
que tu	moules	que tu	aies	moulu
qu'il, elle	moule	qu'il, elle	ait	moulu
que nous	moulions	que nous	ayons	moulu
que vous	mouliez	que vous	ayez	moulu
qu'ils, elles	moulent	qu'ils, elles	aient	moulu

IMPARFAIT		PLUS-QUE-PARFAIT		
que je	moulusse	que j'	eusse	moulu
que tu	moulusses	que tu	eusses	moulu
qu'il, elle	moulût	qu'il, elle	eût	moulu
que nous	moulussions	que nous	eussions	moulu
que vous	moulussiez	que vous	eussiez	moulu
qu'ils, elles	moulussent	qu'ils, elles	eussent	moulu

IMPÉRATIF

PRÉSENT	PASSÉ	
mouds	aie	moulu
moulons	ayons	moulu
moulez	ayez	moulu

INFINITIF

PRÉSENT	PASSÉ
moudre	avoir moulu

PARTICIPE

PRÉSENT	PASSÉ
moulant	moulu(e), ayant moulu

Mourir · 3ᵉ groupe

▶ *Mourir* est un verbe particulier.

- *Mourir* a deux radicaux : **meur**... et **mour**... C'est un verbe intransitif.
- Le futur simple de l'indicatif et le présent du conditionnel se forment sans le premier **i** de la terminaison : je mou**rr**ai.
- Aux temps composés, il se conjugue avec l'auxiliaire ***être***.

INDICATIF

PRÉSENT		IMPARFAIT		PASSÉ SIMPLE		FUTUR SIMPLE	
je	meurs	je	mourais	je	mourus	je	mourrai
tu	meurs	tu	mourais	tu	mourus	tu	mourras
il, elle	meurt	il, elle	mourait	il, elle	mourut	il, elle	mourra
nous	mourons	nous	mourions	nous	mourûmes	nous	mourrons
vous	mourez	vous	mouriez	vous	mourûtes	vous	mourrez
ils, elles	meurent	ils, elles	mouraient	ils, elles	moururent	ils, elles	mourront

PASSÉ COMPOSÉ			PLUS-QUE-PARFAIT			PASSÉ ANTÉRIEUR			FUTUR ANTÉRIEUR		
je	suis	mort(e)	j'	étais	mort(e)	je	fus	mort(e)	je	serai	mort(e)
tu	es	mort(e)	tu	étais	mort(e)	tu	fus	mort(e)	tu	seras	mort(e)
il, elle	est	mort(e)	il, elle	était	mort(e)	il, elle	fut	mort(e)	il, elle	sera	mort(e)
nous	sommes	mort(e)s	nous	étions	mort(e)s	nous	fûmes	mort(e)s	nous	serons	mort(e)s
vous	êtes	mort(e)s	vous	étiez	mort(e)s	vous	fûtes	mort(e)s	vous	serez	mort(e)s
ils, elles	sont	mort(e)s	ils, elles	étaient	mort(e)s	ils, elles	furent	mort(e)s	ils, elles	seront	mort(e)s

CONDITIONNEL

PRÉSENT		PASSÉ		
je	mourrais	je	serais	mort(e)
tu	mourrais	tu	serais	mort(e)
il, elle	mourrait	il, elle	serait	mort(e)
nous	mourrions	nous	serions	mort(e)s
vous	mourriez	vous	seriez	mort(e)s
ils, elles	mourraient	ils, elles	seraient	mort(e)s

IMPÉRATIF

PRÉSENT	PASSÉ	
meurs	sois	mort(e)
mourons	soyons	mort(e)s
mourez	soyez	mort(e)s

SUBJONCTIF

PRÉSENT		PASSÉ		
que je	meure	que je	sois	mort(e)
que tu	meures	que tu	sois	mort(e)
qu'il, elle	meure	qu'il, elle	soit	mort(e)
que nous	mourions	que nous	soyons	mort(e)s
que vous	mouriez	que vous	soyez	mort(e)s
qu'ils, elles	meurent	qu'ils, elles	soient	mort(e)s

IMPARFAIT		PLUS-QUE-PARFAIT		
que je	mourusse	que je	fusse	mort(e)
que tu	mourusses	que tu	fusses	mort(e)
qu'il, elle	mourût	qu'il, elle	fût	mort(e)
que nous	mourussions	que nous	fussions	mort(e)s
que vous	mourussiez	que vous	fussiez	mort(e)s
qu'ils, elles	mourussent	qu'ils, elles	fussent	mort(e)s

INFINITIF

PRÉSENT	PASSÉ
mourir	être mort(e)

PARTICIPE

PRÉSENT	PASSÉ
mourant	mort(e), étant mort(e)

Naître • 3e groupe

▶ *Naître* est un verbe particulier.

- *Naître* a quatre radicaux : je **nais**, je **naissais**, je **naquis**, je **naîtrai**.
- Aux temps composés, il se conjugue avec l'auxiliaire *être*.
- C'est un verbe intransitif.

INDICATIF

PRÉSENT		IMPARFAIT		PASSÉ SIMPLE		FUTUR SIMPLE	
je	nais	je	naissais	je	naquis	je	naîtrai
tu	nais	tu	naissais	tu	naquis	tu	naîtras
il, elle	naît	il, elle	naissait	il, elle	naquit	il, elle	naîtra
nous	naissons	nous	naissions	nous	naquîmes	nous	naîtrons
vous	naissez	vous	naissiez	vous	naquîtes	vous	naîtrez
ils, elles	naissent	ils, elles	naissaient	ils, elles	naquirent	ils, elles	naîtront

PASSÉ COMPOSÉ			PLUS-QUE-PARFAIT			PASSÉ ANTÉRIEUR			FUTUR ANTÉRIEUR		
je	suis	né(e)	j'	étais	né(e)	je	fus	né(e)	je	serai	né(e)
tu	es	né(e)	tu	étais	né(e)	tu	fus	né(e)	tu	seras	né(e)
il, elle	est	né(e)	il, elle	était	né(e)	il, elle	fut	né(e)	il, elle	sera	né(e)
nous	sommes	né(e)s	nous	étions	né(e)s	nous	fûmes	né(e)s	nous	serons	né(e)s
vous	êtes	né(e)s	vous	étiez	né(e)s	vous	fûtes	né(e)s	vous	serez	né(e)s
ils, elles	sont	né(e)s	ils, elles	étaient	né(e)s	ils, elles	furent	né(e)s	ils, elles	seront	né(e)s

CONDITIONNEL

PRÉSENT		PASSÉ		
je	naîtrais	je	serais	né(e)
tu	naîtrais	tu	serais	né(e)
il, elle	naîtrait	il, elle	serait	né(e)
nous	naîtrions	nous	serions	né(e)s
vous	naîtriez	vous	seriez	né(e)s
ils, elles	naîtraient	ils, elles	seraient	né(e)s

SUBJONCTIF

PRÉSENT		PASSÉ		
que je	naisse	que je	sois	né(e)
que tu	naisses	que tu	sois	né(e)
qu'il, elle	naisse	qu'il, elle	soit	né(e)
que nous	naissions	que nous	soyons	né(e)s
que vous	naissiez	que vous	soyez	né(e)s
qu'ils, elles	naissent	qu'ils, elles	soient	né(e)s

IMPARFAIT		PLUS-QUE-PARFAIT		
que je	naquisse	que je	fusse	né(e)
que tu	naquisses	que tu	fusses	né(e)
qu'il, elle	naquît	qu'il, elle	fût	né(e)
que nous	naquissions	que nous	fussions	né(e)s
que vous	naquissiez	que vous	fussiez	né(e)s
qu'ils, elles	naquissent	qu'ils, elles	fussent	né(e)s

IMPÉRATIF

PRÉSENT	PASSÉ	
nais	sois	né(e)
naissons	soyons	né(e)s
naissez	soyez	né(e)s

INFINITIF

PRÉSENT	PASSÉ
naître	être né(e)

PARTICIPE

PRÉSENT	PASSÉ
naissant	né(e), étant né(e)

Nuire • 3e groupe

▶ *Nuire* est un verbe particulier.

- *Nuire* a deux radicaux : nui... et nuis...
- Aux temps composés, il se conjugue avec l'auxiliaire **avoir**.
- C'est un verbe transitif indirect.

INDICATIF

PRÉSENT		IMPARFAIT		PASSÉ SIMPLE		FUTUR SIMPLE	
je	nuis	je	nuisais	je	nuisis	je	nuirai
tu	nuis	tu	nuisais	tu	nuisis	tu	nuiras
il, elle	nuit	il, elle	nuisait	il, elle	nuisit	il, elle	nuira
nous	nuisons	nous	nuisions	nous	nuisîmes	nous	nuirons
vous	nuisez	vous	nuisiez	vous	nuisîtes	vous	nuirez
ils, elles	nuisent	ils, elles	nuisaient	ils, elles	nuisirent	ils, elles	nuiront

PASSÉ COMPOSÉ			PLUS-QUE-PARFAIT			PASSÉ ANTÉRIEUR			FUTUR ANTÉRIEUR		
j'	ai	nui	j'	avais	nui	j'	eus	nui	j'	aurai	nui
tu	as	nui	tu	avais	nui	tu	eus	nui	tu	auras	nui
il, elle	a	nui	il, elle	avait	nui	il, elle	eut	nui	il, elle	aura	nui
nous	avons	nui	nous	avions	nui	nous	eûmes	nui	nous	aurons	nui
vous	avez	nui	vous	aviez	nui	vous	eûtes	nui	vous	aurez	nui
ils, elles	ont	nui	ils, elles	avaient	nui	ils, elles	eurent	nui	ils, elles	auront	nui

CONDITIONNEL

PRÉSENT		PASSÉ		
je	nuirais	j'	aurais	nui
tu	nuirais	tu	aurais	nui
il, elle	nuirait	il, elle	aurait	nui
nous	nuirions	nous	aurions	nui
vous	nuiriez	vous	auriez	nui
ils, elles	nuiraient	ils, elles	auraient	nui

SUBJONCTIF

PRÉSENT		PASSÉ		
que je	nuise	que j'	aie	nui
que tu	nuises	que tu	aies	nui
qu'il, elle	nuise	qu'il, elle	ait	nui
que nous	nuisions	que nous	ayons	nui
que vous	nuisiez	que vous	ayez	nui
qu'ils, elles	nuisent	qu'ils, elles	aient	nui

IMPARFAIT		PLUS-QUE-PARFAIT		
que je	nuisisse	que j'	eusse	nui
que tu	nuisisses	que tu	eusses	nui
qu'il, elle	nuisît	qu'il, elle	eût	nui
que nous	nuisissions	que nous	eussions	nui
que vous	nuisissiez	que vous	eussiez	nui
qu'ils, elles	nuisissent	qu'ils, elles	eussent	nui

IMPÉRATIF

PRÉSENT	PASSÉ	
nuis	aie	nui
nuisons	ayons	nui
nuisez	ayez	nui

INFINITIF

PRÉSENT	PASSÉ
nuire	avoir nui

PARTICIPE

PRÉSENT	PASSÉ
nuisant	nui, ayant nui

Offrir • 3e groupe

▶ *Offrir* est un verbe particulier.

- *Offrir* a un seul radical : offr...
- Attention ! À certains temps, il se conjugue comme un verbe du 1er groupe : j'offre.
- Aux temps composés, il se conjugue avec l'auxiliaire **avoir**. C'est un verbe transitif.

INDICATIF

PRÉSENT		IMPARFAIT		PASSÉ SIMPLE		FUTUR SIMPLE	
j'	offre	j'	offrais	j'	offris	j'	offrirai
tu	offres	tu	offrais	tu	offris	tu	offriras
il, elle	offre	il, elle	offrait	il, elle	offrit	il, elle	offrira
nous	offrons	nous	offrions	nous	offrîmes	nous	offrirons
vous	offrez	vous	offriez	vous	offrîtes	vous	offrirez
ils, elles	offrent	ils, elles	offraient	ils, elles	offrirent	ils, elles	offriront

PASSÉ COMPOSÉ			PLUS-QUE-PARFAIT			PASSÉ ANTÉRIEUR			FUTUR ANTÉRIEUR		
j'	ai	offert	j'	avais	offert	j'	eus	offert	j'	aurai	offert
tu	as	offert	tu	avais	offert	tu	eus	offert	tu	auras	offert
il, elle	a	offert	il, elle	avait	offert	il, elle	eut	offert	il, elle	aura	offert
nous	avons	offert	nous	avions	offert	nous	eûmes	offert	nous	aurons	offert
vous	avez	offert	vous	aviez	offert	vous	eûtes	offert	vous	aurez	offert
ils, elles	ont	offert	ils, elles	avaient	offert	ils, elles	eurent	offert	ils, elles	auront	offert

CONDITIONNEL

PRÉSENT		PASSÉ		
j'	offrirais	j'	aurais	offert
tu	offrirais	tu	aurais	offert
il, elle	offrirait	il, elle	aurait	offert
nous	offririons	nous	aurions	offert
vous	offririez	vous	auriez	offert
ils, elles	offriraient	ils, elles	auraient	offert

IMPÉRATIF

PRÉSENT	PASSÉ	
offre	aie	offert
offrons	ayons	offert
offrez	ayez	offert

SUBJONCTIF

PRÉSENT		PASSÉ		
que j'	offre	que j'	aie	offert
que tu	offres	que tu	aies	offert
qu'il, elle	offre	qu'il, elle	ait	offert
que nous	offrions	que nous	ayons	offert
que vous	offriez	que vous	ayez	offert
qu'ils, elles	offrent	qu'ils, elles	aient	offert

IMPARFAIT		PLUS-QUE-PARFAIT		
que j'	offrisse	que j'	eusse	offert
que tu	offrisses	que tu	eusses	offert
qu'il, elle	offrît	qu'il, elle	eût	offert
que nous	offrissions	que nous	eussions	offert
que vous	offrissiez	que vous	eussiez	offert
qu'ils, elles	offrissent	qu'ils, elles	eussent	offert

INFINITIF

PRÉSENT	PASSÉ
offrir	avoir offert

PARTICIPE

PRÉSENT	PASSÉ
offrant	offert(e), ayant offert

Ouvrir • 3e groupe

▶ Le verbe que vous cherchez se termine par ...*ouvrir*.

- *Ouvrir* a un seul radical : ouvr...
- À certains temps, il se conjugue comme un verbe du 1er groupe : j'ouvre.
- Aux temps composés, il se conjugue avec l'auxiliaire **avoir**.
- C'est un verbe transitif et intransitif.

INDICATIF

PRÉSENT		IMPARFAIT		PASSÉ SIMPLE		FUTUR SIMPLE	
j'	ouvre	j'	ouvrais	j'	ouvris	j'	ouvrirai
tu	ouvres	tu	ouvrais	tu	ouvris	tu	ouvriras
il, elle	ouvre	il, elle	ouvrait	il, elle	ouvrit	il, elle	ouvrira
nous	ouvrons	nous	ouvrions	nous	ouvrîmes	nous	ouvrirons
vous	ouvrez	vous	ouvriez	vous	ouvrîtes	vous	ouvrirez
ils, elles	ouvrent	ils, elles	ouvraient	ils, elles	ouvrirent	ils, elles	ouvriront

PASSÉ COMPOSÉ			PLUS-QUE-PARFAIT			PASSÉ ANTÉRIEUR			FUTUR ANTÉRIEUR		
j'	ai	ouvert	j'	avais	ouvert	j'	eus	ouvert	j'	aurai	ouvert
tu	as	ouvert	tu	avais	ouvert	tu	eus	ouvert	tu	auras	ouvert
il, elle	a	ouvert	il, elle	avait	ouvert	il, elle	eut	ouvert	il, elle	aura	ouvert
nous	avons	ouvert	nous	avions	ouvert	nous	eûmes	ouvert	nous	aurons	ouvert
vous	avez	ouvert	vous	aviez	ouvert	vous	eûtes	ouvert	vous	aurez	ouvert
ils, elles	ont	ouvert	ils, elles	avaient	ouvert	ils, elles	eurent	ouvert	ils, elles	auront	ouvert

CONDITIONNEL

PRÉSENT		PASSÉ		
j'	ouvrirais	j'	aurais	ouvert
tu	ouvrirais	tu	aurais	ouvert
il, elle	ouvrirait	il, elle	aurait	ouvert
nous	ouvririons	nous	aurions	ouvert
vous	ouvririez	vous	auriez	ouvert
ils, elles	ouvriraient	ils, elles	auraient	ouvert

SUBJONCTIF

PRÉSENT		PASSÉ		
que j'	ouvre	que j'	aie	ouvert
que tu	ouvres	que tu	aies	ouvert
qu'il, elle	ouvre	qu'il, elle	ait	ouvert
que nous	ouvrions	que nous	ayons	ouvert
que vous	ouvriez	que vous	ayez	ouvert
qu'ils, elles	ouvrent	qu'ils, elles	aient	ouvert

IMPARFAIT		PLUS-QUE-PARFAIT		
que j'	ouvrisse	que j'	eusse	ouvert
que tu	ouvrisses	que tu	eusses	ouvert
qu'il, elle	ouvrît	qu'il, elle	eût	ouvert
que nous	ouvrissions	que nous	eussions	ouvert
que vous	ouvrissiez	que vous	eussiez	ouvert
qu'ils, elles	ouvrissent	qu'ils, elles	eussent	ouvert

IMPÉRATIF

PRÉSENT	PASSÉ	
ouvre	aie	ouvert
ouvrons	ayons	ouvert
ouvrez	ayez	ouvert

INFINITIF

PRÉSENT	PASSÉ
ouvrir	avoir ouvert

PARTICIPE

PRÉSENT	PASSÉ
ouvrant	ouvert(e), ayant ouvert

Partir • 3ᵉ groupe

▶ Le verbe que vous cherchez se termine par ...*partir*.

- *Partir* a deux radicaux : part... et par...
- Aux temps composés, il se conjugue avec l'auxiliaire **être**.
- C'est un verbe intransitif.

INDICATIF

PRÉSENT		IMPARFAIT		PASSÉ SIMPLE		FUTUR SIMPLE	
je	pars	je	partais	je	partis	je	partirai
tu	pars	tu	partais	tu	partis	tu	partiras
il, elle	part	il, elle	partait	il, elle	partit	il, elle	partira
nous	partons	nous	partions	nous	partîmes	nous	partirons
vous	partez	vous	partiez	vous	partîtes	vous	partirez
ils, elles	partent	ils, elles	partaient	ils, elles	partirent	ils, elles	partiront

PASSÉ COMPOSÉ			PLUS-QUE-PARFAIT			PASSÉ ANTÉRIEUR			FUTUR ANTÉRIEUR		
je	suis	parti(e)	j'	étais	parti(e)	je	fus	parti(e)	je	serai	parti(e)
tu	es	parti(e)	tu	étais	parti(e)	tu	fus	parti(e)	tu	seras	parti(e)
il, elle	est	parti(e)	il, elle	était	parti(e)	il, elle	fut	parti(e)	il, elle	sera	parti(e)
nous	sommes	parti(e)s	nous	étions	parti(e)s	nous	fûmes	parti(e)s	nous	serons	parti(e)s
vous	êtes	parti(e)s	vous	étiez	parti(e)s	vous	fûtes	parti(e)s	vous	serez	parti(e)s
ils, elles	sont	parti(e)s	ils, elles	étaient	parti(e)s	ils, elles	furent	parti(e)s	ils, elles	seront	parti(e)s

CONDITIONNEL

PRÉSENT		PASSÉ		
je	partirais	je	serais	parti(e)
tu	partirais	tu	serais	parti(e)
il, elle	partirait	il, elle	serait	parti(e)
nous	partirions	nous	serions	parti(e)s
vous	partiriez	vous	seriez	parti(e)s
ils, elles	partiraient	ils, elles	seraient	parti(e)s

SUBJONCTIF

PRÉSENT		PASSÉ		
que je	parte	que je	sois	parti(e)
que tu	partes	que tu	sois	parti(e)
qu'il, elle	parte	qu'il, elle	soit	parti(e)
que nous	partions	que nous	soyons	parti(e)s
que vous	partiez	que vous	soyez	parti(e)s
qu'ils, elles	partent	qu'ils, elles	soient	parti(e)s

IMPARFAIT		PLUS-QUE-PARFAIT		
que je	partisse	que je	fusse	parti(e)
que tu	partisses	que tu	fusses	parti(e)
qu'il, elle	partît	qu'il, elle	fût	parti(e)
que nous	partissions	que nous	fussions	parti(e)s
que vous	partissiez	que vous	fussiez	parti(e)s
qu'ils, elles	partissent	qu'ils, elles	fussent	parti(e)s

IMPÉRATIF

PRÉSENT	PASSÉ	
pars	sois	parti(e)
partons	soyons	parti(e)s
partez	soyez	parti(e)s

INFINITIF

PRÉSENT	PASSÉ
partir	être parti(e)

PARTICIPE

PRÉSENT	PASSÉ
partant	parti(e), étant parti(e)

Peindre · 3e groupe

▶ Le verbe que vous cherchez se termine par ...*eindre*.

- *Peindre* a trois radicaux : je **peins**, je **peig**nais, je **peind**rai. Il est transitif.
- À l'imparfait de l'indicatif et au présent du subjonctif, le **gn** est suivi de l'**i** aux deux premières personnes du pluriel : nous peignions.
- Aux temps composés, il se conjugue avec l'auxiliaire **avoir**.

INDICATIF

PRÉSENT		IMPARFAIT		PASSÉ SIMPLE		FUTUR SIMPLE	
je	peins	je	peignais	je	peignis	je	peindrai
tu	peins	tu	peignais	tu	peignis	tu	peindras
il, elle	peint	il, elle	peignait	il, elle	peignit	il, elle	peindra
nous	peignons	nous	peignions	nous	peignîmes	nous	peindrons
vous	peignez	vous	peigniez	vous	peignîtes	vous	peindrez
ils, elles	peignent	ils, elles	peignaient	ils, elles	peignirent	ils, elles	peindront

PASSÉ COMPOSÉ			PLUS-QUE-PARFAIT			PASSÉ ANTÉRIEUR			FUTUR ANTÉRIEUR		
j'	ai	peint	j'	avais	peint	j'	eus	peint	j'	aurai	peint
tu	as	peint	tu	avais	peint	tu	eus	peint	tu	auras	peint
il, elle	a	peint	il, elle	avait	peint	il, elle	eut	peint	il, elle	aura	peint
nous	avons	peint	nous	avions	peint	nous	eûmes	peint	nous	aurons	peint
vous	avez	peint	vous	aviez	peint	vous	eûtes	peint	vous	aurez	peint
ils, elles	ont	peint	ils, elles	avaient	peint	ils, elles	eurent	peint	ils, elles	auront	peint

CONDITIONNEL

PRÉSENT		PASSÉ		
je	peindrais	j'	aurais	peint
tu	peindrais	tu	aurais	peint
il, elle	peindrait	il, elle	aurait	peint
nous	peindrions	nous	aurions	peint
vous	peindriez	vous	auriez	peint
ils, elles	peindraient	ils, elles	auraient	peint

IMPÉRATIF

PRÉSENT	PASSÉ	
peins	aie	peint
peignons	ayons	peint
peignez	ayez	peint

SUBJONCTIF

PRÉSENT		PASSÉ		
que je	peigne	que j'	aie	peint
que tu	peignes	que tu	aies	peint
qu'il, elle	peigne	qu'il, elle	ait	peint
que nous	peignions	que nous	ayons	peint
que vous	peigniez	que vous	ayez	peint
qu'ils, elles	peignent	qu'ils, elles	aient	peint

IMPARFAIT		PLUS-QUE-PARFAIT		
que je	peignisse	que j'	eusse	peint
que tu	peignisses	que tu	eusses	peint
qu'il, elle	peignît	qu'il, elle	eût	peint
que nous	peignissions	que nous	eussions	peint
que vous	peignissiez	que vous	eussiez	peint
qu'ils, elles	peignissent	qu'ils, elles	eussent	peint

INFINITIF

PRÉSENT	PASSÉ
peindre	avoir peint

PARTICIPE

PRÉSENT	PASSÉ
peignant	peint(e), ayant peint

Perdre • 3e groupe

▶ Le verbe que vous cherchez se termine par ...*perdre*.

- *Perdre* a un seul radical : perd... C'est un verbe transitif et intransitif.
- À la 3e personne du singulier du présent de l'indicatif, ce verbe ne prend pas le **t** de la terminaison après le **d** du radical : il perd.
- Aux temps composés, il se conjugue avec l'auxiliaire ***avoir***.

INDICATIF

PRÉSENT		IMPARFAIT		PASSÉ SIMPLE		FUTUR SIMPLE	
je	perds	je	perdais	je	perdis	je	perdrai
tu	perds	tu	perdais	tu	perdis	tu	perdras
il, elle	perd	il, elle	perdait	il, elle	perdit	il, elle	perdra
nous	perdons	nous	perdions	nous	perdîmes	nous	perdrons
vous	perdez	vous	perdiez	vous	perdîtes	vous	perdrez
ils, elles	perdent	ils, elles	perdaient	ils, elles	perdirent	ils, elles	perdront

PASSÉ COMPOSÉ			PLUS-QUE-PARFAIT			PASSÉ ANTÉRIEUR			FUTUR ANTÉRIEUR		
j'	ai	perdu	j'	avais	perdu	j'	eus	perdu	j'	aurai	perdu
tu	as	perdu	tu	avais	perdu	tu	eus	perdu	tu	auras	perdu
il, elle	a	perdu	il, elle	avait	perdu	il, elle	eut	perdu	il, elle	aura	perdu
nous	avons	perdu	nous	avions	perdu	nous	eûmes	perdu	nous	aurons	perdu
vous	avez	perdu	vous	aviez	perdu	vous	eûtes	perdu	vous	aurez	perdu
ils, elles	ont	perdu	ils, elles	avaient	perdu	ils, elles	eurent	perdu	ils, elles	auront	perdu

CONDITIONNEL

PRÉSENT		PASSÉ		
je	perdrais	j'	aurais	perdu
tu	perdrais	tu	aurais	perdu
il, elle	perdrait	il, elle	aurait	perdu
nous	perdrions	nous	aurions	perdu
vous	perdriez	vous	auriez	perdu
ils, elles	perdraient	ils, elles	auraient	perdu

SUBJONCTIF

PRÉSENT		PASSÉ		
que je	perde	que j'	aie	perdu
que tu	perdes	que tu	aies	perdu
qu'il, elle	perde	qu'il, elle	ait	perdu
que nous	perdions	que nous	ayons	perdu
que vous	perdiez	que vous	ayez	perdu
qu'ils, elles	perdent	qu'ils, elles	aient	perdu

IMPARFAIT		PLUS-QUE-PARFAIT		
que je	perdisse	que j'	eusse	perdu
que tu	perdisses	que tu	eusses	perdu
qu'il, elle	perdît	qu'il, elle	eût	perdu
que nous	perdissions	que nous	eussions	perdu
que vous	perdissiez	que vous	eussiez	perdu
qu'ils, elles	perdissent	qu'ils, elles	eussent	perdu

IMPÉRATIF

PRÉSENT	PASSÉ	
perds	aie	perdu
perdons	ayons	perdu
perdez	ayez	perdu

INFINITIF

PRÉSENT	PASSÉ
perdre	avoir perdu

PARTICIPE

PRÉSENT	PASSÉ
perdant	perdu(e), ayant perdu

Plaire · 3e groupe

▶ Le verbe que vous cherchez se termine par ...*plaire*.

- *Plaire* a trois radicaux : je **plais**, je **plaisais**, je **plus**.
- Aux temps composés, il se conjugue avec l'auxiliaire ***avoir***.
- C'est un verbe transitif indirect.

INDICATIF

PRÉSENT		IMPARFAIT		PASSÉ SIMPLE		FUTUR SIMPLE	
je	plais	je	plaisais	je	plus	je	plairai
tu	plais	tu	plaisais	tu	plus	tu	plairas
il, elle	plaît	il, elle	plaisait	il, elle	plut	il, elle	plaira
nous	plaisons	nous	plaisions	nous	plûmes	nous	plairons
vous	plaisez	vous	plaisiez	vous	plûtes	vous	plairez
ils, elles	plaisent	ils, elles	plaisaient	ils, elles	plurent	ils, elles	plairont

PASSÉ COMPOSÉ			PLUS-QUE-PARFAIT			PASSÉ ANTÉRIEUR			FUTUR ANTÉRIEUR		
j'	ai	plu	j'	avais	plu	j'	eus	plu	j'	aurai	plu
tu	as	plu	tu	avais	plu	tu	eus	plu	tu	auras	plu
il, elle	a	plu	il, elle	avait	plu	il, elle	eut	plu	il, elle	aura	plu
nous	avons	plu	nous	avions	plu	nous	eûmes	plu	nous	aurons	plu
vous	avez	plu	vous	aviez	plu	vous	eûtes	plu	vous	aurez	plu
ils, elles	ont	plu	ils, elles	avaient	plu	ils, elles	eurent	plu	ils, elles	auront	plu

CONDITIONNEL

PRÉSENT		PASSÉ		
je	plairais	j'	aurais	plu
tu	plairais	tu	aurais	plu
il, elle	plairait	il, elle	aurait	plu
nous	plairions	nous	aurions	plu
vous	plairiez	vous	auriez	plu
ils, elles	plairaient	ils, elles	auraient	plu

IMPÉRATIF

PRÉSENT	PASSÉ	
plais	aie	plu
plaisons	ayons	plu
plaisez	ayez	plu

SUBJONCTIF

PRÉSENT		PASSÉ		
que je	plaise	que j'	aie	plu
que tu	plaises	que tu	aies	plu
qu'il, elle	plaise	qu'il, elle	ait	plu
que nous	plaisions	que nous	ayons	plu
que vous	plaisiez	que vous	ayez	plu
qu'ils, elles	plaisent	qu'ils, elles	aient	plu

IMPARFAIT		PLUS-QUE-PARFAIT		
que je	plusse	que j'	eusse	plu
que tu	plusses	que tu	eusses	plu
qu'il, elle	plût	qu'il, elle	eût	plu
que nous	plussions	que nous	eussions	plu
que vous	plussiez	que vous	eussiez	plu
qu'ils, elles	plussent	qu'ils, elles	eussent	plu

INFINITIF

PRÉSENT	PASSÉ
plaire	avoir plu

PARTICIPE

PRÉSENT	PASSÉ
plaisant	plu, ayant plu

CONJUGAISON · TABLEAUX

Pouvoir • 3e groupe

▶ *Pouvoir* est un verbe particulier.

- *Pouvoir* a cinq radicaux : je **peux**, je **pouvais**, je **pus**, je **pourrai**, que je **puisse**.
- À la forme interrogative, on emploie la forme **puis-je**. C'est un verbe transitif.
- Aux temps composés, il se conjugue avec l'auxiliaire *avoir*.

INDICATIF

PRÉSENT		IMPARFAIT		PASSÉ SIMPLE		FUTUR SIMPLE	
je	peux	je	pouvais	je	pus	je	pourrai
tu	peux	tu	pouvais	tu	pus	tu	pourras
il, elle	peut	il, elle	pouvait	il, elle	put	il, elle	pourra
nous	pouvons	nous	pouvions	nous	pûmes	nous	pourrons
vous	pouvez	vous	pouviez	vous	pûtes	vous	pourrez
ils, elles	peuvent	ils, elles	pouvaient	ils, elles	purent	ils, elles	pourront

PASSÉ COMPOSÉ			PLUS-QUE-PARFAIT			PASSÉ ANTÉRIEUR			FUTUR ANTÉRIEUR		
j'	ai	pu	j'	avais	pu	j'	eus	pu	j'	aurai	pu
tu	as	pu	tu	avais	pu	tu	eus	pu	tu	auras	pu
il, elle	a	pu	il, elle	avait	pu	il, elle	eut	pu	il, elle	aura	pu
nous	avons	pu	nous	avions	pu	nous	eûmes	pu	nous	aurons	pu
vous	avez	pu	vous	aviez	pu	vous	eûtes	pu	vous	aurez	pu
ils, elles	ont	pu	ils, elles	avaient	pu	ils, elles	eurent	pu	ils, elles	auront	pu

CONDITIONNEL

PRÉSENT		PASSÉ		
je	pourrais	j'	aurais	pu
tu	pourrais	tu	aurais	pu
il, elle	pourrait	il, elle	aurait	pu
nous	pourrions	nous	aurions	pu
vous	pourriez	vous	auriez	pu
ils, elles	pourraient	ils, elles	auraient	pu

SUBJONCTIF

PRÉSENT		PASSÉ		
que je	puisse	que j'	aie	pu
que tu	puisses	que tu	aies	pu
qu'il, elle	puisse	qu'il, elle	ait	pu
que nous	puissions	que nous	ayons	pu
que vous	puissiez	que vous	ayez	pu
qu'ils, elles	puissent	qu'ils, elles	aient	pu

IMPARFAIT		PLUS-QUE-PARFAIT		
que je	pusse	que j'	eusse	pu
que tu	pusses	que tu	eusses	pu
qu'il, elle	pût	qu'il, elle	eût	pu
que nous	pussions	que nous	eussions	pu
que vous	pussiez	que vous	eussiez	pu
qu'ils, elles	pussent	qu'ils, elles	eussent	pu

IMPÉRATIF

PRÉSENT	PASSÉ
On ne l'emploie pas.	-

INFINITIF

PRÉSENT	PASSÉ
pouvoir	avoir pu

PARTICIPE

PRÉSENT	PASSÉ
pouvant	pu, ayant pu

Prendre · 3e groupe

▶ Le verbe que vous cherchez se termine par ...*prendre*.

- *Prendre* a quatre radicaux : je **pren**ais, je **pris**, je **prend**rai, que je **prenn**e.
- Attention à la 3e personne du singulier du présent de l'indicatif : il prend.
- Aux temps composés, il se conjugue avec l'auxiliaire *avoir*.
- C'est un verbe transitif et intransitif.

INDICATIF

PRÉSENT		IMPARFAIT		PASSÉ SIMPLE		FUTUR SIMPLE	
je	prends	je	prenais	je	pris	je	prendrai
tu	prends	tu	prenais	tu	pris	tu	prendras
il, elle	prend	il, elle	prenait	il, elle	prit	il, elle	prendra
nous	prenons	nous	prenions	nous	prîmes	nous	prendrons
vous	prenez	vous	preniez	vous	prîtes	vous	prendrez
ils, elles	prennent	ils, elles	prenaient	ils, elles	prirent	ils, elles	prendront

PASSÉ COMPOSÉ			PLUS-QUE-PARFAIT			PASSÉ ANTÉRIEUR			FUTUR ANTÉRIEUR		
j'	ai	pris	j'	avais	pris	j'	eus	pris	j'	aurai	pris
tu	as	pris	tu	avais	pris	tu	eus	pris	tu	auras	pris
il, elle	a	pris	il, elle	avait	pris	il, elle	eut	pris	il, elle	aura	pris
nous	avons	pris	nous	avions	pris	nous	eûmes	pris	nous	aurons	pris
vous	avez	pris	vous	aviez	pris	vous	eûtes	pris	vous	aurez	pris
ils, elles	ont	pris	ils, elles	avaient	pris	ils, elles	eurent	pris	ils, elles	auront	pris

CONDITIONNEL

PRÉSENT		PASSÉ		
je	prendrais	j'	aurais	pris
tu	prendrais	tu	aurais	pris
il, elle	prendrait	il, elle	aurait	pris
nous	prendrions	nous	aurions	pris
vous	prendriez	vous	auriez	pris
ils, elles	prendraient	ils, elles	auraient	pris

SUBJONCTIF

PRÉSENT		PASSÉ		
que je	prenne	que j'	aie	pris
que tu	prennes	que tu	aies	pris
qu'il, elle	prenne	qu'il, elle	ait	pris
que nous	prenions	que nous	ayons	pris
que vous	preniez	que vous	ayez	pris
qu'ils, elles	prennent	qu'ils, elles	aient	pris

IMPARFAIT		PLUS-QUE-PARFAIT		
que je	prisse	que j'	eusse	pris
que tu	prisses	que tu	eusses	pris
qu'il, elle	prît	qu'il, elle	eût	pris
que nous	prissions	que nous	eussions	pris
que vous	prissiez	que vous	eussiez	pris
qu'ils, elles	prissent	qu'ils, elles	eussent	pris

IMPÉRATIF

PRÉSENT	PASSÉ	
prends	aie	pris
prenons	ayons	pris
prenez	ayez	pris

INFINITIF

PRÉSENT	PASSÉ
prendre	avoir pris

PARTICIPE

PRÉSENT	PASSÉ
prenant	pris(e), ayant pris

Prévoir • 3e groupe

▶ *Prévoir* est un verbe particulier.

- *Prévoir* a trois radicaux : je **prévois**, je **prévoyais**, je **prévis**. Il est transitif.
- À l'imparfait de l'indicatif et au présent du subjonctif, le y est suivi du i aux deux premières personnes du pluriel : nous prévoyions.
- Aux temps composés, il se conjugue avec l'auxiliaire *avoir*.

INDICATIF

PRÉSENT		IMPARFAIT		PASSÉ SIMPLE		FUTUR SIMPLE	
je	prévois	je	prévoyais	je	prévis	je	prévoirai
tu	prévois	tu	prévoyais	tu	prévis	tu	prévoiras
il, elle	prévoit	il, elle	prévoyait	il, elle	prévit	il, elle	prévoira
nous	prévoyons	nous	prévoyions	nous	prévîmes	nous	prévoirons
vous	prévoyez	vous	prévoyiez	vous	prévîtes	vous	prévoirez
ils, elles	prévoient	ils, elles	prévoyaient	ils, elles	prévirent	ils, elles	prévoiront

PASSÉ COMPOSÉ			PLUS-QUE-PARFAIT			PASSÉ ANTÉRIEUR			FUTUR ANTÉRIEUR		
j'	ai	prévu	j'	avais	prévu	j'	eus	prévu	j'	aurai	prévu
tu	as	prévu	tu	avais	prévu	tu	eus	prévu	tu	auras	prévu
il, elle	a	prévu	il, elle	avait	prévu	il, elle	eut	prévu	il, elle	aura	prévu
nous	avons	prévu	nous	avions	prévu	nous	eûmes	prévu	nous	aurons	prévu
vous	avez	prévu	vous	aviez	prévu	vous	eûtes	prévu	vous	aurez	prévu
ils, elles	ont	prévu	ils, elles	avaient	prévu	ils, elles	eurent	prévu	ils, elles	auront	prévu

CONDITIONNEL

PRÉSENT		PASSÉ		
je	prévoirais	j'	aurais	prévu
tu	prévoirais	tu	aurais	prévu
il, elle	prévoirait	il, elle	aurait	prévu
nous	prévoirions	nous	aurions	prévu
vous	prévoiriez	vous	auriez	prévu
ils, elles	prévoiraient	ils, elles	auraient	prévu

SUBJONCTIF

PRÉSENT		PASSÉ		
que je	prévoie	que j'	aie	prévu
que tu	prévoies	que tu	aies	prévu
qu'il, elle	prévoie	qu'il, elle	ait	prévu
que nous	prévoyions	que nous	ayons	prévu
que vous	prévoyiez	que vous	ayez	prévu
qu'ils, elles	prévoient	qu'ils, elles	aient	prévu

IMPARFAIT		PLUS-QUE-PARFAIT		
que je	prévisse	que j'	eusse	prévu
que tu	prévisses	que tu	eusses	prévu
qu'il, elle	prévît	qu'il, elle	eût	prévu
que nous	prévissions	que nous	eussions	prévu
que vous	prévissiez	que vous	eussiez	prévu
qu'ils, elles	prévissent	qu'ils, elles	eussent	prévu

IMPÉRATIF

PRÉSENT	PASSÉ	
prévois	aie	prévu
prévoyons	ayons	prévu
prévoyez	ayez	prévu

INFINITIF

PRÉSENT	PASSÉ
prévoir	avoir prévu

PARTICIPE

PRÉSENT	PASSÉ
prévoyant	prévu(e), ayant prévu

Recevoir · 3e groupe

▶ Le verbe que vous cherchez se termine par ...cevoir.

- *Recevoir* a quatre radicaux : je reçois, je recevais, je reçus, que je reçoive.
- Attention ! **c** devient **ç** devant **o** et **u** : je re**çois**.
- Aux temps composés, il se conjugue avec l'auxiliaire ***avoir***.
- C'est un verbe transitif.

INDICATIF

PRÉSENT		IMPARFAIT		PASSÉ SIMPLE		FUTUR SIMPLE	
je	reçois	je	recevais	je	reçus	je	recevrai
tu	reçois	tu	recevais	tu	reçus	tu	recevras
il, elle	reçoit	il, elle	recevait	il, elle	reçut	il, elle	recevra
nous	recevons	nous	recevions	nous	reçûmes	nous	recevrons
vous	recevez	vous	receviez	vous	reçûtes	vous	recevrez
ils, elles	reçoivent	ils, elles	recevaient	ils, elles	reçurent	ils, elles	recevront

PASSÉ COMPOSÉ			PLUS-QUE-PARFAIT			PASSÉ ANTÉRIEUR			FUTUR ANTÉRIEUR		
j'	ai	reçu	j'	avais	reçu	j'	eus	reçu	j'	aurai	reçu
tu	as	reçu	tu	avais	reçu	tu	eus	reçu	tu	auras	reçu
il, elle	a	reçu	il, elle	avait	reçu	il, elle	eut	reçu	il, elle	aura	reçu
nous	avons	reçu	nous	avions	reçu	nous	eûmes	reçu	nous	aurons	reçu
vous	avez	reçu	vous	aviez	reçu	vous	eûtes	reçu	vous	aurez	reçu
ils, elles	ont	reçu	ils, elles	avaient	reçu	ils, elles	eurent	reçu	ils, elles	auront	reçu

CONDITIONNEL

PRÉSENT		PASSÉ		
je	recevrais	j'	aurais	reçu
tu	recevrais	tu	aurais	reçu
il, elle	recevrait	il, elle	aurait	reçu
nous	recevrions	nous	aurions	reçu
vous	recevriez	vous	auriez	reçu
ils, elles	recevraient	ils, elles	auraient	reçu

IMPÉRATIF

PRÉSENT	PASSÉ	
reçois	aie	reçu
recevons	ayons	reçu
recevez	ayez	reçu

INFINITIF

PRÉSENT	PASSÉ
recevoir	avoir reçu

SUBJONCTIF

PRÉSENT		PASSÉ		
que je	reçoive	que j'	aie	reçu
que tu	reçoives	que tu	aies	reçu
qu'il, elle	reçoive	qu'il, elle	ait	reçu
que nous	recevions	que nous	ayons reçu
que vous	receviez	que vous	ayez reçu
qu'ils, elles	reçoivent	qu'ils, elles	aient reçu

IMPARFAIT		PLUS-QUE-PARFAIT		
que je	reçusse	que j'	eusse	reçu
que tu	reçusses	que tu	eusses	reçu
qu'il, elle	reçût	qu'il, elle	eût	reçu
que nous	reçussions	que nous	eussions reçu
que vous	reçussiez	que vous	eussiez reçu
qu'ils, elles	reçussent	qu'ils, elles	eussent reçu

PARTICIPE

PRÉSENT	PASSÉ
recevant	reçu(e), ayant reçu

Répandre • 3ᵉ groupe

▶ Le verbe que vous cherchez se termine par ...*andre*.

- *Répandre* a un seul radical : répand... C'est un verbe transitif.
- À la 3ᵉ personne du singulier du présent de l'indicatif, ce verbe ne prend pas le **t** de la terminaison après le **d** du radical : il répand.
- Aux temps composés, il se conjugue avec l'auxiliaire **avoir**.

INDICATIF

PRÉSENT		IMPARFAIT		PASSÉ SIMPLE		FUTUR SIMPLE	
je	répands	je	répandais	je	répandis	je	répandrai
tu	répands	tu	répandais	tu	répandis	tu	répandras
il, elle	répand	il, elle	répandait	il, elle	répandit	il, elle	répandra
nous	répandons	nous	répandions	nous	répandîmes	nous	répandrons
vous	répandez	vous	répandiez	vous	répandîtes	vous	répandrez
ils, elles	répandent	ils, elles	répandaient	ils, elles	répandirent	ils, elles	répandront

PASSÉ COMPOSÉ			PLUS-QUE-PARFAIT			PASSÉ ANTÉRIEUR			FUTUR ANTÉRIEUR		
j'	ai	répandu	j'	avais	répandu	j'	eus	répandu	j'	aurai	répandu
tu	as	répandu	tu	avais	répandu	tu	eus	répandu	tu	auras	répandu
il, elle	a	répandu	il, elle	avait	répandu	il, elle	eut	répandu	il, elle	aura	répandu
nous	avons	répandu	nous	avions	répandu	nous	eûmes	répandu	nous	aurons	répandu
vous	avez	répandu	vous	aviez	répandu	vous	eûtes	répandu	vous	aurez	répandu
ils, elles	ont	répandu	ils, elles	avaient	répandu	ils, elles	eurent	répandu	ils, elles	auront	répandu

CONDITIONNEL

PRÉSENT		PASSÉ		
je	répandrais	j'	aurais	répandu
tu	répandrais	tu	aurais	répandu
il, elle	répandrait	il, elle	aurait	répandu
nous	répandrions	nous	aurions	répandu
vous	répandriez	vous	auriez	répandu
ils, elles	répandraient	ils, elles	auraient	répandu

SUBJONCTIF

PRÉSENT		PASSÉ		
que je	répande	que j'	aie	répandu
que tu	répandes	que tu	aies	répandu
qu'il, elle	répande	qu'il, elle	ait	répandu
que nous	répandions	que nous	ayons	répandu
que vous	répandiez	que vous	ayez	répandu
qu'ils, elles	répandent	qu'ils, elles	aient	répandu

IMPARFAIT		PLUS-QUE-PARFAIT		
que je	répandisse	que j'	eusse	répandu
que tu	répandisses	que tu	eusses	répandu
qu'il, elle	répandît	qu'il, elle	eût	répandu
que nous	répandissions	que nous	eussions	répandu
que vous	répandissiez	que vous	eussiez	répandu
qu'ils, elles	répandissent	qu'ils, elles	eussent	répandu

IMPÉRATIF

PRÉSENT	PASSÉ	
répands	aie	répandu
répandons	ayons	répandu
répandez	ayez	répandu

INFINITIF

PRÉSENT	PASSÉ
répandre	avoir répandu

PARTICIPE

PRÉSENT	PASSÉ
répandant	répandu(e), ayant répandu

Résoudre · 3e groupe

▶ *Résoudre* est un verbe particulier.

- *Résoudre* a quatre radicaux : je **rés**ous, je **résolv**ais, je **résol**us, je **résoud**rai.
- Aux temps composés, il se conjugue avec l'auxiliaire **avoir**.
- C'est un verbe transitif.

INDICATIF

PRÉSENT		IMPARFAIT		PASSÉ SIMPLE		FUTUR SIMPLE	
je	résous	je	résolvais	je	résolus	je	résoudrai
tu	résous	tu	résolvais	tu	résolus	tu	résoudras
il, elle	résout	il, elle	résolvait	il, elle	résolut	il, elle	résoudra
nous	résolvons	nous	résolvions	nous	résolûmes	nous	résoudrons
vous	résolvez	vous	résolviez	vous	résolûtes	vous	résoudrez
ils, elles	résolvent	ils, elles	résolvaient	ils, elles	résolurent	ils, elles	résoudront

PASSÉ COMPOSÉ			PLUS-QUE-PARFAIT			PASSÉ ANTÉRIEUR			FUTUR ANTÉRIEUR		
j'	ai	résolu	j'	avais	résolu	j'	eus	résolu	j'	aurai	résolu
tu	as	résolu	tu	avais	résolu	tu	eus	résolu	tu	auras	résolu
il, elle	a	résolu	il, elle	avait	résolu	il, elle	eut	résolu	il, elle	aura	résolu
nous	avons	résolu	nous	avions	résolu	nous	eûmes	résolu	nous	aurons	résolu
vous	avez	résolu	vous	aviez	résolu	vous	eûtes	résolu	vous	aurez	résolu
ils, elles	ont	résolu	ils, elles	avaient	résolu	ils, elles	eurent	résolu	ils, elles	auront	résolu

CONDITIONNEL

PRÉSENT		PASSÉ		
je	résoudrais	j'	aurais	résolu
tu	résoudrais	tu	aurais	résolu
il, elle	résoudrait	il, elle	aurait	résolu
nous	résoudrions	nous	aurions	résolu
vous	résoudriez	vous	auriez	résolu
ils, elles	résoudraient	ils, elles	auraient	résolu

IMPÉRATIF

PRÉSENT	PASSÉ	
résous	aie	résolu
résolvons	ayons	résolu
résolvez	ayez	résolu

SUBJONCTIF

PRÉSENT		PASSÉ		
que je	résolve	que j'	aie	résolu
que tu	résolves	que tu	aies	résolu
qu'il, elle	résolve	qu'il, elle	ait	résolu
que nous	résolvions	que nous	ayons	résolu
que vous	résolviez	que vous	ayez	résolu
qu'ils, elles	résolvent	qu'ils, elles	aient	résolu

IMPARFAIT		PLUS-QUE-PARFAIT		
que je	résolusse	que j'	eusse	résolu
que tu	résolusses	que tu	eusses	résolu
qu'il, elle	résolût	qu'il, elle	eût	résolu
que nous	résolussions	que nous	eussions	résolu
que vous	résolussiez	que vous	eussiez	résolu
qu'ils, elles	résolussent	qu'ils, elles	eussent	résolu

INFINITIF

PRÉSENT	PASSÉ
résoudre	avoir résolu

PARTICIPE

PRÉSENT	PASSÉ
résolvant	résolu(e), ayant résolu

Rire • 3e groupe

▶ Le verbe que vous cherchez se termine par ...*rire*.

- *Rire* a un seul radical : ri... C'est un verbe intransitif.
- À l'imparfait de l'indicatif et au présent du subjonctif, le i est suivi du i aux deux premières personnes du pluriel : nous riions.
- Aux temps composés, il se conjugue avec l'auxiliaire *avoir*.

INDICATIF

PRÉSENT		IMPARFAIT		PASSÉ SIMPLE		FUTUR SIMPLE	
je	ris	je	riais	je	ris	je	rirai
tu	ris	tu	riais	tu	ris	tu	riras
il, elle	rit	il, elle	riait	il, elle	rit	il, elle	rira
nous	rions	nous	riions	nous	rîmes	nous	rirons
vous	riez	vous	riiez	vous	rîtes	vous	rirez
ils, elles	rient	ils, elles	riaient	ils, elles	rirent	ils, elles	riront

PASSÉ COMPOSÉ			PLUS-QUE-PARFAIT			PASSÉ ANTÉRIEUR			FUTUR ANTÉRIEUR		
j'	ai	ri	j'	avais	ri	j'	eus	ri	j'	aurai	ri
tu	as	ri	tu	avais	ri	tu	eus	ri	tu	auras	ri
il, elle	a	ri	il, elle	avait	ri	il, elle	eut	ri	il, elle	aura	ri
nous	avons	ri	nous	avions	ri	nous	eûmes	ri	nous	aurons	ri
vous	avez	ri	vous	aviez	ri	vous	eûtes	ri	vous	aurez	ri
ils, elles	ont	ri	ils, elles	avaient	ri	ils, elles	eurent	ri	ils, elles	auront	ri

CONDITIONNEL

PRÉSENT		PASSÉ		
je	rirais	j'	aurais	ri
tu	rirais	tu	aurais	ri
il, elle	rirait	il, elle	aurait	ri
nous	ririons	nous	aurions	ri
vous	ririez	vous	auriez	ri
ils, elles	riraient	ils, elles	auraient	ri

IMPÉRATIF

PRÉSENT	PASSÉ	
ris	aie	ri
rions	ayons	ri
riez	ayez	ri

SUBJONCTIF

PRÉSENT		PASSÉ		
que je	rie	que j'	aie	ri
que tu	ries	que tu	aies	ri
qu'il, elle	rie	qu'il, elle	ait	ri
que nous	riions	que nous	ayons	ri
que vous	riiez	que vous	ayez	ri
qu'ils, elles	rient	qu'ils, elles	aient	ri

IMPARFAIT		PLUS-QUE-PARFAIT		
que je	risse	que j'	eusse	ri
que tu	risses	que tu	eusses	ri
qu'il, elle	rît	qu'il, elle	eût	ri
que nous	rissions	que nous	eussions	ri
que vous	rissiez	que vous	eussiez	ri
qu'ils, elles	rissent	qu'ils, elles	eussent	ri

INFINITIF

PRÉSENT	PASSÉ
rire	avoir ri

PARTICIPE

PRÉSENT	PASSÉ
riant	ri, ayant ri

Rompre • 3e groupe

▶ Le verbe que vous cherchez se termine par ...*rompre*.

* *Rompre* a un seul radical : romp...
* Il garde le **p** du radical tout au long de la conjugaison : je romps.
* Aux temps composés, il se conjugue avec l'auxiliaire ***avoir***.
* C'est un verbe transitif et intransitif.

INDICATIF

PRÉSENT		IMPARFAIT		PASSÉ SIMPLE		FUTUR SIMPLE	
je	romps	je	rompais	je	rompis	je	romprai
tu	romps	tu	rompais	tu	rompis	tu	rompras
il, elle	rompt	il, elle	rompait	il, elle	rompit	il, elle	rompra
nous	rompons	nous	rompions	nous	rompîmes	nous	romprons
vous	rompez	vous	rompiez	vous	rompîtes	vous	romprez
ils, elles	rompent	ils, elles	rompaient	ils, elles	rompirent	ils, elles	rompront

PASSÉ COMPOSÉ			PLUS-QUE-PARFAIT			PASSÉ ANTÉRIEUR			FUTUR ANTÉRIEUR		
j'	ai	rompu	j'	avais	rompu	j'	eus	rompu	j'	aurai	rompu
tu	as	rompu	tu	avais	rompu	tu	eus	rompu	tu	auras	rompu
il, elle	a	rompu	il, elle	avait	rompu	il, elle	eut	rompu	il, elle	aura	rompu
nous	avons	rompu	nous	avions	rompu	nous	eûmes	rompu	nous	aurons	rompu
vous	avez	rompu	vous	aviez	rompu	vous	eûtes	rompu	vous	aurez	rompu
ils, elles	ont	rompu	ils, elles	avaient	rompu	ils, elles	eurent	rompu	ils, elles	auront	rompu

CONDITIONNEL

PRÉSENT		PASSÉ		
je	romprais	j'	aurais	rompu
tu	romprais	tu	aurais	rompu
il, elle	romprait	il, elle	aurait	rompu
nous	romprions	nous	aurions	rompu
vous	rompriez	vous	auriez	rompu
ils, elles	rompraient	ils, elles	auraient	rompu

SUBJONCTIF

PRÉSENT		PASSÉ		
que je	rompe	que j'	aie	rompu
que tu	rompes	que tu	aies	rompu
qu'il, elle	rompe	qu'il, elle	ait	rompu
que nous	rompions	que nous	ayons	rompu
que vous	rompiez	que vous	ayez	rompu
qu'ils, elles	rompent	qu'ils, elles	aient	rompu

IMPARFAIT		PLUS-QUE-PARFAIT		
que je	rompisse	que j'	eusse	rompu
que tu	rompisses	que tu	eusses	rompu
qu'il, elle	rompît	qu'il, elle	eût	rompu
que nous	rompissions	que nous	eussions	rompu
que vous	rompissiez	que vous	eussiez	rompu
qu'ils, elles	rompissent	qu'ils, elles	eussent	rompu

IMPÉRATIF

PRÉSENT	PASSÉ	
romps	aie	rompu
rompons	ayons	rompu
rompez	ayez	rompu

INFINITIF

PRÉSENT	PASSÉ
rompre	avoir rompu

PARTICIPE

PRÉSENT	PASSÉ
rompant	rompu(e), ayant rompu

CONJUGAISON • TABLEAUX

Savoir • 3e groupe

▶ *Savoir* est un verbe particulier.

- *Savoir* a cinq radicaux : je sais, je savais, je sus, je saurai, que je sache.
- On emploie sach... au présent du subjonctif, au présent de l'impératif et au participe présent. C'est un verbe transitif.
- Aux temps composés, il se conjugue avec l'auxiliaire ***avoir***.

INDICATIF

PRÉSENT		IMPARFAIT		PASSÉ SIMPLE		FUTUR SIMPLE	
je	sais	je	savais	je	sus	je	saurai
tu	sais	tu	savais	tu	sus	tu	sauras
il, elle	sait	il, elle	savait	il, elle	sut	il, elle	saura
nous	savons	nous	savions	nous	sûmes	nous	saurons
vous	savez	vous	saviez	vous	sûtes	vous	saurez
ils, elles	savent	ils, elles	savaient	ils, elles	surent	ils, elles	sauront

PASSÉ COMPOSÉ			PLUS-QUE-PARFAIT			PASSÉ ANTÉRIEUR			FUTUR ANTÉRIEUR		
j'	ai	su	j'	avais	su	j'	eus	su	j'	aurai	su
tu	as	su	tu	avais	su	tu	eus	su	tu	auras	su
il, elle	a	su	il, elle	avait	su	il, elle	eut	su	il, elle	aura	su
nous	avons	su	nous	avions	su	nous	eûmes	su	nous	aurons	su
vous	avez	su	vous	aviez	su	vous	eûtes	su	vous	aurez	su
ils, elles	ont	su	ils, elles	avaient	su	ils, elles	eurent	su	ils, elles	auront	su

CONDITIONNEL

PRÉSENT		PASSÉ		
je	saurais	j'	aurais	su
tu	saurais	tu	aurais	su
il, elle	saurait	il, elle	aurait	su
nous	saurions	nous	aurions	su
vous	sauriez	vous	auriez	su
ils, elles	sauraient	ils, elles	auraient	su

SUBJONCTIF

PRÉSENT		PASSÉ		
que je	sache	que j'	aie	su
que tu	saches	que tu	aies	su
qu'il, elle	sache	qu'il, elle	ait	su
que nous	sachions	que nous	ayons	su
que vous	sachiez	que vous	ayez	su
qu'ils, elles	sachent	qu'ils, elles	aient	su

IMPARFAIT		PLUS-QUE-PARFAIT		
que je	susse	que j'	eusse	su
que tu	susses	que tu	eusses	su
qu'il, elle	sût	qu'il, elle	eût	su
que nous	sussions	que nous	eussions	su
que vous	sussiez	que vous	eussiez	su
qu'ils, elles	sussent	qu'ils, elles	eussent	su

IMPÉRATIF

PRÉSENT	PASSÉ	
sache	aie	su
sachons	ayons	su
sachez	ayez	su

INFINITIF

PRÉSENT	PASSÉ
savoir	avoir su

PARTICIPE

PRÉSENT	PASSÉ
sachant	su(e), ayant su

Servir • 3e groupe

► Le verbe que vous cherchez se termine par ...*servir.*

- *Servir* a deux radicaux : serv... et ser.
- Aux temps composés, il se conjugue avec l'auxiliaire ***avoir.***
- C'est un verbe transitif direct et indirect.

INDICATIF

PRÉSENT		IMPARFAIT		PASSÉ SIMPLE		FUTUR SIMPLE	
je	sers	je	servais	je	servis	je	servirai
tu	sers	tu	servais	tu	servis	tu	serviras
il, elle	sert	il, elle	servait	il, elle	servit	il, elle	servira
nous	servons	nous	servions	nous	servîmes	nous	servirons
vous	servez	vous	serviez	vous	servîtes	vous	servirez
ils, elles	servent	ils, elles	servaient	ils, elles	servirent	ils, elles	serviront

PASSÉ COMPOSÉ			PLUS-QUE-PARFAIT			PASSÉ ANTÉRIEUR			FUTUR ANTÉRIEUR		
j'	ai	servi	j'	avais	servi	j'	eus	servi	j'	aurai	servi
tu	as	servi	tu	avais	servi	tu	eus	servi	tu	auras	servi
il, elle	a	servi	il, elle	avait	servi	il, elle	eut	servi	il, elle	aura	servi
nous	avons	servi	nous	avions	servi	nous	eûmes	servi	nous	aurons	servi
vous	avez	servi	vous	aviez	servi	vous	eûtes	servi	vous	aurez	servi
ils, elles	ont	servi	ils, elles	avaient	servi	ils, elles	eurent	servi	ils, elles	auront	servi

CONDITIONNEL

PRÉSENT		PASSÉ		
je	servirais	j'	aurais	servi
tu	servirais	tu	aurais	servi
il, elle	servirait	il, elle	aurait	servi
nous	servirions	nous	aurions	servi
vous	serviriez	vous	auriez	servi
ils, elles	serviraient	ils, elles	auraient	servi

SUBJONCTIF

PRÉSENT		PASSÉ		
que je	serve	que j'	aie	servi
que tu	serves	que tu	aies	servi
qu'il, elle	serve	qu'il, elle	ait	servi
que nous	servions	que nous	ayons	servi
que vous	serviez	que vous	ayez	servi
qu'ils, elles	servent	qu'ils, elles	aient	servi

IMPARFAIT		PLUS-QUE-PARFAIT		
que je	servisse	que j'	eusse	servi
que tu	servisses	que tu	eusses	servi
qu'il, elle	servît	qu'il, elle	eût	servi
que nous	servissions	que nous	eussions	servi
que vous	servissiez	que vous	eussiez	servi
qu'ils, elles	servissent	qu'ils, elles	eussent	servi

IMPÉRATIF

PRÉSENT	PASSÉ	
sers	aie	servi
servons	ayons	servi
servez	ayez	servi

INFINITIF

PRÉSENT	PASSÉ
servir	avoir servi

PARTICIPE

PRÉSENT	PASSÉ
servant	servi(e), ayant servi

Sortir · 3e groupe

▶ Le verbe que vous cherchez se termine par ...*sortir*.

- *Sortir* a deux radicaux : sort... et sor...
- Aux temps composés, il se conjugue avec l'auxiliaire *être*.
- C'est un verbe transitif et intransitif.

INDICATIF

PRÉSENT		IMPARFAIT		PASSÉ SIMPLE		FUTUR SIMPLE	
je	sors	je	sortais	je	sortis	je	sortirai
tu	sors	tu	sortais	tu	sortis	tu	sortiras
il, elle	sort	il, elle	sortait	il, elle	sortit	il, elle	sortira
nous	sortons	nous	sortions	nous	sortîmes	nous	sortirons
vous	sortez	vous	sortiez	vous	sortîtes	vous	sortirez
ils, elles	sortent	ils, elles	sortaient	ils, elles	sortirent	ils, elles	sortiront

PASSÉ COMPOSÉ			PLUS-QUE-PARFAIT			PASSÉ ANTÉRIEUR			FUTUR ANTÉRIEUR		
je	suis	sorti(e)	j'	étais	sorti(e)	je	fus	sorti(e)	je	serai	sorti(e)
tu	es	sorti(e)	tu	étais	sorti(e)	tu	fus	sorti(e)	tu	seras	sorti(e)
il, elle	est	sorti(e)	il, elle	était	sorti(e)	il, elle	fut	sorti(e)	il, elle	sera	sorti(e)
nous	sommes	sorti(e)s	nous	étions	sorti(e)s	nous	fûmes	sorti(e)s	nous	serons	sorti(e)s
vous	êtes	sorti(e)s	vous	étiez	sorti(e)s	vous	fûtes	sorti(e)s	vous	serez	sorti(e)s
ils, elles	sont	sorti(e)s	ils, elles	étaient	sorti(e)s	ils, elles	furent	sorti(e)s	ils, elles	seront	sorti(e)s

CONDITIONNEL

PRÉSENT		PASSÉ		
je	sortirais	je	serais	sorti(e)
tu	sortirais	tu	serais	sorti(e)
il, elle	sortirait	il, elle	serait	sorti(e)
nous	sortirions	nous	serions	sorti(e)s
vous	sortiriez	vous	seriez	sorti(e)s
ils, elles	sortiraient	ils, elles	seraient	sorti(e)s

SUBJONCTIF

PRÉSENT		PASSÉ		
que je	sorte	que je	sois	sorti(e)
que tu	sortes	que tu	sois	sorti(e)
qu'il, elle	sorte	qu'il, elle	soit	sorti(e)
que nous	sortions	que nous	soyons	sorti(e)s
que vous	sortiez	que vous	soyez	sorti(e)s
qu'ils, elles	sortent	qu'ils, elles	soient	sorti(e)s

IMPARFAIT		PLUS-QUE-PARFAIT		
que je	sortisse	que je	fusse	sorti(e)
que tu	sortisses	que tu	fusses	sorti(e)
qu'il, elle	sortît	qu'il, elle	fût	sorti(e)
que nous	sortissions	que nous	fussions	sorti(e)s
que vous	sortissiez	que vous	fussiez	sorti(e)s
qu'ils, elles	sortissent	qu'ils, elles	fussent	sorti(e)s

IMPÉRATIF

PRÉSENT	PASSÉ	
sors	sois	sorti(e)
sortons	soyons	sorti(e)s
sortez	soyez	sorti(e)s

INFINITIF

PRÉSENT	PASSÉ
sortir	être sorti(e)

PARTICIPE

PRÉSENT	PASSÉ
sortant	sorti(e), étant sorti(e)

Souffrir • 3e groupe

▶ *Souffrir* est un verbe particulier.

- *Souffrir* a un seul radical : souffr...
- Aux temps composés, il se conjugue avec l'auxiliaire **avoir**.
- C'est un verbe transitif et intransitif.

INDICATIF

PRÉSENT		IMPARFAIT		PASSÉ SIMPLE		FUTUR SIMPLE	
je	souffre	je	souffrais	je	souffris	je	souffrirai
tu	souffres	tu	souffrais	tu	souffris	tu	souffriras
il, elle	souffre	il, elle	souffrait	il, elle	souffrit	il, elle	souffrira
nous	souffrons	nous	souffrions	nous	souffrîmes	nous	souffrirons
vous	souffrez	vous	souffriez	vous	souffrîtes	vous	souffrirez
ils, elles	souffrent	ils, elles	souffraient	ils, elles	souffrirent	ils, elles	souffriront

PASSÉ COMPOSÉ			PLUS-QUE-PARFAIT			PASSÉ ANTÉRIEUR			FUTUR ANTÉRIEUR		
j'	ai	souffert	j'	avais	souffert	j'	eus	souffert	j'	aurai	souffert
tu	as	souffert	tu	avais	souffert	tu	eus	souffert	tu	auras	souffert
il, elle	a	souffert	il, elle	avait	souffert	il, elle	eut	souffert	il, elle	aura	souffert
nous	avons	souffert	nous	avions	souffert	nous	eûmes	souffert	nous	aurons	souffert
vous	avez	souffert	vous	aviez	souffert	vous	eûtes	souffert	vous	aurez	souffert
ils, elles	ont	souffert	ils, elles	avaient	souffert	ils, elles	eurent	souffert	ils, elles	auront	souffert

CONDITIONNEL

PRÉSENT		PASSÉ		
je	souffrirais	j'	aurais	souffert
tu	souffrirais	tu	aurais	souffert
il, elle	souffrirait	il, elle	aurait	souffert
nous	souffririons	nous	aurions	souffert
vous	souffririez	vous	auriez	souffert
ils, elles	souffriraient	ils, elles	auraient	souffert

SUBJONCTIF

PRÉSENT		PASSÉ		
que je	souffre	que j'	aie	souffert
que tu	souffres	que tu	aies	souffert
qu'il, elle	souffre	qu'il, elle	ait	souffert
que nous	souffrions	que nous	ayons	souffert
que vous	souffriez	que vous	ayez	souffert
qu'ils, elles	souffrent	qu'ils, elles	aient	souffert

IMPARFAIT		PLUS-QUE-PARFAIT		
que je	souffrisse	que j'	eusse	souffert
que tu	souffrisses	que tu	eusses	souffert
qu'il, elle	souffrît	qu'il, elle	eût	souffert
que nous	souffrissions	que nous	eussions	souffert
que vous	souffrissiez	que vous	eussiez	souffert
qu'ils, elles	souffrissent	qu'ils, elles	eussent	souffert

IMPÉRATIF

PRÉSENT	PASSÉ	
souffre	aie	souffert
souffrons	ayons	souffert
souffrez	ayez	souffert

INFINITIF

PRÉSENT	PASSÉ
souffrir	avoir souffert

PARTICIPE

PRÉSENT	PASSÉ
souffrant	souffert(e), ayant souffert

CONJUGAISON • TABLEAUX

Soustraire • 3e groupe

▶ Le verbe que vous cherchez se termine par ...*raire*.

- *Soustraire* a deux radicaux : soustrai... et soustray... Il est transitif.
- À l'imparfait de l'indicatif et au présent du subjonctif, le y est suivi du i aux deux premières personnes du pluriel : nous soustrayions.
- Aux temps composés, il se conjugue avec l'auxiliaire **avoir**.

INDICATIF

PRÉSENT		IMPARFAIT		PASSÉ SIMPLE	FUTUR SIMPLE	
je	soustrais	je	soustrayais	*On ne l'emploie pas.*	je	soustrairai
tu	soustrais	tu	soustrayais		tu	soustrairas
il, elle	soustrait	il, elle	soustrayait		il, elle	soustraira
nous	soustrayons	nous	soustrayions		nous	soustrairons
vous	soustrayez	vous	soustrayiez		vous	soustrairez
ils, elles	soustraient	ils, elles	soustrayaient		ils, elles	soustrairont

PASSÉ COMPOSÉ			PLUS-QUE-PARFAIT			PASSÉ ANTÉRIEUR			FUTUR ANTÉRIEUR		
j'	ai	soustrait	j'	avais	soustrait	j'	eus	soustrait	j'	aurai	soustrait
tu	as	soustrait	tu	avais	soustrait	tu	eus	soustrait	tu	auras	soustrait
il, elle	a	soustrait	il, elle	avait	soustrait	il, elle	eut	soustrait	il, elle	aura	soustrait
nous	avons	soustrait	nous	avions	soustrait	nous	eûmes	soustrait	nous	aurons	soustrait
vous	avez	soustrait	vous	aviez	soustrait	vous	eûtes	soustrait	vous	aurez	soustrait
ils, elles	ont	soustrait	ils, elles	avaient	soustrait	ils, elles	eurent	soustrait	ils, elles	auront	soustrait

CONDITIONNEL

PRÉSENT		PASSÉ		
je	soustrairais	j'	aurais	soustrait
tu	soustrairais	tu	aurais	soustrait
il, elle	soustrairait	il, elle	aurait	soustrait
nous	soustrairions	nous	aurions	soustrait
vous	soustrairiez	vous	auriez	soustrait
ils, elles	soustrairaient	ils, elles	auraient	soustrait

SUBJONCTIF

PRÉSENT		PASSÉ		
que je	soustraie	que j'	aie	soustrait
que tu	soustraies	que tu	aies	soustrait
qu'il, elle	soustraie	qu'il, elle	ait	soustrait
que nous	soustrayions	que nous	ayons	soustrait
que vous	soustrayiez	que vous	ayez	soustrait
qu'ils, elles	soustraient	qu'ils, elles	aient	soustrait

IMPARFAIT
On ne l'emploie pas.

IMPÉRATIF

PRÉSENT	PASSÉ	
soustrais	aie	soustrait
soustrayons	ayons	soustrait
soustrayez	ayez	soustrait

PLUS-QUE-PARFAIT		
que j'	eusse	soustrait
que tu	eusses	soustrait
qu'il, elle	eût	soustrait
que nous	eussions	soustrait
que vous	eussiez	soustrait
qu'ils, elles	eussent	soustrait

INFINITIF

PRÉSENT	PASSÉ
soustraire	avoir soustrait

PARTICIPE

PRÉSENT	PASSÉ
soustrayant	soustrait(e), ayant soustrait

Suffire • 3e groupe

▶ *Suffire* est un verbe particulier.

- *Suffire* a deux radicaux : suffi... et suffis... . Il est transitif indirect.
- Il présente les mêmes formes aux trois personnes du singulier du présent et du passé simple de l'indicatif.
- Aux temps composés, il se conjugue avec l'auxiliaire *avoir*.

INDICATIF

PRÉSENT		IMPARFAIT		PASSÉ SIMPLE		FUTUR SIMPLE	
je	suffis	je	suffisais	je	suffis	je	suffirai
tu	suffis	tu	suffisais	tu	suffis	tu	suffiras
il, elle	suffit	il, elle	suffisait	il, elle	suffit	il, elle	suffira
nous	suffisons	nous	suffisions	nous	suffîmes	nous	suffirons
vous	suffisez	vous	suffisiez	vous	suffîtes	vous	suffirez
ils, elles	suffisent	ils, elles	suffisaient	ils, elles	suffirent	ils, elles	suffiront

PASSÉ COMPOSÉ			PLUS-QUE-PARFAIT			PASSÉ ANTÉRIEUR			FUTUR ANTÉRIEUR		
j'	ai	suffi	j'	avais	suffi	j'	eus	suffi	j'	aurai	suffi
tu	as	suffi	tu	avais	suffi	tu	eus	suffi	tu	auras	suffi
il, elle	a	suffi	il, elle	avait	suffi	il, elle	eut	suffi	il, elle	aura	suffi
nous	avons	suffi	nous	avions	suffi	nous	eûmes	suffi	nous	aurons	suffi
vous	avez	suffi	vous	aviez	suffi	vous	eûtes	suffi	vous	aurez	suffi
ils, elles	ont	suffi	ils, elles	avaient	suffi	ils, elles	eurent	suffi	ils, elles	auront	suffi

CONDITIONNEL

PRÉSENT		PASSÉ		
je	suffirais	j'	aurais	suffi
tu	suffirais	tu	aurais	suffi
il, elle	suffirait	il, elle	aurait	suffi
nous	suffirions	nous	aurions	suffi
vous	suffiriez	vous	auriez	suffi
ils, elles	suffiraient	ils, elles	auraient	suffi

IMPÉRATIF

PRÉSENT	PASSÉ	
suffis	aie	suffi
suffisons	ayons	suffi
suffisez	ayez	suffi

SUBJONCTIF

PRÉSENT		PASSÉ		
que je	suffise	que j'	aie	suffi
que tu	suffises	que tu	aies	suffi
qu'il, elle	suffise	qu'il, elle	ait	suffi
que nous	suffisions	que nous	ayons	suffi
que vous	suffisiez	que vous	ayez	suffi
qu'ils, elles	suffisent	qu'ils, elles	aient	suffi

IMPARFAIT		PLUS-QUE-PARFAIT		
que je	suffisse	que j'	eusse	suffi
que tu	suffisses	que tu	eusses	suffi
qu'il, elle	suffît	qu'il, elle	eût	suffi
que nous	suffissions	que nous	eussions	suffi
que vous	suffissiez	que vous	eussiez	suffi
qu'ils, elles	suffissent	qu'ils, elles	eussent	suffi

INFINITIF

PRÉSENT	PASSÉ
suffire	avoir suffi

PARTICIPE

PRÉSENT	PASSÉ
suffisant	suffi, ayant suffi

Suivre · 3e groupe

▶ Le verbe que vous cherchez se termine par ...*suivre*.

- *Suivre* a deux radicaux : suiv... et sui...
- Aux temps composés, il se conjugue avec l'auxiliaire **avoir**.
- C'est un verbe transitif.

INDICATIF

PRÉSENT		IMPARFAIT		PASSÉ SIMPLE		FUTUR SIMPLE	
je	suis	je	suivais	je	suivis	je	suivrai
tu	suis	tu	suivais	tu	suivis	tu	suivras
il, elle	suit	il, elle	suivait	il, elle	suivit	il, elle	suivra
nous	suivons	nous	suivions	nous	suivîmes	nous	suivrons
vous	suivez	vous	suiviez	vous	suivîtes	vous	suivrez
ils, elles	suivent	ils, elles	suivaient	ils, elles	suivirent	ils, elles	suivront

PASSÉ COMPOSÉ			PLUS-QUE-PARFAIT			PASSÉ ANTÉRIEUR			FUTUR ANTÉRIEUR		
j'	ai	suivi	j'	avais	suivi	j'	eus	suivi	j'	aurai	suivi
tu	as	suivi	tu	avais	suivi	tu	eus	suivi	tu	auras	suivi
il, elle	a	suivi	il, elle	avait	suivi	il, elle	eut	suivi	il, elle	aura	suivi
nous	avons	suivi	nous	avions	suivi	nous	eûmes	suivi	nous	aurons	suivi
vous	avez	suivi	vous	aviez	suivi	vous	eûtes	suivi	vous	aurez	suivi
ils, elles	ont	suivi	ils, elles	avaient	suivi	ils, elles	eurent	suivi	ils, elles	auront	suivi

CONDITIONNEL

PRÉSENT		PASSÉ		
je	suivrais	j'	aurais	suivi
tu	suivrais	tu	aurais	suivi
il, elle	suivrait	il, elle	aurait	suivi
nous	suivrions	nous	aurions	suivi
vous	suivriez	vous	auriez	suivi
ils, elles	suivraient	ils, elles	auraient	suivi

IMPÉRATIF

PRÉSENT	PASSÉ	
suis	aie	suivi
suivons	ayons	suivi
suivez	ayez	suivi

SUBJONCTIF

PRÉSENT		PASSÉ		
que je	suive	que j'	aie	suivi
que tu	suives	que tu	aies	suivi
qu'il, elle	suive	qu'il, elle	ait	suivi
que nous	suivions	que nous	ayons	suivi
que vous	suiviez	que vous	ayez	suivi
qu'ils, elles	suivent	qu'ils, elles	aient	suivi

IMPARFAIT		PLUS-QUE-PARFAIT		
que je	suivisse	que j'	eusse	suivi
que tu	suivisses	que tu	eusses	suivi
qu'il, elle	suivît	qu'il, elle	eût	suivi
que nous	suivissions	que nous	eussions	suivi
que vous	suivissiez	que vous	eussiez	suivi
qu'ils, elles	suivissent	qu'ils, elles	eussent	suivi

INFINITIF

PRÉSENT	PASSÉ
suivre	avoir suivi

PARTICIPE

PRÉSENT	PASSÉ
suivant	suivi(e), ayant suivi

Se taire · 3e groupe

▶ *Se taire* est un verbe particulier.

- *Se taire* a trois radicaux : je me **tais**, je me **taisais**, je me **tus**.
- Aux temps composés, il se conjugue avec l'auxiliaire ***être***.
- C'est un verbe pronominal.

INDICATIF

PRÉSENT	IMPARFAIT	PASSÉ SIMPLE	FUTUR SIMPLE
je me tais	je me taisais	je me tus	je me tairai
tu te tais	tu te taisais	tu te tus	tu te tairas
il, elle se tait	il, elle se taisait	il, elle se tut	il, elle se taira
nous nous taisons	nous nous taisions	nous nous tûmes	nous nous tairons
vous vous taisez	vous vous taisiez	vous vous tûtes	vous vous tairez
ils, elles se taisent	ils, elles se taisaient	ils, elles se turent	ils, elles se tairont

PASSÉ COMPOSÉ	PLUS-QUE-PARFAIT	PASSÉ ANTÉRIEUR	FUTUR ANTÉRIEUR
je me suis tu(e)	je m'étais tu(e)	je me fus tu(e)	je me serai tu(e)
tu t'es tu(e)	tu t'étais tu(e)	tu te fus tu(e)	tu te seras tu(e)
il, elle s'est tu(e)	il, elle s'était tu(e)	il, elle se fut tu(e)	il, elle se sera tu(e)
nous nous sommes tu(e)s	nous nous étions tu(e)s	nous nous fûmes tu(e)s	nous nous serons tu(e)s
vous vous êtes tu(e)s	vous vous étiez tu(e)s	vous vous fûtes tu(e)s	vous vous serez tu(e)s
ils, elles se sont tu(e)s	ils, elles s'étaient tu(e)s	ils, elles se furent tu(e)s	ils, elles se seront tu(e)s

CONDITIONNEL

PRÉSENT	PASSÉ
je me tairais	je me serais tu(e)
tu te tairais	tu te serais tu(e)
il, elle se tairait	il, elle se serait tu(e)
nous nous tairions	nous nous serions tu(e)s
vous vous tairiez	vous vous seriez tu(e)s
ils, elles se tairaient	ils, elles se seraient tu(e)s

SUBJONCTIF

PRÉSENT	PASSÉ
que je me taise	que je me sois tu(e)
que tu te taises	que tu te sois tu(e)
qu'il, elle se taise	qu'il, elle se soit tu(e)
que nous nous taisions	que nous nous soyons tu(e)s
que vous vous taisiez	que vous vous soyez tu(e)s
qu'ils, elles se taisent	qu'ils, elles se soient tu(e)s

IMPARFAIT	PLUS-QUE-PARFAIT
que je me tusse	que je me fusse tu(e)
que tu te tusses	que tu te fusses tu(e)
qu'il, elle se tût	qu'il, elle se fût tu(e)
que nous nous tussions	que nous nous fussions tu(e)s
que vous vous tussiez	que vous vous fussiez tu(e)s
qu'ils, elles se tussent	qu'ils, elles se fussent tu(e)s

IMPÉRATIF

PRÉSENT	PASSÉ
tais-toi	-
taisons-nous	
taisez-vous	

INFINITIF

PRÉSENT	PASSÉ
se taire	s'être tu(e)

PARTICIPE

PRÉSENT	PASSÉ
se taisant	tu(e), s'étant tu(e)

CONJUGAISON · TABLEAUX

Tenir • 3e groupe

▶ Le verbe que vous cherchez se termine par ...*tenir*.

- *Tenir* a cinq radicaux : je **tiens**, je **tenais**, je **tins**, je **tiendrai**, que je **tienne**.
- Attention ! Au passé simple de l'indicatif, il se conjugue en **tin**...
- Aux temps composés, il se conjugue avec l'auxiliaire ***avoir***.
- C'est un verbe transitif et intransitif.

INDICATIF

PRÉSENT		IMPARFAIT		PASSÉ SIMPLE		FUTUR SIMPLE	
je	tiens	je	tenais	je	tins	je	tiendrai
tu	tiens	tu	tenais	tu	tins	tu	tiendras
il, elle	tient	il, elle	tenait	il, elle	tint	il, elle	tiendra
nous	tenons	nous	tenions	nous	tînmes	nous	tiendrons
vous	tenez	vous	teniez	vous	tîntes	vous	tiendrez
ils, elles	tiennent	ils, elles	tenaient	ils, elles	tinrent	ils, elles	tiendront

PASSÉ COMPOSÉ			PLUS-QUE-PARFAIT			PASSÉ ANTÉRIEUR			FUTUR ANTÉRIEUR		
j'	ai	tenu	j'	avais	tenu	j'	eus	tenu	j'	aurai	tenu
tu	as	tenu	tu	avais	tenu	tu	eus	tenu	tu	auras	tenu
il, elle	a	tenu	il, elle	avait	tenu	il, elle	eut	tenu	il, elle	aura	tenu
nous	avons	tenu	nous	avions	tenu	nous	eûmes	tenu	nous	aurons	tenu
vous	avez	tenu	vous	aviez	tenu	vous	eûtes	tenu	vous	aurez	tenu
ils, elles	ont	tenu	ils, elles	avaient	tenu	ils, elles	eurent	tenu	ils, elles	auront	tenu

CONDITIONNEL

PRÉSENT		PASSÉ		
je	tiendrais	j'	aurais	tenu
tu	tiendrais	tu	aurais	tenu
il, elle	tiendrait	il, elle	aurait	tenu
nous	tiendrions	nous	aurions	tenu
vous	tiendriez	vous	auriez	tenu
ils, elles	tiendraient	ils, elles	auraient	tenu

IMPÉRATIF

PRÉSENT	PASSÉ	
tiens	aie	tenu
tenons	ayons	tenu
tenez	ayez	tenu

SUBJONCTIF

PRÉSENT		PASSÉ		
que je	tienne	que j'	aie	tenu
que tu	tiennes	que tu	aies	tenu
qu'il, elle	tienne	qu'il, elle	ait	tenu
que nous	tenions	que nous	ayons	tenu
que vous	teniez	que vous	ayez	tenu
qu'ils, elles	tiennent	qu'ils, elles	aient	tenu

IMPARFAIT		PLUS-QUE-PARFAIT		
que je	tinsse	que j'	eusse	tenu
que tu	tinsses	que tu	eusses	tenu
qu'il, elle	tînt	qu'il, elle	eût	tenu
que nous	tinssions	que nous	eussions	tenu
que vous	tinssiez	que vous	eussiez	tenu
qu'ils, elles	tinssent	qu'ils, elles	eussent	tenu

INFINITIF

PRÉSENT	PASSÉ
tenir	avoir tenu

PARTICIPE

PRÉSENT	PASSÉ
tenant	tenu(e), ayant tenu

Tondre • 3e groupe

▶ Le verbe que vous cherchez se termine par ...*ondre*.

- *Tondre* a un seul radical : tond... C'est un verbe transitif.
- À la 3e personne du singulier de l'indicatif présent, il ne prend pas le **t** de la terminaison après le **d** du radical : il tond.
- Aux temps composés, il se conjugue avec l'auxiliaire ***avoir***.

INDICATIF

PRÉSENT		IMPARFAIT		PASSÉ SIMPLE		FUTUR SIMPLE	
je	tonds	je	tondais	je	tondis	je	tondrai
tu	tonds	tu	tondais	tu	tondis	tu	tondras
il, elle	tond	il, elle	tondait	il, elle	tondit	il, elle	tondra
nous	tondons	nous	tondions	nous	tondîmes	nous	tondrons
vous	tondez	vous	tondiez	vous	tondîtes	vous	tondrez
ils, elles	tondent	ils, elles	tondaient	ils, elles	tondirent	ils, elles	tondront

PASSÉ COMPOSÉ			PLUS-QUE-PARFAIT			PASSÉ ANTÉRIEUR			FUTUR ANTÉRIEUR		
j'	ai	tondu	j'	avais	tondu	j'	eus	tondu	j'	aurai	tondu
tu	as	tondu	tu	avais	tondu	tu	eus	tondu	tu	auras	tondu
il, elle	a	tondu	il, elle	avait	tondu	il, elle	eut	tondu	il, elle	aura	tondu
nous	avons	tondu	nous	avions	tondu	nous	eûmes	tondu	nous	aurons	tondu
vous	avez	tondu	vous	aviez	tondu	vous	eûtes	tondu	vous	aurez	tondu
ils, elles	ont	tondu	ils, elles	avaient	tondu	ils, elles	eurent	tondu	ils, elles	auront	tondu

CONDITIONNEL

PRÉSENT		PASSÉ		
je	tondrais	j'	aurais	tondu
tu	tondrais	tu	aurais	tondu
il, elle	tondrait	il, elle	aurait	tondu
nous	tondrions	nous	aurions	tondu
vous	tondriez	vous	auriez	tondu
ils, elles	tondraient	ils, elles	auraient	tondu

SUBJONCTIF

PRÉSENT		PASSÉ		
que je	tonde	que j'	aie	tondu
que tu	tondes	que tu	aies	tondu
qu'il, elle	tonde	qu'il, elle	ait	tondu
que nous	tondions	que nous	ayons	tondu
que vous	tondiez	que vous	ayez	tondu
qu'ils, elles	tondent	qu'ils, elles	aient	tondu

IMPÉRATIF

PRÉSENT	PASSÉ	
tonds	aie	tondu
tondons	ayons	tondu
tondez	ayez	tondu

IMPARFAIT		PLUS-QUE-PARFAIT		
que je	tondisse	que j'	eusse	tondu
que tu	tondisses	que tu	eusses	tondu
qu'il, elle	tondît	qu'il, elle	eût	tondu
que nous	tondissions	que nous	eussions	tondu
que vous	tondissiez	que vous	eussiez	tondu
qu'ils, elles	tondissent	qu'ils, elles	eussent	tondu

INFINITIF

PRÉSENT	PASSÉ
tondre	avoir tondu

PARTICIPE

PRÉSENT	PASSÉ
tondant	tondu(e), ayant tondu

Vaincre • 3e groupe

▶ Le verbe que vous cherchez se termine par ...*vaincre*.

- *Vaincre* a deux radicaux : vainc... et vainqu... C'est un verbe transitif.
- Aux trois personnes du singulier au présent de l'indicatif, le c est conservé :
  je/tu vaincs, il vainc.
- Aux temps composés, il se conjugue avec l'auxiliaire **avoir**.

INDICATIF

PRÉSENT		IMPARFAIT		PASSÉ SIMPLE		FUTUR SIMPLE	
je	vaincs	je	vainquais	je	vainquis	je	vaincrai
tu	vaincs	tu	vainquais	tu	vainquis	tu	vaincras
il, elle	vainc	il, elle	vainquait	il, elle	vainquit	il, elle	vaincra
nous	vainquons	nous	vainquions	nous	vainquîmes	nous	vaincrons
vous	vainquez	vous	vainquiez	vous	vainquîtes	vous	vaincrez
ils, elles	vainquent	ils, elles	vainquaient	ils, elles	vainquirent	ils, elles	vaincront

PASSÉ COMPOSÉ			PLUS-QUE-PARFAIT			PASSÉ ANTÉRIEUR			FUTUR ANTÉRIEUR		
j'	ai	vaincu	j'	avais	vaincu	j'	eus	vaincu	j'	aurai	vaincu
tu	as	vaincu	tu	avais	vaincu	tu	eus	vaincu	tu	auras	vaincu
il, elle	a	vaincu	il, elle	avait	vaincu	il, elle	eut	vaincu	il, elle	aura	vaincu
nous	avons	vaincu	nous	avions	vaincu	nous	eûmes	vaincu	nous	aurons	vaincu
vous	avez	vaincu	vous	aviez	vaincu	vous	eûtes	vaincu	vous	aurez	vaincu
ils, elles	ont	vaincu	ils, elles	avaient	vaincu	ils, elles	eurent	vaincu	ils, elles	auront	vaincu

CONDITIONNEL

PRÉSENT		PASSÉ		
je	vaincrais	j'	aurais	vaincu
tu	vaincrais	tu	aurais	vaincu
il, elle	vaincrait	il, elle	aurait	vaincu
nous	vaincrions	nous	aurions	vaincu
vous	vaincriez	vous	auriez	vaincu
ils, elles	vaincraient	ils, elles	auraient	vaincu

SUBJONCTIF

PRÉSENT		PASSÉ		
que je	vainque	que j'	aie	vaincu
que tu	vainques	que tu	aies	vaincu
qu'il, elle	vainque	qu'il, elle	ait	vaincu
que nous	vainquions	que nous	ayons	vaincu
que vous	vainquiez	que vous	ayez	vaincu
qu'ils, elles	vainquent	qu'ils, elles	aient	vaincu

IMPÉRATIF

PRÉSENT	PASSÉ	
vaincs	aie	vaincu
vainquons	ayons	vaincu
vainquez	ayez	vaincu

IMPARFAIT		PLUS-QUE-PARFAIT		
que je	vainquisse	que j'	eusse	vaincu
que tu	vainquisses	que tu	eusses	vaincu
qu'il, elle	vainquît	qu'il, elle	eût	vaincu
que nous	vainquissions	que nous	eussions	vaincu
que vous	vainquissiez	que vous	eussiez	vaincu
qu'ils, elles	vainquissent	qu'ils, elles	eussent	vaincu

INFINITIF

PRÉSENT	PASSÉ
vaincre	avoir vaincu

PARTICIPE

PRÉSENT	PASSÉ
vainquant	vaincu(e), ayant vaincu

Valoir • 3e groupe

▶ Le verbe que vous cherchez se termine par ...*valoir*.

- *Valoir* a quatre radicaux : je **vaux**, je **valais**, je **vaudrai**, que je **vaille**.
- Aux deux premières personnes du singulier du présent de l'indicatif, la terminaison est **x** : je/tu **vaux**. C'est un verbe transitif et intransitif.
- Aux temps composés, il se conjugue avec l'auxiliaire ***avoir***.

INDICATIF

PRÉSENT		IMPARFAIT		PASSÉ SIMPLE		FUTUR SIMPLE	
je	vaux	je	valais	je	valus	je	vaudrai
tu	vaux	tu	valais	tu	valus	tu	vaudras
il, elle	vaut	il, elle	valait	il, elle	valut	il, elle	vaudra
nous	valons	nous	valions	nous	valûmes	nous	vaudrons
vous	valez	vous	valiez	vous	valûtes	vous	vaudrez
ils, elles	valent	ils, elles	valaient	ils, elles	valurent	ils, elles	vaudront

PASSÉ COMPOSÉ			PLUS-QUE-PARFAIT			PASSÉ ANTÉRIEUR			FUTUR ANTÉRIEUR		
j'	ai	valu	j'	avais	valu	j'	eus	valu	j'	aurai	valu
tu	as	valu	tu	avais	valu	tu	eus	valu	tu	auras	valu
il, elle	a	valu	il, elle	avait	valu	il, elle	eut	valu	il, elle	aura	valu
nous	avons	valu	nous	avions	valu	nous	eûmes	valu	nous	aurons	valu
vous	avez	valu	vous	aviez	valu	vous	eûtes	valu	vous	aurez	valu
ils, elles	ont	valu	ils, elles	avaient	valu	ils, elles	eurent	valu	ils, elles	auront	valu

CONDITIONNEL

PRÉSENT		PASSÉ		
je	vaudrais	j'	aurais	valu
tu	vaudrais	tu	aurais	valu
il, elle	vaudrait	il, elle	aurait	valu
nous	vaudrions	nous	aurions	valu
vous	vaudriez	vous	auriez	valu
ils, elles	vaudraient	ils, elles	auraient	valu

SUBJONCTIF

PRÉSENT		PASSÉ		
que je	vaille	que j'	aie	valu
que tu	vailles	que tu	aies	valu
qu'il, elle	vaille	qu'il, elle	ait	valu
que nous	valions	que nous	ayons	valu
que vous	valiez	que vous	ayez	valu
qu'ils, elles	vaillent	qu'ils, elles	aient	valu

IMPARFAIT		PLUS-QUE-PARFAIT		
que je	valusse	que j'	eusse	valu
que tu	valusses	que tu	eusses	valu
qu'il, elle	valût	qu'il, elle	eût	valu
que nous	valussions	que nous	eussions	valu
que vous	valussiez	que vous	eussiez	valu
qu'ils, elles	valussent	qu'ils, elles	eussent	valu

IMPÉRATIF

PRÉSENT	PASSÉ	
-	aie	valu
	ayons	valu
	ayez	valu

INFINITIF

PRÉSENT	PASSÉ
valoir	avoir valu

PARTICIPE

PRÉSENT	PASSÉ
valant	valu(e), ayant valu

Vendre · 3ᵉ groupe

▶ Le verbe que vous cherchez se termine par ...*endre*.

- *Vendre* a un seul radical : vend... C'est un verbe transitif.
- À la 3ᵉ personne du singulier du présent de l'indicatif, ce verbe ne prend pas le **t** de la terminaison après le **d** du radical : il vend.
- Aux temps composés, il se conjugue avec l'auxiliaire ***avoir***.

INDICATIF

PRÉSENT		IMPARFAIT		PASSÉ SIMPLE		FUTUR SIMPLE	
je	vends	je	vendais	je	vendis	je	vendrai
tu	vends	tu	vendais	tu	vendis	tu	vendras
il, elle	vend	il, elle	vendait	il, elle	vendit	il, elle	vendra
nous	vendons	nous	vendions	nous	vendîmes	nous	vendrons
vous	vendez	vous	vendiez	vous	vendîtes	vous	vendrez
ils, elles	vendent	ils, elles	vendaient	ils, elles	vendirent	ils, elles	vendront

PASSÉ COMPOSÉ			PLUS-QUE-PARFAIT			PASSÉ ANTÉRIEUR			FUTUR ANTÉRIEUR		
j'	ai	vendu	j'	avais	vendu	j'	eus	vendu	j'	aurai	vendu
tu	as	vendu	tu	avais	vendu	tu	eus	vendu	tu	auras	vendu
il, elle	a	vendu	il, elle	avait	vendu	il, elle	eut	vendu	il, elle	aura	vendu
nous	avons	vendu	nous	avions	vendu	nous	eûmes	vendu	nous	aurons	vendu
vous	avez	vendu	vous	aviez	vendu	vous	eûtes	vendu	vous	aurez	vendu
ils, elles	ont	vendu	ils, elles	avaient	vendu	ils, elles	eurent	vendu	ils, elles	auront	vendu

CONDITIONNEL

PRÉSENT		PASSÉ		
je	vendrais	j'	aurais	vendu
tu	vendrais	tu	aurais	vendu
il, elle	vendrait	il, elle	aurait	vendu
nous	vendrions	nous	aurions	vendu
vous	vendriez	vous	auriez	vendu
ils, elles	vendraient	ils, elles	auraient	vendu

SUBJONCTIF

PRÉSENT		PASSÉ		
que je	vende	que j'	aie	vendu
que tu	vendes	que tu	aies	vendu
qu'il, elle	vende	qu'il, elle	ait	vendu
que nous	vendions	que nous	ayons	vendu
que vous	vendiez	que vous	ayez	vendu
qu'ils, elles	vendent	qu'ils, elles	aient	vendu

IMPARFAIT		PLUS-QUE-PARFAIT		
que je	vendisse	que j'	eusse	vendu
que tu	vendisses	que tu	eusses	vendu
qu'il, elle	vendît	qu'il, elle	eût	vendu
que nous	vendissions	que nous	eussions	vendu
que vous	vendissiez	que vous	eussiez	vendu
qu'ils, elles	vendissent	qu'ils, elles	eussent	vendu

IMPÉRATIF

PRÉSENT	PASSÉ	
vends	aie	vendu
vendons	ayons	vendu
vendez	ayez	vendu

INFINITIF

PRÉSENT	PASSÉ
vendre	avoir vendu

PARTICIPE

PRÉSENT	PASSÉ
vendant	vendu(e), ayant vendu

Venir · 3e groupe

▶ Le verbe que vous cherchez se termine par ...*venir*.

- *Venir* a cinq radicaux : je **vien**s, je **ven**ais, je **vin**s, je **viend**rai, que je **vienne**.
  C'est un verbe intransitif.
- Attention ! Au passé simple de l'indicatif, il se conjugue en **vin**...
- Aux temps composés, il se conjugue avec l'auxiliaire *être*.

INDICATIF

PRÉSENT		IMPARFAIT		PASSÉ SIMPLE		FUTUR SIMPLE	
je	viens	je	venais	je	vins	je	viendrai
tu	viens	tu	venais	tu	vins	tu	viendras
il, elle	vient	il, elle	venait	il, elle	vint	il, elle	viendra
nous	venons	nous	venions	nous	vînmes	nous	viendrons
vous	venez	vous	veniez	vous	vîntes	vous	viendrez
ils, elles	viennent	ils, elles	venaient	ils, elles	vinrent	ils, elles	viendront

PASSÉ COMPOSÉ			PLUS-QUE-PARFAIT			PASSÉ ANTÉRIEUR			FUTUR ANTÉRIEUR		
je	suis	venu(e)	j'	étais	venu(e)	je	fus	venu(e)	je	serai	venu(e)
tu	es	venu(e)	tu	étais	venu(e)	tu	fus	venu(e)	tu	seras	venu(e)
il, elle	est	venu(e)	il, elle	était	venu(e)	il, elle	fut	venu(e)	il, elle	sera	venu(e)
nous	sommes	venu(e)s	nous	étions	venu(e)s	nous	fûmes	venu(e)s	nous	serons	venu(e)s
vous	êtes	venu(e)s	vous	étiez	venu(e)s	vous	fûtes	venu(e)s	vous	serez	venu(e)s
ils, elles	sont	venu(e)s	ils, elles	étaient	venu(e)s	ils, elles	furent	venu(e)s	ils, elles	seront	venu(e)s

CONDITIONNEL

PRÉSENT		PASSÉ		
je	viendrais	je	serais	venu(e)
tu	viendrais	tu	serais	venu(e)
il, elle	viendrait	il, elle	serait	venu(e)
nous	viendrions	nous	serions	venu(e)s
vous	viendriez	vous	seriez	venu(e)s
ils, elles	viendraient	ils, elles	seraient	venu(e)s

IMPÉRATIF

PRÉSENT	PASSÉ	
viens	sois	venu(e)
venons	soyons	venu(e)s
venez	soyez	venu(e)s

INFINITIF

PRÉSENT	PASSÉ
venir	être venu(e)

SUBJONCTIF

PRÉSENT		PASSÉ		
que je	vienne	que je	sois	venu(e)
que tu	viennes	que tu	sois	venu(e)
qu'il, elle	vienne	qu'il, elle	soit	venu(e)
que nous	venions	que nous	soyons	venu(e)s
que vous	veniez	que vous	soyez	venu(e)s
qu'ils, elles	viennent	qu'ils, elles	soient	venu(e)s

IMPARFAIT		PLUS-QUE-PARFAIT		
que je	vinsse	que je	fusse	venu(e)
que tu	vinsses	que tu	fusses	venu(e)
qu'il, elle	vînt	qu'il, elle	fût	venu(e)
que nous	vinssions	que nous	fussions	venu(e)s
que vous	vinssiez	que vous	fussiez	venu(e)s
qu'ils, elles	vinssent	qu'ils, elles	fussent	venu(e)s

PARTICIPE

PRÉSENT	PASSÉ
venant	venu(e), étant venu(e)

Vêtir • 3e groupe

▶ Le verbe que vous cherchez se termine par ...*vêtir*.

- *Vêtir* a deux radicaux : vêt... et vêti...
- Il garde le t et l'accent circonflexe tout au long de la conjugaison.
- Aux temps composés, il se conjugue avec l'auxiliaire *avoir*.
- C'est un verbe transitif.

INDICATIF

PRÉSENT		IMPARFAIT		PASSÉ SIMPLE		FUTUR SIMPLE	
je	vêts	je	vêtais	je	vêtis	je	vêtirai
tu	vêts	tu	vêtais	tu	vêtis	tu	vêtiras
il, elle	vêt	il, elle	vêtait	il, elle	vêtit	il, elle	vêtira
nous	vêtons	nous	vêtions	nous	vêtîmes	nous	vêtirons
vous	vêtez	vous	vêtiez	vous	vêtîtes	vous	vêtirez
ils, elles	vêtent	ils, elles	vêtaient	ils, elles	vêtirent	ils, elles	vêtiront

PASSÉ COMPOSÉ			PLUS-QUE-PARFAIT			PASSÉ ANTÉRIEUR			FUTUR ANTÉRIEUR		
j'	ai	vêtu	j'	avais	vêtu	j'	eus	vêtu	j'	aurai	vêtu
tu	as	vêtu	tu	avais	vêtu	tu	eus	vêtu	tu	auras	vêtu
il, elle	a	vêtu	il, elle	avait	vêtu	il, elle	eut	vêtu	il, elle	aura	vêtu
nous	avons	vêtu	nous	avions	vêtu	nous	eûmes	vêtu	nous	aurons	vêtu
vous	avez	vêtu	vous	aviez	vêtu	vous	eûtes	vêtu	vous	aurez	vêtu
ils, elles	ont	vêtu	ils, elles	avaient	vêtu	ils, elles	eurent	vêtu	ils, elles	auront	vêtu

CONDITIONNEL

PRÉSENT		PASSÉ		
je	vêtirais	j'	aurais	vêtu
tu	vêtirais	tu	aurais	vêtu
il, elle	vêtirait	il, elle	aurait	vêtu
nous	vêtirions	nous	aurions	vêtu
vous	vêtiriez	vous	auriez	vêtu
ils, elles	vêtiraient	ils, elles	auraient	vêtu

IMPÉRATIF

PRÉSENT	PASSÉ	
vêts	aie	vêtu
vêtons	ayons	vêtu
vêtez	ayez	vêtu

SUBJONCTIF

PRÉSENT		PASSÉ		
que je	vête	que j'	aie	vêtu
que tu	vêtes	que tu	aies	vêtu
qu'il, elle	vête	qu'il, elle	ait	vêtu
que nous	vêtions	que nous	ayons	vêtu
que vous	vêtiez	que vous	ayez	vêtu
qu'ils, elles	vêtent	qu'ils, elles	aient	vêtu

IMPARFAIT		PLUS-QUE-PARFAIT		
que je	vêtisse	que j'	eusse	vêtu
que tu	vêtisses	que tu	eusses	vêtu
qu'il, elle	vêtît	qu'il, elle	eût	vêtu
que nous	vêtissions	que nous	eussions	vêtu
que vous	vêtissiez	que vous	eussiez	vêtu
qu'ils, elles	vêtissent	qu'ils, elles	eussent	vêtu

INFINITIF

PRÉSENT	PASSÉ
vêtir	avoir vêtu

PARTICIPE

PRÉSENT	PASSÉ
vêtant	vêtu(e), ayant vêtu

Vivre · 3e groupe

▶ Le verbe que vous cherchez se termine par ...*vivre*.

- *Vivre* a trois radicaux : je vis, je vivais, je vécus.
- Aux temps composés, il se conjugue avec l'auxiliaire ***avoir***.
- C'est un verbe transitif et intransitif.

INDICATIF

PRÉSENT		IMPARFAIT		PASSÉ SIMPLE		FUTUR SIMPLE	
je	vis	je	vivais	je	vécus	je	vivrai
tu	vis	tu	vivais	tu	vécus	tu	vivras
il, elle	vit	il, elle	vivait	il, elle	vécut	il, elle	vivra
nous	vivons	nous	vivions	nous	vécûmes	nous	vivrons
vous	vivez	vous	viviez	vous	vécûtes	vous	vivrez
ils, elles	vivent	ils, elles	vivaient	ils, elles	vécurent	ils, elles	vivront

PASSÉ COMPOSÉ			PLUS-QUE-PARFAIT			PASSÉ ANTÉRIEUR			FUTUR ANTÉRIEUR		
j'	ai	vécu	j'	avais	vécu	j'	eus	vécu	j'	aurai	vécu
tu	as	vécu	tu	avais	vécu	tu	eus	vécu	tu	auras	vécu
il, elle	a	vécu	il, elle	avait	vécu	il, elle	eut	vécu	il, elle	aura	vécu
nous	avons	vécu	nous	avions	vécu	nous	eûmes	vécu	nous	aurons	vécu
vous	avez	vécu	vous	aviez	vécu	vous	eûtes	vécu	vous	aurez	vécu
ils, elles	ont	vécu	ils, elles	avaient	vécu	ils, elles	eurent	vécu	ils, elles	auront	vécu

CONDITIONNEL

PRÉSENT		PASSÉ		
je	vivrais	j'	aurais	vécu
tu	vivrais	tu	aurais	vécu
il, elle	vivrait	il, elle	aurait	vécu
nous	vivrions	nous	aurions	vécu
vous	vivriez	vous	auriez	vécu
ils, elles	vivraient	ils, elles	auraient	vécu

IMPÉRATIF

PRÉSENT	PASSÉ	
vis	aie	vécu
vivons	ayons	vécu
vivez	ayez	vécu

SUBJONCTIF

PRÉSENT		PASSÉ		
que je	vive	que j'	aie	vécu
que tu	vives	que tu	aies	vécu
qu'il, elle	vive	qu'il, elle	ait	vécu
que nous	vivions	que nous	ayons	vécu
que vous	viviez	que vous	ayez	vécu
qu'ils, elles	vivent	qu'ils, elles	aient	vécu

IMPARFAIT		PLUS-QUE-PARFAIT		
que je	vécusse	que j'	eusse	vécu
que tu	vécusses	que tu	eusses	vécu
qu'il, elle	vécût	qu'il, elle	eût	vécu
que nous	vécussions	que nous	eussions	vécu
que vous	vécussiez	que vous	eussiez	vécu
qu'ils, elles	vécussent	qu'ils, elles	eussent	vécu

INFINITIF

PRÉSENT	PASSÉ
vivre	avoir vécu

PARTICIPE

PRÉSENT	PASSÉ
vivant	vécu(e), ayant vécu

CONJUGAISON · TABLEAUX

Voir • 3e groupe

▶ Le verbe que vous cherchez se termine par ...*voir*.

- *Voir* a quatre radicaux : je vois, je voyais, je vis, je verrai.
- À l'imparfait de l'indicatif et au présent du subjonctif, le y est suivi du i : nous voyions, vous voyiez. C'est un verbe transitif et intransitif.
- Aux temps composés, il se conjugue avec l'auxiliaire *avoir*.

INDICATIF

PRÉSENT		IMPARFAIT		PASSÉ SIMPLE		FUTUR SIMPLE	
je	vois	je	voyais	je	vis	je	verrai
tu	vois	tu	voyais	tu	vis	tu	verras
il, elle	voit	il, elle	voyait	il, elle	vit	il, elle	verra
nous	voyons	nous	voyions	nous	vîmes	nous	verrons
vous	voyez	vous	voyiez	vous	vîtes	vous	verrez
ils, elles	voient	ils, elles	voyaient	ils, elles	virent	ils, elles	verront

PASSÉ COMPOSÉ			PLUS-QUE-PARFAIT			PASSÉ ANTÉRIEUR			FUTUR ANTÉRIEUR		
j'	ai	vu	j'	avais	vu	j'	eus	vu	j'	aurai	vu
tu	as	vu	tu	avais	vu	tu	eus	vu	tu	auras	vu
il, elle	a	vu	il, elle	avait	vu	il, elle	eut	vu	il, elle	aura	vu
nous	avons	vu	nous	avions	vu	nous	eûmes	vu	nous	aurons	vu
vous	avez	vu	vous	aviez	vu	vous	eûtes	vu	vous	aurez	vu
ils, elles	ont	vu	ils, elles	avaient	vu	ils, elles	eurent	vu	ils, elles	auront	vu

CONDITIONNEL

PRÉSENT		PASSÉ		
je	verrais	j'	aurais	vu
tu	verrais	tu	aurais	vu
il, elle	verrait	il, elle	aurait	vu
nous	verrions	nous	aurions	vu
vous	verriez	vous	auriez	vu
ils, elles	verraient	ils, elles	auraient	vu

IMPÉRATIF

PRÉSENT	PASSÉ	
vois	aie	vu
voyons	ayons	vu
voyez	ayez	vu

SUBJONCTIF

PRÉSENT		PASSÉ		
que je	voie	que j'	aie	vu
que tu	voies	que tu	aies	vu
qu'il, elle	voie	qu'il, elle	ait	vu
que nous	voyions	que nous	ayons	vu
que vous	voyiez	que vous	ayez	vu
qu'ils, elles	voient	qu'ils, elles	aient	vu

IMPARFAIT		PLUS-QUE-PARFAIT		
que je	visse	que j'	eusse	vu
que tu	visses	que tu	eusses	vu
qu'il, elle	vît	qu'il, elle	eût	vu
que nous	vissions	que nous	eussions	vu
que vous	vissiez	que vous	eussiez	vu
qu'ils, elles	vissent	qu'ils, elles	eussent	vu

INFINITIF

PRÉSENT	PASSÉ
voir	avoir vu

PARTICIPE

PRÉSENT	PASSÉ
voyant	vu(e), ayant vu

Vouloir · 3ᵉ groupe

▶ *Vouloir* est un verbe particulier.

- *Vouloir* a quatre radicaux : il **veut**, il **voulait**, il **voudrait**, qu'il **veuille**.
- À l'indicatif présent, aux deux premières personnes du singulier, la terminaison est **x** : je veux, tu veux. C'est un verbe transitif.
- Aux temps composés, il se conjugue avec l'auxiliaire **avoir**.

INDICATIF

PRÉSENT		IMPARFAIT		PASSÉ SIMPLE		FUTUR SIMPLE	
je	veux	je	voulais	je	voulus	je	voudrai
tu	veux	tu	voulais	tu	voulus	tu	voudras
il, elle	veut	il, elle	voulait	il, elle	voulut	il, elle	voudra
nous	voulons	nous	voulions	nous	voulûmes	nous	voudrons
vous	voulez	vous	vouliez	vous	voulûtes	vous	voudrez
ils, elles	veulent	ils, elles	voulaient	ils, elles	voulurent	ils, elles	voudront

PASSÉ COMPOSÉ			PLUS-QUE-PARFAIT			PASSÉ ANTÉRIEUR			FUTUR ANTÉRIEUR		
j'	ai	voulu	j'	avais	voulu	j'	eus	voulu	j'	aurai	voulu
tu	as	voulu	tu	avais	voulu	tu	eus	voulu	tu	auras	voulu
il, elle	a	voulu	il, elle	avait	voulu	il, elle	eut	voulu	il, elle	aura	voulu
nous	avons	voulu	nous	avions	voulu	nous	eûmes	voulu	nous	aurons	voulu
vous	avez	voulu	vous	aviez	voulu	vous	eûtes	voulu	vous	aurez	voulu
ils, elles	ont	voulu	ils, elles	avaient	voulu	ils, elles	eurent	voulu	ils, elles	auront	voulu

CONDITIONNEL

PRÉSENT		PASSÉ		
je	voudrais	j'	aurais	voulu
tu	voudrais	tu	aurais	voulu
il, elle	voudrait	il, elle	aurait	voulu
nous	voudrions	nous	aurions	voulu
vous	voudriez	vous	auriez	voulu
ils, elles	voudraient	ils, elles	auraient	voulu

SUBJONCTIF

PRÉSENT		PASSÉ		
que je	veuille	que j'	aie	voulu
que tu	veuilles	que tu	aies	voulu
qu'il, elle	veuille	qu'il, elle	ait	voulu
que nous	voulions	que nous	ayons	voulu
que vous	vouliez	que vous	ayez	voulu
qu'ils, elles	veuillent	qu'ils, elles	aient	voulu

IMPARFAIT		PLUS-QUE-PARFAIT		
que je	voulusse	que j'	eusse	voulu
que tu	voulusses	que tu	eusses	voulu
qu'il, elle	voulût	qu'il, elle	eût	voulu
que nous	voulussions	que nous	eussions	voulu
que vous	voulussiez	que vous	eussiez	voulu
qu'ils, elles	voulussent	qu'ils, elles	eussent	voulu

IMPÉRATIF

PRÉSENT	PASSÉ	
veuille *ou* veux	aie	voulu
voulons *(inusité)*	ayons	voulu
veuillez *ou* voulez	ayez	voulu

INFINITIF

PRÉSENT	PASSÉ
vouloir	avoir voulu

PARTICIPE

PRÉSENT	PASSÉ
voulant	voulu(e), ayant voulu

Advenir • verbe défectif

- On appelle **verbe défectif** un verbe dont certaines formes de conjugaison ne sont pas utilisées.
- *Advenir* se conjugue sur le modèle de *venir*.

INDICATIF

PRÉSENT	IMPARFAIT	PASSÉ SIMPLE	FUTUR SIMPLE
il, elle advient	il, elle advenait	il, elle advint	il, elle adviendra
ils, elles adviennent	ils, elles advenaient	ils, elles advinrent	ils, elles adviendront

PASSÉ COMPOSÉ	PLUS-QUE-PARFAIT	PASSÉ ANTÉRIEUR	FUTUR ANTÉRIEUR
il, elle est advenu(e)	il, elle était advenu(e)	il, elle fut advenu(e)	il, elle sera advenu(e)
ils, elles sont advenu(e)s	ils, elles étaient advenu(e)s	ils, elles furent advenu(e)s	ils, elles seront advenu(e)s

CONDITIONNEL

PRÉSENT	PASSÉ
il, elle adviendrait	il, elle serait advenu(e)
ils, elles adviendraient	ils, elles seraient advenu(e)s

SUBJONCTIF

PRÉSENT	PASSÉ
qu'il, elle advienne	qu'il, elle soit advenu(e)
qu'ils, elles adviennent	qu'ils, elles soient advenu(e)s

IMPÉRATIF

PRÉSENT	PASSÉ
-	-

IMPARFAIT	PLUS-QUE-PARFAIT
qu'il, elle advînt	qu'il, elle fût advenu(e)
qu'ils, elles advinssent	qu'ils, elles fussent advenu(e)s

INFINITIF

PRÉSENT	PASSÉ
advenir	être advenu(e)

PARTICIPE

PRÉSENT	PASSÉ
advenant	advenu(e), étant advenu(e)

Clore • verbe défectif

On appelle **verbe défectif** un verbe dont certaines formes de conjugaison ne sont pas utilisées.

INDICATIF

PRÉSENT		IMPARFAIT	PASSÉ SIMPLE	FUTUR SIMPLE	
je	clos	-	-	je	clorai
tu	clos			tu	cloras
il, elle	clôt			il, elle	clora
(on ne l'emploie pas)				nous	clorons
(on ne l'emploie pas)				vous	clorez
ils, elles	closent			ils, elles	cloront

PASSÉ COMPOSÉ			PLUS-QUE-PARFAIT			PASSÉ ANTÉRIEUR			FUTUR ANTÉRIEUR		
j'	ai	clos	j'	avais	clos	j'	eus	clos	j'	aurai	clos
tu	as	clos	tu	avais	clos	tu	eus	clos	tu	auras	clos
il, elle	a	clos	il, elle	avait	clos	il, elle	eut	clos	il, elle	aura	clos
nous	avons	clos	nous	avions	clos	nous	eûmes	clos	nous	aurons	clos
vous	avez	clos	vous	aviez	clos	vous	eûtes	clos	vous	aurez	clos
ils, elles	ont	clos	ils, elles	avaient	clos	ils, elles	eurent	clos	ils, elles	auront	clos

CONDITIONNEL

PRÉSENT		PASSÉ		
je	clorais	j'	aurais	clos
tu	clorais	tu	aurais	clos
il, elle	clorait	il, elle	aurait	clos
nous	clorions	nous	aurions	clos
vous	cloriez	vous	auriez	clos
ils, elles	cloraient	ils, elles	auraient	clos

IMPÉRATIF

PRÉSENT	PASSÉ	
clos	aie	clos
(on ne l'emploie pas)	ayons	clos
(on ne l'emploie pas)	ayez	clos

SUBJONCTIF

PRÉSENT		PASSÉ		
que je	close	que j'	aie	clos
que tu	closes	que tu	aies	clos
qu'il, elle	close	qu'il, elle	ait	clos
que nous	closions	que nous	ayons	clos
que vous	closiez	que vous	ayez	clos
qu'ils, elles	closent	qu'ils, elles	aient	clos

IMPARFAIT	PLUS-QUE-PARFAIT		
-	que j'	eusse	clos
	que tu	eusses	clos
	qu'il, elle	eût	clos
	que nous	eussions	clos
	que vous	eussiez	clos
	qu'ils, elles	eussent	clos

INFINITIF

PRÉSENT	PASSÉ
clore	avoir clos

PARTICIPE

PRÉSENT	PASSÉ
closant	clos(e), ayant clos

Déchoir • verbe défectif

On appelle **verbe défectif** un verbe dont certaines formes de conjugaison ne sont pas utilisées.

INDICATIF

PRÉSENT		IMPARFAIT	PASSÉ SIMPLE		FUTUR SIMPLE	
je	déchois *(rare)*	-	je	déchus	je	déchoirai
tu	déchois		tu	déchus	tu	déchoiras
il, elle	déchoit		il, elle	déchut	il, elle	déchoira
nous	déchoyons *(rare)*		nous	déchûmes	nous	déchoirons
vous	déchoyez *(rare)*		vous	déchûtes	vous	déchoirez
ils, elles	déchoient		ils, elles	déchurent	ils, elles	déchoiront

PASSÉ COMPOSÉ			PLUS-QUE-PARFAIT			PASSÉ ANTÉRIEUR			FUTUR ANTÉRIEUR		
je	suis	déchu(e)	j'	étais	déchu(e)	je	fus	déchu(e)	je	serai	déchu(e)
tu	es	déchu(e)	tu	étais	déchu(e)	tu	fus	déchu(e)	tu	seras	déchu(e)
il, elle	est	déchu(e)	il, elle	était	déchu(e)	il, elle	fut	déchu(e)	il, elle	sera	déchu(e)
nous	sommes	déchu(e)s	nous	étions	déchu(e)s	nous	fûmes	déchu(e)s	nous	serons	déchu(e)s
vous	êtes	déchu(e)s	vous	étiez	déchu(e)s	vous	fûtes	déchu(e)s	vous	serez	déchu(e)s
ils, elles	sont	déchu(e)s	ils, elles	étaient	déchu(e)s	ils, elles	furent	déchu(e)s	ils, elles	seront	déchu(e)s

CONDITIONNEL

PRÉSENT		PASSÉ		
je	déchoirais	je	serais	déchu(e)
tu	déchoirais	tu	serais	déchu(e)
il, elle	déchoirait	il, elle	serait	déchu(e)
nous	déchoirions	nous	serions	déchu(e)s
vous	déchoiriez	vous	seriez	déchu(e)s
ils, elles	déchoiraient	ils, elles	seraient	déchu(e)s

SUBJONCTIF

PRÉSENT		PASSÉ		
que je	déchoie	que je	sois	déchu(e)
que tu	déchoies	que tu	sois	déchu(e)
qu'il, elle	déchoie	qu'il, elle	soit	déchu(e)
que nous	déchoyions	que nous	soyons	déchu(e)s
que vous	déchoyiez	que vous	soyez	déchu(e)s
qu'ils, elles	déchoient	qu'ils, elles	soient	déchu(e)s

IMPÉRATIF

PRÉSENT	PASSÉ
-	-

IMPARFAIT		PLUS-QUE-PARFAIT		
que je	déchusse	que je	fusse	déchu(e)
que tu	déchusses	que tu	fusses	déchu(e)
qu'il, elle	déchût	qu'il, elle	fût	déchu(e)
que nous	déchussions	que nous	fussions	déchu(e)s
que vous	déchussiez	que vous	fussiez	déchu(e)s
qu'ils, elles	déchussent	qu'ils, elles	fussent	déchu(e)s

INFINITIF

PRÉSENT	PASSÉ
déchoir	être déchu(e)

PARTICIPE

PRÉSENT	PASSÉ
-	déchu(e), étant déchu(e)

S'ensuivre • verbe défectif

On appelle **verbe défectif** un verbe dont certaines formes de conjugaison ne sont pas utilisées.

INDICATIF

PRÉSENT	IMPARFAIT	PASSÉ SIMPLE	FUTUR SIMPLE
il, elle s'ensuit	il, elle s'ensuivait	il, elle s'ensuivit	il, elle s'ensuivra
ils, elles s'ensuivent	ils, elles s'ensuivaient	ils, elles s'ensuivirent	ils, elles s'ensuivront

PASSÉ COMPOSÉ	PLUS-QUE-PARFAIT	PASSÉ ANTÉRIEUR	FUTUR ANTÉRIEUR
il, elle s'est ensuivi(e)	il, elle s'était ensuivi(e)	il, elle se fut ensuivi(e)	il, elle se sera ensuivi(e)
ils, elles se sont ensuivi(e)s	ils, elles s'étaient ensuivi(e)s	ils, elles se furent ensuivi(e)s	ils, elles se seront ensuivi(e)s

CONDITIONNEL

PRÉSENT	PASSÉ
il, elle s'ensuivrait	il, elle se serait ensuivi(e)
ils, elles s'ensuivraient	ils, elles se seraient ensuivi(e)s

SUBJONCTIF

PRÉSENT	PASSÉ
qu'il, elle s'ensuive	qu'il, elle se soit ensuivi(e)
qu'ils, elles s'ensuivent	qu'ils, elles se soient ensuivi(e)s

IMPARFAIT	PLUS-QUE-PARFAIT
qu'il, elle s'ensuivît	qu'il, elle se fût ensuivi(e)
qu'ils, elles s'ensuivissent	qu'ils, elles se fussent ensuivi(e)s

IMPÉRATIF

PRÉSENT	PASSÉ
-	-

INFINITIF

PRÉSENT	PASSÉ
s'ensuivre	s'être ensuivi(e)

PARTICIPE

PRÉSENT	PASSÉ
s'ensuivant	ensuivi(e), s'étant ensuivi(e)

CONJUGAISON • TABLEAUX

Faillir • verbe défectif

- *Faillir a deux radicaux : faill... et failli...*
- Aux temps composés, il se conjugue avec les auxiliaires ***avoir*** et ***être***.
- C'est un verbe intransitif. *Faillir a deux sens : manquer de, manquer à.*
- C'est un **verbe défectif** : certaines formes de conjugaison ne sont pas utilisées.

INDICATIF

PRÉSENT	IMPARFAIT	PASSÉ SIMPLE		FUTUR SIMPLE	
-	-	je	faillis	je	faillirai
		tu	faillis	tu	failliras
		il, elle	faillit	il, elle	faillira
		nous	faillîmes	nous	faillirons
		vous	faillîtes	vous	faillirez
		ils, elles	faillirent	ils, elles	failliront

PASSÉ COMPOSÉ			PLUS-QUE-PARFAIT			PASSÉ ANTÉRIEUR			FUTUR ANTÉRIEUR		
j'	ai	failli	j'	avais	failli	j'	eus	failli	j'	aurai	failli
tu	as	failli	tu	avais	failli	tu	eus	failli	tu	auras	failli
il, elle	a	failli	il, elle	avait	failli	il, elle	eut	failli	il, elle	aura	failli
nous	avons	failli	nous	avions	failli	nous	eûmes	failli	nous	aurons	failli
vous	avez	failli	vous	aviez	failli	vous	eûtes	failli	vous	aurez	failli
ils, elles	ont	failli	ils, elles	avaient	failli	ils, elles	eurent	failli	ils, elles	auront	failli

CONDITIONNEL

PRÉSENT		PASSÉ		
je	faillirais	j'	aurais	failli
tu	faillirais	tu	aurais	failli
il, elle	faillirait	il, elle	aurait	failli
nous	faillirions	nous	aurions	failli
vous	failliriez	vous	auriez	failli
ils, elles	failliraient	ils, elles	auraient	failli

SUBJONCTIF

PRÉSENT		PASSÉ		
que je	faillisse	que j'	aie	failli
que tu	faillisses	que tu	aies	failli
qu'il, elle	faillisse	qu'il, elle	ait	failli
que nous	faillissions	que nous	ayons	failli
que vous	faillissiez	que vous	ayez	failli
qu'ils, elles	faillissent	qu'ils, elles	aient	failli

IMPARFAIT		PLUS-QUE-PARFAIT		
que je	faillisse	que j'	eusse	failli
que tu	faillisses	que tu	eusses	failli
qu'il, elle	faillît	qu'il, elle	eût	failli
que nous	faillissions	que nous	eussions	failli
que vous	faillissiez	que vous	eussiez	failli
qu'ils, elles	faillissent	qu'ils, elles	eussent	failli

IMPÉRATIF

PRÉSENT	PASSÉ
-	-

INFINITIF

PRÉSENT	PASSÉ
faillir	avoir failli

PARTICIPE

PRÉSENT	PASSÉ
-	failli, ayant failli

Falloir • verbe impersonnel

On appelle **verbe impersonnel** un verbe qui ne se conjugue qu'avec le pronom **il**, qui ne désigne aucune personne : *il faut.*

INDICATIF

PRÉSENT	IMPARFAIT	PASSÉ SIMPLE	FUTUR SIMPLE
il faut	il fallait	il fallut	il faudra

PASSÉ COMPOSÉ	PLUS-QUE-PARFAIT	PASSÉ ANTÉRIEUR	FUTUR ANTÉRIEUR
il a fallu	il avait fallu	il eut fallu	il aura fallu

CONDITIONNEL

PRÉSENT	PASSÉ
il faudrait	il aurait fallu

SUBJONCTIF

PRÉSENT	PASSÉ
qu'il faille	qu'il ait fallu

IMPARFAIT	PLUS-QUE-PARFAIT
qu'il fallût	qu'il eût fallu

INFINITIF

PRÉSENT	PASSÉ
falloir	avoir fallu

PARTICIPE

PRÉSENT	PASSÉ
-	fallu, ayant fallu

Grêler • verbe impersonnel

On appelle **verbe impersonnel** un verbe qui ne se conjugue qu'avec le pronom **il**, qui ne désigne aucune personne : *il grêle.*

INDICATIF

PRÉSENT	IMPARFAIT	PASSÉ SIMPLE	FUTUR SIMPLE
il grêle	il grêlait	il grêla	il grêlera

PASSÉ COMPOSÉ	PLUS-QUE-PARFAIT	PASSÉ ANTÉRIEUR	FUTUR ANTÉRIEUR
il a grêlé	il avait grêlé	il eut grêlé	il aura grêlé

CONDITIONNEL

PRÉSENT	PASSÉ
il grêlerait	il aurait grêlé

SUBJONCTIF

PRÉSENT	PASSÉ
qu'il grêle	qu'il ait grêlé

IMPARFAIT	PLUS-QUE-PARFAIT
qu'il grêlât	qu'il eût grêlé

INFINITIF

PRÉSENT	PASSÉ
grêler	avoir grêlé

PARTICIPE

PRÉSENT	PASSÉ
grêlant	grêlé, ayant grêlé

CONJUGAISON • TABLEAUX

Neiger • verbe impersonnel

On appelle **verbe impersonnel** un verbe qui ne se conjugue qu'avec le pronom **il**, qui ne désigne aucune personne : *il neige.*

INDICATIF

PRÉSENT	IMPARFAIT	PASSÉ SIMPLE	FUTUR SIMPLE
il neige	il neigeait	il neigea	il neigera
PASSÉ COMPOSÉ	**PLUS-QUE-PARFAIT**	**PASSÉ ANTÉRIEUR**	**FUTUR ANTÉRIEUR**
il a neigé	il avait neigé	il eut neigé	il aura neigé

CONDITIONNEL

PRÉSENT	PASSÉ
il neigerait	il aurait neigé

SUBJONCTIF

PRÉSENT	PASSÉ
qu'il neige	qu'il ait neigé
IMPARFAIT	**PLUS-QUE-PARFAIT**
qu'il neigeât	qu'il eût neigé

INFINITIF

PRÉSENT	PASSÉ
neiger	avoir neigé

PARTICIPE

PRÉSENT	PASSÉ
neigeant	neigé, ayant neigé

Pleuvoir • verbe impersonnel

On appelle **verbe impersonnel** un verbe qui ne se conjugue qu'avec le pronom **il**, qui ne désigne aucune personne : *il pleut.*

INDICATIF

PRÉSENT	IMPARFAIT	PASSÉ SIMPLE	FUTUR SIMPLE
il pleut	il pleuvait	il plut	il pleuvra
PASSÉ COMPOSÉ	**PLUS-QUE-PARFAIT**	**PASSÉ ANTÉRIEUR**	**FUTUR ANTÉRIEUR**
il a plu	il avait plu	il eut plu	il aura plu

CONDITIONNEL

PRÉSENT	PASSÉ
il pleuvrait	il aurait plu

SUBJONCTIF

PRÉSENT	PASSÉ
qu'il pleuve	qu'il ait plu
IMPARFAIT	**PLUS-QUE-PARFAIT**
qu'il plût	qu'il eût plu

INFINITIF

PRÉSENT	PASSÉ
pleuvoir	avoir plu

PARTICIPE

PRÉSENT	PASSÉ
pleuvant	plu, ayant plu

Tonner • verbe impersonnel

On appelle **verbe impersonnel** un verbe qui ne se conjugue qu'avec le pronom **il**, qui ne désigne aucune personne : *il tonne*.

INDICATIF

PRÉSENT	IMPARFAIT	PASSÉ SIMPLE	FUTUR SIMPLE
il tonne	il tonnait	il tonna	il tonnera
PASSÉ COMPOSÉ	**PLUS-QUE-PARFAIT**	**PASSÉ ANTÉRIEUR**	**FUTUR ANTÉRIEUR**
il a tonné	il avait tonné	il eut tonné	il aura tonné

CONDITIONNEL

PRÉSENT	PASSÉ
il tonnerait	il aurait tonné

SUBJONCTIF

PRÉSENT	PASSÉ
qu'il tonne	qu'il ait tonné
IMPARFAIT	**PLUS-QUE-PARFAIT**
qu'il tonnât	qu'il eût tonné

INFINITIF

PRÉSENT	PASSÉ
tonner	avoir tonné

PARTICIPE

PRÉSENT	PASSÉ
tonnant	tonné, ayant tonné

Venter • verbe impersonnel

On appelle **verbe impersonnel** un verbe qui ne se conjugue qu'avec le pronom **il**, qui ne désigne aucune personne : *il vente*.

INDICATIF

PRÉSENT	IMPARFAIT	PASSÉ SIMPLE	FUTUR SIMPLE
il vente	il ventait	il venta	il ventera
PASSÉ COMPOSÉ	**PLUS-QUE-PARFAIT**	**PASSÉ ANTÉRIEUR**	**FUTUR ANTÉRIEUR**
il a venté	il avait venté	il eut venté	il aura venté

CONDITIONNEL

PRÉSENT	PASSÉ
il venterait	il aurait venté

SUBJONCTIF

PRÉSENT	PASSÉ
qu'il vente	qu'il ait venté
IMPARFAIT	**PLUS-QUE-PARFAIT**
qu'il ventât	qu'il eût venté

INFINITIF

PRÉSENT	PASSÉ
venter	avoir venté

PARTICIPE

PRÉSENT	PASSÉ
ventant	venté, ayant venté

CONJUGAISON • TABLEAUX

Aimer • voix passive

▶ Le verbe que vous cherchez se conjugue comme *aimer* à la voix passive.

- À la voix passive, le verbe est toujours conjugué avec l'auxiliaire **être**.
- C'est l'auxiliaire *être* qui indique le temps de la forme verbale.

INDICATIF

PRÉSENT	IMPARFAIT	PASSÉ SIMPLE	FUTUR SIMPLE
je suis aimé(e)	j'étais aimé(e)	je fus aimé(e)	je serai aimé(e)
tu es aimé(e)	tu étais aimé(e)	tu fus aimé(e)	tu seras aimé(e)
il, elle est aimé(e)	il, elle était aimé(e)	il, elle fut aimé(e)	il, elle sera aimé(e)
nous sommes aimé(e)s	nous étions aimé(e)s	nous fûmes aimé(e)s	nous serons aimé(e)s
vous êtes aimé(e)s	vous étiez aimé(e)s	vous fûtes aimé(e)s	vous serez aimé(e)s
ils, elles sont aimé(e)s	ils, elles étaient aimé(e)s	ils, elles furent aimé(e)s	ils, elles seront aimé(e)s

PASSÉ COMPOSÉ	PLUS-QUE-PARFAIT	PASSÉ ANTÉRIEUR	FUTUR ANTÉRIEUR
j'ai été aimé(e)	j'avais été aimé(e)	j'eus été aimé(e)	j'aurai été aimé(e)
tu as été aimé(e)	tu avais été aimé(e)	tu eus été aimé(e)	tu auras été aimé(e)
il, elle a été aimé(e)	il, elle avait été aimé(e)	il, elle eut été aimé(e)	il, elle aura été aimé(e)
nous avons été aimé(e)s	nous avions été aimé(e)s	nous eûmes été aimé(e)s	nous aurons été aimé(e)s
vous avez été aimé(e)s	vous aviez été aimé(e)s	vous eûtes été aimé(e)s	vous aurez été aimé(e)s
ils, elles ont été aimé(e)s	ils, elles avaient été aimé(e)s	ils, elles eurent été aimé(e)s	ils, elles auront été aimé(e)s

CONDITIONNEL

PRÉSENT	PASSÉ
je serais aimé(e)	j'aurais été aimé(e)
tu serais aimé(e)	tu aurais été aimé(e)
il, elle serait aimé(e)	il, elle aurait été aimé(e)
nous serions aimé(e)s	nous aurions été aimé(e)s
vous seriez aimé(e)s	vous auriez été aimé(e)s
ils, elles seraient aimé(e)s	ils, elles auraient été aimé(e)s

IMPÉRATIF

PRÉSENT	PASSÉ
sois aimé(e)	-
soyons aimé(e)s	
soyez aimé(e)s	

SUBJONCTIF

PRÉSENT	PASSÉ
que je sois aimé(e)	que j'aie été aimé(e)
que tu sois aimé(e)	que tu aies été aimé(e)
qu'il, elle soit aimé(e)	qu'il, elle ait été aimé(e)
que nous soyons aimé(e)s	que nous ayons été aimé(e)s
que vous soyez aimé(e)s	que vous ayez été aimé(e)s
qu'ils, elles soient aimé(e)s	qu'ils, elles aient été aimé(e)s

IMPARFAIT	PLUS-QUE-PARFAIT
que je fusse aimé(e)	que j'eusse été aimé(e)
que tu fusses aimé(e)	que tu eusses été aimé(e)
qu'il, elle fût aimé(e)	qu'il, elle eût été aimé(e)
que nous fussions aimé(e)s	que nous eussions été aimé(e)s
que vous fussiez aimé(e)s	que vous eussiez été aimé(e)s
qu'ils, elles fussent aimé(e)s	qu'ils, elles eussent été aimé(e)s

INFINITIF

PRÉSENT	PASSÉ
être aimé(e)	avoir été aimé(e)

PARTICIPE

PRÉSENT	PASSÉ
étant aimé(e)	ayant été aimé(e)

Index des verbes usuels

* indique la forme pronominale du verbe (par exemple, se réunir se conjugue comme finir page 312, mais le pronom qui précède le verbe change avec la personne, comme dans la conjugaison de s'envoler page 297).

revoquer

CONJUGAISON • INDEX DES VERBES

Corrigés des exercices

Adjectifs qualificatifs p. 15
blottie : apposé au nom *Jeanne* – inquiète : attribut du sujet *Jeanne* – houleuse : attribut du COD *la mer* – menaçantes : attribut du COD *les vagues* – vive : épithète du nom *impatience*.

Adverbes p. 17
ne pas : modifie le sens du verbe *rends* – souvent : modifie le sens de la proposition *Je ne me rends pas au cinéma* – pourtant : est un connecteur qui relie deux propositions – y : précise le lieu où je suis allé – hier : modifie le verbe *suis allé* en précisant le jour où je suis allé au cinéma – mal : modifie le sens du verbe *ai vu* en précisant la manière de voir – très : modifie le sens de l'adjectif *grande*.

Articles définis, indéfinis et partitifs p. 19
le (magasin) : défini – des (accessoires) indéfini – de (chapeau) : indéfini – Une (vendeuse) : indéfini – d' (aimables renseignements) : indéfini – la (robe) : défini.

Attribut du COD p. 21
Le CPE a trouvé un carnet de correspondance dans la cour. Il trouve ce carnet très sale (adjectif qualificatif). Il est mécontent car il juge l'élève propriétaire du carnet négligent (adjectif qualificatif). Le collégien a été déclaré absent et aucun mot de justification ne figure dans son carnet. Le CPE estime cette attitude déplacée (participe passé employé comme adjectif qualificatif) vis-à-vis du règlement.

Attribut du sujet p. 23
L'infirmier a l'air préoccupé (participe passé employé comme adjectif qualificatif) : son malade est immobile (adjectif qualificatif) sur son lit, il semble en très mauvaise santé (groupe nominal prépositionnel). L'infirmier prend dans sa mallette un thermomètre médical. Son souhait est que la température du patient ne s'élève pas trop (proposition subordonnée conjonctive).

Classes grammaticales p. 25
immobilier : adjectif qualificatif – particulièrement : adverbe – Il : pronom personnel – a acquis : verbe – avec : préposition – et : conjonction de coordination – bâtisse : nom commun – quatre : déterminant numéral – Hélas : interjection.

Comparatif et superlatif p. 27
l'anglais est la plus utilisée des langues : superlatif relatif de supériorité – l'allemand est peu parlé : superlatif absolu d'infériorité – l'espagnol est extrêmement courant : superlatif absolu de supériorité – cette langue est beaucoup moins fréquente : comparatif d'infériorité – Les Nordiques ont des compétences linguistiques supérieures à celles des Français : comparatif de supériorité

Complément d'objet direct (COD) p. 29
leur équipement : groupe nominal → après le verbe − **Quelle triste expédition** : groupe nominal → dans une phrase exclamative en début de phrase − **plusieurs skieurs** : groupe nominal → après le verbe − **les** : pronom personnel → toujours placé avant le verbe − **que leur mission sera difficile** : proposition subordonnée conjonctive complétive → après le verbe.

Complément d'objet indirect (COI) et COS p. 31
Le maçon prête sa truelle <u>à son compagnon</u> (**COS, GN**). Il profite <u>de ce moment de repos</u> (**COI, GN**) pour <u>lui</u> (**COS, pronom**) emprunter le journal. Il commence <u>à lire</u> (**COI, verbe à l'infinitif**) lorsque arrive le chef de chantier. Le maçon, pris en faute, s'attend <u>à ce que son chef le réprimande</u> (**COI, proposition subordonnée conjonctive complétive**).

Complément du nom p. 33
du service de nettoyage − Roger − Salengro − à papier − en métal

Compléments circonstanciels p. 35
en souriant : CC de manière, gérondif − **puisque tu sembles désœuvré** : CC de cause, proposition subordonnée conjonctive − **À l'entendre** : CC de condition, infinitif prépositionnel − **sous terre** : CC de lieu, groupe nominal prépositionnel − **pendant des jours et des nuits** : CC de temps, groupe nominal prépositionnel − **enfin** : CC de temps, adverbe − **après avoir rampé** : CC de temps, groupe verbal prépositionnel − **le long d'une galerie étroite** : CC de lieu, groupe nominal prépositionnel − **en surface** : CC de lieu, groupe nominal prépositionnel − **le 29 avril** : CC de temps, groupe nominal

Compléments de verbe, de phrase p. 37
• **Compléments de phrase** (ils peuvent être supprimés) : souvent − depuis plusieurs mois
• **Compléments de verbe** (ils sont essentiels) : son éducation − à ses grands-parents − de nombreuses cartes postales

Conjonctions de coordination p. 39
La pollution est une question qui concerne adultes **et** enfants, **mais/or** malheureusement tout le monde ne se sent pas concerné de la même manière. Si tous les efforts ne sont pas conjugués, **ni** les intentions des uns **ni** les prétextes des autres ne suffiront à pallier la catastrophe en route. Le danger est imminent, **donc** il faut réagir de toute urgence.

Conjonctions de subordination p. 41
Lorsque, **qu'**(ils ont envisagé, reprend *lorsque* pour éviter un répétition) : introduisent une proposition circonstancielle (de temps) − **que** (le lithium) : introduit une proposition complétive − **afin que** : introduit une proposition circonstancielle (de but) − **puisqu'** : introduit une proposition circonstancielle (de cause)

Connecteurs p. 43
En effet : logique, locution adverbiale − **à gauche** : spatiale, GN prépositionnel − **alors qu'** : logique, locution conjonctive de subordination − **à droite** : spatiale, GN prépositionnel − **Sur les côtés** : spatiale, GN prépositionnel − **tandis qu'** : logique, locution conjonctive de subordination − **au centre** : spatiale, GN prépositionnel

Déterminants p. 45
quelle : détermin. interrogatif − **notre** :

déterm. possessif – **Cette** : déterm. démonstratif – **chaque** : déterm. indéfini – **plusieurs** : déterm. indéfini – **autres** : déterm. indéfini

Déterminants exclamatifs et interrogatifs p. 47

De **quelle** (déterm. interrogatif) couleur est ton tee-shirt ? **Quelle** (déterm. exclamatif) adorable jeune fille ! Je me demande **quel** (déterm. interrogatif) temps il fera ce week-end. Je ne saurais dire **quelle** (déterm. interrogatif) est sa profession. De **quel** (déterm. exclamatif) courage il a fait preuve !

Déterminants indéfinis p. 49

Certains – autres – différents – même – maintes

Déterminants possessifs et démonstratifs p. 51

<u>No</u>s grands-parents sont indécis. <u>Leur</u> notaire leur a conseillé de vendre de <u>leurs</u> champs, mais ils hésitent à prendre <u>cette</u> décision-là. Ils ont du mal à se séparer de <u>ce</u> terrain.

Dialogue p. 53

Phèdre – Chère Œnone, sais-tu ce que je viens d'apprendre ?
Œnone – Non ; mais je viens tremblante, à ne vous point mentir. [...]
Phèdre – Œnone, qui l'eût cru ? J'avais une rivale !
« Sais-tu ce que je viens d'apprendre ? », demanda Phèdre à sa chère Œnone. « Non, mais je viens tremblante, à ne vous point mentir », lui rétorqua Œnone. « Œnone, qui l'eût cru ? J'avais une rivale ! », se lamenta Phèdre.

Emphase, mise en relief p. 55

C'est le **magnifique paysage** qui m'enthousiasmait. **Sombres**, les couleurs des montagnes contrastaient avec la luminosité du ciel. Le soleil embrasait l'horizon. Soudain, un vacarme **interrompt** ma contemplation.

Énoncé ancré, énoncé coupé p. 57

• **Énoncés ancrés** (le discours est en prise sur la situation d'énonciation) : Hier, j'ai ouvert un livret de caisse d'épargne près de chez moi. J'attends la fin de l'année pour faire comptabiliser mes intérêts.
• **Énoncés coupés** (les faits rapportés sont détachés de la situation d'énonciation) : Le taux de rémunération des livrets varie au fil du temps. Les économistes affirment que c'est un placement de faible rendement, mais sans risques.

Énonciation p. 59

<u>Le mois dernier</u> (temps), <u>tu</u> (destinataire) <u>m'</u>(locuteur) as promis de <u>me</u> (locuteur) prêter un DVD. As-<u>tu</u> (destinataire) oublié ? Si <u>tu</u> (destinataire) veux, <u>tu</u> (destinataire) peux <u>me</u> (locuteur) l'apporter <u>ici</u> (espace) <u>cet après-midi</u> (temps). <u>Je</u> (locuteur) reste <u>là</u> (espace) <u>jusqu'à 16 heures</u> (temps).

Féminin et pluriel, genre et nombre p. 61

L'infirmière se rend chez une malade chaque journée. Elle doit l'aider à suivre une prescription médicale rigoureuse. Elle sonne, une petite fille à l'allure enjouée lui ouvre.

Implicite et explicite p. 63

Caroline est insupportable **car/parce qu'**elle veut toujours avoir raison. Hier soir, elle s'est montrée particulièrement pénible **mais/pourtant** personne ne lui en a fait la remarque. J'étais excédée par son arrogance. Un mot de plus de sa part **et** je quittais la salle. Heureusement, Frédéric, **parce qu'il est** notre ami commun, a pu se permettre d'intervenir pour lui faire comprendre l'incongruité de son attitude.

Interjections, onomatopées p. 65
Marlène fait tomber trois assiettes. **Badaboum** ! Sa mère frappe à la porte : **toc, toc, toc**. Elle s'informe : « **Oh** ! que se passe-t-il ? » « **Hélas** ! j'ai cassé la vaisselle de grand-mère », s'écrie Marlène.

Modalisation p. 67
Un incendie a ravagé une partie des Landes. C'est l'action négligente d'un promeneur. Il a jeté un mégot qui a enflammé des brindilles.

Mots invariables p. 69
lorsque : conjonction de subordination – **durablement** : adverbe – **sur** : préposition – **Eh bien** : interjection – **n'... pas** : locution adverbiale – **en** : pronom personnel adverbial.

Nature et fonction p. 71
• **Natures** : <u>fort</u> : adverbe – <u>tard</u> : adverbe – <u>l'</u> : déterminant défini (article élidé) – <u>annonce</u> : verbe – <u>que le magasin ferme</u> : proposition subordonnée conjonctive – <u>derniers</u> : adjectif qualificatif – <u>en</u> : préposition – <u>tous</u> : adjectif indéfini – <u>leurs</u> : déterminant possessif – <u>Ils</u> : pronom personnel – <u>rentrent</u> : verbe – <u>dîner</u> : nom commun.
• **Fonctions** : **hôtesse** : sujet – **que le magasin ferme** : COD – **magasin** : COD

– **déçus** : apposé – **courses** : complément du nom – **Ils** : sujet.

Noms animés et noms inanimés p. 73
1. La circulation s'intensifie : **que** deviendra-t-elle dans quelques années ? **Qui** peut le dire ? Antoine adresse ces réflexions à son épouse et continue à **y** penser en se rendant **à** la station-service. Chemin faisant, il s'arrête **chez** son meilleur ami.
2. **Mélodie** : animé, concret ; **blouson** : inanimé, concret ; **centre** : inanimé, concret ; **questions** : inanimé, abstrait ; **vendeuse** : animé, concret ; **couleur** : inanimé, abstrait ; **tendance** : inanimé, abstrait ; **hiver** : inanimé, abstrait ; **commerçante** : animé, concret ; **violet** : inanimé, abstrait ; **ton** : inanimé, abstrait ; **harmonie** : inanimé, abstrait ; **pantalon** : inanimé, concret

Noms propres et noms communs p. 75
les Français – les Romains – Rémus et Romulus : ce sont respectivement des noms d'habitants d'un pays, d'une ville et des prénoms de personnes.

Paroles rapportées (1) p. 77
Le douanier a demandé au touriste de bien vouloir ouvrir son coffre. Le touriste a marmonné que cela devenait exaspérant de devoir déplacer ses bagages et qu'il avait passé deux heures à ranger méticuleusement son coffre. Il rétorqua pourtant poliment qu'il allait s'exécuter.

Paroles rapportées (2) p. 79
Le scientifique cherchait une réponse à ses questions. Quel vaccin permettrait d'enrayer la maladie ? Quand réussirait-

il à trouver la formule la plus efficace ? Le laboratoire étudiait les différents aspects de la question. Une campagne publicitaire était nécessaire et il fallait la mener au plus vite.

Participe présent, gérondif, adjectif verbal p. 81

ravissant : adjectif verbal – **en courant** : gérondif – **évitant** : participe présent – **réconfortantes** : adjectif verbal – **en refaisant** : gérondif – **entraînant** : adjectif verbal – **en me levant** : gérondif – **glissant** : participe présent.

Phrases affirmative et négative p. 83

Le détective **ne** paraît **guère** satisfait. Son enquête **ne** progresse **pas**, il **ne** sait que faire. Pourtant, il a suivi plusieurs pistes, mais **ni** les unes **ni** les autres **ne** lui ont permis de trouver d'indices sérieux. Depuis quelques jours, il **ne** prend **ni** repos **ni** loisirs.

Phrases déclarative, interrogative, exclamative, injonctive p. 85

« Comme cet uniforme est négligé ! » → **phrase exclamative** – Le capitaine s'adresse ainsi à l'un des soldats et le sermonne. → **phrase déclarative** – « J'exige que vous brossiez votre tenue militaire. » → **phrase injonctive** – Les commentaires vont [...] davantage. → **phrase déclarative** – Serait-il d'excellente humeur ? → **phrase interrogative**

Phrases nominale et verbale p. 87

1. L'équipe de France de rugby a gagné contre l'Irlande. La finale des championnats du monde de patinage artistique a (eu) lieu à Helsinki.
2. Exposition des toiles de Picasso au Grand-Palais. Barack Obama élu président des États-Unis d'Amérique en 2009./Élection de Barack Obama à la présidence des États-Unis d'Amérique en 2009.

Phrases simple et complexe p. 89

• **Phrases simples** (elles ne contiennent qu'un seul verbe) : La chambre de mes rêves <u>est</u> entièrement blanche, avec une porte bleu turquoise. L'armoire, transparente, <u>contient</u> de nombreux tiroirs de rangement.

• **Phrase complexe** (elle contient plusieurs verbes) : Quand on <u>ouvre</u> cette porte, on <u>aperçoit</u> un lit à commande électrique, posé contre le plafond la journée et qu'on <u>redescend</u> le soir.

Point de vue, focalisation p. 91

Il fallait avoir perdu la raison comme ce pauvre Hippolyte pour croire ces tromperies. → point de vue **omniscient** – Il semblait convaincu par les paroles de Simon et le regardait avec admiration. → point de vue **interne** – Simon était intimidant, sa haute stature et sa tenue vestimentaire soignée traduisaient une élégance raffinée. → point de vue **externe** – Sa manière de parler, le ton de sa voix, tout en lui affirmait l'aisance et l'assurance. → point de vue **interne** – C'est pourquoi son interlocuteur buvait littéralement ses paroles, sans aucune méfiance. → point de vue **omniscient**

Ponctuation p. 93

J'ai lu un article curieux : « Madame V*** a été victime d'un cambriolage », écrit le journaliste. Mais, vous en conviendrez, le fait qu'on ne lui ait dérobé qu'une montre de faible valeur est étrange. Qui aurait bien pu prendre de tels risques pour un si faible gain ? Hélas ! on ne le saura jamais./...

Prépositions (1) p. 95
• **Prépositions** : **du** : relie deux GN – **en** : relie deux noms – **sur** : relie deux GN – **Sur** : relie un GN et une proposition – **de** : relie un GN et un nom – **derrière** : relie un verbe et un GN
• **Locutions prépositionnelles** : **à partir de** : relie un verbe et un nom

Prépositions (2) p. 97
à (8 h 30) : temps – **de** (8 heures) : temps – **en face de** chez (moi) : lieu – **après** (mes camarades) : temps – **avec** (eux) : accompagnement – **sans** (attendre) : temps

Pronoms p. 99
tu : pronom représentant ; pronom personnel, sujet – **tu** : pronom représentant ; pronom personnel, sujet – **en** : pronom substitut ; pronom personnel adverbial ; COI – **j'** : pronom représentant ; pronom personnel, sujet – **ceux-ci** : pronom substitut ; pronom démonstratif, sujet – **moi** : pronom représentant ; pronom personnel, complément circonstanciel – **je** : pronom représentant ; pronom personnel, sujet – **y** : pronom substitut ; pronom personnel adverbial, COI

Pronoms indéfinis p. 101
Quelqu'un : sujet – **tous** : apposé – **aucun** : COD – **rien** : COD – **plusieurs** : sujet

Pronoms interrogatifs et adverbes interrogatifs p. 103
Pourquoi : adverbe interrogatif – **Qui** : pronom interrogatif, sujet – **laquelle** :

pronom interrogatif, sujet – **Combien** : adverbe interrogatif – **Qu'(est-ce-que)** : pronom interrogatif, COD – **À qui** : pronom interrogatif, COI

Pronoms personnels p. 105
ils : sujet – **en** : complément du nom – **on** : sujet – **se** : COD – **on** : sujet – **la** : COD

Pronoms possessifs et démonstratifs p. 107
le mien : pronom possessif, sujet – (sur) **ce** : pronom démonstratif, complément circonstanciel – **Cela** : pronom démonstratif, sujet

Propositions indépendantes, juxtaposées, coordonnées p. 109
J'arrose la clématite car il n'a pas plu depuis longtemps. → **propositions coordonnées** – J'ai cueilli du muguet, tu l'as donné à ta grand-mère. → **propositions juxtaposées** – Le jardinier a greffé un cerisier et il attend avec impatience la prochaine floraison. → **propositions coordonnées** – Les pucerons parasitent les rosiers donc ils dépérissent. → **propositions coordonnées** – Nous respectons la nature, faites-en autant. → **propositions juxtaposées**

Propositions principale et subordonnée p. 111
L'amie qui habite dans mon immeuble (prop. sub. relative) ne cesse de me questionner (prop. principale), bien que je ne lui réponde pas (prop. sub. conjonctive). – Je me demande (prop. principale) si tu me dis tout (prop. sub. interrogative totale). – J'aimerais savoir (prop. principale) quels sont tes secrets (prop. sub. interrogative partielle).

Propositions subordonnées conjonctives circonstancielles (1)
p. 113

J'hésiterai à lui faire confiance, même s'il promet de s'améliorer et qu'il en donne la preuve. Il m'a rendu mon parapluie dans un état lamentable, alors que je le lui ai prêté et que je lui ai demandé d'en prendre soin.

Propositions subordonnées conjonctives circonstancielles (2)
p. 115

si vous promettez de me rendre la pareille : **CC de condition** – Parce que je suis méfiant : **CC de cause** – après que vous m'aurez donné votre réponse : **CC de temps**

Propositions subordonnées conjonctives complétives **p. 117**

qu'une épidémie menace la population mondiale : **COD** – Qu'elle atteigne les frontières de notre pays : **sujet** – à ce que des mesures sanitaires soient prises : **COI** – qu'ils réussiront à enrayer ce fléau : **complément de l'adjectif**

Propositions subordonnées relatives **p. 119**

qui est étudiant : **explicative** – qu'on lui avait recommandé : **déterminative** – à laquelle nos parents sont abonnés : **déterminative** – dont il a souvent entendu parler : **explicative**

Reprises nominales et pronominales **p. 121**

Les acteurs ont répété leur rôle, puis ils (**reprise pronominale**) ont quitté le théâtre. Ces comédiens (reprise nominale) sont allés dîner en ville avec leur metteur en scène. Celui-ci (**reprise pronominale**) les (**reprise pronominale**) a félicités et leur (**reprise pronominale**) a assuré que la pièce serait un succès. Cet homme chaleureux (**reprise nominale**) est apprécié de son équipe (**reprise nominale**).

Sujet p. 123

les prochains jeux Olympiques : GN (phrase interrogative) – **Répondre à cette question** : proposition – **les responsables internationaux** : GN (proposition incise) – **Beaucoup** : pronom indéfini – **ils** : pronom personnel (à cause de l'adverbe *sans doute*).

Temps et aspect p. 125

dégivre : présent, itératif – **se met** : présent, itératif – **a pris** : passé composé, accompli – **ai préféré** : passé composé, accompli – **ferai** : futur, non accompli

Textes explicatif, argumentatif p. 127

« Je te propose mon portable à moitié prix. Il est tout neuf (texte **explicatif**). C'est un modèle très récent d'une marque connue (texte **explicatif**). Il a été fabriqué en Suède (texte **explicatif**). La notice technique indique qu'il a une grande autonomie de batterie (texte **explicatif**). Tu devrais accepter mon offre, car c'est vraiment une bonne affaire » (texte **argumentatif**) dit mon ami. (texte **explicatif**).

Textes narratif, descriptif p. 129

Le promoteur arpenta la ville pour trouver de nouveaux terrains (texte **narratif**). Celui qui le tentait le plus (texte **narratif**) se trouvait en centre-ville, planté de chênes et situé à deux cents mètres de la gare (texte **descriptif**). Le futur acquéreur alla parler affaires avec le propriétaire du terrain (texte **narratif**). Celui-ci se présenta à lui avec amabilité (texte **narratif**). Il portait un costume très élégant, de velours gris, une chemise en flanelle blanche sur laquelle se détachait une cravate gris perle à motifs géométriques discrets (texte **descriptif**). Il lui serra vigoureusement la main et engagea la conversation de manière franche et directe (texte **narratif**).

Thème et propos **p. 131**
Les géomètres (**thème**) mesuraient les terrains avec une chaîne d'arpenteur (**propos**).
Ils (**thème**) passaient un temps considérable à cette activité (**propos, enchaînement thématique**).
Celle-ci (**thème**) leur demandait beaucoup d'efforts physiques (**propos, enchaînement thème-propos**).
Elle (**thème**) leur demandait de déplacer des instruments très lourds (**propos, enchaînement thématique**).

Verbe (1) **p. 133**
s'est mis : semi-auxiliaire, action – **lire** : action – **a** : auxiliaire, **changé** : action – **regarde** : action – **profite** : action – **bavarder** : action – **semble** : état.

Verbe (2) **p. 135**
pleuvait : impersonnel, intransitif – **a prêté** : personnel, transitif – **a trempé** : personnel, transitif – **a dit** : personnel, transitif – **es** : personnel, intransitif – **faut** : impersonnel, transitif – **penses** : personnel, transitif indirect – **risques** : personnel, transitif

Voix active et voix passive **p. 137**
a été provoqué : passé composé – seront alertés : futur – sont prises : présent

ORTHOGRAPHE

Abréviations, sigles et symboles **p. 141**
TGV – n° – Mme – M. – SVP – VTT – mm – dg

Accents aigu, grave, circonflexe, tréma **p. 143**
La forêt est dense. Quelle coïncidence ! Cette orange est amère. Cet homme est élégant. La fête a été très réussie. Là, il sera au calme.

Accord dans le groupe nominal **p. 145**
des fourrures et des étoffes **douces** – les villages et les hameaux **isolés** – les rendez-vous et les entretiens **annulés** – des clowns et des humoristes **amusants** – des exercices et des problèmes **complexes** – des questions et des énoncés **compliqués**

Accord du participe passé avec *être* et *avoir* **p. 147**
Elles sont venu**es** en voiture. Ton père a téléphon**é** ce matin. Les boucles d'oreilles que tu as vu**es** sont en argent. Les résultats affiché**s** au tableau sont ceux de ton équipe. Quelles chaussures a-t-elle choisi**es** ?

Accord du participe passé : cas particuliers **p. 149**
Les fleurs qu'il **a vues** pousser sont multicolores. Les empreintes qu'il **a fait** repérer sont celles d'un sanglier. Les

histoires qu'il **a lues** ont plu. Elle en **a écrit** des romans. Il **a bruiné** toute la journée.

Accord du participe passé des verbes pronominaux p. 151
Les bonnes résolutions se sont envo-**lées**. Les candidats se sont concentr**és**. Garance s'est coup**é** légèrement le doigt. Elles se sont laiss**é** convaincre. Line s'est décid**ée** à rentrer.

Accord sujet-verbe (1) p. 153
La peinture, la musique et la danse **sont** des activités artistiques. Les langues vivantes **permettent** de s'ouvrir sur le monde. Simon et Cynthia la **voient** sans cesse. Les ailes de ce papillon **res-sortent** sur le fond blanc. Vous et moi **partons** à la nuit tombée.

Accord sujet-verbe (2) p. 155
Chacun **prend** son sac et **sort**. C'est toi qui **attrapes** la balle. La plupart des joueurs **s'entraînent** en soirée. On **convient** d'un rendez-vous devant le cinéma. Beaucoup de jeunes **boivent** des sodas.

Adverbes en -ment p. 157
clairement (clair) – négligemment (né-gligent) – vaillamment (vaillant) – pré-cisément (précis) – gaiement (gai)

Consonnes doubles p. 159
rée**lle** – pardo**nn**er – si**ff**lements – honorable – ho**mm**e – chau**ss**ettes – a**pp**orte – donation

Consonnes finales muettes p. 161
tapi**s** – soucieu**x** – lou**p** – dra**p** – tron**c** – surpri**s** – chau**d** – outi**ls**

Début des mots en ab-, ac-, ad-, af-, ag-, am-, an-, ap- p. 163
L'alpiniste s'**ag**rippe à la paroi. Après le brevet, tu iras au lycée. La chan-teuse est **app**laudie par le public. Cette a**bb**aye est très ancienne. Elle **acc**roche son écharpe. Il y a du monde en a**gg**lo-mération parisienne. Ce chat semble a**ff**olé par le bruit. L'équipe a**d**met sa défaite.

Demi, nul, tel, tel quel p. 165
nulle envie – une heure et demi**e** – **tes** chaussures **telles quelles** – une demi-heure – des résultats nul**s** – La plage est **telle qu'elle** l'imaginait.

Féminin des adjectifs qualificatifs p. 167
inquiète – fraîche – douce – vive – net-te – vivante – tranquille – émue – favo-rite – aiguë

Féminin des noms (1) p. 169
1. le citoyen – le monsieur – le mont – l'abonné – le beau-père
2. la chie**nne** – la collégie**nne** – la pa-tro**nne** – la **nièce** – la **truie**

Féminin des noms (2) p. 171
un instrument – une octave – une auto-route – un haltère – un augure – une apothéose – une éducatrice – un pro-fesseur – un apogée

Fin des noms en -é, -ée, -er, -té, -tée, -tié, -tier p. 173
générosit**é** – métier – boulanger – montée – durée – marché – amitié

h aspiré et h muet p. 175
Les **dahlias** du jardin sont fleuris. Tom a

renouvelé son **adhésion** à une association sportive. En été, Lucie est souvent en **short**. Cette **horloge** sonne toutes les heures. En histoire, la **chronologie** est importante. Tous les **véhicules** sont bloqués par la neige.

Homophones grammaticaux (1) p. 177
Jérémie se demande s'il prend le train **ou** la voiture. C'est **à** lui de savoir **où** il va. Il **a** le billet. Marie **est** venue hier avec son chien **et** son chat. **On** a ri car ses animaux **ont** fait des acrobaties.

Homophones grammaticaux (2) p. 179
L'outil **se** manie bien. **Ce** n'est pas lui. Il **l'a** compris tout de suite. **La** maison est immense. **Ses** amis sont **là** pour sa fête. **Ces** colonnes sont grecques.

Homophones grammaticaux (3) p. 181
Elles avancent **dans** l'eau **sans** hésiter. Elles **s'en** vont demain, donc elles profitent de **leurs** derniers jours de congés. Il **leur** faudra quitter cette île. **Quelle** vue de la chambre ! **D'en** haut, elles dominent toute la plage. Elles savent **qu'elles** reviendront l'an prochain.

Homophones grammaticaux (4) p. 183
Tu viendras **quoi que** ta sœur en dise. **Quand** tu rentreras, ferme à double tour. Il n'y a **qu'en** l'appelant qu'il le saura. Lily dort, **quant** à moi je lis. Je suis **près** du cerisier. Il est **prêt** à jongler. **Quoique** son père soit sévère, il ne l'écoute pas.

Homophones grammaticaux (5) p. 185
Nous sommes venus **parce que** nous nous ennuyions. **Quels que** soient les obstacles, j'y retournerai. Il a vu **quelques** oiseaux rares. **Quelle que** soit cette ville, je m'y arrête pour me reposer. Il lui a fallu **quelque** temps pour s'habituer. **Quelles que** soient les situations, il s'en sort toujours très bien. **Quel que** soit ton avis, nous courrons. Simon a découvert ce lycée **par ce que** les anciens élèves en ont dit.

Participe passé en -é, -i, -u et suivi d'un infinitif p. 187
Il a **pris** le train. Tu as **résolu** l'énigme. Louise a **bu** un grand verre d'orangeade. Vous aviez **dit** que vous reviendriez. Mes parents ont **décoré** ma chambre. Tu as **mis** du temps pour arriver.

Pluriel des adjectifs de couleur p. 189
La mer est **bleue**. Ta veste et ton pantalon sont **blancs**. Les montures de tes lunettes sont **rouge foncé**. Les oiseaux de mon voisin ont des plumes **vertes**. Il a de belles chaussures **crème**. Ses cheveux **fauves** sont très longs.

Pluriel des adjectifs qualificatifs p. 191
Ces nouveau**x** ouvrages ont du succès. Les pistes verglacées sont glissante**s**. Les bonnets rouge **vif** ne passent pas inaperçus. Les blasons féoda**ux** attirent mon grand frère. Deux souris grise**s** grignotent le gruyère.

Pluriel des déterminants numéraux p. 193
neuf cent quatre-vingt-dix-neuf – mille

deux cents – trois mille six – cinq mille six cent cinquante – sept cent douze mille – deux millions sept mille quatre-vingts

Pluriel des noms communs **p. 195**
Les chiens aboient fort. Les choux sont gros. Les travaux sont nécessaires. Les vitraux sont lumineux. Les bals ont lieu le 14 Juillet. Il faut planter des clous. Vérifie tes pneus avant de prendre la/ les route/routes. Tous les jeunes apprécient leurs cadeaux.

Pluriel des noms composés **p. 197**
des courts-circuits – les téléfilms – des arcs-en-ciel – des garde-manger – des laissez-passer

Pluriel des noms propres et des noms communs d'origine étrangère **p. 199**
Le massif des **Alpes** est enneigé l'hiver. Ces enfants sont de vrais **Pasteurs**. Charlemagne est de la dynastie des **Carolingiens**. Les **Anglais** ont Londres pour capitale. Les **harpagons** sont avares.

Terminaisons verbales en *-ai, -ais, -ait, -rai, -rais, -rait* **p. 201**
Il **était** certain de son itinéraire. Elle chanter**ait** encore si tu ne l'avais pas arrêtée. Soudain, je contourn**ai** l'obstacle et poursuivis ma route. Tu sembl**ais** inquiet ce matin. Je retourner**ai** en vacances en Corse. Je parcourr**ai** l'arrière-pays avec mes amis. Je lui indiquer**ai** des endroits inconnus.

Terminaisons verbales en *-é, -és, -ée, -ées, -er, -ez* **p. 203**
L'avion vient de décoll**er**. Vous avanc**ez**

très lentement. Les sportifs sont fatigu**és**. Ils ont pass**é** une bonne nuit. Les récompenses distribu**ées** ont plu. Préve**nez** vos amis avant de passer chez eux.

Tout, même **p. 205**
Vous avez **tout** (pronom indéfini) essayé et le moteur a redémarré. **Tout** (déterminant indéfini) ce travail a porté ses fruits. **Tout** (pronom indéfini) lui convient. Il est **tout** (adverbe) petit. **Tout** (déterminant indéfini) ce soleil est agréable.

VOCABULAIRE

Champ lexical et champ sémantique **p. 209**
1. *Les listes de mots fournies ne sont pas limitatives : d'autres mots peuvent appartenir à ces champs lexicaux.*
Loisirs : jouer, se reposer, sortir, sport, détente…
Amitié : ami(e), gentil, confiance, confidence, secret…
Finance : argent, emprunt, prêt, riche, dépenser…
Écologie : nature, planète, développement durable, tri sélectif, réchauffement climatique…
2. Champ sémantique du mot **tour** : un tour en voiture, un tour de clé, le tour de France, le tour du tourneur, un tour pendable, un tour d'horloge, la tour Eiffel, la tour du jeu d'échecs.
Champ sémantique du mot **livre** : un livre d'histoires, une livre de beurre, une livre sterling, je livre un colis.

Connotation et dénotation **p. 211**
Mon cousin est un vrai ours (**connotation**). L'ours est un mammifère de

grande taille (**dénotation**). Cet homme est une épave (**connotation**). Une épave est un bateau naufragé en mer (**dénotation**). Cet avocat est un rapace (**connotation**). L'aigle royal est un rapace (**dénotation**).

Dictionnaire p. 213
Ichtyophage (adjectif qualificatif) : Qui se nourrit principalement ou exclusivement de poisson. *Mon chat est ichtyophage : il adore les sardines.*
Vernaculaire (adjectif qualificatif) : Propre à une communauté ou à un pays. *Je ne comprends pas les habitants de cette tribu ; ils parlent une langue vernaculaire.*

Expressions et proverbes p. 215
Pierre <u>cherche toujours midi à quatorze heures.</u> → **expression** – Il ne veut pas <u>mettre la main à la pâte.</u> → **expression** – Pourtant, tout le monde lui dit qu'il faut <u>battre le fer tant qu'il est chaud.</u> → **proverbe** – Je trouve vraiment qu'il <u>file un mauvais coton.</u> → **expression**

Famille de mots p. 217
un presse-papier – un porte-avion – un porte-crayon – un porte-mine – un taille-crayon

Figures de style (1) p. 219
un jeune vieillard : **oxymore** – À vaincre sans péril, on triomphe sans gloire : **antithèse** – Cette plaisanterie est géniale : **hyperbole** – Va, je ne te hais point : **litote**

Figures de style (2) p. 221
La radio chuchote : **personnification** –

La terre est bleue comme une orange : **comparaison** – La terrasse surplombait une mer d'émeraude : **métaphore** – Ce bronze a été sculpté par un artiste contemporain : **métonymie**

Figures de style (3) p. 223
salué, acclamé, ovationné : **gradation** – Toujours..., toujours..., toujours... : **anaphore** – son homologue français : **périphrase**

Formation des mots p. 225
dé|mêl|er – in|explic|able – |tradition|nel – in|util|ité – |boulang|erie – hyper|act|if – |délicat|ement – mal|heureu|sement

Histoire des mots : étymologie p. 227
alouette : celtique – cheval : latin – blé : germanique – orthographe : grec – lieue : celtique – framboise : germanique – chêne : celtique – ami : latin – agenda : latin

Histoire des mots : évolution p. 229
handball : allemand – slalom : norvégien – judo : japonais – pizza : italien – short : anglais – igloo : inuit – isba : russe

Homonymes et paronymes p. 231
• **Homonymes** : saut/seau/sceau – ver/vair/verre/vert/vers – soie/soit/soi/sois
• **Paronymes** : paire/vair – seau/zoo – noir/soir – ver/fer

Mots génériques et particuliers p. 233
Conditions climatiques (mot générique), pluie, orage, vent, bourrasques, soleil (mots particuliers).

Vêtements (mot générique), imperméable, pull-over, maillot de bain, chapeau (mots particuliers).

Mots mélioratifs et péjoratifs p. 235
Ce plat à l'odeur **alléchante** a un goût **délicieux** et la serveuse a des manières **plaisantes**. Je trouve ce restaurant **charmant**.

Niveaux de langue p. 237
J'ignore si je pourrai me rendre à ta réception. Maman/Ma mère n'y tient guère. Pourtant, je ne souhaite pas y renoncer.

Polysémie p. 239
1. Angelina Jolie joue la comédie. → Son métier est d'être comédienne.
Ma cousine est insupportable : elle ne cesse de jouer la comédie pour obtenir ce qu'elle veut. → Ma cousine est une simulatrice.
2. La ménagère a posé un **film** de plastique sur l'assiette de crudités (sens concret). J'ai vu un **film** excellent à la télévision (sens abstrait). J'aimerais avoir un **nuage** de lait dans mon café (sens abstrait). Les **nuages** s'assombrissent : il va bientôt pleuvoir (sens concret). La chèvre mange un **brin** d'herbe (sens concret). Il a un **brin** d'humour (sens abstrait).

Préfixes et suffixes p. 241
1. <u>h</u>émiplégie – <u>p</u>olygone – <u>a</u>social – <u>é</u>pigraphe – <u>in</u>carcérer
2. hémiplégique – polygonal – asocialité – épigraphique – incarcération

Synonymes et antonymes p. 243
Tu devrais **ralentir**, nous sommes les **premiers** et nous aurons des places **excellentes**. Nous verrons très **bien**

le spectacle et nous passerons une **agréable** soirée.

CONJUGAISON

Auxiliaires avoir et être p. 247
Le père de Simon l'**a** inscrit (transitif) au concours. Simon **a** passé (transitif) les épreuves orales hier. Nous l'**avons** encouragé (transitif). Il **est** sorti (intransitif) satisfait, il **a** tenu son engagement (transitif).

Concordance des temps p. 249
Ma grand-mère ne m'**a** jamais **dit** qu'elle **avait participé** à des concours de beauté quand elle avait seize ans. Lorsque tu **auras terminé** ta maquette, tu **pourras** la présenter au professeur.

Conditionnel p. 251
• Verbes au conditionnel : inviterais – pourrions
• Verbes au futur dans le passé : essaierais – aurions pu

Futur antérieur de l'indicatif p. 253
1. Mon cousin est en retard : il se **sera** encore **attardé** (fait probable) en chemin. Quand il m'**aura présenté** (antériorité par rapport au futur) ses habituelles excuses, je m'esclafferai. Il m'**aura** tout de même bien **fait** (action accomplie à un moment plus ou moins précis du futur) perdre mon temps !
2. On nous aura poursuivis. On l'aura encouragé. On t'aura sermonné.

Futur simple de l'indicatif p. 255
parcourrez – courrons – participerons – rejoindrez – ferez

Groupe du verbe p. 257
sortir (3ᵉ groupe) – pâlir (2ᵉ groupe) – écrire (3ᵉ groupe) – étudier (1ᵉʳ groupe) – étendre (3ᵉ groupe) – peindre (3ᵉ groupe) – chuchoter (1ᵉʳ groupe) – venir (3ᵉ groupe) – lier (1ᵉʳ groupe) – dire (3ᵉ groupe) – nuire (3ᵉ groupe) – courir (3ᵉ groupe) – s'asseoir (3ᵉ groupe) – partir (3ᵉ groupe) – grandir (2ᵉ groupe)

Imparfait de l'indicatif p. 259
Je lisais (**arrière-plan**) un magazine dans le train quand un individu me bouscula. Je recommençai ma lecture, distrait par les paysages sublimes qui charmaient (**valeur descriptive**) mes regards. Le voyage se poursuivait (**valeur durative**), agrémenté du spectacle de la nature.

Impératif p. 261
Attendez-moi (**présent**). N'allez (**présent**) pas me dire que vous êtes encore pressés par le temps. Cours (**présent**) moins vite car je suis fatigué de te suivre. Tu décides de partir au dernier moment et tu nous obliges à suivre ton rythme effréné. Donne-nous (**présent**) une explication. Je te laisse réfléchir. Aie trouvé (**passé**) une justification à me proposer à mon retour. Sois assuré (**passé**) que je te la demanderai.

Indicatif p. 263
Je vais préparer un dessert avant que mes amis arrivent. Ils apprécient la mousse au chocolat et ils adoreront la recette que j'ai inventée. Je la leur servirai bien glacée après que nous aurons joué aux cartes.
Les verbes à l'indicatif servent à exprimer la réalité d'une action située dans le présent (*apprécient*), dans le futur

(*vais, adoreront, servirai, aurons joué*), dans le passé (*ai inventée*).

Infinitif p. 265
1. Tu adores surfer (**COD**) sur les pistes neigeuses. Skier (**sujet**) t'amuse moins. Tu es spécialiste des sauts acrobatiques et tu cherches des bosses d'où sauter (**CC de lieu**). Tu as préparé ton surf avec une machine à farter (**complément du nom**). Maintenant, tu es prêt à prendre (**complément de l'adjectif**) le départ de la compétition.
2. programmer/avoir programmé – préparer/avoir préparé – mettre/avoir mis – oublier/avoir oublié – partir/être parti – chanter/avoir chanté

Modes p. 267
1. Poussé (participe passé, impersonnel) par le vent, le ballon roule (indicatif, personnel) sur le trottoir, puis sur la route. En courant (gérondif, impersonnel), Milo pourrait (conditionnel, personnel) le rattraper (infinitif, impersonnel), mais avant qu'il ne réussisse (subjonctif, personnel) à l'atteindre (infinitif, impersonnel), un passant lui crie (indicatif, personnel) : « Arrête (impératif, personnel) ! Une voiture arrive (indicatif, personnel). »
2. quittez : impératif – enfumée : participe passé – pourriez : conditionnel – asphyxier : infinitif – en sortant : gérondif – laissez : impératif – faut : indicatif – aériez : subjonctif – réintégrerons : indicatif – reprenant : participe présent – travailler : infinitif

Passé composé de l'indicatif p. 269
L'été dernier, mon scooter **a** mal **démarré**. À l'automne, les alouettes **ont**

choisi de quitter la France. L'écrivain **a entrepris** un nouveau livre. L'épervier **a aperçu** une mésange dans l'arbre. Nous **avons pris** la navette près de la gare.

Passé simple et passé antérieur de l'indicatif p. 271

L'acteur <u>entra</u> en scène quand on <u>eut</u> frappé les trois coups. Un tonnerre d'applaudissements l'<u>accueillit</u>. L'émotion l'<u>envahit</u> mais il n'en <u>laissa</u> rien paraître. Quand il <u>eut dit</u> sa réplique, il <u>salua</u>.

Plus-que-parfait de l'indicatif p. 273

Le libraire **avait déplacé** son échelle et **avait pris** un ouvrage sur la dernière étagère. Il l'**avait montré** à son client qui **avait parcouru** rapidement la quatrième de couverture et **s'était décidé** à en faire l'acquisition.

Présent de l'indicatif p. 275

Regardez ! Un arc-en-ciel <u>embrase</u> (**énonciation**) le ciel. Qui <u>se ressemble</u>, <u>s'assemble</u> (**proverbe, généralité**). Il nous <u>retrouve</u> (**futur proche**) dans un quart d'heure. Chaque semaine, je <u>joue</u> (**habitude**) au tennis. Le coureur a pris son élan, mais tout à coup il <u>perd</u> (**narration**) de la vitesse et <u>s'arrête</u> (**narration**) sur le bord de la piste. Hier, un cousin que nous avions perdu de vue <u>arrive</u> (**passé proche**) sans prévenir et <u>s'installe</u> (**passé proche**) sans nous demander notre avis.

Subjonctif p. 277

Jusqu'à ce que tu <u>rentres</u> (**souhait**), je continue à lire. Il faut que vous <u>relisiez</u> (**ordre**) cette page pour que vous <u>compreniez</u> (**souhait**) l'histoire. Il souhaite qu'ils <u>soient</u> (**souhait**) dans le même train. Tu voudrais te baigner à condition qu'il <u>fasse</u> beau (**supposition**).

Temps simples et temps composés p. 279

1. **Temps simples** : sont (présent de l'indicatif) – menacerait (présent du conditionnel) – fera (futur de l'indicatif). **Temps composés** : s'est abattue (passé composé de l'indicatif) – avait prévue (plus-que-parfait de l'indicatif) – auront pris (futur antérieur de l'indicatif).
2. La pluie **était** violente et les inondations **effrayaient** la population. Les pompiers **arrivent** sur les lieux et **secourent** les personnes en difficulté. Les victimes **éprouveront** une vive reconnaissance pour l'efficacité des secours.

Verbes défectifs et verbes impersonnels p. 281

Il neige (impersonnel). Il a failli (défectif). Il se peut (occasionnellement impersonnel). Il gèle (impersonnel). On ne trait (défectif). Il vente souvent (impersonnel).

Verbes pronominaux p. 283

Ma camarade <u>s'est levée</u> (**occasionnellement pronominal**) avant la récréation et <u>s'est dirigée</u> (**occasionnellement pronominal**) vers la porte de la classe. Elle <u>s'est absentée</u> (**essentiellement pronominal**) pendant la séance de sport car elle était souffrante. Elle <u>s'est rendue</u> (**occasionnellement pronominal**) chez la principale. Je <u>me demande</u> (**occasionnellement pronominal**) si elle est rentrée chez elle.

Index des notions

h **aspiré, *h* muet** (*des histoires, des hameaux*) 174

hétérographe 230

histoire des mots, étymologie 226

histoire des mots, évolution / emprunts (*carnaval, ski*) 228

homographe 230

homonyme (*vert, verre, vers*) 230

homophones grammaticaux (*a/à, c'est/s'est*) 176, 178, 180, 182, 184

hyperbole 219

-i, -is, -it, participe passé en 186

il, pronom personnel neutre 149, 155, 280

imparfait (*il mangeait*) 258, 273

impératif (*Mange.*) 260, 267

impersonnel, mode 267

impersonnel, verbe (*Il pleut.*) 134, 149, 281

implicite / explicite 62

inanimé, nom (*cahier*) 72

incise, proposition 53, 76

indéfini, article (*un, une, des*) 19, 44

indéfini, déterminant ou adjectif (*aucun, nul, tout, plusieurs*) 45, 48

indéfini, pronom (*personne, tous, chacun*) 99, 100

indénombrable, nom 19, 74

indépendante, proposition 108

indicatif, mode 262, 266

indice (de la situation d'énonciation) 59

indirect, discours 77, 78, 249

indirect libre, discours 77, 79

infériorité, comparatif et superlatif d' (*moins rapide, le moins rapide*) 26

infinitif (*manger*) 264, 267

infinitive, proposition subordonnée 111

injonctive, phrase (*Ouvre cette fenêtre.*) 84

interjection (*eh !*) 64, 69

interlocuteur 52

interne, point de vue 90

interrogatif, adverbe (*combien, comment, pourquoi*) 102

interrogatif, déterminant ou adjectif (*quel, quelle*) 45, 46

interrogatif, pronom (*qui, quoi*) 99, 102

interrogation partielle (*Que veux-tu ?*) 84, 102, 111

interrogation totale (*Vous avez terminé ?*) 84, 111

interrogative directe, proposition subordonnée 47

interrogative indirecte, proposition subordonnée 47, 110

interrogative, phrase (*Avez-vous un chat ?*) 84

intransitif, verbe (*partir*) 22, 135, 246

invariable, mot (*toujours*) 25, 68

inversion du sujet 153

irréel du passé 251

irréel du présent 251

itératif, aspect 125

juxtaposée, proposition 108

l'as / la / là, homophones 179

Classement par notions

Alphabet phonétique

VOYELLES

[a]	ami	[o]	seau
[ɑ]	âme	[ɔ]	donner
[e]	été	[œ]	peur
[ɛ]	crème	[ø]	feu
[ə]	tenir	[ɑ̃]	rang
[i]	rire	[ɛ̃]	pain
[u]	chou	[ɔ̃]	long
[y]	rue	[œ̃]	lundi

CONSONNES

[b]	bal	[p]	père
[k]	cou	[ʀ]	roi
[d]	dinde	[s]	sel
[f]	fois	[z]	oiseau
[g]	gare	[t]	tante
[ʒ]	joie	[v]	voile
[l]	loi	[ʃ]	tache
[m]	mère	[ɲ]	règne
[n]	nid	[ŋ]	camping

SEMI-CONSONNES

[j]	paille	[w]	fouet	[ɥ]	nuit

Édition : MT Valakoon, avec la collaboration de G. Cottrelle, J. Attucci-Jan
Relecture : Dominique Jourdain
Correction : Sylvie Porté
Coordination artistique : Kati Fleury
Conception maquette intérieure : Marie-Astrid Bailly-Maître,
Kati Fleury, Elise Rebaa-Launay
Conception couverture : Laurence Durandeau
Illustrations : Élodie Balandras
Mise en page : Irilys

N° éditeur : 10194459 - IRILYS - Juin 2013
Imprimé en ITALIE par NIIAG